POCHES ODILE JACOB

GUÉRIR DE SON ENFANCE

JACQUES LECOMTE

GUÉRIR DE SON ENFANCE

Odile Jacob
poches

© Odile Jacob, novembre 2010
15, rue Soufflot, 75005 Paris

www.odilejacob.fr

ISBN : 978-2-7381-2533-0
ISSN : 1621-0654

À Aurélie et Audrey

Remerciements

Un ouvrage, et celui-ci tout particulièrement, n'est pas seulement le produit d'un travail personnel, mais aussi le reflet d'une action et d'une réflexion collectives. Il n'aurait en effet pu voir le jour sans les apports variés de nombreuses personnes envers lesquelles je tiens à exprimer ma reconnaissance.

Mes remerciements vont tout d'abord à toutes les personnes qui ont répondu à mon enquête, et plus particulièrement à celles qui ont bien voulu m'accorder de leur temps pour me parler de leur histoire : Alexandra, Angéline, Annick, Antonella, Catherine, Éric, Jean-Christophe, Gisèle, Marie-Geneviève, Marie-Raphaëlle, Michael, Michel, Mustapha, Nadia, Philippe, Pierre et Yvette. Vos propos m'ont profondément touché et m'ont aidé à vous comprendre, mais aussi à mieux comprendre mon propre parcours. Ce fut pour moi une expérience humaine très riche.

Je tiens également à remercier les personnes qui m'ont accompagné et soutenu dans mon activité de recherche. En tout premier lieu Étienne Mullet et Serban Ionescu, mais également : Philippe Bonnet, Philippe Carré, Michel Corbillon, Nathalie Crouzet, Boris Cyrulnik, Sylvain Delouvée, Claude de Tichey, Huguette Desmet, Paul Durning, Dominique Fablet, Willy Lahaye, Michel Manciaux, Raphaële Miljkovitch, Jean-Pierre Pourtois, Dolf Schweitzer, Stefan Vanistendael.

Un grand merci également à celles et ceux qui ont facilité de diverses manières la réalisation de ce travail, notamment en m'ouvrant les portes de certaines institutions : Monique Blachère, Yves Blériot, Robert Bonici, Guy Caillat-Grenier, Olivia Guéroult, Guy Guézille, Béatrice Piris-Baumann, Jacqueline Ravouna, Jean-Michel Tavan, Patrice Tran, Marie-Françoise Vialatton, Marie-Noëlle Villedieu.

Sans oublier la Fondation Mustela et l'Afreca (Association française de recherche en éthologie clinique et anthropologique) dont le soutien financier m'a été particulièrement utile.

Merci également à Catherine Meyer, pour la lecture attentive et pertinente de mon manuscrit.

Enfin, je suis particulièrement sensible à l'amitié de certaines personnes, laquelle m'accompagne parfois depuis de longues années : Philippe, Michel et Denise Augendre, Laurence Baranski, Paul et Marlyse Bleeckx, Doris Gorgé, Marc et Marlen Guerra, Christine, Rémi et Virginie Huerre, Pierre et Geneviève Laurent, Éric Marchandet, Dominique Mérigot, Thierry Musiol et Sandrine Petit, Valérie Petit, Emmanuel Weiss.

Last but not least, un grand merci enfin à mes filles Audrey et Aurélie, dont l'évolution me ravit chaque jour et qui ont accepté avec gentillesse une moindre disponibilité de ma part.

Préface

Au début des années 1990, j'ai rencontré Jacques Lecomte au sujet d'un texte que j'avais écrit et qui devait paraître dans la revue *Sciences humaines* où il travaillait alors.

À cette occasion, fut évoqué un fait d'actualité : le sort des enfants roumains institutionnalisés, que le monde découvrit après la chute du régime Ceausescu. Les images reçues de Roumanie hantaient la conscience du monde. Jacques Lecomte me posa des questions : il voulait connaître mon opinion, d'autant plus que j'allais souvent en Roumanie et que je m'étais impliqué, avec plusieurs collègues, français et canadiens, dans le suivi d'un groupe d'enfants abandonnés, placés en institution et infectés par le virus du sida. Jacques Lecomte venait justement de visionner un documentaire et il était partagé : d'une part, il lui paraissait difficile d'imaginer une amélioration de l'état de ces enfants tant leur situation était tragique et, d'autre part, il sentait la révolte monter en lui : quelque chose pouvait être fait, devait être fait. Mes propos dissipèrent en grande partie cette ambivalence. Oui, il était possible d'agir, les efforts des Roumains pouvaient, avec l'aide venue de l'étranger, changer le sort de ces enfants : les premiers signes du changement étaient perceptibles et les résultats de nos évaluations commençaient à le prouver.

Dix ans plus tard, je présidai le jury de soutenance de la thèse de doctorat en psychologie de Jacques Lecomte, dans le bâtiment situé rue Gay-Lussac, où Henri Wallon et René Zazzo avaient dirigé le Laboratoire de psychobiologie de l'enfant. Les résultats du candidat au titre de docteur venaient soutenir l'idée qu'être maltraité comme enfant ne condamne pas à devenir parent maltraitant. Visiblement ému, Jacques Lecomte rappela, dans sa présentation orale, notre première rencontre et le rôle déterminant qu'avait eu dans le choix de sa trajectoire de chercheur mon optimisme (réaliste !) sur l'évolution des enfants roumains vivant à l'époque en institution.

Nos relations professionnelles prirent un nouvel élan lorsque Jacques Lecomte me parla de son projet de création d'un Observatoire de la résilience, projet aujourd'hui concrétisé et lorsqu'en 2003, j'entrepris les démarches pour la création d'une équipe internationale de recherche sur la résilience dans le cadre du centre de recherches « Résilience, traumatisme, psychothérapies » affilié à l'université Paris-VIII. C'est à cette époque que Jacques Lecomte me parla de son nouvel ouvrage et me proposa d'écrire cette préface.

Quand j'ai lu son manuscrit, j'ai constaté qu'il avait réussi la performance d'allier la rigueur du chercheur au talent de communicateur du journaliste qu'il a longtemps été. Chaque fois que le journaliste prend les devants, le chercheur le rattrape pour lui offrir des arguments, de la rigueur. Et inversement, l'inaccessible langage du chercheur s'estompe pour laisser place à la verve passionnée du journaliste.

Cette alliance du chercheur avec le journaliste est mise au service d'un *credo* : la résilience. Jacques Lecomte y croit et fait tout pour convaincre... Avec tact, avec des faits (puisés dans des histoires de vie et des résultats de recherche), avec passion... L'emploi bien dosé de ces ingrédients contribue à l'originalité de cet ouvrage.

Je partage le point de vue de Jacques Lecomte selon lequel la résilience est un fait majeur. Dans mes cours de psychopathologie, j'ai inclus, à partir de 1995, la résilience parmi les contributions qui ont révolutionné le domaine après la Seconde Guerre mondiale :

1. la contestation de l'institution psychiatrique traditionnelle, la création de nouveaux lieux de vie et la préoccupation

pour la qualité de vie des personnes présentant des troubles mentaux ;

2. la diversification des approches de la psychopathologie, comme réponse à la complexité des troubles mentaux et à l'incapacité d'une seule école d'apporter des réponses pleinement satisfaisantes ;

3. l'essor des modalités de prise en charge avec le développement des psychotropes et des psychothérapies.

Je considère donc la résilience comme un concept majeur dont l'apparition a transformé et continuera à améliorer notre compréhension des troubles mentaux et nos pratiques cliniques. La résilience n'est pas un phénomène de mode et si elle a pu en donner l'impression, ceci ne serait que spécifique à la France où elle fut « découverte » tard et ce, grâce aux ouvrages de Boris Cyrulnik, notamment.

Pour cette Préface j'ai entrepris, le 16 mars 2004, une recherche dans la principale banque de données de psychologie, PsycInfo. J'ai constaté, tout d'abord, que depuis le premier article paru en 1942 dans une revue scientifique, article où Scoville soulignait, pendant la Seconde Guerre mondiale, « l'étonnante résilience des enfants face aux situations dangereuses pour leur vie », la banque PsycInfo avait reçu 2 916 autres documents (essentiellement des articles) ayant trait à la résilience. Mais si, entre 1942 et 1965, le rythme des entrées dans cette banque est de moins de un document par an, on note une hausse évidente les années suivantes. Pour l'intervalle 1996 à 2000, on relève la rentrée d'une publication en moyenne toutes les trente-six heures et de 2001 au 16 mars 2004, la vitesse augmente encore pour arriver à un document toutes les trente-deux heures.

La vigueur de la résilience est aussi attestée par d'autres constats :

1. Si, au départ, la résilience concernait essentiellement l'enfant, elle a très rapidement été étudiée chez des personnes de tous les âges, et notamment, chez les aînés. Dès 1975, Kline[1] relie résilience et vieillissement réussi et dans leur ouvrage classique consacré au suivi d'une cohorte d'enfants nés en 1955 sur l'île de Kauai, Emmy Werner et Ruth Smith (1982[2]) montrent que les facteurs de protection varient avec l'âge.

2. Conçue au niveau *individuel*, la résilience commence à être étudiée au niveau *groupal* – McCubbin, Thompson et McCubbin (1996[3]) proposent un « modèle résilience » de l'adaptation familiale – et *ethnique* (avec les travaux de Portes, 1984[4]).

3. Le concept de résilience commence à être appliqué à une multitude de situations à caractère stressant potentiel ou évident comme l'adaptation et la réussite scolaire (Braddock, 1991[5]), le fait de vivre avec le sida (Bandura, 1990[6]), ou les influences favorisant la toxicomanie chez les adolescents (Rhodes et Jason, 1990[7]). Nous parlons maintenant de résilience scolaire, de résilience face au sida ou aux toxicomanies.

4. Comme les niveaux de la résilience varient d'une personne à l'autre et souvent, chez une même personne, son évaluation commence à être pratiquée après les travaux de Wagnild et Young (1990[8]) et différents instruments sont proposés.

5. Si, au départ, la résilience a été objet de recherches, ou encore, d'histoires de vie et d'études de cas, avec le temps, les données recueillies ont permis de passer à ce que j'ai désigné comme la *résilience assistée*. Ainsi, les connaissances acquises sur le processus qui conduit, sans intervention des professionnels, à la résilience « naturelle » peuvent être utilisées afin de prévenir l'apparition de troubles chez des personnes à risques. Après 1990, de nombreux programmes destinés à faciliter la résilience ont vu le jour et dans le dernier chapitre de cet ouvrage, Jacques Lecomte en présente quelques-uns.

6. Notons, enfin, que la résilience, produit des travaux des chercheurs d'orientation développementale, a attiré l'attention de chercheurs d'autres orientations théoriques : écosystémique, cognitiviste, éthologique, ethnopsychopathologique et psychanalytique.

Tant de succès ne pouvait pas ne pas engendrer des critiques et la résilience est devenue la cible de ceux qui, effrayés par l'attrait qu'elle exerce, cherchent à en limiter l'expansion. Récemment, quelques textes parus en France s'y emploient. Leur lecture met facilement en évidence la connaissance superficielle que leurs auteurs ont de la résilience et de la recherche dans ce domaine. En les lisant, j'ai pensé à la polémique qu'engendra l'article d'un des pères de la résilience, Sir Michael

Rutter (1999a[9]), sur les implications de ce concept pour la thérapie familiale. Dans un des commentaires qui suivaient ce texte, Gerrilyn Smith[10] se demandait si l'intérêt pour la résilience ne reflétait pas la reprise des thèses darwiniennes sur « la survivance des mieux adaptés ». Smith s'inquiétait aussi de la valorisation de la résilience individuelle par rapport à la résilience collective et soulignait que l'intérêt actuel pour la résilience apparaît comme une partie du discours concernant la dominance et la subordination, en référence notamment aux questions du développement normal et anormal. Dans sa réponse, intitulée avec humour « La résilience comme le Rorschach du millénaire », Rutter (1999b[11]) considère que le commentaire de Smith est un appel à ne plus chercher un nouveau test projectif pour remplacer le Rorschach : la résilience constitue le stimulus idéal pour que les gens « lisent », dans ce concept, tout ce qui les préoccupe. « Smith est libre – écrit Rutter – de considérer que la résilience représente le concept darwiniste de la survivance des mieux adaptés, ou comme reflétant les notions de dominance ou subordination, ou comme faisant référence à une seule qualité individuelle », mais, ajoute-t-il, cette façon de concevoir la résilience n'est ni celle de la plupart des chercheurs qui étudient la résilience, ni celle qu'il propose dans l'article qu'il avait écrit sur les implications de ce concept pour la thérapie familiale.

Toujours en réaction aux critiques concernant l'accent mis sur la survivance du plus capable, du plus fort (à l'éloge du plus fort, diraient certains...), Bengt Lindstroem (2001[12]) considérait en maniant, lui aussi, l'humour, que l'alternative serait la création d'une société où les conditions de vie rendraient inutile la résilience et la présence d'adolescents résilients (son texte concernait, en effet, les adolescents). Quel projet (mais, aussi, dans les conditions actuelles, quelle utopie !) que de penser possible l'utilisation des résultats de la recherche sur la résilience pour façonner une société nouvelle... idéale !

L'éloge de la résilience pourrait nous amener à négliger la souffrance de tous ceux qui n'ont pas pu bénéficier de ce phénomène. Même si prévenir est préférable au fait de guérir, rien ne permet, ne justifie, le fait de négliger la prise en charge de ceux qui subissent l'adversité et en souffrent.

Dans un contexte si complexe, le livre de Jacques Lecomte évite les excès, les biais idéologiques et offre aux lecteurs des informations indispensables pour comprendre et approfondir le processus de la résilience.

Trois-Rivières, le 27 mars 2004

Serban IONESCU*

* Professeur de psychopathologie à l'université Paris-VIII, directeur de recherches à l'université René-Descartes-Paris-V, professeur-émérite à l'Université du Québec à Trois-Rivières, membre de l'Académie de médecine de Roumanie.

Première partie

LES FONDEMENTS DE LA RÉSILIENCE

Un gamin orphelin, sans valeur à ses propres yeux, se met soudain à travailler quand un maître d'école porte un regard affectueux sur lui, ce qui change définitivement sa vie.

Une petite fille incestée trouve refuge auprès de brebis, qui lui offrent un peu de leur douceur, lorsque la situation à la maison devient insupportable. Aujourd'hui, elle consacre une part importante de son énergie à accompagner les personnes abusées sexuellement dans leur enfance.

Un garçon de 12 ans observe son beau-père frapper sa mère et décide alors de ne jamais faire la même chose lorsqu'il sera adulte. Il est devenu un tendre compagnon et un père aimant.

Qui pourrait deviner, en les côtoyant aujourd'hui, qu'ils ont vraiment subi des moments particulièrement douloureux ? Les résilients, ces alchimistes de l'existence, qui ont su transformer le métal de la souffrance en or du lien interpersonnel et de la réflexion sur soi, sont bien plus nombreux que nous ne l'imaginons. Ils vivent au milieu de nous, leur comportement familial, social et professionnel laisse généralement bien peu transparaître de leur histoire et ce n'est souvent qu'auprès des proches qu'ils acceptent de se confier. Ils sont à mes yeux comme des perles de grand prix, mais invisibles. En les rencontrant, en lisant leurs écrits, en retransmettant leur témoignage, je me suis efforcé de rassembler ces perles en un collier visible, de comprendre comment une vie pouvait s'illuminer de multiples petits éclats colorés.

Définir et évaluer la résilience n'est pas un exercice facile. J'ai écrit il y a quelques années un article qui tentait de résumer ces difficultés, ayant pour titre : « Qu'est-ce que la résilience ? Question faussement simple, réponse nécessairement complexe[1]. » Je montrais notamment que, la résilience étant un processus multidimensionnel, les critères d'évaluation varient d'une étude à l'autre : relations avec les pairs, résultats scolaires, bien-être perçu, adaptation sociale, etc. Un enfant considéré comme résilient selon tel critère peut ne plus l'être selon tel autre. De plus, le nombre de personnes considérées comme résilientes varie en fonction du nombre de critères choisis. Il est évident que plus les critères sont nombreux, moins il y a de personnes qui y répondent. Se pose également la question de la personne qui évalue la résilience d'un individu. Des études ont mis en évidence que le niveau d'anxiété ou de dépression d'un enfant n'est pas le même selon qu'il est évalué par un parent, par la victime, par les camarades de classe, ou encore par l'enseignant.

Dans cet ouvrage, j'éviterai d'aborder ces subtiles distinctions, fort utiles pour le chercheur, mais bien moins pertinentes pour l'individu en cours de résilience ou pour le travailleur social ou le thérapeute. Je m'intéresserai bien plus aux parcours qui permettent à une personne à l'enfance blessée de s'en sortir.

Pour cela, je ferai appel à de multiples sources d'information, en particulier études scientifiques et autobiographies, les unes et les autres se complétant harmonieusement. Je ferai parfois référence à une recherche que j'ai menée, dans le cadre d'un doctorat en psychologie, sur l'itinéraire de personnes ayant été maltraitées dans leur enfance et qui sont devenues des parents affectueux[2]. Cette enquête repose d'une part sur une recherche quantitative (128 questionnaires, répartis en quatre catégories : personnes non maltraitées dans leur enfance ; personnes légèrement maltraitées psychologiquement ; personnes fortement maltraitées psychologiquement ; personnes fortement maltraitées physiquement et psychologiquement) ; d'autre part sur une recherche qualitative (entretiens avec 15 personnes maltraitées physiquement et/ou psychologiquement dans leur enfance).

L'enseignement de tous ces apports est que les éléments qui permettent à un enfant blessé de devenir résilient n'ont rien d'extraordinaire : se sentir aimé, se développer dans un cadre structurant, découvrir que la vie a du sens, en sont les principales facettes. En fin de compte, ces facteurs sont aussi ceux qui conduisent un enfant non traumatisé à être heureux. C'est pourquoi tant de personnes se reconnaissent dans les descriptions des parcours de résilients, même si elles n'ont pas subi de trauma.

Mais cela n'aurait évidemment aucun sens de vouloir copier à l'identique telle tranche de vie décrite dans ce livre, transformant une histoire spécifique en méthode reproductible. Chacun peut toutefois s'en inspirer, s'interroger sur la manière dont il peut en tirer profit dans son parcours personnel. Si c'était le cas, alors ce livre aurait atteint son but.

Et si, en comprenant mieux la résilience, chacun d'entre nous apprenait à être plus heureux ?

CHAPITRE PREMIER

Tisser des liens

> « Ce sont des gens extraordinaires qui m'ont donné beaucoup d'amour. »

« On n'est pas résilient tout seul », telle est la grande leçon que nous transmettent les personnes qui ont surmonté leurs blessures d'enfance. Les résilients ne sont pas des héros solitaires, dignes d'admiration pour avoir surmonté les pires difficultés. Non, ce sont des femmes et des hommes ordinaires, mais qui ont su saisir les mains tendues qui se sont présentées à eux. Dans le monde francophone, on utilise fréquemment l'expression « tuteurs de résilience », forgée par Boris Cyrulnik, pour désigner les personnes qui jouent un rôle important dans l'émergence et le développement de la résilience du jeune en souffrance. Cette métaphore rend bien compte de deux caractéristiques fréquemment présentes chez ces personnes : elles constituent un repère solide pour l'enfant tout en le laissant se développer à sa manière. Mais il y a divers degrés et diverses manières d'accompagner un jeune en souffrance. On pourrait parler de promoteur, de facilitateur (dont l'impact est moins fort que le tuteur) ou encore de catalyseur, personne qui facilite une rencontre entre un enfant et un tuteur. Notons cependant que tout ceci ne se décrète généralement pas à l'avance. C'est après coup que l'on constate que les choses se sont passées ainsi.

Chacun peut être tuteur de résilience

LES PROCHES

Les parents et grands-parents

Tout le monde peut devenir, un jour ou l'autre, le tuteur de résilience d'une autre personne. Les membres de la famille sont les premières personnes susceptibles de soutenir affectivement l'enfant en difficulté. Les parents jouent un rôle essentiel lors de traumas dont ils ne sont pas les auteurs. Anna Freud avait remarqué, lors de la Seconde Guerre mondiale, que les enfants vivant avec leurs parents dans des abris à Londres allaient mieux psychologiquement que ceux qui avaient été séparés de leurs parents pour être protégés[1]. Dans un registre proche, une étude menée par Myrna Ganaggé lors de la guerre du Liban a montré que les enfants déprimés avaient généralement une mère qui n'arrivait pas à maîtriser ses émotions face au stress, tandis que les enfants équilibrés avaient une mère qui s'efforçait d'être calme, qui partageait ses émotions avec ses proches et ses voisins[2].

Ce soutien parental est essentiel en cas d'abus sexuels commis par une personne extérieure à la famille, comme le montre clairement l'étude menée par Spaccarelli sur 43 jeunes filles âgées de 10 à 17 ans victimes de ce type d'agression[3]. Le soutien parental était le meilleur prédicteur de résilience. L'auteur en conclut qu'une modalité d'intervention professionnelle particulièrement utile consiste à aider les parents à améliorer leurs compétences de communication, d'écoute et d'empathie.

Hirotada Ototake, né avec quatre moignons à la place de bras et de jambes, a eu grandement besoin du regard d'amour que ses parents ont porté sur lui. Lors de sa naissance, l'équipe médicale ne permet pas à sa mère de le voir pendant trois semaines, pour lui éviter un choc. Or, lorsque le moment tant redouté par les membres de l'équipe médicale arrive, les choses ne se passent pas du tout comme ils le craignaient. « Comme il est mignon ! » s'écrie la maman. La joie de tenir enfin son enfant dans ses bras était plus grande que le choc de son infirmité. « Je crois, écrit H. Ototake, que cette première rencontre a déterminé la suite de ma vie et lui a donné tout son sens[4]. » Quand il grandit, ses parents l'emmènent partout avec eux, contrairement à d'autres qui, par honte, retiennent leur enfant handicapé enfermé à la maison.

Un jour, le jeune Hirotada doit subir une opération dans le dos, les cicatrices devant dessiner un V. Son père lui dit : « Cela fera un V : le V de la victoire. » Pour Hirotada, « cette cicatrice n'était déjà plus une souffrance. Elle était une médaille[5] ».

Aujourd'hui adulte, H. Ototake affirme que, grâce au regard de ses parents, il a grandi librement sans passer par les habituels doutes et culpabilité des personnes handicapées. Ni lui ni ses parents n'ont jamais considéré son handicap comme quelque chose de négatif, à tel point que l'idée selon laquelle « il faut dépasser son handicap » est dénuée de sens pour lui. Il estime qu'il s'agit ni plus ni moins d'un signe physique particulier, comme grand ou petit, sombre ou lumineux. « Ce sont mes parents qui m'ont enseigné ce regard, et je leur suis très reconnaissant de m'avoir donné cette vie-là. Merci, vous deux, pour m'avoir élevé comme ça[6]. »

Lorsque ce sont les parents qui sont à l'origine de la souffrance de l'enfant, celui-ci bénéficie parfois du soutien de ses grands-parents ou d'oncles et tantes. Michel a tiré profit de l'amour qu'il avait reçu initialement de son oncle et de sa tante. Né de parents italiens venus en France pour travailler, son père était atteint de la maladie de Huttington qui l'a complètement transformé au point qu'on a dû l'interner en raison de sa violence. Sa mère, femme de ménage, s'est donc retrouvée seule pour élever ses trois enfants. Cette tâche devenant trop lourde à assumer, les enfants ont été dispersés. Michel a été confié à l'âge de 6 mois à un oncle et une tante en Italie, dans une famille de quatre enfants. « Je me souviens, dit-il, de cette période très agréable comme si c'était hier. C'était une famille très soudée d'Italie du Nord, avec beaucoup de joie. Les enfants étaient respectés comme des rois, ce qui ne veut pas dire qu'ils faisaient n'importe quoi. Depuis, j'ai gardé toute ma vie l'image de la joie et de l'amour. Par la suite, je n'ai jamais connu cela. »

En effet, à 6 ans, il revient en France sans connaître un seul mot de français et se demande ce qu'il fait ici, car pour lui, sa vraie famille se trouve en Italie. Sa mère lui présente son beau-père, peintre en bâtiment, homme d'une grande violence qu'il a exercée sur sa compagne et sur les trois enfants de celle-ci. Quand je demande à Michel ce qui l'a aidé à s'en sortir, sa réponse est immédiate, ce sont les années d'amour dont il a bénéficié lorsqu'il était petit. « J'ai eu la chance d'avoir été élevé petit dans une famille où il y avait beaucoup d'amour. C'est fondamental pour la construction psychologique d'un individu. C'est comme pour une maison, si vous voulez qu'elle reste debout, il faut que les fondations soient saines. »

Le conjoint

À l'âge adulte, le (la) conjoint(e) joue souvent un rôle majeur dans la construction de la résilience de l'individu. Plus celui-ci a manqué d'amour dans son enfance, plus il sera sensible à l'affection de l'âme sœur. Tim Guénard souligne : « La chance que j'ai eue, c'est que j'ai une femme formidable. [...] Quand je suis bien, elle me le dit, et ça, j'adore. Et quand ça ne va pas, elle me le dit aussi (et pour modifier ma génétique, c'est pas mal) et elle ajoute : "J'ai confiance en toi" ; et quand elle a confiance en moi, j'y arrive[7]. »

Les études les plus approfondies concernant le rôle du conjoint dans le développement de la résilience ont été réalisées par Rutter et ses collaborateurs. Ces auteurs ont notamment essayé de comprendre l'enchaînement d'événements qui ont permis à de jeunes femmes ayant vécu en institution d'avoir un comportement parental adéquat[8]. Leur étude consiste en un suivi jusque dans le jeune âge adulte de 81 jeunes filles qui, lorsqu'elles étaient âgées de 7 à 12 ans, vivaient dans un foyer pour enfants parce que leurs parents ne pouvaient assumer leur éducation. Le groupe contrôle était constitué de 51 femmes du même âge et de la même zone géographique, n'ayant jamais été suivies par les services d'aide à l'enfance.

Les jeunes femmes élevées en institution se trouvaient généralement dans une situation moins bonne que celles du groupe de comparaison. Trente pour cent d'entre elles avaient des difficultés psychosociales (trouble de la personnalité, criminalité, divorce et séparation) contre aucune des autres. Une sur cinq était sans partenaire masculin et seulement les 3/5e vivaient avec le père de tous leurs enfants (contre 100 % des membres du groupe contrôle). Dix-huit pour cent d'entre elles avaient un enfant placé contre aucune du groupe de comparaison.

Mais la situation est très différente si l'on prend en compte le rôle joué par le conjoint, qui était le facteur le plus important pour moduler les risques liés à une enfance difficile. Les femmes élevées en institution et ayant un conjoint soutenant manifestaient un comportement social et parental d'aussi bonne qualité que celles du groupe de comparaison. Par contre, cette bonne parentalité était absente chez les femmes vivant avec un compagnon présentant des problèmes psychosociaux significatifs (trouble psychiatrique, criminalité, alcoolisme ou toxicomanie). Ainsi, le vécu adulte de ces femmes dépendait bien plus de leur situation maritale actuelle que du fait qu'elles avaient grandi dans une institution. Notons cependant que la croissance en institution a fortement augmenté la probabilité que les filles fassent un mariage malheureux avec un homme déviant.

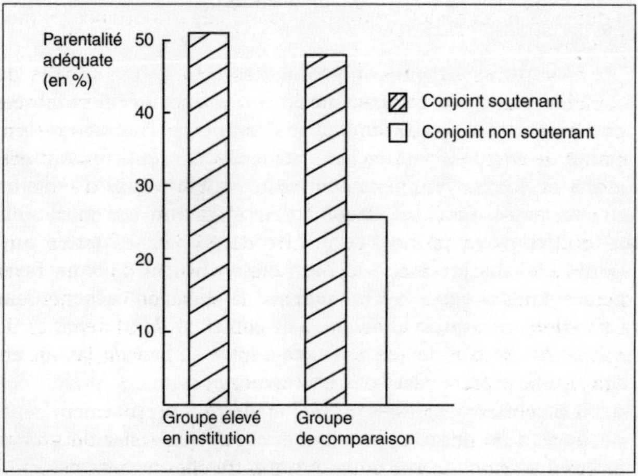

Bonne parentalité et conjoint soutenant.
Rutter, 1987, « Psychosocial resilience and protective mechanisms », American Journal of Orthopsychiatry, 57(3), 316-331.

Ceci n'était pas le résultat d'un « appariement », c'est-à-dire du choix d'un partenaire non déviant par des jeunes filles non déviantes elles-mêmes : il y avait autant de personnes déviantes chez celles qui allaient vivre plus tard avec un homme équilibré que chez celles qui allaient vivre avec un homme à problèmes.

Les auteurs ont donc souhaité approfondir l'enquête en s'efforçant de savoir par quel mécanisme certaines femmes avaient fait un mariage harmonieux avec un homme non déviant. L'élément le plus important était le fait que la femme ait ou non « planifié » le choix de son conjoint, c'est-à-dire qu'elle ne se soit pas mariée pour une raison négative (fuite d'une situation familiale intolérable ou grossesse illégitime) et qu'elle connaissait son époux depuis au moins six mois. Soixante-seize pour cent des « planificatrices » ont choisi des hommes non déviants contre 35 % des non-planificatrices. La planification augmentait la probabilité d'un bon mariage, mais si une non-planificatrice faisait un bon mariage, l'effet protecteur du soutien marital s'appliquait toujours ; inversement, si malgré la planification, une femme manquait de soutien marital, elle avait des risques de manifester une parentalité inadéquate.

Découvrir une famille de substitution

En se liant avec la personne aimée, le sujet à l'enfance blessée adopte une nouvelle famille, qu'il considère d'ailleurs parfois comme sa véritable famille. Le témoignage d'Angéline est particulièrement émouvant. Cette femme a longtemps gardé le silence sur son passé. Cela fait seulement sept ou huit ans qu'elle en parle, et encore avec beaucoup de circonspection. Même les personnes les plus proches, son mari et son fils, n'en connaissent que les grandes lignes. « C'est quelque chose qu'on cache, même vis-à-vis de ceux qu'on aime. Il y a de la pudeur. Même mon mari et mon fils, je n'ai pas envie de les mettre en face de ça, de les salir. De plus, je ne veux pas les voir impuissants, je préfère les savoir inconscients, ignorants, qu'impuissants. »

Après une première union ratée, Angéline est aujourd'hui mariée à un homme qui l'aime profondément, qui comprend ses souffrances et qu'elle aime également. Elle s'est remariée il y a un an. Quelque temps avant son mariage, elle a écrit un e-mail d'explication à ses futurs beaux-parents qui s'étonnaient de ce que personne de sa famille ne serait présent à son mariage. « Je n'ai pas pu leur expliquer de vive voix. » Elle ouvre son e-mail deux jours plus tard, un peu tremblante, et fond en larmes quand elle lit ce que son futur beau-père lui a écrit : « Désormais, tu es notre fille. » « Je comprends pourquoi mon mari est un homme si bon. C'est vraiment un enfant de l'amour et je remercie le ciel d'être mariée avec un homme comme lui, parce qu'il me tire vers la lumière. J'ai vraiment de la chance. Il est capable de me dire : "Allez, tout ça, c'est des histoires du passé, je suis là, je t'aime", mais me dire ensuite : "Mais je comprends." C'est un homme à part, il est tolérant, il m'a dit un jour : "Ta souffrance m'élève parce que ça me force à la comprendre." »

Pour aider des personnes à comprendre leur inscription dans l'histoire familiale, certains thérapeutes utilisent le génogramme ou le génosociogramme, arbre généalogique commenté, un outil qui permet de visualiser la place que le sujet occupe dans l'ensemble de la constellation familiale, sur plusieurs générations[9]. Cette approche est très intéressante, mais elle risque parfois de donner au sujet le sentiment d'être enfermé dans un tissu de déterminismes, dont il lui est difficile de s'évader, même si le but de cette approche est précisément de mettre l'accent sur l'autonomie personnelle. Selon Judith Ollié-Dressayre et Dominique Mérigot, tous deux thérapeutes familiaux, « le génogramme biologique peut accentuer le caractère décourageant de certaines filiations, en stigmatisant, si l'on peut dire, une configuration pathologique sur laquelle le sujet n'a, par définition, aucune prise[10] ».

Ces deux auteurs proposent donc d'utiliser le génogramme imaginaire, lequel me semble constituer un meilleur outil pour faciliter la résilience, car il prend en compte ce besoin si fréquemment ressenti par les enfants blessés de se créer une famille de substitution, besoin qui perdure souvent à l'âge adulte. Il permet de se représenter non pas la famille objective de l'état civil, mais notre représentation de la famille, telle que nous la vivons aujourd'hui parmi les personnes de notre entourage. Autant le génogramme réel risque d'enfermer l'individu dans une configuration familiale sur laquelle il n'a aucune prise, autant le génogramme imaginaire l'autorise à créer des liens affectifs dans le présent.

L'idée en est venue à Dominique Mérigot, à l'occasion d'une situation qu'il avait rencontrée. Jennifer, 20 ans, et son fils Sylvian, 3 ans, né d'un inceste pratiqué par le beau-père, avaient été reçus dans une famille d'accueil en octobre 1993. Auprès des parents d'accueil, la souffrance de cette jeune femme s'est apaisée et elle a pu progressivement se reconstruire et offrir à son fils l'amour dont il avait besoin. Elle ne se sentait pas encore prête à quitter la famille d'accueil pour s'installer dans un appartement de l'institution. D. Mérigot est alors frappé par les relations quasi filiales que Jennifer manifeste envers Christian et Martine. Une complicité s'est installée entre les deux femmes, et la relation avec Christian est faite d'une estime réciproque évidente. Le couple d'accueil n'a eu qu'un fils, aujourd'hui majeur et indépendant, et aurait bien aimé avoir également une fille. Dominique suggère alors à Christian, Martine et Jennifer de faire réellement comme s'ils étaient en famille, autrement dit de s'appeler sous forme de jeu : « papa », « maman », « ma fille ». Son hypothèse est qu'un tel jeu devrait contribuer à « exorciser » leur désir d'affiliation, leur permettre de dire la réalité de leurs sentiments tout en acceptant de situer cette réalité dans l'imaginaire.

La réaction est immédiate : chacun s'empare de la proposition avec le plus grand bonheur. Jennifer, heureuse et amusée de cette possibilité, commence bientôt à négocier avec ses « parents » qui pourraient bien être, dans l'équipe ou dans son entourage immédiat, le tonton, la tata, les grands-parents de cette famille imaginaire. Du coup, l'évolution de cette jeune fille se fait naturellement : elle accepte rapidement de s'installer seule en appartement.

De cette expérience est donc né le concept de génogramme imaginaire, qui donne l'occasion au sujet de se situer entre loyautés de filiation et loyautés d'affiliation. La procédure est aujourd'hui formalisée : dans une première phase, la personne est invitée à énoncer les dix personnes qui lui semblent aujourd'hui les plus importantes. Parfois, ce sont dix personnes de la famille, alors qu'il arrive aussi à l'inverse qu'il n'y ait aucune personne de la famille. Puis elle construit son génogramme imaginaire à partir de cela.

D. Mérigot souligne que le génogramme imaginaire semble toujours apporter une clarification et non une confusion accrue de la frontière entre réel et imaginaire. Il élargit la perspective de la personne et facilite sa résilience, comme le montre le cas d'une patiente, victime d'inceste de la part de son père, invitée à construire d'abord son génogramme biologique, puis un génogramme imaginaire. En commentant son génogramme biologique, elle n'a parlé de son père qu'en évoquant les rapports incestueux. En revanche, à l'occasion du génogramme imaginaire, elle a pu parler du double aspect du lien à son père, à la fois tissé d'amour en tant que fille et de rejet en tant que victime, sentiment ambivalent fréquent dans ce type de trauma. Dans un cas, l'utilisation du génogramme imaginaire a même pu aider une équipe de centre d'hébergement à repérer une situation d'inceste et à intervenir pour protéger les enfants concernés.

On retrouve une idée proche dans le témoignage que Jean Cartry donne de l'expérience qu'il mène depuis une vingtaine d'années avec son épouse en tant que famille d'accueil. « Nous ne sommes évidemment pas les parents des enfants que nous accueillons, écrit J. Cartry. Nous n'occupons pas la place de leurs parents, qui est reconstituée et gardée. Mais nous sommes bien dans une fonction symbolique et dans un rôle de parents. Entre les enfants et nous se forment des liens créateurs de filiation, mais de filiation éducative et affective. [...] Nous sommes par conséquent des parents symboliques[11]. »

Les enfants

Les enfants aussi jouent souvent un rôle important dans la résilience d'un individu. Tout d'abord en ce qu'ils lui permettent de constater que, même s'il n'a pas eu de véritable modèle parental à imiter, il peut néanmoins devenir un bon parent lui-même. De plus, le lien particulier qui s'instaure entre un parent et ses enfants facilite parfois le travail sur soi, tremplin vers la résilience. Jean, orphelin, parle de sa fille, éducatrice spécialisée, qui a fait des études de sociologie :

« Elle est un peu dans ce milieu, et elle sait que parler, savoir, c'est toujours mieux. Donc, c'est elle qui, petit à petit, m'a amené à dire certaines choses. Si j'ai eu une thérapeute, c'est un peu ma fille.

— C'est votre fille, d'une certaine façon, qui vous a fait renaître ?

— Voilà, c'est ça. Elle m'a fait repartir. Dans ces conditions-là, c'est probablement ce qu'il y a de plus beau. On peut aussi le faire avec un psy, par exemple, mais le faire avec sa propre fille, qui mène le débat elle-même, c'est ce qu'il y a de mieux. C'est elle qui a fait en sorte que les choses deviennent sereines, évacuées. C'est beau, ça[12]. »

Mais j'entends déjà le chœur des puristes s'indigner : « Cette façon de faire est dangereuse et totalement contraire à tous les principes thérapeutiques. Ce n'est pas à un proche de jouer le rôle du thérapeute. » Soit, mais sur quoi se base-t-on pour affirmer cela avec tant d'assurance ? Sur des études scientifiques ? Aucunement. Il s'agit là d'un postulat qui ne repose sur aucune recherche évaluative. Une étude de synthèse rassemblant 42 recherches a montré, au contraire, que des personnes n'ayant pas suivi de formation psychologique (infirmières, parents, bénévoles) parvenaient à des résultats identiques à ceux des professionnels pour des troubles mineurs et graves[13].

Une démarche motivée par l'esprit de la résilience conduit à une perspective non idéologique, à une attitude plus pragmatique et surtout plus respectueuse des « parcours spontanés de résilience » que la personne se crée elle-même. Si les discussions avec sa fille ont procuré des effets bénéfiques à cet homme, alors c'était la bonne démarche pour lui. Comme pour beaucoup d'autres parcours de résilience, deux attitudes opposées seraient aussi erronées l'une que l'autre face à une telle situation : dire que ce n'était pas la bonne solution ou, inversement, généraliser et dire qu'il s'agit d'une voie obligée de résilience pour toute personne traumatisée.

Les amis

L'amitié est bien entendu une source importante de résilience. Curieusement, il semble que ce thème ait été peu (ou pas) exploré par les chercheurs. Lackey et Williams constatent que chez les sujets ayant connu de la violence dans leur famille d'origine, la trajectoire personnelle peut être singulièrement modifiée par des tournants de l'existence, en particulier des amitiés fortes et la rencontre avec un(e) partenaire aimant(e)[14]. Ils ont étudié le parcours de 287 hommes ayant connu la violence dans leur famille d'origine et constaté que l'attachement des hommes à leur partenaire et/ou à des amis et proches augmente la probabilité de la non-violence, l'attachement à la partenaire ayant l'effet le plus important.

Il existe d'ailleurs à ce titre des facilitateurs de résilience inattendus, comme Tim Guénard a pu en faire l'expérience. « Ce qui m'a vraiment fait sortir de la violence ? Ma rencontre avec Frédéric, un handicapé au visage tordu, au corps abîmé. C'est le premier garçon qui m'a regardé joliment. Il m'a demandé qui j'étais. Je lui ai dit mon prénom, puis il m'a regardé, m'a posé la main sur l'épaule et m'a dit : "T'es gentil, toi." [...] C'est la première fois que je me suis vu comme quelqu'un de bien : quand on m'a dit que j'étais gentil. Il fallait que ce soit un handicapé avec une bouche tordue qui me le dise[15]. » Quelque temps plus tard, un comportement de Frédéric va d'ailleurs profondément le bouleverser[16]. Ce jeune, privé de la parole par son handicap, s'efforce de taper à la machine pour communiquer avec les autres. Installé sur sa chaise roulante, il doit littéralement se projeter vers la machine à écrire pour taper une lettre à la fois, donnant un caractère pathétique à la scène. « Ma première réaction est de penser : "Il est fou, il ne peut pas laisser cette pauvre machine tranquille ! Il va s'épuiser... Tous ces efforts inutiles pour rien !" Je m'approche pour la lui retirer. Il grogne, me manifeste de le laisser seul. » Frédéric met deux jours pour taper cinq lignes. Mais quelles lignes ! Cinq lignes d'amour pour souhaiter un bon anniversaire à Tim Guénard. « Le premier cadeau d'anniversaire de ma vie. [...] Ce cadeau me met à genoux dans mon cœur. Je regarde cette lettre, ses cinq lignes d'amour. Mon regard s'embrume, ma gorge pique, ma colère laisse place aux larmes. Je chiale comme un gamin. Ma vie vient de basculer. [...] Je veux changer, donner des gestes d'amour, porter un regard d'amour sur les autres. Transformer ma vie en existence d'amour. »

Quand l'enfant ne trouve pas de liens, il en crée

DE LA RÉSISTANCE À LA (RE)CONSTRUCTION

Mais que se passe-t-il lorsque l'enfant ne trouve pas dans son entourage d'adulte sensible à sa détresse ? Dans l'enquête que j'ai menée, plusieurs personnes m'ont tenu des propos tels que : « Je me suis élevée toute seule » ou « Au fond, personne ne m'a vraiment aidé les premières années. » Michelle Van Hooland tient un propos similaire : « J'ai pu et dû être d'abord ma seule ressource face au présent de la maltraitance ; il n'y avait rien ni personne qui était là, présent pour me secourir, il fallait gérer le quotidien qui a duré dix ans[17]. »

Ici, la distinction s'impose entre ces deux phases de la résilience que sont la résistance et la (re)construction. Tant que persistent les violences, c'est essentiellement la résistance qui est à l'œuvre, ce qui est encore plus net si l'enfant a le sentiment d'être seul pour affronter sa souffrance. Pour l'heure, il supporte sa vie présente, en utilisant divers mécanismes de défense et en se projetant dans l'avenir. La reconstruction viendra plus tard, lorsque l'enfant ne sera plus exposé au milieu pathogène initial.

La vie se déroule rarement sur le mode du tout ou rien. L'adulte résilient se souvient souvent qu'enfant, il avait à la fois le sentiment d'être seul et d'être plus ou moins soutenu par des personnes. Ghislaine, une orpheline, fait remarquer à Serge Moati : « On ne se constitue pas tout seul. Alors que moi, j'ai eu l'impression que je me suis constituée complètement seule. Ce qui est complètement faux, bien sûr...

— Comme si vous étiez l'enfant de vous-même ?

— Oui, c'est ça, exactement ! On s'enfante soi-même. Et je pense que c'est vrai, parce qu'on doit fabriquer les choses nous-mêmes. Il n'y a pas de transmission, il n'y a pas d'héritage, il faut tout découvrir tout seul. Oui, d'une certaine façon, je crois qu'on peut dire qu'on s'enfante quand on est orphelin[18]. »

De même, lorsque j'interroge Angéline sur les personnes qui lui ont éventuellement servi de « tuteurs de résilience », elle me répond qu'elle a eu toute sa vie le sentiment d'être seule. Mais elle signale toutefois l'existence d'un ami d'enfance plus âgé qu'elle de deux ans. « Il a été mon frère, mon père, ma mère. C'est lui qui a été mon soutien tout au long de ma vie. Même quand j'ai voulu me suicider, il a toujours été là, et dans un certain sens, ça a été mon bâton de vie, comme je le dis souvent. » Puis Angéline fait remarquer qu'elle a tout de même aussi rencontré des « gens merveilleux, des personnes qui avaient une vie de famille absolument exemplaire, des voisins qui avaient des enfants et qui les aimaient, c'était flagrant. Je me suis aussi raccrochée à eux d'une certaine façon. Mais des tuteurs, vraiment, non ».

Au cours de cette période, tout instant de bien-être, aussi infime soit-il, est apprécié à sa juste valeur, comme le note David Bisson, l'enfant du placard, à propos des moments où, en l'absence des parents, son frère lui ouvrait la porte : « C'était de petites fenêtres sur l'extérieur où la vie devenait possible, qui me faisaient supporter le reste, sans mourir[19]. »

Créer des liens avec les animaux, la nature...

En l'absence d'un tuteur humain de résilience, la volonté de vivre, de communiquer est malgré tout souvent la plus forte. Il est fréquent que, ne pouvant *trouver* du lien avec des humains, l'enfant va le *créer* avec d'autres êtres, le plus souvent, avec un animal de compagnie, de préférence un chien. Lorsque l'animal est également maltraité, ce sont des compagnons d'infortune. Mais dans tous les cas, l'enfant se sent compris, accepté par l'animal ; il trouve auprès de lui la tendresse qui lui manque et peut lui confier ses secrets les plus intimes sans crainte d'être trahi. David Bisson raconte qu'à une époque de sa vie, les seuls liens d'amitié qu'il pouvait entretenir l'étaient avec la petite chienne Jessy, « la seule qui ne me faisait pas de mal[20] ».

L'animal se révèle une source inestimable de réconfort lors des angoisses nocturnes de l'enfant. Maryse Vaillant se souvient avec émotion de l'importance de Fanny, une chienne berger allemand, cette « compagne inégalable[21] ». « Elle fut mon grand amour, ma confidente, mon amie. En fait, je crois que j'avais besoin d'aimer quelqu'un, quelqu'un que je puisse toucher sans danger. [...] Sans cette chienne, je n'aurais jamais pu survivre aux migraines, aux cauchemars et aux insomnies qui harcelaient mes nuits. » Maryse va parfois dormir avec Fanny qui « dégage une large place pour que je me colle à elle. Je m'y niche et elle s'endort en grognant doucement. Au rythme de son souffle, puis de ses ronflements, la paix du monde revient ».

Michelle Van Hooland décrit longuement les bienfaits qu'elle a pu retirer de sa relation avec Miss, sa chienne. « Lorsque je rentrais de l'école, je ne disais bonjour à aucun membre de ma famille : ni à ma mère, ni à mes frères et ma sœur, cela ne se faisait pas. Personne ne s'embrassait, ne se prenait dans les bras. Par contre, j'avais, moi, une personne à qui dire bonjour et qui me disait bonjour ou du moins qui me manifestait de la joie lorsque je rentrais. Ma chienne me faisait la fête, j'allais toujours la voir en premier. [...] Elle me rendait heureuse : de la voir courir, partir puis revenir me voir me faisait plaisir. Je n'ai jamais failli à prendre soin d'elle. Je n'ai jamais été agressive avec elle, je ne l'ai jamais battue. [...] Elle était mon attachement permanent. J'avais besoin d'elle, j'avais aussi besoin qu'elle m'aime, qu'elle me reconnaisse lorsque je rentrais, qu'elle se dirige vers moi. Elle était le contraire de ce qui se passait dans la maison, elle était calme, silencieuse et douce, en un mot reposante pour moi[22]. »

Un élément très important est le sens que l'enfant accorde aux attitudes de l'animal, même si plus tard, une fois devenu adulte, il adopte une vision plus réaliste, plus distanciée. C'est précisément le parcours de Michelle : « J'étais très attachée à elle. Avec le recul, je constate que je considérais cette chienne non comme un animal, c'est-à-dire avec les différences évidentes entre les hommes et l'animal, mais plus comme mon égale, comme une personne[23]. » Lorsque Michelle revenait de chez le coiffeur, elle demandait à sa chienne de réagir à la nouvelle forme de ses cheveux. « Elle sentait mes cheveux, je croyais à ce moment-là qu'elle s'apercevait du changement, et j'étais contente, mais n'était-elle pas plutôt intriguée par l'odeur des laques ou du shampooing à laquelle elle n'était pas habituée ? Ce qui est intéressant de noter, c'est que cela me faisait du bien de croire qu'elle s'apercevait du changement ; ceci était d'autant plus important pour moi puisque les autres ne réagissaient pas. [...]

Je me disais sans arrêt qu'elle souriait. Je pensais qu'elle souriait, qu'elle me souriait et cela me faisait du bien de le croire[24]. »

Marie-Raphaëlle, pour sa part, allait parfois dormir à la bergerie, lorsque l'atmosphère familiale devenait irrespirable. Là, les moutons lui apportaient de la chaleur, du réconfort. Elle se sentait bien, avec seulement une petite pointe de jalousie envers les agneaux qui, eux, bénéficiaient de la tendresse de leur mère.

Et lorsqu'il n'y a pas d'animal familier, reste toujours la possibilité de se confier à son nounours ou à sa poupée. Parmi d'autres, une victime d'inceste témoigne : « Je n'avais qu'une envie, me coincer au fond de mon lit, avec mon nounours. Il n'y a que lui qui m'entendait dire : "J'en peux plus. Je suis malheureuse, j'ai mal. Si tu savais nounours... comme je suis malheureuse"[25]. »

Et Marina Picasso, la petite-fille du peintre, qui a connu une enfance sordide, se confiait à sa poupée Lélanta, sa « compagne de misère ». « Quand trop de papillons noirs virevoltent dans ma tête, je range ses vêtements dans une petite valise, la serre dans mes bras et lui souffle à l'oreille : "Allez, viens, on part faire notre vie"[26]. »

Plus connu est le cas d'Anne Frank qui s'adresse à Kitty, une amie imaginaire à qui elle confie ses pensées intimes : « J'espère pouvoir tout te confier comme je n'ai encore pu le faire à personne ; j'espère aussi que tu seras pour moi un grand soutien[27]. »

De même, Maurice Roth, autre enfant caché de la Shoah, a dû se créer des partenaires de communication imaginaires. « J'engrange tout un trésor de fables et d'illusions et en tire ma force. Elles seules connaissent mes secrets. Je me mire dans l'eau de la rivière ; je dialogue avec mon double. Lui seul me comprend. Je lui rends visite chaque jour, à l'enfant de la rivière, au fond de l'eau. Je le regarde et je suis surpris de son silence. "Toi aussi tu es triste ? je lui demande parfois. Toi aussi tu attends ton papa ?" Personne n'est au courant de ces rencontres. Personne ne sait que j'ai un ami ici, un seul ami. Souvent des larmes coulent. Les traits de mon double se troublent et se rident dans l'eau[28]. »

Mais le pire sentiment de solitude se manifeste le soir, dans l'attente du sommeil : « Les nuits sont dures. Ce qui me manque, c'est que quelqu'un me dise "bonne nuit". C'est trop demander qu'on me dise seulement "bonne nuit" ? Ce désir d'entendre quelqu'un me dire "bonne nuit" grandit et me submerge chaque soir. Je trouve une ruse. J'appelle chacun des doigts de ma main d'un autre nom : le pouce, c'est papa, le deuxième doigt, c'est maman, et tous les autres doigts sont baptisés des noms de mes frères et sœurs. J'embrasse chaque doigt avant de m'endormir et lui dis en murmurant : "Bonne nuit !" Chaque soir, je discute avec le pouce, je lui pose une foule de questions, lui fais un tas de demandes. Je parle avec le pouce comme si je parlais à papa et je m'efforce toujours de l'imaginer. Mais je parviens rarement à retrouver son visage[29]. »

Parfois même, c'est aux arbres que des enfants tristes vont raconter leurs malheurs, avec le sentiment que ceux-ci les écoutent. Deux des personnes que j'ai interviewées m'ont décrit le fait ; l'une d'elles m'a même précisé : « Et ils me répondaient. »

Certains trouveront peut-être ces attitudes surprenantes, voire estimeront qu'il s'agit là de comportements à la limite du pathologique. Il est dangereux, à leurs yeux, que ces enfants se perdent dans un monde irréel. Ce qui signifie finalement qu'il faut ramener l'esprit de l'enfant dans la réalité de son insupportable univers quotidien. Lourd prix à payer à la lucidité ! Or, les enfants que je viens de citer sont tous devenus des adultes « normaux », avec certes un goût manifeste pour l'imaginaire, mais qui leur en ferait reproche ? Certes, il y a un risque de basculement dans la pathologie, mais ce risque n'est aucunement obligatoire et il serait néfaste de stigmatiser sans raison un enfant qui trouve dans cette attitude une issue temporaire à son enfermement.

DIEU, UN PÈRE AIMANT

Enfin, la religion est assez souvent mentionnée comme élément de soutien par les personnes résilientes. Dans une des premières études sur la résilience, réalisée dans les îles Hawaii, l'auteur soulignait qu'une foi religieuse profonde faisait partie des caractéristiques majeures des enfants résilients, une fois devenus adultes[30].

Aux yeux de nombreux résilients, Dieu est un père aimant qui vient remplacer celui qui aurait dû jouer ce rôle. À l'adolescence, Roger estimait que le mot le plus monstrueux du dictionnaire était « père ». Quant au mot « papa », il l'avait définitivement rayé de son vocabulaire. Devenu père, il éprouve intensément aujourd'hui que le mot le plus doux de la langue française est « papa ». Il affirme par ailleurs qu'il n'aurait jamais pu avoir des enfants s'il n'avait pas vécu une conversion religieuse, s'il n'avait découvert un Père aimant qui l'écoute et le comprenne absolument.

L'histoire de Jacky Van Thuyne est révélatrice à cet égard. Son père, un homme très violent, n'a jamais mangé ou discuté avec lui. « Il ne m'a pas élevé, il m'a dressé », souligne J. Van Thuyne. Il ne connaît pas de vie de famille, ne fête jamais Noël ni le jour de l'an, et passe une grande partie de son temps dans la rue. Devenu adulte, il devient gangster, participe à des braquages et se retrouve en prison. « Je faisais le mal d'une manière déterminée, il n'y avait de place pour aucune humanité. On sait qu'il n'y a plus d'avenir, qu'on va mourir dans le ruisseau, c'est l'escalade, un suicide à long terme. Une fois qu'on a tiré dans les flics, il ne reste plus d'illusions[31]. »

En prison, il en vient à se poser des questions sur la vie après la mort, fait du spiritisme, jusqu'au jour où il acquiert soudainement la certitude de l'existence de Dieu. « Dès cet instant une douceur infinie pénètre tout mon corps comme si à l'intérieur de moi, j'étais en ouate. [...] Je suis comme apaisé, absent, je ne comprends pas ce qui m'arrive. Une sorte de bien-être m'envahit, je suis déconnecté de la réalité. Je ressens une grande paix, j'ai l'impression d'avoir l'agrément de tous et je vais me coucher comme ça. [...] J'ai dit oui à Dieu : je veux que tu sois mon père[32]. » Cet état de grâce dure trois jours et modifie radicalement le regard qu'il porte sur les autres et sur l'existence. « Je suis soudain habité d'un sentiment altruiste alors que je n'avais jamais employé ce mot. Au lieu de voir les matons comme des ordures, je vois des hommes, des pères de famille, j'ai une sensibilité, une perception que je n'ai jamais eue auparavant. Je recommence avec un cœur neuf, mais je ne m'en rends pas compte. Je suis redevenu en ordre d'un seul coup sans le savoir. [...] Je ne me reconnais plus parmi les autres. Pour moi, les gens que j'admirais hier, ceux du "baron Empain" et du "bar du Téléphone", je ne me reconnais plus parmi eux, et ceux qui étaient de la racaille, des larves, les clodos, sont devenus dignes d'intérêt[33]. »

Libéré après six ans de prison, il écrit : « Hier encore j'étais livré au hasard, tiraillé dans tous les sens, jouet de l'opportunité. Si j'ai pu accéder au bonheur, je le dois au Christ, par sa croix et son pardon inconditionnel[34]. » Il va alors créer une structure de réinsertion pour des hommes sortant de prison.

Les qualités des tuteurs de résilience

Ce que nous disent les résilients des personnes qui les ont aidés à s'en sortir permet d'établir une sorte de « portrait-robot » du tuteur de résilience. Mais j'ai conscience, en présentant ces différentes caractéristiques, du risque que cela présente. D'une part, celui de transformer des attitudes spontanées en code de bonne conduite à l'usage du « super-tuteur de résilience ». Or, aucune technique ne remplacera la sincérité et la simplicité. Méfions-nous d'un glissement du descriptif vers le prescriptif. La souffrance existe depuis que l'humanité existe, de même les résilients et les tuteurs de résilience. En d'autres termes, les chercheurs n'ont fait que mettre un mot sur une réalité présente depuis fort longtemps. Tout comme M. Jourdain faisait de la prose sans le savoir, de nombreuses personnes sensibles aux autres « font » de la résilience sans le savoir. Il serait dangereux de vouloir s'autoproclamer tuteur ou tutrice de résilience, en adoptant un catalogue de comportements qui « marchent ». Il y a dans l'émergence du processus de résilience une alchimie étrange, au cours de laquelle un enfant en souffrance « élit » un adulte pour être son tuteur de résilience. Souvent, ni l'un ni l'autre ne sont véritablement conscients de ce qui est en train de se jouer, alors que cela peut être fondamental dans l'existence de cet enfant.

L'autre danger, corollaire du premier, serait de croire que pour être tuteur de résilience, il faudrait posséder toutes les caractéristiques décrites ci-dessous. Or, la vie est tissée d'imperfections et c'est souvent ce qui fait sa richesse. Une personne si parfaite qu'elle en serait inaccessible a peu de chances de devenir un tuteur de résilience et encore moins un modèle à suivre.

Une fois posés ces préalables, rien ne nous empêche de relever les principales caractéristiques des tuteurs de résilience :

— Ils manifestent de l'empathie et de l'affection.

— Ils s'intéressent prioritairement aux côtés positifs de la personne.

— Ils sont modestes.

— Ils sont patients.

— Ils laissent à l'autre la liberté de parler ou de se taire.

— Ils ne se découragent pas face aux échecs apparents.

— Ils respectent le parcours de résilience d'autrui.

— Ils facilitent l'estime de soi d'autrui.

— Ils facilitent l'altruisme chez autrui.

— Ils associent le lien et la loi.

— Ils évitent les gentilles phrases qui font mal.

Ils manifestent de l'empathie et de l'affection

Pour entrer pleinement dans un processus de résilience, l'enfant blessé doit ressentir qu'un adulte porte sur lui un regard inspiré par un véritable intérêt personnel, une sensibilité authentique face à la souffrance qu'il perçoit chez ce petit d'homme. C'est là le principal élément facilitateur de résilience. Certains n'hésitent pas à parler d'affection et d'amour. D'autres, quelque peu effrayés de mots aussi forts, préféreront ceux d'empathie et de bienveillance.

Il suffit parfois de peu de chose pour donner à un enfant souffrant le sentiment qu'il a de la valeur. Ceci est bien mis en évidence par le témoignage de Marie-Raphaëlle, qui a vécu un enfer inouï quand elle était petite. Son père alcoolique abusait d'elle sexuellement et la prostituait auprès de ses amis, sa mère prostituée l'humiliait en permanence ; Marie-Raphaëlle recevait sa nourriture jetée par terre dans un fond de la pièce, elle n'a jamais dormi dans un lit, son anniversaire n'a jamais été fêté, etc.

Une personne a joué un rôle essentiel de tuteur de résilience, sa deuxième maîtresse d'école primaire. « Elle ne m'a jamais fait de reproches concernant mes retards, mes endormissements en classe, mes vêtements sales. Elle m'a souvent répété que j'étais intelligente, me faisait faire des calculs pendant la récréation, me défendait quand les camarades de classe se moquaient de moi. Elle m'a coiffée, m'a appris à me brosser les dents, à utiliser du savon, etc. En quelques mois, elle a réussi à me redonner courage et espoir. Désormais, je savais qu'il y avait vraiment des adultes qui faisaient autrement que mes parents, que ce qu'ils disaient correspondait à ce qu'ils faisaient et que je voyais d'eux. Elle était si gentille avec moi. » Marie-Raphaëlle n'a pas eu l'occasion d'exprimer toute sa reconnaissance à cette femme qui ne saura probablement jamais à quel point elle l'a aidée.

La sensibilité d'un adulte est particulièrement nécessaire face au jeune qui a mis en place une barrière émotionnelle pour éviter de trop souffrir. Cette insensibilité superficielle, cette capacité de se retirer dans une bulle d'indifférence apparente permet de filtrer les événements extérieurs pour en atténuer l'impact. Elle protège l'individu et l'aide à supporter le traumatisme. Maryse Vaillant, qui a vécu une enfance gravement marquée par la maltraitance, fait remarquer que « sans une tactique très élaborée de mise à distance et de fermeture, je crois que je n'aurais jamais survécu à la peur qui me dévorait l'enfance[35] ». Cette attitude est très fréquente, et souvent nécessaire dans un premier temps. Le lendemain du décès de la mère de Serge Moati, tous les proches rassemblés autour du cercueil pleuraient, sauf lui. « Je n'y arrivais pas. Et l'on me regardait étrangement. J'étais un enfant au cœur sec, un monstre même pas capable de pleurer sa mère après avoir perdu son père trois mois auparavant[36]. »

Bien que protectrice, la distance émotionnelle présente le risque d'endurcir la personne, de l'isoler de son environnement social. Elle cache souvent une quête d'amour. C'est bien ce que comprend François Truffaut adolescent, menotté entre deux gardiens dans un train, face aux regards de « curiosité morbide et animale » des gens : « Derrière ces regards méprisants et hautains que j'affecte, il y a un petit garçon qu'une pression affectueuse sur l'épaule suffit à répandre en larmes[37]. »

Comment l'adulte peut-il réagir face à cette apparente froideur ?

Seul l'amour peut répondre au manque d'amour, et faire éventuellement surgir la confidence et l'abandon des défenses intimes. Maryse Vaillant résume bien cela, en partant de son expérience : « Déjà, quand j'étais petite et qu'on remarquait ma sécheresse, je répondais : "Je pleure dedans", et c'était vrai. L'eau des yeux ne dit rien sur la peine du cœur ; quant à l'aridité, elle est plus de solitude que de dureté. Mon intuition est celle-ci : celui qui n'a pas près de lui ou en lui une présence suffisamment compatissante pour accueillir son chagrin ne pleure pas[38]. »

Ils s'intéressent prioritairement aux côtés positifs de la personne

Chacun de nous a ses zones d'ombre et ses zones de lumière. Le tuteur de résilience, bien qu'il ne soit pas naïf et qu'il ait conscience des faces d'ombre de la personne qui est en face de lui, s'intéresse cependant prioritairement à ses faces de lumière. Il croit aux potentialités de cet être et l'aide à les découvrir et à les faire croître. Tim Guénard exprime très bien cela lorsqu'il affirme : « Au cours de nos vingt-deux années de vie commune, ma femme Martine ne m'a jamais enfoncé la tête dans l'eau lors de mes petits et grands dérapages. [...] Ma femme a toujours dit qu'elle avait vu mon cœur en premier. Elle a discerné ce qui était beau en moi. Cela, je l'admire, car ce ne devait pas être évident[39]. » Martine aurait pu se focaliser sur le fait que Tim traînait derrière lui un lourd parcours de délinquance, mais elle s'est plutôt intéressée à son engagement bénévole au service de personnes handicapées mentales.

Ils sont modestes

Le tuteur de résilience cherche moins à se prouver et à prouver aux autres qu'il joue un rôle important, qu'à permettre au jeune de découvrir ses propres ressources. Plutôt que de faire lui-même, il facilite l'action de l'autre. Et lorsqu'il agit, c'est généralement de manière discrète.

D'ailleurs, l'univers de la résilience est une grande école de modestie : la plupart du temps, les tuteurs de résilience ne savent pas qu'ils le sont. En effet, il y a une grande différence entre ce que la personne a le sentiment d'avoir donné (très peu) et ce que le résilient a le sentiment d'avoir reçu (énormément). Ceci est simple à comprendre. Un enfant mal aimé peut ressentir comme une véritable illumination dans son existence la rencontre d'une personne chaleureuse, ouverte, attentive. Humaine, tout simplement, ce qui n'est pas si extraordinaire, en fin de compte. De même que les résilients, les tuteurs sont des gens ordinaires, ni plus ni moins. Certes, le tuteur de résilience a généralement conscience qu'il a fait du bien à tel enfant, mais ce qu'il ignore, c'est à quel point il lui a fait du bien. Là réside toute la différence entre la perception de l'un et de l'autre.

Il suffit parfois d'une parole pour changer la vie d'une personne, sans même que l'on s'en rende compte. Jean-Pierre Payot, aumônier de prison, m'a raconté l'histoire suivante. Il fait un jour une conférence sur la peine de mort, où il dit : « Les victimes ne sont pas coupables d'être victimes. » Quelques jours plus tard, il rencontre un professeur qui lui apprend : « Vous vous rendez compte, vous avez changé la vie d'une jeune fille. Elle avait été violée et on lui avait fait croire qu'elle était coupable. »

Signalons dans un registre proche l'expérience vécue par Jacques. Son père a gravement atteint toute sa famille. Le jeune homme, après lui avoir voué une haine farouche, décide de lui pardonner et de renouer le contact. Il va passer quelques jours chez son père et sa nouvelle femme. À son retour, il envoie une lettre à son père dans laquelle il omet de remercier sa belle-mère pour l'accueil sympathique qu'elle lui a réservé. Réaction rapide de son père sous forme d'une lettre d'insultes dans laquelle il écrit : « Tu me fais honte. Désormais, je ne veux plus jamais te voir. » S'ensuit une forte culpabilité ; Jacques, qui souhaitait renouer des liens avec son père a le sentiment que tout est gâché, par sa faute. Il s'en ouvre à Philippe, un adulte, qui deviendra sans le savoir son principal tuteur de résilience. Après l'avoir attentivement écouté, celui-ci lui fait remarquer : « Là, Jacques, tu es en train de mélanger deux choses : la vraie et la fausse culpabilité. OK, tu as fait une erreur, c'est sûr que tu aurais dû remercier ta belle-mère. Mais ça ne justifie absolument pas la réaction de ton père. C'est complètement disproportionné. En plus, avec tout ce qu'il t'a fait, c'est lui qui devrait se sentir coupable, pas toi. Au fond, tu n'es pas pour grand-chose dans toute cette affaire. »

Pour Jacques, cette simple phrase « tu mélanges la vraie et la fausse culpabilité » a littéralement changé son existence. Car elle lui a fait revisiter de multiples situations de son enfance où son père l'avait poussé à se sentir coupable. Or, en y réfléchissant avec du recul, les fautes qu'il avait commises lui paraissent finalement bien minimes par rapport à la réaction de son père. Tout un poids qui pesait sur ses épaules depuis de longues années s'est alors évanoui.

Vingt ans plus tard, Jacques a rappelé cette histoire à Philippe... qui l'avait complètement oubliée. Ce qui n'avait été qu'une phrase banale pour l'un avait transformé la vie de l'autre.

Au cours de l'enquête que j'ai menée auprès d'adultes ayant été maltraités dans leur enfance, j'ai demandé à ces personnes si elles avaient eu l'occasion de remercier ceux et celles qui les avaient aidées dans leur parcours d'enfance. Toutes m'ont répondu que non. Il n'est pas question de juger ce comportement ; bien au contraire, car il faut de longues années pour parvenir à se confronter à son passé avec une relative sérénité.

Chaskel, un enfant juif caché durant la Shoah, raconte : « Nous portons un amour profond et nous vouons une reconnaissance infinie aux glorieux, généreux et discrets héros de l'ombre et du cœur qui ont risqué leur vie pour sauver la nôtre. [...] Quand, après cinquante années, j'ai trouvé la force d'affronter mon passé et de les revoir, ils étaient tous décédés. Ultime dérision du destin. Je désirais tellement leur dire : "Merci, je vous aime. Je ne vous ai pas oubliés. Je ne vous oublierai jamais"[40]. » Les tuteurs de résilience sont souvent comme M. Jourdain : ils suscitent de la résilience sans le savoir.

Par ailleurs, il arrive fréquemment qu'une personne joue un rôle dans la vie d'un enfant ou d'un adolescent, mais que cette influence reste latente, qu'elle ne se manifeste pas visiblement pendant des années. Certains jeunes semblent ne pas évoluer, alors qu'au fond de leur être, les attitudes, les paroles d'un adulte cheminent lentement, mais sûrement.

L'émergence et le développement de la résilience ne se décrètent pas, ils se produisent subtilement, souvent à l'insu du tuteur lui-même. La personne qui s'autoproclamerait « tuteur de résilience » risquerait fort de faire des erreurs, voire de provoquer des catastrophes.

Ils sont patients

La personne blessée est souvent méfiante ; il faut du temps pour (re)créer la confiance, pour « apprivoiser » l'enfant qui n'a pas été habitué à l'amour. L'expérience vécue par Jean, un orphelin, démontre bien cela. Il a tout d'abord été placé chez des sœurs et en a gardé un très mauvais souvenir. Lorsque Serge Moati lui demande à qui il se confiait lorsqu'il avait un chagrin, la réponse ne se fait pas attendre : « C'est le drame ! On n'a personne dans ces cas-là. Je pense qu'il y a des endroits avec des religieuses où ça doit être possible, mais moi, je ne me souviens d'aucun adulte à qui j'aie jamais pu me confier. [...] C'est sûrement une des choses les plus difficiles à supporter, que de n'avoir personne à qui parler. D'avoir personne que l'on peut toucher affectivement. Je ne me souviens pas entre 5 et 13 ans d'avoir été caressé, d'avoir été embrassé. Tout ça n'existe pas[41]... » Mais à l'âge de 14 ans, il arrive aux Orphelins-Apprentis d'Auteuil, ce qui lui permettra de sortir de l'impasse. « C'est là que j'ai trouvé le contraire des sœurs. J'ai trouvé des gens qui ont bien voulu m'écouter, qui ont bien voulu m'entourer. Faire preuve de chaleur humaine et me redonner confiance. Ça a tout changé. Quand je suis arrivé aux Orphelins d'Auteuil, j'étais mûr pour être délinquant. Je ne suis pas devenu délinquant, je suis devenu professeur chez les Orphelins d'Auteuil, et puis ensuite directeur. Et ça, c'est vraiment dû à l'accueil, dès la première année, des gens qui se sont trouvés là, et notamment d'un type extraordinaire qui s'appelait le père Barat et qui, lui, a compris ma détresse, ma souffrance et ma révolte. Qui, petit à petit, un peu comme dans *Le Petit Prince*, m'a apprivoisé doucement, gentiment. Et moi, j'ai commencé à avoir confiance dans un adulte. C'était la première fois. J'ai senti que je m'épanouissais, notamment à travers les études. C'est le père Barat qui m'a incité à m'inscrire au bac par correspondance[42]. »

Ils laissent à l'autre la liberté de parler ou de se taire

Il s'agit là d'un corollaire de la patience et de l'apprivoisement. Je dis souvent, lors de mes formations sur la résilience, que les tuteurs de résilience savent respecter deux choses essentielles : le rythme du processus de résilience que la personne se donne à elle-même et les attitudes spontanées de résilience qu'elle adopte. En particulier, le tuteur respecte la volonté de la personne de parler ou de se taire. Il y a en effet une très grande différence entre la liberté de parler et l'obligation de parler[43]. Beaucoup de gens pensent que « ça fait du bien de parler de ses problèmes ». Oui, mais dans certaines conditions seulement. Tout dépend de la personne qui nous écoute, de la façon dont les confidences sont exprimées et reçues. Le tuteur de résilience ne cherche pas à forcer les confidences, il laisse la personne libre de s'exprimer ou non, et au rythme qui est le sien. Ayons à l'esprit cette phrase d'Elie Wiesel : « De quel droit voulez-vous rouvrir mes blessures ? Qui vous autorise à forcer ma mémoire[44] ? »

La révélation de secrets est utile dans la mesure où le confident ne juge pas, garde le secret pour lui et est capable de fournir à la personne de nouvelles perspectives sur son passé et son avenir.

Un enfant caché de la Shoah devenu adulte a dit un jour à une amie : « Ne pas parler de ce passé, ce n'est pas le rayer, c'est peut-être bien au contraire essayer de le garder au plus profond de soi-même, comme un secret qui ne se partage pas, le seul héritage possible quand l'image de tes parents s'estompe et qu'il ne te reste pas même de photo pour la récupérer[45]... »

Corneille est un jeune Rwandais dont toute la famille (le père, la mère et les trois frères et sœurs) a été massacrée devant lui lors du génocide en 1994, lorsqu'il avait 17 ans[46]. Trois mois plus tard, il est reçu en Allemagne chez un couple d'amis de ses parents. Ce sont des « gens extraordinaires qui m'ont donné beaucoup d'amour. J'ai été accueilli de la bonne manière. Pas une fois, ils ne m'ont traîné chez le psy pour aller me faire faire des tests, etc. Tout s'est fait très naturellement. » Jean-Paul fait remarquer : « On s'est dit : "On n'en parle pas, on fait d'abord comme si rien n'avait existé", et c'est venu un jour, morceau par morceau, de temps en temps. Mais on n'a jamais mis le doigt sur la plaie. On a fait comme s'il n'y avait rien eu et je crois que c'était la meilleure des choses. »

Il ne s'agit en rien d'un déni de la part de ce couple. S'ils avaient dénié, ils n'auraient pas laissé Corneille parler de son drame lorsqu'il en a senti le besoin. Là, au contraire, ils choisissent de ne pas l'enfermer dans son statut de survivant d'un génocide, de lui laisser le temps de mûrir, tout en étant présent pour écouter en temps utile. La liberté de parler, mais sans aucune pression dans ce but. Corneille leur est très reconnaissant d'avoir agi ainsi. « C'était très important parce que je venais d'un génocide, c'est un chaos qu'on ne peut pas imaginer. Tout ce qu'ils ont fait, ils ont recadré mon environnement sur le modèle de celui que j'avais avant. Tout redevenait normal. J'allais à l'école, je n'avais pas l'impression d'avoir un traitement privilégié à cause de ma condition. Tout était très normal et j'ai foncé. C'est sûr que s'ils avaient eu une autre approche, j'aurais peut-être géré cela différemment. J'aurais eu moins de facilité à en parler comme j'en parle ce soir. »

La leçon de cette histoire est claire : on ne fait pas progresser un enfant en le confrontant violemment à la réalité de son traumatisme. Il y a une forme de pression à la lucidité qui peut s'avérer d'une violence extrême. Par contre, l'adulte doit être là, attentif à l'évolution du jeune, et être prêt à répondre présent le cas échéant.

Voici une expérience que m'a racontée Jamila Krebis, conseillère principale d'éducation dans un collège. Un jour, elle convoque Laetitia, une élève placée dans un foyer à proximité du collège, en raison de ses fréquentes absences. La jeune fille, prostrée sur sa chaise, refuse de parler. Après quelques tentatives infructueuses, Jamila se dit qu'elle ne peut ni ne doit la forcer à parler, et décide donc de « changer de tactique ». « Je lui ai donc dit : "Je vais en rester là, mais si par la suite, tu veux me parler de ce qui te rend malheureuse, je peux te recevoir à n'importe quel moment ; mon bureau t'est ouvert". »

Or, précisément, quelques jours après, Laetitia entre dans le bureau, s'installe et commence à raconter son histoire à la conseillère d'éducation. Elle avait été abandonnée par sa mère prostituée et avait vécu avec son père et sa grand-mère dans des conditions difficiles, ce qui expliquait son placement en foyer. Après cet entretien, les relations avec cette élève ont changé, et elle a suivi les cours avec nettement plus d'assiduité.

La difficulté à trouver une oreille véritablement empathique explique en partie le long silence que se sont imposé beaucoup de résilients. Devenus adultes, la plupart des rescapés d'enfance malheureuse savent qu'il n'est pas simple de participer à certaines discussions entre amis ou collègues de travail. Si la conversation glisse vers la vie de famille, vers les expériences vécues dans l'enfance, quelle attitude adopter ? Si le sujet raconte son histoire telle qu'elle s'est déroulée, il risque fort de gâcher la soirée, même avec des personnes empathiques. Inversement, s'il se tait, il va passer pour une personne peu sociable. La solution la plus « élégante » consiste évidemment à trouver un compromis, en fournissant quelques éléments d'information, mais sans détailler trop finement le passé. Cette personne doit non seulement apprendre à gérer l'impact de son histoire sur sa propre vie, mais aussi sur celle des autres. Comme le souligne une jeune femme ayant subi l'inceste : « Personne à qui parler, qui comprenne. Bien sûr, j'ai des amis, beaucoup d'amis, mais ils ne comprennent pas, ils ne veulent pas comprendre, ils ne saisissent pas la gravité de ce qui nous est arrivé. J'aimerais tant pouvoir tout raconter sans blesser des oreilles trop chastes pour accepter l'inacceptable[47]. »

De même Joseph Gourand (déporté un an à Auschwitz à 17 ans) se souvient : « Pendant longtemps, je me suis tu. Ceux à qui j'essayais de parler, je me rendais compte que je les emmerdais. Plus tard, j'ai parlé à mes enfants, à ma famille ou parfois à des amis que je sentais attentifs. Parler, cela aide[48]. »

Il suffit parfois d'une occasion de parler pour libérer la personne de l'oppression des souvenirs traumatiques. Sébastien, 18 ans, violé par son beau-père de 5 à 11 ans, raconte comment, alors qu'il avait des envies de suicide et de meurtre, il a pu parler à quelqu'un toute une nuit : « Je n'avais pas dormi de la nuit et j'étais heureux d'aller travailler. Je me sentais bien dans ma peau pour la première fois de ma vie. C'est la première fois que je parlais à quelqu'un, c'est-à-dire que tous ces secrets que j'avais en moi, que je ne disais à personne, toutes ces années de vie infernale, je les ai enlevés. C'était le jour de ma délivrance[49] ! »

Ils ne se découragent pas face aux échecs apparents

Concevoir la résilience non comme un état mais comme un processus aide à considérer les moments difficiles comme des étapes plutôt que comme des échecs. Bien entendu, nous préférerions que le parcours de résilience du jeune dont nous avons la charge soit linéaire, allant régulièrement de progrès en progrès, mais c'est rarement le cas. Il s'agit plutôt d'un parcours sinusoïdal, fait d'avancées et de reculs. Considérer que ce qui constitue apparemment un échec n'est qu'une étape dans un parcours de vie est précisément une grande leçon que j'ai apprise en écoutant l'expérience vécue par Paul et Michael.

Victime de la violence de son père, Michael a été placé en internat. Il a ensuite connu de longues années de galère, usant et abusant de l'alcool, du hasch. Il a fait de la prison à deux reprises à la suite de bagarres. Une fois libéré, il fait la manche dans une gare lyonnaise. Paul, qui a été son éducateur dans l'internat, passe le voir de temps en temps dans ce lieu. Je lui demande ce qu'il pensait alors de cet échec de Michael par rapport au travail que lui-même et ses collègues avaient effectué auprès de lui. « Non, me répond-il, pour moi, ce n'était pas un échec, mais une étape de sa vie, même si elle n'était pas marrante pour lui. »

Michael en a eu progressivement assez de faire la manche. Un jour, il se regarde dans un miroir et se dit : « T'as vraiment une gueule d'alcoolo. T'es encore jeune, tu as des mains pour travailler, tu sais bricoler, il faut que tu t'en sortes. Tu as autre chose à faire dans la vie que de faire la manche. Maintenant, il faut que tu bouges ton cul. » Paul, qui le voit régulièrement, constate cette évolution : « J'ai vu qu'il en avait de plus en plus marre de faire la manche, qu'il voulait s'en sortir et faire quelque chose. J'ai voulu tenter l'expérience en lui proposant de venir donner un coup de main à l'équipe. »

Michael est maintenant éducateur depuis sept ans et ne regrette pas ce choix : « Le métier d'éducateur, c'est une belle aventure. Ça se passe bien avec les jeunes parce qu'ils sont un peu comme moi, ils ont besoin de quelqu'un qui a du caractère auprès d'eux. Je les comprends facilement. Il faut en vouloir, c'est sûr, il ne faut pas avoir peur d'en prendre plein la gueule. C'est pas un métier qu'il faut faire pour l'argent, on le fait parce qu'on aime ça. Quand j'étais à la DASS, vers 10 ans, j'avais déjà des vues sur ce métier. J'ai connu des éducateurs sympas en foyer, et j'ai eu envie d'être comme eux. »

Paul souligne les qualités humaines de sa recrue : « Je savais qu'avec toi, des négociations seraient possibles avec les jeunes. T'as vraiment l'intelligence de négocier avec eux, de ne pas seulement dire : “Stop, c'est feu rouge, arrête tes conneries.” »

Je suis impressionné par le respect et la confiance que Michael manifeste envers Paul. C'est son patron, mais plus encore. « J'ai beaucoup d'admiration pour lui, me dit-il, parce que je connais le boulot qu'il a fait. C'est un gars qui ne laisse pas tomber. » Paul fait remarquer : « Une des grandes qualités de la maison, c'est qu'on se dit les choses, mais avec respect, sans juger l'autre, sans le casser. L'idée que j'essaie de faire passer aux jeunes qui font des conneries, c'est : “Tu es mieux que ce que tu fais, et donc tu peux faire mieux.” Et on essaie de lui donner les moyens de prouver cela, notamment en lui confiant des responsabilités à la mesure de ses possibilités actuelles. »

Paul est lucide sur son action : « Être éducateur, c'est souvent un métier ingrat. Mais ce que je trouve fabuleux, c'est que tu jettes le filet trente fois, sans tirer grand-chose, et tout d'un coup, c'est la pêche miraculeuse, il y a quelque chose de positif qui se met en route, le gars remonte, il va bien et il a envie d'aller plus loin. Le problème, c'est de ne pas se décourager les trente premières fois. C'est là où il faut une équipe. »

Notons au passage ce paradoxe, inhérent au travail social : croire que la situation d'une personne en difficulté puisse s'améliorer dans l'avenir, c'est prendre le risque de déchanter et de se décourager si cela ne se produit pas. Et les « réalistes » auront alors beau jeu de montrer à quel point ces personnes sont des rêveurs utopistes. Mais d'un autre côté, l'efficacité dans ce métier dépend fortement de cette conviction que l'évolution est toujours possible.

Enfin, il faut souligner que le fait de considérer les périodes difficiles d'une personne comme des étapes et non comme des échecs évite de tomber dans le sentiment de toute-puissance. Il n'est pas rare que des travailleurs sociaux se disent, face à un adolescent qui tourne mal après avoir été accueilli, que cela ne serait pas arrivé s'ils s'y étaient pris autrement. Or ce n'est pas forcément vrai. Il est certes utile de se remettre en cause, mais il ne faut pas croire que tout est entre nos mains ; la personne détient une importante marge de liberté, même celle de dysfonctionner.

Ils respectent le parcours de résilience d'autrui

Certes, il existe des « grands principes » du processus de résilience (en particulier le lien, la loi symbolique et le sens), mais ces principes se manifestent toujours concrètement d'une manière spécifique à chaque situation. Chaque parcours de résilience est unique, il est impossible de généraliser. Tout comme Boris Cyrulnik[50], je me méfie beaucoup des phrases comportant un « ne... que » : « On ne peut s'en sortir qu'en suivant une thérapie », « on ne peut guérir d'une agression qu'en pardonnant à l'agresseur », etc.

Un exemple caractéristique à cet égard concerne la religion. J'ai cité plus haut le fait que celle-ci joue un rôle important dans le parcours de certains résilients. Il serait évidemment tout à fait déplacé d'en conclure qu'il faut nécessairement être croyant pour devenir résilient. Mais inversement, il serait tout aussi malvenu de sourire avec condescendance de la « faiblesse d'esprit » de celui qui trouve dans la religion un sens à son existence. Témoin remarquable de cette démarche de respect, Boris Cyrulnik écrit que Dieu (« qui sait tout et voit tout ») constitue un tiers parfait pour entendre nos malheurs, nos misères inavouables et la prière de nos désirs[51]. Or, B. Cyrulnik est incroyant. On peut d'ailleurs renverser la remarque : un croyant devrait pleinement respecter le parcours d'une personne qui estime s'en être sortie par un militantisme athée.

Autre exemple : des « esprits forts » pourraient se gausser d'une situation vécue par Bernadette[52]. Cette femme de ménage a endossé de multiples sentiments de honte (d'être une « bâtarde », d'avoir une mère considérée comme une « putain », de mendier de la nourriture, d'être au dernier rang à l'école parce qu'elle est pauvre, d'être une mauvaise élève, etc.). Un jour, elle lit un roman-photo dans le magazine *Nous Deux*, où la fille d'une femme de ménage prend des cours de dactylo et de sténo, devient secrétaire de direction d'une société dont le directeur devient amoureux d'elle. À partir de cette lecture, Bernadette rêve de changer de condition, découvre que son malheur peut s'arrêter. Certains pourraient se moquer de cette histoire à l'odeur de guimauve. Et pourtant, c'est bien à partir de cela que la vie de Bernadette a changé. Elle connaît ensuite une lente ascension sociale qui l'amène à se marier avec un « jeune cadre dynamique » et à intégrer l'université.

Nombreuses sont les personnes qui se targuent de leur lucidité pour imposer celle-ci aux autres. À l'inverse, les tuteurs de résilience ne considèrent pas leur parcours personnel, leur compréhension des êtres et de la vie comme des standards qu'autrui devrait adopter à son tour.

Ils facilitent l'estime de soi d'autrui

Deux éléments majeurs sont susceptibles de faciliter le développement de l'estime de soi :

— sentir qu'on a de la valeur aux yeux d'autrui ;

— se prouver à soi-même qu'on a de la valeur (cet élément a le plus d'impact à long terme).

Les tuteurs de résilience jouent souvent, sans le savoir, sur ces deux aspects. Un bon exemple est celui de la femme juge pour enfants qui a un jour reçu Tim Guénard[53]. Elle lui fait remarquer qu'elle a constaté, en étudiant son dossier, qu'il dessinait très bien, et elle lui propose d'effectuer un stage de taille de pierre, ce qu'il accepte. Elle décroche son téléphone et dit à son interlocuteur : « J'ai ici un garçon bien et très motivé. » Tim n'en croit pas ses oreilles, il a bien plus l'habitude de s'entendre dire qu'il est irrécupérable. Cette simple phrase va bouleverser son être et l'inciter à respecter le contrat moral qui vient de se jouer entre lui et la juge. Il fera tout pour correspondre à cette image de « garçon bien » qui lui a été renvoyée, même si ce sera parfois difficile pour lui.

Après deux ans d'apprentissage, Tim obtient son CAP de sculpteur-tailleur de pierre des Compagnons du devoir et ramène son diplôme de tailleur de pierre à la juge :

« Tenez, c'est pour vous ! Je vous avais dit que je gagnerais.

— Non, il est à toi.

— Non, madame, je l'ai gagné grâce à vous. Je l'ai gagné pour vous, il est à vous. »

Cette femme finit par accepter et remercie Tim. « Je suis heureux comme un roi, écrit-il. Je viens d'offrir le plus beau cadeau de ma vie. Deux années de persévérance, de lutte contre mes démons, contre le froid et la chaleur, contre les moqueries et les humiliations, contre la fatigue et le découragement. Une victoire plus belle que celle du ring. »

Mais l'histoire ne s'arrête pas là. Car Tim se trouve évidemment bientôt coincé : pour postuler à un emploi, il doit présenter son diplôme. Il revient donc voir sa juge. Or, que découvre-t-il en entrant dans son cabinet ? Le diplôme trône encadré sur le bureau. La femme le lui tend avec ces mots : « Tiens, tu l'as bien mérité, je suis fière de toi. » Tim est bouleversé par son compliment. « Je la quitte encore plus heureux que la première fois. Fier qu'elle soit fière de moi. »

Ils facilitent l'altruisme chez autrui

Nous verrons dans le troisième chapitre que l'altruisme est fortement lié à la résilience. Voici donc une manifestation de la modestie des tuteurs de résilience : plutôt que de se mettre en avant, ils ont l'art de valoriser et de stimuler l'aptitude de la personne blessée à se mettre au service d'autrui.

Patrick Henderickx a passé une partie de son enfance dans un internat où il a subi de nombreux sévices. Devenu adulte, il intègre le grand banditisme et est arrêté. Il se retrouve dans le bureau d'un inspecteur de police qui lui enlève les menottes[54]. Très surpris par ce geste inhabituel, P. Henderickx lui dit, pour le tester : « Je dois pisser.

— En sortant, c'est la porte de gauche.

— Tu me laisses y aller tout seul ?

— Oui, si j'ai ta parole que tu reviens. »

Il revient et découvre que ce policier est spécialisé dans la lutte contre les abus commis sur les enfants. Quelque temps plus tard, ce policier vient le voir au parloir de la prison et lui déclare : « J'ai besoin d'un coup de main. J'ai besoin de toi pour sauver des gosses. » Henderickx lui dit qu'il lui faut un temps de réflexion. Deux jours plus tard, tous deux se retrouvent dans le bureau du policier et celui-ci explique la situation. Depuis trois ans, trois enfants ont été enlevés par une secte avec la complicité du père. La police ne sait pas où ils se trouvent, et le policier pense que les relations du truand peuvent aider à les retrouver. Celui-ci accepte et quatre jours plus tard, la piste des enfants est découverte ! Par la suite, P. Henderickx apprend que le policier s'occupe d'une association baptisée Flic et voyou, qui permet à des jeunes de se prouver qu'ils sont capables d'autre chose que d'agresser des personnes âgées. Par la suite, Pierrot, comme il appelle le policier, vient régulièrement le voir en prison et lui décrit les actions qu'il mène dans cette association.

Des mois ou des années plus tard, P. Henderickx, toujours prisonnier, découvre à la télévision l'émission « Tous à la une », qui a pour but de mettre à l'honneur des gens exceptionnels par leur courage et leur volonté. La nuit suivante, il se réveille à trois heures du matin et se dit qu'il doit faire quelque chose pour l'association Flic et voyou. « Le vrai Patrick H. vient de reprendre le dessus. Et si j'écrivais à TF1 pour parler de ce que fait Pierrot ? Le sentiment de faire le bien vient de me sauver du monde de fausses illusions dans lequel je me promenais. Putain… Je suis vivant[55]… »

Il décide d'écrire à TF1, en sachant pertinemment qu'en agissant ainsi, il se condamne à mort dans le monde des voyous et surtout de la prison, car le code interdit de parler à un flic ou de devenir ami avec lui. « De toute façon, donner ma vie pour sauver celle d'enfants est la plus honorable des morts, alors pourquoi m'en priver ? » Dix jours plus tard, il est appelé au greffe pour une communication téléphonique urgente. L'assistante de Patrick Sabatier lui demande s'il est d'accord pour une interview télévisée, sachant que l'équipe a déjà reçu l'accord du ministre de la Justice belge. Il accepte et comprend alors qu'il risque vraiment sa vie.

L'interview dure plus de deux heures et permettra à cinquante jeunes de traverser le désert de Tunisie à pied. Et contrairement à ses craintes, P. Henderickx a été applaudi par ses codétenus ; seuls deux d'entre eux voudront lui faire la peau, sans succès. À partir de ce jour, il devient quasiment un prisonnier modèle et se découvre en paix avec lui-même.

Ils associent le lien et la loi

Cet aspect sera développé dans le prochain chapitre.

Ils évitent les gentilles phrases qui font mal

Les caractéristiques que je viens d'évoquer sont des attitudes positives, facilitatrices. Mais les tuteurs de résilience savent aussi éviter les attitudes négatives, en particulier ce que j'appelle les « gentilles phrases qui font mal ». En effet, un moyen très efficace de ne pas devenir tuteur de résilience consiste à utiliser certaines expressions toutes faites, prêtes à servir, parfois dans le but de manifester de l'empathie, mais qui ratent complètement leur but ; ce que j'appelle les « gentilles phrases qui font mal ». J'en ai recensé un certain nombre que je vais développer dans les pages qui suivent.

— *« Je me mets à ta (votre) place. »*

— *« Tout ça, c'est du passé ; maintenant, il faut oublier. »*

— *« Il faut pardonner. »*

— *« On ne peut pas donner plus d'amour que ce qu'on a reçu. »*

— *« Pourquoi tu n'as rien fait ? »*

— *« Pourquoi tu n'as rien dit ? »*

— *« Un père (une mère), ça reste toujours un père. »*

— *« Vous devriez suivre une thérapie »*, ou : *« Vous avez suivi une thérapie ? »*

« Je me mets à ta (votre) place »

C'est probablement la plus fréquente et l'une des plus toxiques. La personne qui la prononce le fait avec un maximum d'empathie et la volonté d'apporter son soutien moral. Mais le message est généralement très mal reçu. Une personne m'a dit que lorsqu'il lui est arrivé d'entendre cette phrase, elle a estimé qu'il s'agissait d'une véritable insulte à son histoire personnelle et à sa souffrance. Ce propos ne peut soulager que si celui qui l'entend sait que son interlocuteur a vécu une expérience identique ou très proche de la sienne. Sinon, cela signifie que, finalement, le drame n'est pas si grave que cela, puisque quelqu'un qui ne l'a pas vécu peut éprouver le ressenti de la victime. Certes, on peut se permettre des phrases telles que : « J'imagine que ce que vous vivez doit être vraiment dur », mais il est dangereux d'aller au-delà.

Inversement, il est parfaitement envisageable que quelqu'un qui a vécu la même chose que l'individu en souffrance puisse en parler librement, à condition bien entendu de ne pas renverser les rôles. Un bon exemple de ce genre de situation nous est fourni par ce propos de Kevin, un adolescent qui s'est fait expulser de plusieurs établissements auxquels la justice l'avait adressé. Il va se reconstruire dans le centre dirigé par un certain Jim. Devenu adulte, il témoigne : « Dès la première fois où je l'ai rencontré, Jim s'est montré amical. Quand il a vu dans mes dossiers que je n'avais pas eu de père, il m'a dit : “Je peux comprendre ce que tu ressens, parce que quand j'étais plus jeune, mon père est mort”[56]. »

« *Tout ça, c'est du passé ; maintenant, il faut oublier* »

Comme la précédente, cette phrase est généralement dite avec la volonté explicite de soulager son destinataire, mais elle provoque l'effet exactement contraire. Elle est une source fréquente de difficultés au sein des couples dont l'un a subi des blessures d'enfance. Se sentant impuissant à accompagner son conjoint dans son travail de mémoire, la personne tient des propos tels que : « Mais enfin, oublie tout ça, tu es heureux(se) avec moi et avec les enfants. Ça ne sert à rien de repenser à ces trucs. » Derrière ces propos se profilent deux erreurs majeures. D'une part, cela revient à penser que l'oubli est essentiellement une question de volonté, ce qui est faux. Joseph Gourand, déporté un an à Auschwitz à 17 ans, fait remarquer : « Est-ce qu'il faut oublier ? Vous ne pouvez pas oublier. [...] Comme je vous l'ai dit, on ne peut pas vivre avec les morts, mais on ne peut pas oublier. Cela fait plus de cinquante-cinq ans maintenant[57]. »

D'autre part, parler ainsi, c'est considérer que le souvenir du passé douloureux ne présente que des inconvénients. Or, comme nous le verrons au chapitre V, il existe un bon usage de la mémoire, qui s'avère particulièrement utile pour mener son existence quotidienne. La résilience ne consiste pas à effacer une page de son passé, mais à la tourner, ce qui est radicalement différent, car cela laisse la possibilité d'y revenir lorsque la nécessité s'en fait sentir.

Les témoignages des résilients sont éloquents sur ce besoin de maintenir vivant le souvenir de ce qu'ils ont vécu, tout en lui donnant une interprétation positive. L'actrice Anny Duperey se souvient à quel point « sont de peu d'aide justement les personnes les plus intimes. Autour de moi on n'avait qu'une hâte, par amour ou par amitié, c'était de me voir “sortir de là le plus vite possible”, alors que je venais à peine d'accepter d'y entrer[58] ».

Quant à Tim Guénard, il est encore plus explicite : « Pourquoi suis-je devenu violent ? Parce que le jour de mon arrivée à l'hôpital, quand je suis sorti du coma, l'assistante sociale m'a dit : “Il faut oublier.” Elle m'a recommandé de mettre à la trappe ce qui s'était passé avec mon père. C'est ce que les adultes expliquent à tous les enfants battus ou violés : “Tu sais, tu vas grandir, il faut oublier, c'est le passé.” Déclarer cela à un enfant, c'est criminel. C'est ne pas l'accepter tel qu'il est, refuser son histoire. En réalité, c'est l'adulte qui ne veut rien savoir, rien entendre et, à travers ce déni, chercher à se rassurer. Et comme c'est une grande personne, l'enfant croit qu'il a raison[59]. »

« Il faut pardonner »

Le pardon est fréquent chez les personnes ayant été maltraitées par leurs parents, une fois qu'elles sont devenues adultes, comme nous le verrons au chapitre V. Mais constater cela n'implique pas pour autant qu'il faille pardonner pour être résilient. Le pardon est un tremplin vers la résilience pour certains, mais pas pour d'autres. Le danger, sur un sujet aussi délicat, serait de passer du descriptif au prescriptif, en d'autres termes, cela consisterait à tirer une obligation morale à partir du constat des bienfaits du pardon. Or, il s'agit là d'une décision qui n'appartient qu'à la personne concernée. Tout au plus, si une véritable relation affective existe entre les deux personnes, l'une d'elles peut suggérer à l'autre de penser au pardon, mais aller au-delà risque d'être intrusif et inefficace.

« On ne peut pas donner plus d'amour que ce qu'on a reçu »

Il y a généralement derrière cette phrase une intention particulièrement sympathique : « Donnez un maximum d'amour à vos enfants ; ainsi eux-mêmes pourront à leur tour exprimer beaucoup d'affection à leurs propres enfants. » Malheureusement, les meilleures intentions tombent parfois très mal. En effet, la plupart des personnes résilientes ont un équilibre psychologique et un comportement social suffisamment adapté pour que l'on ne soupçonne pas un passé douloureux dans leur vie. Quelqu'un peut donc prononcer cette phrase sans savoir qu'au milieu des personnes qui l'entendent se trouve peut-être un adolescent à l'enfance blessée. Ce dernier interprétera cette phrase bien différemment que celui qui l'a prononcée. Il vivra cela comme une condamnation définitive : « Tu es incapable d'être un bon père (ou une bonne mère). » Sa souffrance passée ne lui interdisait pas d'envisager un avenir favorable, cette phrase le destine au malheur. On peut en dire autant de différentes expressions de « sagesse » populaire, particulièrement malvenues : « Tel père, tel fils », ou encore : « Les chiens ne font pas des chats. »

« Pourquoi tu n'as rien fait ? »

Cette phrase est souvent adressée aux victimes d'inceste. La personne qui la prononce méconnaît complètement un phénomène dramatique qui se joue dans ces moments : une sorte de tétanisation de la victime qui ne parvient pas à réagir. Comme le souligne Éva Thomas : « La paralysie de ce moment-là, ce n'est pas autre chose qu'un horrible cauchemar qui vous prive des commandes de votre propre corps. Le père c'est la loi qui vous commande. Son autorité naturelle ajoutée à son désir d'homme vous dessaisit de vous-même, de votre volonté comme s'il avait déconnecté l'accès à votre cerveau[60]. » Poser une telle question ne fait donc qu'aggraver l'importante culpabilité déjà souvent ressentie par la victime. Inversement, la découverte, par exemple au sein d'un groupe de parole, du caractère très fréquent de cette sidération est susceptible d'aider la victime à se déculpabiliser.

« Pourquoi tu n'as rien dit ? »

Il s'agit également d'une phrase classiquement adressée aux victimes d'inceste par leurs proches. Mais ceux qui la prononcent raisonnent comme si l'enfant était adulte, sans tenir compte de la relation d'emprise dans laquelle la victime se trouve prisonnière. Une mère a demandé à sa fille aînée : « Pourquoi ne m'as-tu rien dit quand ton père te touchait, j'aurais pu intervenir tout de suite et éviter tout ce qu'il a fait après sur toi et tes sœurs. » Se sentant accusée, celle-ci rétorque : « C'est ça, maintenant, tu vas dire que c'est de ma faute ! Souviens-toi maman, je n'avais que 7 ans et je voyais qu'il te frappait tous les jours et que tu restais quand même avec lui[61]. »

Il n'est pas rare que le père incestueux profère des menaces terrifiantes : « Si tu parles, je te tue » ou « je me tue » ; ou encore : « Si tu parles, ça détruira la famille. » La peur interdit alors toute velléité de résistance et de révolte.

Il y a aussi la crainte de ne pas être crue ou d'être perçue comme la responsable de la situation. Crainte qu'a dramatiquement éprouvée Nathalie Schweighoffer : « Pour moi, en admettant que je dévoile son putain de secret, on ne me croirait pas. Aux yeux des autres, ce serait moi la fautive. Ce serait moi, la sale gamine qui aurait provoqué son très cher papa. Moi qui lui aurais demandé de me violer. Cette idée, je me l'étais fabriquée toute seule parce que l'inceste, personne n'en parlait autour de moi, jamais, même la télé, jusqu'à une émission qui est venue beaucoup plus tard[62]. »

Ida résume très bien la situation dans laquelle elle s'est trouvée piégée : « C'est le silence qui est la règle dans les familles à inceste, pas la parole. On sait qu'en parlant, on risque fort de déclencher une crise, de semer la zizanie, de créer des ruptures, et qu'on sera tenu pour responsable. [...] Le dilemme se situe entre se taire et tout porter sur le dos ou être à l'origine d'une crise. [...] Je suis vite apparue comme le vilain petit canard par la faute de qui tout se savait[63]. » Enfin, une raison majeure du silence est la honte due au sentiment d'être souillée, salie, donc coupable, alors même que cette enfant n'est que victime.

Roland Coutanceau, psychiatre spécialiste de la thérapie des personnes victimes d'inceste, utilise la formule : « Est-ce que tu as pensé à le dire ? », bien plus délicate que la question culpabilisante : « Pourquoi tu n'as rien dit ? » « Cette formulation, écrit-il, se rapproche davantage du processus psychique intime de l'enfant qui veut parler mais ne sait pas exprimer sa pensée[64]. »

« Un père (une mère), ça reste toujours un père »

Nombreuses sont les personnes qui ne peuvent imaginer qu'un enfant, un adolescent puisse profondément haïr son père et/ou sa mère. Qu'elle soit exprimée sous la forme d'une amicale réprobation ou sous la forme d'une condamnation radicale, elle est toujours douloureusement ressentie car elle témoigne d'une profonde incompréhension de la souffrance endurée. Or, penser de cette manière, c'est assimiler parenté biologique et tendresse parentale. Les enfants maltraités savent mieux que quiconque la différence. Réfléchissons tout de même un peu. Qu'un homme puisse me dire en parlant de sa mère et de son beau-père : « Ces gens-là sont des assassins ! », ou qu'une femme puisse dire : « Je ne l'appelais plus Maman. [...] Maman, c'était pour moi le mot de la peur. Impossible de le lui dire, de lui attribuer, ou de l'utiliser jamais, sans prendre le risque de perdre pied », puis ressentir, des années plus tard, que « la mort de ma mère est une des chances de ma vie. [...] L'une de nous devait mourir pour que l'autre vive[65] » ; toutes ces phrases reflètent bien une extrême souffrance qu'il est trop facile de balayer d'un revers de la main. C'est non seulement trop facile, mais c'est plus encore une attristante démonstration d'insensibilité.

Comment ne pas comprendre l'immense souffrance et la haine éprouvées par Nathalie Schweighoffer envers son père qui a abusé d'elle durant de longues années ? Elle n'a pas de mots assez forts pour le qualifier : salaud, pourri, ordure, lâche immonde, dégueulasse, infect monstre, nazi. « Je ne veux plus jamais qu'on me dise qu'il est mon père. [...] J'ai envie qu'il crève. [...] Mon envie de tuer cet homme était bien plus grande que la peine, la haine, la pitié, la colère, et même la joie. [...] J'avais le devoir de le tuer[66]. »

Plusieurs témoins font une analogie explicite entre la vie familiale et l'univers nazi. Le cas le plus caractéristique est celui de l'ouvrage intitulé *La Juive*, par Colette Mainguy. Le début du premier chapitre « Le clan de concentration » est radical : « L'été de mes douze ans, je me suis née juive d'une mère aryenne et d'une sœur kapo dans un clan de concentration, Matricule 9. Je suis la neuvième enfant d'une famille de dix[67]. » Elle n'est pas juive, elle le sait, mais se vit comme telle. Elle s'imprègne de l'histoire d'Anne Frank et dit à son psy qu'elle a été victime d'un crime contre son humanité.

Germain Bourhis parle à de nombreuses reprises de sa « maman essesse[68] » et Annick me déclare : « Ma mère, c'est Hitler. » Nathalie Schweighoffer parle de processus de nazification dans ce camp de concentration entouré de barbelés qu'est devenue sa maison[69], et Dave Pelzer compare à une chambre à gaz le supplice que sa mère lui a fait subir (enchaîné dans la salle de bains à côté d'un seau rempli d'un mélange d'ammoniaque et d'eau de Javel)[70].

Et pourtant, des idées fausses circulent, notamment chez certains professionnels de l'enfance, qui tiennent parfois ces propos : « Mieux vaut une famille déficiente que pas de famille du tout », ou : « Les enfants aiment *toujours* leurs parents et tentent de justifier leur comportement, quoi qu'il arrive. » Ceci est vrai pour certains enfants maltraités, mais sûrement pas pour tous et probablement pas pour la majorité. Certains n'éprouvent aucune affection pour leurs parents ; décider de les laisser vivre chez eux ne fait qu'augmenter leur haine.

Pour comprendre ce que peut ressentir un enfant, lisons des passages de la lettre qu'a écrite Josyane Perrin à sa mère lorsqu'elle est partie définitivement de chez elle : « Mettre un enfant au monde ne fait pas d'une femme une mère. C'est en aimant cet enfant, en s'occupant de lui, jour après jour, en le veillant lorsqu'il est malade, en voulant son bonheur et en étant son amie que l'on est une mère. Le vrai mystère de la maternité, c'est l'amour, chose que ni l'argent, ni vous, ne peuvent acheter. [...] Vous êtes parvenue à enterrer ce qu'il y avait de meilleur en moi : l'Amour que j'aurais dû avoir pour vous. [...] Vous êtes incapable d'éprouver ce sentiment qu'on appelle l'Amour maternel. [...] Oui, j'aurais fait n'importe quoi pour ma mère, mais vous, vous ne le méritez pas et je ne vous accorde plus le droit d'être cette mère que j'aurais aimé avoir ; c'est pourquoi aujourd'hui, je vous dis “vous” comme à une inconnue[71]. »

« Vous devriez suivre une thérapie », ou : « Vous avez suivi une thérapie ? »

Cette phrase peut être bénéfique ou néfaste selon la situation. Dans certains cas, c'est un ami qui l'exprime avec une véritable empathie (et en tutoyant le destinataire). Il s'agit d'un conseil, d'une invitation, rien de plus, qui laisse l'autre totalement libre de sa décision.

Mais dans d'autres circonstances, le discours implicite sous-jacent est plus ou moins celui-ci : « Dans votre situation, il n'y a que la thérapie qui peut vraiment vous aider à vous en sortir. » La personne peut alors avoir l'impression d'être enfermée dans une obligation, se sent souvent rabaissée, et peut vivre cela comme une violence à son égard. Or, si le parcours de certains résilients passe par la thérapie, ce n'est pas le cas de tous. Ici encore, le respect du parcours de résilience d'autrui est une règle fondamentale.

Nous avons pu découvrir, au fil des pages, les multiples facettes que pouvait prendre le lien comme facteur de résilience. Mais, comme nous allons maintenant le voir, celui-ci doit nécessairement être accompagné par la loi, autrement dit par un cadre structurant, apte à fournir des repères au jeune qui en manque fortement.

CHAPITRE II

Fournir des repères

> « Le pire, chez nous, c'était le manque de règles. »

L'enfant et l'adolescent en difficulté ont non seulement besoin d'amour, mais aussi de cadre structurant. Une erreur fondamentale serait de penser que le fait de tisser des liens est incompatible avec celui de poser des règles. Or ces deux attitudes sont complémentaires. C'est pourquoi les tuteurs de résilience savent généralement jouer sur les deux registres du lien et de la loi.

Le triangle fondateur de la résilience des enfants et des adolescents

Le lien, la loi et le sens sont les trois fondements de la résilience chez les enfants et les adolescents, chacun influençant l'autre, notamment par les liens de causalité suivants :

Lien → sens : se sentir aimé permet de donner un sens à son passé et une direction à son futur.

Sens → lien : témoigner, aider autrui crée des liens.

Loi → sens : donner des repères à un jeune l'aide à se construire un avenir.

Sens → loi : poursuivre un objectif conduit à se donner des règles de conduite.

Lien → loi : avoir des amis conduit à les respecter.

Loi → lien : une attitude respectueuse des autres facilite la création de liens.

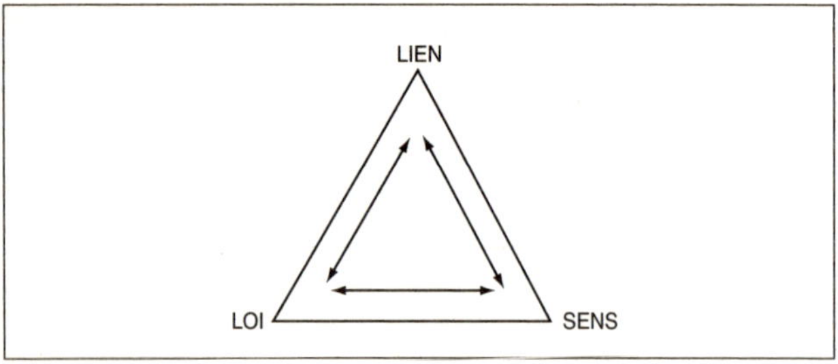

Les causalités réciproques entre le lien, la loi et le sens.

Tous ces liens de causalité sont susceptibles d'exister, certes, mais le plus important est celui-ci : l'association du lien et de la loi de la part de l'adulte conduit le jeune à créer du sens. C'est en maintenant de façon équilibrée le lien et la loi qu'un adulte permet à un enfant ou à un adolescent en souffrance de devenir résilient. Plus un jeune a manqué de père, plus il a besoin de repères, dans les deux sens du terme.

Au cours de ma recherche, plusieurs témoins m'ont fait remarquer à quel point ils avaient souffert du manque de repères dans l'univers familial. Deux personnes m'ont même dit, après avoir décrit des situations de maltraitance physique et psychologique : « Mais, vous savez, au fond, ce n'était pas le plus grave. » Je me suis alors demandé ce qui pouvait encore m'être décrit. « Non, le pire, c'était le manque de repères. Chez nous, il n'y avait aucune règle de vie, tout partait dans tous les sens. »

Ce besoin de repères n'est pas spécifique aux enfants maltraités. Serge Moati exprime une idée proche, en parlant au nom des orphelins : « C'est à ce moment précis que quelque chose commence, exode vers une contrée dont les repères restent à trouver, une autre façon d'exister dont personne n'a vraiment le mode d'emploi. [...] Et comme personne n'a la carte de ce nouveau territoire, *terra incognita* pour les cultures occidentales,

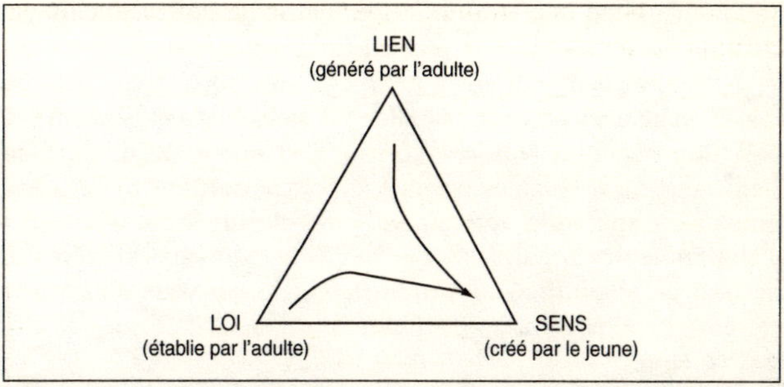

Le triangle fondateur de la résilience du jeune.

l'orphelin ne saura jamais exactement où il en est, si c'était bien par là qu'il fallait aller, si c'était bien là, le point de rendez-vous[1]... » Éva Thomas exprime aussi la même idée, bien que ressentie dans un contexte très différent (l'inceste) : « Le sens bascule. [...] Perte totale des repères, du sens des mots, du sens de la vie[2]. » Autre témoignage, celui de Samira Bellil, qui a grandi dans une famille sans amour et qui a subi trois viols collectifs : « Je souffre déjà de me construire sans repères, sans soutien, sans pouvoir le moins du monde discuter de mes efforts. Il me faut beaucoup de temps pour comprendre que je n'obtiendrai aucune aide de la part de mes parents et je me sens dans une grande solitude morale[3]. »

On retrouve cette idée également chez des adultes ayant passé leur adolescence dans des internats accueillant des adolescents en difficulté et qui disent à quel point les règles qu'ils ont dû respecter ont été structurantes pour eux, même s'ils avaient alors bien du mal à les supporter.

Certains adultes ont peur d'imposer des limites à l'enfant. Au cours d'une formation où j'avais développé le thème du lien comme source de résilience, une enseignante d'école primaire est intervenue pour me décrire une situation qui la mettait fort mal à l'aise. Un élève difficile avait tendance à perturber le bon déroulement de la classe. « J'ai établi un lien avec lui au fil du temps, mais j'ai un problème. Lorsqu'il est particulièrement agité, l'institution m'impose de le sanctionner et il m'arrive de l'exclure. Et j'ai peur que cela casse le lien qui s'est établi entre nous. »

J'ai alors demandé aux autres stagiaires (tous enseignants en classe primaire) ce qu'ils et elles pensaient de cette situation. Réaction unanime : « Bon, d'accord, c'est important de faire du lien, mais nous sommes d'abord là pour enseigner. Si cet élève empêche d'apprendre aux autres, alors il faut le sanctionner. » J'ai alors repris la parole : « Lorsque vous punissez cet élève, où se trouve l'institution Éducation nationale qui vous oblige à le faire ? Est-ce qu'il y a un inspecteur dans la salle ?

— Non.

— C'est donc bien vous qui prenez cette décision car vous considérez que la situation n'est plus gérable. Car vous constatez que le lien n'est pas suffisant et qu'il est nécessaire de lui associer la loi. L'important est d'arriver à un bon équilibre entre les deux, en considérant que ce sont deux attitudes complémentaires, non contradictoires. D'ailleurs, même si vous semblez fissurer le lien en le punissant, vous permettez en fait à un lien plus vrai, plus structurant de se mettre en place. »

Ne pas fixer de limites à l'enfant est une façon involontaire de ne pas le reconnaître à sa juste valeur, de ne pas le considérer comme un être suffisamment responsable de ses actes. Au final, la loi sans lien n'est que contraintes insupportables et dénuées de sens. Inversement, le lien sans loi s'apparente à du laxisme de la part de l'adulte et risque de générer un sentiment de toute-puissance chez le jeune. De l'équilibre entre les deux peut émerger la cohérence éducative et, par voie de conséquence, la résilience. Il n'est évidemment pas question de fournir ici un catalogue de règles permettant de savoir à tout coup que faire dans telle ou telle situation. Car chaque individu est différent, tant du côté de l'adulte que de l'enfant, chaque institution également, et chaque situation bien spécifique. L'important est d'avoir présent à l'esprit cette nécessité de la présence de règles structurantes, complémentaires du lien tissé avec le jeune.

Il peut arriver que ce soit un autre jeune qui soit la source des repères, comme le montre le témoignage de Warda, âgée de 24 ans[4]. Elle a été confiée à sa grand-mère dès sa naissance car sa mère, instable psychologiquement, ne pouvait s'occuper d'elle. Par ailleurs, elle n'a jamais vu son père, qui ne l'a pas reconnue. Le logement n'avait ni eau courante, ni électricité, ni chauffage. « Quand j'arrivais à l'école, j'avais les mains gelées, je ne pouvais plus écrire. À la maternelle, les enfants se moquaient de moi parce que j'étais habillée comme une Gitane. En plus, j'étais arabe, je devais être la seule. » À 14 ans, elle commence à fumer du haschich et à squatter avec des amis, elle vole pour se maquiller et s'habiller. Elle est suivie par une éducatrice qu'elle voit une fois par semaine. Elle rencontre alors un garçon de 22 ans qui pratique un art martial, le taekwondo. « Il m'a imposé un choix : "Soit tu continues tes conneries, soit tu restes avec moi." Moi j'en avais marre de la défonce et je me sentais bien mieux avec lui qu'avec les autres. J'ai appris le taekwondo. Ça m'a apporté le respect des règles, la discipline. »

Warda décide de reprendre des études, un BEP sanitaire et social, puis un bac en sciences médico-sociales. Elle est aujourd'hui aide-éducatrice dans une école maternelle.

Comment réagir quand tout semble soudain s'écrouler

Le professionnel de l'enfance se trouve aisément décontenancé et découragé devant ce que j'appelle le « syndrome de Sisyphe ». Alors que depuis plusieurs semaines, voire plusieurs mois, il accompagne le jeune qui progresse pas à pas, tout semble soudain s'écrouler. Les patients efforts accomplis, le terrain gagné chaque jour, tout cela est balayé d'un seul coup par une crise de violence incompréhensible ou par un désinvestissement scolaire ou professionnel inattendu. Cet adolescent nous semble scier subitement la branche sur laquelle il s'était appuyé pour grimper plus haut. Pourtant, tout semblait aller si bien depuis quelque temps... Tous les travailleurs sociaux ont connu ce genre d'expérience particulièrement éprouvante qui les conduit parfois à une radicale remise en question : « Mais à quoi je sers ? » Cette réaction est logique et parfaitement compréhensible, mais repose sur une erreur d'interprétation.

Nous avons noté au chapitre précédent que les tuteurs de résilience ont tendance à considérer comme une étape ce qui peut sembler un échec. Car il existe une loi psychologique essentielle, et fort simple au demeurant. Le jeune qui a surtout connu la violence, le manque de fiabilité des adultes, etc., et qui découvre des facettes plus positives de l'être humain en tirera certainement un bienfait, mais peut aussi se sentir « piégé » dans un univers qu'il ne maîtrise pas vraiment. Pour reprendre le contrôle de la situation, il risque fort de revenir à des modes antérieurs de comportement (le silence, la méfiance, la violence, etc.). De plus, il éprouve confusément au fond de lui la peur d'une nouvelle perte qui serait inévitablement une source supplémentaire de souffrance.

C'est par exemple ce qui se passe lorsque, mis en confiance, le jeune se confie à quelqu'un, comme en témoigne Tim Guénard, à propos d'une de ses premières rencontres avec Martine, celle qui allait devenir sa femme. « J'ai craqué, je me suis confié à elle. Le lendemain, j'ai eu honte de m'être délesté aussi facilement. J'avais l'impression de m'être fait avoir. Du coup, je me suis comporté comme un ours mal léché le reste du week-end. » Jusqu'alors, il avait toujours eu comme principe de ne jamais s'attacher à qui que ce soit, afin de ne pas prendre le risque de souffrir ensuite. « Du coup, je mettais les gens à l'épreuve... très à l'épreuve. J'ai mis énormément Martine à l'épreuve. Quand elle était gentille avec moi, je me faisais plus bête, plus méchant, plus rustre que je n'étais[5]. »

Stanislas Tomkiewicz a travaillé pendant de longues années comme psychiatre dans un internat pour adolescents en grande difficulté[6]. L'équipe avait adopté l'AAA comme principe relationnel avec eux, autrement dit l'attitude authentiquement affective (qui évitait d'utiliser le mot « amour »), expression qu'il assumait comme étant très éloignée de la « neutralité bienveillante ». L'AAA signifiait un engagement profond, associé au sentiment de la valeur et des possibilités du jeune. Il s'agissait de lui transmettre le sentiment qu'il pouvait être aimé, en maintenant cette attitude pendant toute la durée de la relation. C'est à cette condition, selon Tomkiewicz, que l'équipe pouvait espérer restaurer sa sécurité affective.

Mais la notion de loi est également bien présente. Chaque adolescent qui vient au centre visite l'établissement puis décide s'il veut y rester. Si c'est le cas, il doit manifester son engagement à respecter la Constitution, qui indique, dans un style amical, les droits et les devoirs de chacun. Il y a même une forme d'apprentissage de la démocratie puisque, tous les trois à six mois, un vote confidentiel et obligatoire a lieu pour élire les représentants des jeunes. Et Tomkiewicz fait remarquer qu'« il m'est arrivé souvent de critiquer, avec délicatesse, un adolescent à propos d'un comportement actuel, jamais ancien, au nom même de la valeur que je lui prêtais ».

Tomkiewicz a constaté qu'au bout d'un certain temps d'apprivoisement, le jeune en arrivait fréquemment à ouvrir son cœur à un membre de l'équipe, et que cette attitude était généralement suivie d'un comportement de violence quelques jours plus tard. « Il a l'impression d'avoir trahi un secret, souligne ce thérapeute. La première confidence, c'est presque une règle, était très vite suivie d'une dépression et de la première bagarre au foyer, dont le but inconscient était une faible tentative pour rompre cette relation potentiellement dangereuse[7]. » Ce qui est intéressant dans cette remarque de Tomkiewicz, c'est que l'équipe considérait cette réaction comme une phase logique (nécessaire ?) dans le processus de reconstruction, alors que d'autres y auraient vu un échec de leur attitude éducative.

Le maintien équilibré du lien et de la loi est particulièrement nécessaire dans les moments où un adolescent dérape, comme le montre l'expérience suivante, particulièrement instructive, que m'a racontée Laurent Froignier, un éducateur qui s'est trouvé, bien malgré lui, au cœur d'une histoire difficile, qui a cependant connu un heureux dénouement.

Le maire d'un arrondissement de Paris le charge de s'occuper, dans le cadre d'un club de prévention de quartier, d'un groupe de jeunes venus lui faire des demandes classiques, de type : local, activités, etc. Leurs souhaits sont très variés, allant de la création d'une association à celle d'un groupe de danse hip-hop en passant par la pratique de la boxe thaïlandaise. Dans un premier temps, il ne perçoit pas l'aspect psychologique de la demande, au-delà des revendications classiques exprimées.

« J'ai visité leur quartier, un vrai scandale, des cages d'escalier délabrées, des logements dont le plancher oblige les habitants à placer des coins sous tous les meubles de peur qu'ils ne glissent. J'ignorais jusqu'à l'existence de ce type de taudis, les croyant relégués aux oubliettes du passé. La première fois, j'ai été accueilli avec un pistolet sur la tempe. Le quartier était peuplé de drogués et d'adultes jeunes ou vieux traînant sur le trottoir. Une partie de la population étant terrorisée par l'autre. » Les adolescents participaient activement à cette atmosphère de terreur ambiante, sillonnant les rues jusqu'à des heures très tardives, se battant volontiers avec les adultes ou avec d'autres bandes et se positionnant comme la génération montante de jeunes délinquants du quartier.

Selon Laurent Froignier, certains éléments positifs du premier contact ont probablement été essentiels :

— son absence de peur face au pistolet, très importante, car elle a permis aux jeunes de sortir de leur schéma habituel de relations avec les adultes ;

— la réelle volonté des élus de répondre à leurs attentes ;

— le refus de leur mentir en leur « promettant la lune » ;

— les visites effectuées chez eux.

Jeunes et éducateur ont créé une association qui a pu, avec l'aide de la mairie, embaucher un professeur de hip-hop et obtenir une salle de danse. L'éducateur, ancien scout, décide d'organiser un camp (10 garçons, 2 filles), qui s'est finalement révélé très éprouvant pour l'équipe d'encadrement. Le point culminant a été une bagarre (provoquée d'ailleurs par le responsable d'un autre groupe d'adolescents) qui a conduit l'éducateur à expulser deux jeunes du camp. Comme le souligne l'éducateur, « leur acte a été immédiatement sanctionné, ce qui n'est pas toujours le cas dans leur famille. Cette punition a peut-être été salvatrice ». Ces deux adolescents sont restés à l'extérieur des lieux, avec l'accord de leurs parents, se débrouillant pour trouver de quoi dormir et de quoi manger. Situation assez curieuse, voire risquée. Or, ils se sont fait un devoir de se tenir correctement en ville. Ce séjour a énormément marqué les animateurs, à la fois physiquement (perte d'environ 5 kg par animateur en quinze jours) et moralement (dégoût, découragement).

Malgré cela, l'éducateur choisit, à la rentrée, de reprendre le processus entamé, notamment en mettant en place une activité « jeux de rôle » (Donjons et Dragons), en pérennisant le hip-hop, en faisant participer l'association à la fête du quartier (les jeunes présentent des photos du camp et un spectacle de hip-hop). Peu à peu, ceux-ci s'intègrent aux activités du centre social, deux d'entre eux participent au soutien scolaire, six passent un BAFA (brevet d'aptitude aux fonctions d'animateur), ils encadrent des plus jeunes en camps. Le paradoxe est étonnant : alors que les animateurs conservaient le souvenir d'un échec cuisant du camp, c'est précisément dans ce domaine de l'animation que ces adolescents s'investissent massivement ! Aujourd'hui, deux jeunes font des études, deux sont restés délinquants, les autres sont en formation ou travaillent. Il y a donc un très fort contraste avec la situation de ces jeunes au début du projet ; la « génération montante » de durs a été aiguillée dans une autre direction.

Selon l'éducateur, cela est essentiellement dû au comportement manifesté par les membres de l'équipe éducative, fait d'un mélange de fermeté (adolescents expulsés du camp), de patience et de persévérance. Cela leur a permis de supporter les jeunes et de s'accrocher à un projet malgré tout. « Je pense que nous avons finalement été "exemplaires" pour ces jeunes sur beaucoup d'aspects, et que cet exemple a ouvert pour certains d'entre eux des possibilités qu'ils n'entrevoyaient pas. »

La sensibilité du jeune à la réaction des adultes

Faire intervenir la loi symbolique permet donc d'offrir au jeune un cadre structurant et imposer des règles, et sanctionner lorsque celles-ci sont enfreintes. Bien entendu, il y a toujours une marge de manœuvre ; punir systématiquement tout débordement, même léger, serait probablement inefficace à moyen et long terme. Il n'empêche, on n'aide pas un adolescent à se reconstruire en le considérant comme une victime irresponsable. Parallèlement, maintenir le lien, c'est lui manifester explicitement qu'on ne le rejette pas en tant que personne, qu'on ne réduit pas son être à son acte et qu'on est prêt à lui redonner sa chance.

On dit parfois : « Ce jeune, il nous teste en faisant des bêtises. » C'est parfois le cas, mais il arrive fréquemment qu'un enfant ou un adolescent qui dépasse les limites imposées le fasse moins par volonté de tester que par impulsivité, par grande difficulté à gérer ses émotions et maîtriser sa violence. Par contre, même si son acte n'est pas posé *a priori* pour tester l'adulte, le jeune va être très attentif à la réaction de ce dernier. S'il sanctionne l'acte et rejette le jeune (= la loi sans le lien), ce dernier pensera une fois de plus qu'il ne peut pas faire confiance aux adultes, que ceux-ci sont toujours prêts à le condamner en tant que personne. Inversement, si l'adulte passe l'éponge afin de garder de bonnes relations avec l'adolescent, qu'il considère plus comme une victime de la société que comme un acteur responsable de ses actes (= le lien sans la loi), le jeune finira par lui manquer de respect et ratera une bonne occasion de se construire des repères.

Certes, ceci est plus facile à dire qu'à faire, d'autant plus que le temps d'apprivoisement d'un jeune en souffrance est très variable d'un individu à l'autre. Certains mettront des mois, voire des années, avant de croire que l'adulte en face d'eux est digne de foi. Ce qui exige une certaine forme de résilience chez ce dernier...

Il est fréquent que l'on ne voie pas les résultats de l'action menée ; rappelons-nous cette leçon : les tuteurs de résilience ignorent souvent qu'ils le sont. Mais certains sont parfois récompensés des années plus tard. Ce qui arrive notamment lorsqu'un(e) jeune adulte revient frapper à la porte d'une institution où il a grandi. Aujourd'hui marié et papa, bien inséré socialement et professionnellement, il vient témoigner du bienfait que lui a procuré cette période de sa vie, même si elle a été difficile pour lui... et pour les éducateurs. C'est aussi le cas lorsqu'un jeune adulte croise dans un magasin ou dans la rue un de ses enseignants qui a joué un rôle particulièrement important dans son parcours.

L'une des anecdotes les plus remarquables à ce sujet m'a été racontée par deux éducateurs. Un « ancien » vient les revoir des années après, avec sa femme et ses enfants, auxquels il tient à montrer l'internat dans lequel il a passé une partie de son adolescence. Quand il remercie les éducateurs de ce qu'ils lui ont apporté, ceux-ci s'étonnent : « C'est incroyable et ça fait plaisir ce que tu nous dis. Nous, on n'a pas eu le sentiment d'avoir vraiment réussi avec toi. Le souvenir qu'on a de toi, c'est surtout que tu nous a mené la vie dure, tu te rappelles les fois où tu as tout cassé dans les ateliers ? » Sur quoi, le jeune homme répond : « Oui, bien entendu, mais justement, toutes les conneries que j'ai faites à l'intérieur, vous m'avez évité de les faire à l'extérieur. »

Les mesures de réparation pénale

Cette présence conjointe du lien et de la loi se retrouve dans la mesure dite de réparation pénale, qui est à la fois une sanction pénale et une mesure éducative. Ici, le mot loi est à prendre au sens non seulement symbolique, mais aussi juridique. Comme le souligne Maryse Vaillant, la réparation pénale « concilie les exigences de clémence et de compréhension face aux préjudices et carences subis par les jeunes, la nécessité de prendre en charge leur éducation et leur socialisation, et celle de sanctionner les comportements violents et les délits[8] ». Il s'agit de lutter contre la récidive des mineurs en recherchant des alternatives à l'incarcération, dont les effets sont aussi désastreux que l'absence de sanction, en responsabilisant les délinquants. La réparation pénale vise également à mieux prendre en compte les droits des victimes.

Cette mesure peut prendre des formes très diverses : une journée chez les pompiers ou dans un centre social, des heures de travail pour une mairie ou une association, un mur à repeindre ou à décorer, etc. L'important est que le jeune puisse réaliser quelque chose de positif pour la société, en réparation des actes négatifs qu'il a commis. En agissant ainsi, il devient acteur de sa propre vie et partenaire dans celle des autres.

Par exemple, Michel, surpris par une patrouille de police alors qu'il effectuait des tags, a dû les nettoyer et participer à la distribution de sacs destinés à collecter des vêtements pour une association caritative. Franck, auteur du même délit, accompagne des personnes âgées dans le jardin de l'institution qui les accueille et aide à débarrasser les tables et à faire la vaisselle. Rachid, poursuivi pour vol avec violence, travaille pendant une semaine dans une permanence de Médecins du monde, où il aide au nettoyage et à l'entretien des locaux et participe à l'accueil des usagers. Un aspect essentiel de ces mesures de réparation réside donc dans l'objectif d'éducation à la responsabilité pour le délinquant. D'ailleurs, plusieurs d'entre eux expriment ensuite leur fierté d'avoir pu être utiles aux autres. Selon M. Vaillant, « en permettant de donner à celui qui est habitué à recevoir, la réparation établit un équilibre imprévu. Le jeune s'attend à ce que, à travers la sanction, il soit puni, brimé, rejeté. Il est au contraire gratifié, honoré, remercié[9] ».

L'EXEMPLE DES ENFANTS JUIFS SAUVÉS DE LA SHOAH

Une expérience collective impressionnante mettant en jeu le lien et la loi comme facteurs de résilience est celle des maisons d'enfants de déportés juifs durant la Seconde Guerre mondiale. L'histoire de la maison de Moissac, récemment écrite, est instructive à cet égard[10].

Entre 1939 et 1944, environ cinq cents enfants, âgés de 2 à 18 ans, sont passés par cette maison, dont les animateurs étaient tous des bénévoles non professionnels et dont la plupart n'avaient pas 20 ans. Certains enfants sont restés seulement quelques jours, d'autres plusieurs années. Tous ont été sauvés sauf un, qui, repris par ses parents, est mort avec eux dans les camps.

Lorsqu'ils arrivent à Moissac, certains de ces gamins ont déjà un très lourd passé derrière eux : traque, exil, arrestation, déportation et assassinat des parents, des frères et des sœurs. Les plus jeunes ne connaissent même pas leur nom, leur lieu de naissance ou la profession de leurs parents dont ils sont sans nouvelles.

Les animateurs se sont efforcés, dans la mesure du possible, de recréer une atmosphère chaleureuse pour ces enfants. Jouf, âgé de 14 ans à l'époque, et dont les parents seront assassinés à Auschwitz, déclare aujourd'hui : « Je ne sais pas comment ils ont su créer une ambiance si familiale malgré l'absence de nos parents. La maison était toujours joyeuse. Même si la période était terrible... Et cela nous a forgés pour la vie. » Moslye se rappelle que Shatta, la directrice de la maison, réclamait le silence lorsqu'elle lisait à table les lettres des absents, pour toute l'assemblée. « On avait toujours des nouvelles de tout le monde. C'était ça aussi l'esprit de famille de Moissac. Shatta donnait des nouvelles de chacun. Comme si nous faisions tous partie de la même famille. »

Mais, parallèlement à cela, ces enfants avaient un mode de vie bien codifié. La loi était très présente, au travers de deux éléments : le scoutisme et l'apprentissage du judaïsme. Dans la maison, tout était organisé par patrouille et les enfants vivaient avec le scoutisme du matin au soir chaque jour de la semaine. Dès l'âge de 13-14 ans, chacun avait à un moment ou à un autre la responsabilité d'un groupe plus jeune. Tout n'était certes pas parfait, et il est probable que la loi a souvent prévalu sur le lien. L'intérêt de la collectivité primait clairement sur les aspirations individuelles et Shatta, la directrice, ne tolérait aucune déviation aux règles prescrites et pouvait se montrer dure à certains moments.

D'autre part, la maison vivait au rythme du calendrier juif. L'objectif des animateurs était que les enfants découvrent un judaïsme « authentique, optimiste, joyeux et courageux », par opposition au judaïsme traditionnel.

Toutes les grandes fêtes juives et les shabbats furent célébrés à Moissac, même vers la fin de 1942, alors que les rafles se multipliaient dans toute la France et que la zone sud était envahie par les Allemands. Selon Pougatch, l'un des animateurs, « les textes devaient aider les jeunes à prendre courage et à trouver un sens à leur vie ». La maison sera finalement désertée en novembre 1943, devant l'imminence du danger, et les enfants cachés en de multiples lieux.

Ces deux grands repères que sont le scoutisme et le judaïsme ont donc permis à ces enfants de se reconstruire dans une période extrêmement troublée de leur existence. Comme le dit Laure Schindler-Lévine : « C'est à Moissac que j'ai appris qu'il est en effet possible d'espérer au milieu du désespoir. »

L'aventure de la maison de Moissac est une extraordinaire expérience de résilience collective, comme le souligne Catherine Lewertowski, qui a retracé l'histoire de cette Maison : « Je suis désormais convaincue que si ces enfants ont surmonté les terribles épreuves qui les ont accablés, c'est parce qu'ils ont été reconstruits ensemble, en tant que groupe juif auprès de Shatta. [...] Le renforcement du lien communautaire et culturel les a aidés à ne pas sombrer dans la folie et à devenir des citoyens engagés et actifs[11]. »

Rien de bien extraordinaire, finalement

Nous constatons donc à quel point l'association équilibrée du lien et de la loi de la part d'un adulte permet aux enfants blessés de donner du sens à leur souffrance et, plus important encore, à leur existence. Mais au fond, n'est-ce pas aussi ce qui se passe dans les situations normales d'éducation ? Car l'idéal pour un enfant est bien de grandir auprès de parents affectueux mais qui instaurent des règles et les font respecter. Ce qui nous montre qu'en fin de compte, les principes qui fondent la résilience n'ont rien d'extraordinaire, ce sont tout simplement ceux qui permettent à un enfant vivant dans un foyer « normal » d'être heureux. Jean-Marie Petitclerc, qui travaille depuis de longues années auprès d'adolescents en difficulté, résume très bien cela lorsqu'il écrit que « tout l'art éducatif repose dans cette conjugaison de l'amour et de la loi[12] ».

Les connaissances que nous avons acquises sur la résilience des jeunes rejoignent celles sur le développement harmonieux des enfants de la population générale. Des recherches ont mis clairement cela en évidence. Dès la fin des années 1960, Diana Baumrind établissait une typologie des styles d'éducation, essentiellement à partir de deux attitudes : la chaleur et le contrôle, ce qui l'a conduite à distinguer trois styles d'éducation : autoritaire, permissif et « autoritatif »[13].

Le parent autoritaire contrôle et évalue le comportement et les attitudes de l'enfant, pour qu'ils s'accordent aux règles de conduite qu'il a lui-même fixées. Il considère que l'obéissance est une valeur en soi et impose à l'enfant une discipline sévère pour que sa volonté personnelle se plie à celle de l'adulte. Il estime nécessaire d'inculquer le respect de l'autorité, le goût du travail, la préservation de l'ordre et des structures traditionnelles. Il n'encourage pas la négociation, pensant que l'enfant doit accepter sa parole comme étant juste et il fait usage de punitions en cas de déviation des règles.

À l'inverse, le parent permissif focalise fortement son attitude éducative sur les droits de l'enfant. Il valorise les désirs et les comportements de celui-ci et a peu d'exigences à propos des tâches ménagères, de la discipline et du rangement. Il permet à l'enfant de réguler ses propres activités le plus souvent possible, évite d'exercer un contrôle. Il tente de le raisonner mais n'exerce pas de pouvoir pour parvenir à ses fins et l'amener à obéir.

Enfin, le parent autoritatif croit que les enfants et les adultes ont des droits et des devoirs réciproques. Il tient compte des désirs de l'enfant, mais explique aussi pourquoi des règles sont nécessaires et des sanctions doivent parfois être prises. Il fixe ces règles de comportement, mais laisse l'enfant libre de fonctionner comme il le souhaite à l'intérieur de ce cadre. Il valorise donc à la fois la volonté personnelle de l'enfant et le respect de la discipline, reconnaît simultanément les besoins de l'enfant et ses propres droits spécifiques en tant qu'adulte. Il utilise le raisonnement aussi bien que le pouvoir pour atteindre ses objectifs, mais ne se considère pas comme infaillible.

Les enfants de ces trois catégories de parents ont tendance à percevoir le monde différemment les uns des autres.

L'enfant de parents autoritaires est anxieux et en retrait. Il réussit bien à l'école et s'engage rarement dans des activités antisociales telles que la consommation de drogues ou d'alcool et la délinquance. Il apprend très jeune qu'il peut être puni quoi qu'il fasse, et commence à penser que le monde est un lieu hostile et injuste sur lequel il n'a aucun contrôle. Il a du mal à s'adapter au monde adulte. Face aux frustrations, la fille a tendance à rapidement abandonner et le garçon à devenir agressif.

L'enfant de parents permissifs apprend très tôt qu'il sera récompensé, quoi qu'il fasse, et en arrive à croire que les bonnes choses lui seront accordées sans raison. Il estime donc ne pas avoir véritablement de contrôle sur son environnement, il dépend des autres pour prendre des décisions et n'intègre pas les concepts de bien et de mal. Il se rebelle lorsque ses désirs sont contestés et manifeste peu de persévérance dans les tâches difficiles.

L'enfant de parents autoritatifs fait généralement preuve d'une humeur heureuse et vivante. Il a confiance en son aptitude à réaliser les tâches qu'il entreprend, est sociable et régule bien ses émotions. Ayant constaté que le comportement de l'adulte à son égard dépendait partiellement de son propre comportement, il en arrive à considérer ses actions comme la cause des bonnes et des mauvaises choses qui lui arrivent. Il pense de façon indépendante et peut prendre ses propres décisions.

Pour D. Baumrind et les chercheurs qui ont poursuivi des travaux sur ces trois styles de parentalité, une forme de contrôle qui apparaît juste et raisonnable aux yeux de l'enfant a bien plus de probabilité d'être acceptée et internalisée. Celui-ci apprend qu'il est un individu compétent qui peut réussir pour lui-même, ce qui facilite une estime de soi élevée, son développement cognitif et une bonne maturité émotionnelle.

Partant d'une autre thématique de recherche que D. Baumrind, Jacques Lautrey est parvenu, il y a plus d'une vingtaine d'années, à un constat identique. Il a mis en évidence que le mode de fonctionnement familial jouait un rôle essentiel sur le développement cognitif des enfants, indépendamment du niveau socio-économique des parents[14]. Il a classé les pratiques éducatives parentales en trois catégories :

— milieu faiblement structuré, caractérisé par l'absence de règles ;

— milieu souplement structuré dans lequel existent des règles modulées par les circonstances ;

— milieu rigidement structuré dans lequel les règles s'appliquent, quelles que soient les circonstances.

Cet auteur constate que les enfants élevés dans un environnement familial souplement structuré parviennent à un meilleur développement cognitif que ceux grandissant dans un milieu rigidement structuré ou faiblement structuré.

Plus récemment, Jean-Pierre Pourtois et Huguette Desmet ont mis en relief que l'enfant, pour développer son autonomie, a non seulement besoin de communication et de considération, mais aussi de structures. Selon ces auteurs, les parents doivent s'efforcer de « trouver une approche disciplinaire qui mobilise les capacités à négocier des partenaires – parents et enfants –, ce qui implique le respect des personnes mais aussi la mise en place de repères structurants nécessaires au développement affectif, cognitif et social[15] ». Ces auteurs ont eux aussi constaté qu'une attitude faite d'acceptation et d'estime d'une part, d'une certaine directivité (sans excès) d'autre part, est propice à une trajectoire scolaire de qualité[16].

De l'association du lien et de la loi, de l'amour et des règles, peut naître le sens.

CHAPITRE III

Donner du sens à sa souffrance et à son existence

« Nous rêvions tous les trois d'un monde meilleur. »

C'est la vie qui donne du sens à la douleur et non la douleur qui donne du sens à la vie.

Bertrand VERGELY[1]

Savoir d'où l'on vient, où l'on est et vers quoi l'on se dirige.
Avoir un sens à sa vie, c'est peut-être ça, le bonheur.

Jean CARTRY[2]

Elle se montra si mûre et si ingénieuse que j'eus du mal à croire qu'il s'agissait de la même personne.
Je fus surtout surpris de constater comment elle avait finalement réussi à trouver un sens à sa vie.

Gabriel GARCÍA MÁRQUEZ[3]

Pour toutes sortes de traumas (maladie grave, maltraitance, handicap, perte d'un proche, etc.), les deux fondements essentiels de la résilience sont le lien et le sens. Mais lorsque la souffrance concerne un enfant ou un adolescent, il faut rajouter, comme nous l'avons noté au chapitre précédent, une troisième facette qui est la loi symbolique.

Stefan Vanistendael a proposé un modèle aisément compréhensible, et très opérationnel pour les travailleurs sociaux, des éléments facilitateurs de la résilience. Connu sous le terme de *casita* (car imaginé lors d'un séminaire sur la résilience en Amérique du Sud), il met en évidence que le lien et le sens constituent des éléments fondateurs sur lesquels d'autres aspects peuvent se construire. S. Vanistendael et moi-même avons développé ces différents éléments dans un précédent ouvrage[4].

Un élément fondamental de la *casita* est que le sens peut se construire sur ce fondement qu'est le lien, et que ces deux éléments peuvent soutenir les autres facettes constitutives de la résilience.

Le sens est donc un élément fondamental du processus de (re)construction de la personne. Il faut comprendre ce mot dans un double... sens : direction et signification. Le sens-direction vient plutôt des tuteurs de résilience et est une conséquence directe du lien créé entre jeune en souffrance et tuteur, tandis que le sens-signification vient plutôt de l'individu lui-même, au travers de ses processus mentaux et de ses comportements. Mais il serait dangereux de surgénéraliser : plutôt ne signifie pas systématiquement.

Donner une direction à sa vie

L'ESPOIR D'UNE VIE MEILLEURE

Sans le savoir, les personnes résilientes de leurs blessures d'enfance ont fait leur ce proverbe soufi : « Accroche ta charrue à une étoile. » Ils ont aspiré à un avenir meilleur tout en ancrant ce projet dans la réalité de la vie de tous les jours. Même dans les pires moments, ils se sont raccrochés à cet espoir, ce qui leur a permis de tenir, de supporter l'insupportable.

En témoigne Dave Pelzer, très gravement maltraité par sa mère : « J'ai une chance inouïe. Désormais, cette abominable période est derrière moi. À dire vrai, même aux heures les plus noires, j'avais malgré tout le sentiment diffus d'être l'artisan de mon sort et je m'étais fait le serment – si j'en sortais vivant – de

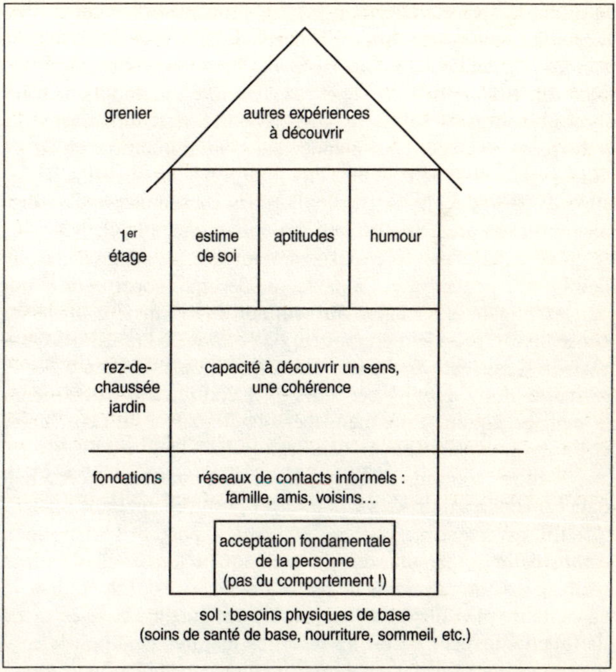

La casita *de la résilience. Vanistendael S. et Lecomte J. (2000),* Le Bonheur est toujours possible ; construire la résilience, *Paris, Bayard, p. 207.*

tout mettre en œuvre pour devenir un homme bien. Et j'ai tenu parole. [...] J'ai pris la maîtrise de ma vie et lui ai donné un élan positif[5]. »

Joseph Gourand, déporté un an à Auschwitz à 17 ans, estime pour sa part que ce qui lui a permis de tenir, c'est « une petite voix intérieure qui me disait : "Tu t'en sortiras", et la promesse que j'avais faite à mon père avant sa mort et dont personne ne pouvait me délier : tenir, m'occuper de ma sœur et faire qu'à partir d'une seule racine l'arbre de notre famille refasse souche[6] ».

Dans son ouvrage majeur *Vivre, la psychologie du bonheur,* Mihaly Csikszentmihalyi fait le bilan de nombreuses années de recherche et souligne que le concept de sens fait appel à trois thèmes : le projet, l'engagement et l'harmonie. Selon lui, la découverte d'un projet de vie est souvent une réaction à une souffrance personnelle éprouvée dans son enfance. L'important alors n'est pas l'événement lui-même, mais l'interprétation qu'on en fait. De plus, le problème doit être interprété comme un défi possible. Il parle de « la transformation des conséquences d'un événement traumatique en un défi qui donne sens à la vie[7] ».

Cet auteur cite le cas d'un enfant qui a grandi dans une famille très pauvre et qui a décidé de devenir avocat pour éliminer les injustices sociales. Au sommet de sa carrière, il devint conseiller du président en matière de politique à l'égard des défavorisés. Il présente également l'histoire de Gottfried qui a perdu sa mère, morte d'un cancer alors qu'il avait 10 ans. Il considéra la maladie comme un ennemi personnel qu'il se jura d'attaquer et est devenu chercheur en cancérologie[8].

D'autres courants de recherche se sont intéressés à cette tendance qu'ont les individus à se projeter positivement dans l'avenir.

En psychanalyse, George Vaillant a popularisé la notion d'*anticipation,* à la suite de sa vaste enquête longitudinale sur la résilience d'hommes issus de milieux défavorisés[9]. Elle désigne la capacité de planifier en vue du futur. Cet auteur classe ce mode de fonctionnement parmi les défenses matures facilitant la résilience que sont l'altruisme, la sublimation, la répression (ou mise à l'écart), l'anticipation et l'humour.

Mrazek et Mrazek (1987) parlent, quant à eux, d'*anticipation projective positive,* qu'ils définissent comme l'aptitude à projeter dans le futur et d'imaginer comment la vie sera quand les temps difficiles seront passés. Ils considèrent qu'il s'agit là d'une compétence qui facilite la résilience chez les enfants maltraités[10].

En psychologie cognitive, Markus a développé la notion de *sois possibles imaginés*[11]. Selon cet auteur, les gens évoquent des images de soi de succès ou d'échecs futurs. Ces sois possibles sont construits à partir des expériences personnelles, de l'observation d'autres personnes et des influences socioculturelles. Ils assurent plusieurs fonctions : ils fournissent un cadre conceptuel nous permettant d'interpréter nos expériences, influencent notre façon de penser concernant nos aptitudes et nos décisions, guident le déroulement de nos actes et stimulent notre quête d'objectifs précis. Les sois positifs motivent et guident les gens pour qu'ils réalisent leurs objectifs, tandis que les sois non désirés, voire craints, peuvent bloquer l'action ou inciter l'individu à éviter de devenir le style de personne qu'il redoute.

En psychologie cognitive également, Lazarus s'est penché sur le thème de *l'espoir*, tout en soulignant qu'il existe peu de recherches sur le sujet[12]. Il constate qu'« il y a eu une grande réticence des psychologues à s'intéresser au concept d'espoir. Un plus grand intérêt semble être exprimé envers les aspects négatifs de notre vie mentale, spécialement l'impuissance, le désespoir, probablement en raison de l'intérêt clinique pour la dépression ». Selon cet auteur, une condition fondamentale de l'espoir est que notre vie actuelle est insatisfaisante. Cela consiste alors à croire que quelque chose de positif, qui n'existe pas encore dans la vie présente, peut se matérialiser, ce qui conduit à le désirer. Il existe, selon Lazarus, une certaine différence entre espoir et optimisme, même si ces deux termes se recoupent partiellement : dans l'optimisme, il y a peu ou pas de place pour le doute, contrairement à ce qui se passe pour l'espoir.

Notons que deux spécialistes de la résilience après maltraitance soulignent également l'importance de l'espoir. Hunter et Kilstrom font remarquer que les parents qui ne reproduisent pas la maltraitance dont ils ont été victimes manifestent généralement de l'espoir, teinté d'une attente réaliste des difficultés, ce qui est illustré notamment par cette déclaration d'un jeune père : « Je crois fermement que la plupart des obstacles peuvent être vaincus[13]. » Un élément essentiel de ce type d'espoir est son caractère proactif. L'enfant ou l'adolescent qui s'imagine un futur meilleur attend certes que les années passent, mais dans une attitude mobilisatrice qui va l'inciter par exemple à s'organiser pour quitter au plus tôt le foyer parental (s'il n'est pas placé en famille d'accueil ou en institution) et devenir autonome.

L'espoir en un avenir meilleur est une bouée de sauvetage indispensable pour éviter d'être englouti par les flots de l'angoisse. Josyane Perrin disait à ses copines, élevées comme elle en institution en raison du comportement de leurs parents : « Choisissez une étoile et ne la quittez pas des yeux ; chaque fois que nous viendrons ici le soir, nous la chercherons et lui confierons nos secrets. [...] Nous rêvions toutes les trois d'un monde meilleur, d'un monde où des mots tels que chagrin, tristesse et peur n'existeraient plus, un monde où les gens vivraient en parfaite harmonie et se soucieraient les uns des autres sans penser toujours à eux-mêmes[14]. »

Catherine, enfant d'alcooliques ayant grandi dans un grand dénuement, explique ce qui l'a aidée à s'en sortir : « J'ai toujours cru en l'avenir. Quand j'avais 9 ans, je me disais : "Je ferai des études et je m'en sortirai, je serai quelqu'un et je prouverai à tous ces cons qui m'ignorent maintenant que je ferai mieux qu'eux." C'était un désir de revanche sociale inouï. J'avais le sentiment d'être dépendante et prisonnière de mes parents. »

Angéline raconte quant à elle : « Je rêvais d'être hôtesse de l'air, de voyager. Quand j'ai eu l'âge d'entrer à l'école d'hôtesses de l'air, ma mère m'a brisé ce rêve en me disant : "Ça ne va pas, non, de toute manière, c'est beaucoup trop cher, et puis maintenant tu as 16 ans, tu t'en vas." Je me suis retrouvée à la rue, mon père était cardiaque et donc encore plus affaibli et il ne s'est pas opposé à sa décision. J'ai dû faire des petits boulots, j'ai suivi des cours du soir, et voilà, je m'en suis sortie. J'ai regretté longtemps quand j'étais plus jeune, mais maintenant je me dis : "Finalement, tu es arrivée là où tu voulais arriver. Il y a des gens qui t'aiment et que tu aimes." »

Des tourments aux tournants

L'une des illustrations les plus nettes du fait que la résilience est un processus plutôt qu'un état est constitué par les tournants de l'existence. Michael Rutter, qui s'est particulièrement intéressé au sujet, considère qu'il y a tournant de l'existence lorsque le changement implique une modification durable dans la direction de la trajectoire de vie et note qu'« il est important de reconnaître l'importance des tournants potentiels dans la vie, où des gens qui semblaient placés dans une trajectoire de vie maladaptée sont parvenus à prendre une direction plus adaptée[15] ». Pour cet auteur, les tournants de l'existence présentent deux caractéristiques[16]. D'une part, ils impliquent une nette discontinuité de l'environnement ou de l'organisme, qui oriente le développement dans une nouvelle direction. D'autre part, la nouvelle expérience vécue à la suite de ce tournant est durable. Ce deuxième aspect est lié à trois types d'expériences :

— celles qui ouvrent ou qui ferment des portes. Quitter l'école ou inversement aller à l'université en sont des exemples représentatifs ;

— celles qui impliquent un changement durable de l'environnement. Par exemple, un mariage qui modifie les relations sociales, un déménagement qui entraîne un changement du groupe de pairs. Il en est de même pour le divorce et le deuil ;

— celles qui ont un effet durable sur l'image de soi de la personne ou sur ses conceptions relatives aux autres personnes.

Un tournant de l'existence n'apparaît pas toujours comme tel pour le sujet au moment où il se produit. Par exemple, un prédélinquant issu d'une famille dysfonctionnelle peut faire la connaissance d'un couple avec lequel il se lie d'amitié. Au fil du temps, l'influence de ces personnes va se faire sentir sur lui, il va reprendre sa scolarité, ce qui le conduira à une situation professionnelle qui le satisfait pleinement. Comme le fait remarquer Bandura, « les choix opérés à des tournants cruciaux de l'existence n'apparaissent généralement pas si importants au moment où ils sont faits. Ceci est dû au fait que leur signification découle du flux d'influences qu'ils inaugurent. C'est rétrospectivement que les tournants de l'existence apparaissent comme tels[17] ».

L'adolescence est une période de l'existence particulièrement propice à un changement d'orientation dans l'existence. Egeland et Erickson soulignent que leurs résultats obtenus auprès de participants qui ont brisé le cycle de la maltraitance démontrent que des représentations négatives acquises dans l'enfance peuvent être modifiées[18]. Selon ces auteurs, au cours de l'adolescence et du jeune âge adulte, « un individu est ouvert et intéressé par les relations avec les autres. Si l'individu maltraité a suffisamment de chance pour établir une relation soutenue avec un partenaire ou un proche ou un thérapeute aimant et acceptant, son modèle représentationnel peut être modifié dans un sens positif ». De son côté, Ricks fait appel aux aptitudes cognitives nouvelles acquises à l'adolescence pour expliquer le fait qu'un enfant maltraité puisse devenir un bon parent : « Avec l'apparition des opérations formelles, un individu qui a souffert dans l'enfance peut profiter de l'aptitude à manipuler des situations hypothétiques. L'établissement de relations hors de la famille d'origine peut modifier des postulats existants sur l'attachement[19]. »

Dès ses origines, l'étude de la résilience a été liée à la notion de tournant de l'existence. En effet, l'étude de Werner, généralement considérée comme la première recherche sur la résilience, souligne ce fait[20]. Résumons rapidement les résultats de cette enquête. En 1955, une équipe de chercheurs menée par Emmy Werner étudie l'évolution de 201 bébés qui présentent un risque de développer des troubles, car ils cumulent plusieurs sources de stress (naissance difficile, pauvreté chronique, environnement familial marqué par les disputes, le divorce, l'alcoolisme ou encore la maladie mentale). Contrairement à ce qu'avaient supposé les chercheurs, à l'adolescence, un tiers d'entre eux (72 sur 201) grandissent sans problèmes particuliers et, parvenus à l'âge adulte, développent des relations stables et s'engagent dans un travail.

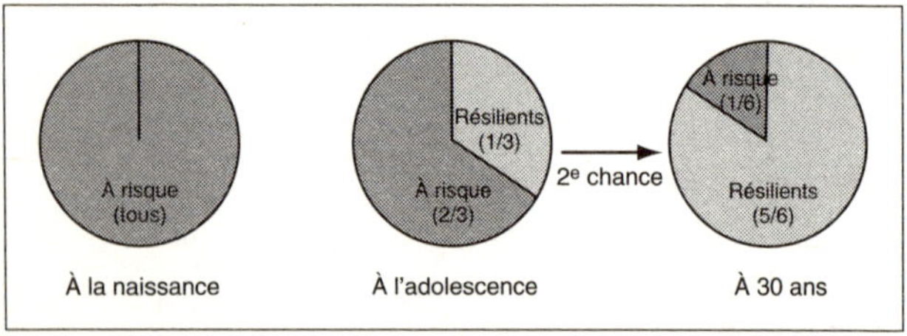

Lecomte J., d'après Werner E. E. (1989), « Children of the garden island », Scientific American, *76-81.*

La suite de l'histoire est également intéressante. Sur les deux tiers restants, la grande majorité change d'orientation entre l'adolescence et l'âge adulte. Werner parle ici de « deuxième chance » et de tournant de l'existence. Par exemple, les trois quarts des délinquants arrêtent ce type d'activité ; seule une minorité des jeunes perturbés (12 individus) ont toujours besoin d'aide psychologique. Parmi les événements qui facilitent cette transformation se trouvent l'entrée dans le service militaire, le mariage, la parentalité et la participation active à un groupe religieux. Au-delà des différences, toutes ces expériences permettent à l'individu de créer de nouvelles relations interpersonnelles.

Notons au passage que des événements tels que le mariage ou la naissance du premier enfant sont souvent considérés comme de simples transitions pour des adultes ayant eu une enfance normale ; il s'agit là d'événements qui se situent en continuité avec la vie heureuse déjà connue. Par contre, ils constituent généralement de véritables tournants de l'existence pour l'ex-enfant blessé.

Par ailleurs, la recherche menée par Elder montre que, pour les jeunes hommes issus d'un milieu désavantagé et qui faisaient preuve d'une faible compétence sociale, l'entrée précoce dans les forces armées s'est révélée être un tournant protecteur car cela leur a permis de continuer leur scolarité et de reporter le mariage à une période de plus grande maturité[21]. Ce n'est pas l'armée en soi qui a conduit aux résultats positifs puisque les hommes issus d'un milieu plus privilégié qui sont entrés à l'armée à un âge plus tardif ont généralement considéré cette expérience comme très perturbatrice car elle interrompait leur carrière et interférait avec leur vie familiale. À nouveau, un effet d'interaction opère. Cet exemple illustre par ailleurs un autre aspect des études sur la résilience. Les premières recherches insistaient sur la mise en évidence de facteurs protecteurs et de facteurs de risque. Aujourd'hui, les spécialistes parlent plutôt en termes de processus, sachant qu'un même événement (ici l'entrée à l'armée) peut constituer un facteur de risque ou de protection selon les circonstances.

Donner une signification à sa vie

TENTER DE RÉPONDRE À LA QUESTION « POURQUOI ? »

Quel que soit le type de traumatisme subi, la victime se pose quasi systématiquement cette double question : « Pourquoi ? » et « Pourquoi moi ? ». Les déclinaisons en sont multiples chez l'enfant meurtri : pourquoi ma mère m'a-t-elle abandonné ? Pourquoi mon père m'a-t-il fait subir l'inceste ? Pourquoi cet accident de voiture qui a emporté mes parents ? Le drame est hors norme, injustifiable, il faut tenter de percer son mystère pour le surmonter. Rétablir du sens dans un univers devenu insensé est une nécessité de survie, souvent éprouvée de manière quasi obsessionnelle par les victimes.

La question est particulièrement douloureuse pour les « enfants-cibles », ces êtres qui, au sein d'une fratrie sont battus, humiliés, rejetés, alors que les frères et sœurs sont choyés et valorisés. Une situation poignante, parmi de nombreuses autres vécues par les enfants blessés, est celle décrite par Dave Pelzer. Après l'avoir empêché de manger pendant dix jours, sa mère lui donne enfin des restes, lui intimant de terminer l'assiette en deux minutes. Mais à peine le premier morceau arrive dans sa bouche, elle lui enlève l'assiette et verse le contenu dans la poubelle. « Trop tard ! » ricane-t-elle. « Ahuri, je n'ai pas bougé, incapable de dire ou de faire quoi que ce soit, obnubilé par une seule question : pourquoi ? Pour quelle raison me traitait-elle de la sorte[22] ? »

De même, Marie-Raphaëlle s'est évidemment demandé pour quelle raison, au sein d'une famille de six enfants (quatre sœurs et deux frères), seuls elle et son frère sont devenus des enfants-cibles. Pour son frère, il est probable que cela était dû à son double handicap, physique et mental. Mais pour elle ? Concernant le comportement incestueux de son père, elle suppose que c'est parce qu'elle était la seule rousse de la fratrie, comme l'était sa mère. D'ailleurs, quand il l'abusait sous l'empire de l'alcool, il prononçait le prénom de sa mère. Il lui arrivait ensuite de prendre conscience de son erreur : « Je l'ai vu des fois s'effondrer, il se liquéfiait, il pleurait et me demandait pardon, il était complètement désemparé de ce qu'il avait fait. Alors, les rôles s'inversaient, c'est moi qui m'occupais de lui. »

Marie-Raphaëlle a trouvé successivement plusieurs explications possibles au fait d'être l'enfant-cible de sa mère. Il y a eu bien sûr la rousseur des cheveux, comme si sa mère lui faisait subir le fait de ne pas s'accepter elle-même. Une autre explication était que sa mère lui a souvent reproché la mort de son petit frère : Marie-Raphaëlle, toute petite, aurait renversé le berceau du bébé, lequel serait tombé par terre. Mais elle sait aujourd'hui, à la suite d'une discussion avec son père, que cela était faux : « Il a reconnu que ce n'était pas moi, ça a été un grand soulagement. Mais d'un autre côté, quand j'étais petite, ça m'a aidée parce que ça m'expliquait pourquoi ma mère ne m'aimait pas. »

Une autre explication encore est liée à sa force de caractère. Par exemple, elle était la seule, parmi les frères et sœurs, à oser s'interposer entre ses parents lorsque ceux-ci se disputaient. Les rares fois où sa mère l'a emmenée sur son lieu de prostitution, quand elle avait entre 8 et 10 ans, la situation a mal tourné avec les clients en raison des réactions et remarques négatives de Marie-Raphaëlle. Par contre, lorsque sa mère emmenait ses sœurs, celles-ci appréciaient les pièces de monnaie données par ces hommes en échange de caresses sur la poitrine des petites filles. Marie-Raphaëlle pense que sa mère n'a pas supporté de ne pas arriver à la mater.

Une synthèse d'études sur la résilience chez les personnes victimes d'abus sexuels dans leur enfance a montré que l'attribution externe de responsabilité, c'est-à-dire le fait que la victime attribue la responsabilité de l'abus à l'agresseur, est la stratégie la plus adaptative[23]. À l'inverse, le fait que la victime se blâme pour l'abus constitue un facteur de risque facilitant l'émergence de divers symptômes, notamment la dépression et une moindre estime de soi. En cas d'inceste, il semble que les deux explications externes les plus fréquentes soient le fait de considérer que son père n'est pas normal, voire carrément fou, ou de penser que les parents n'avaient plus de relations sexuelles régulières et que le père s'est défoulé à sa façon. Attention, il s'agit là de tentatives d'explication, mais en rien de justification. La distinction est évidemment fondamentale. Un aspect essentiel de la thérapie de ces victimes est précisément de les aider à pleinement intégrer qu'elles sont bien victimes et non responsables de l'abus.

Passer du « pourquoi ? » au « pour quoi ? »

Mais il arrive fréquemment que la quête de l'enfant aboutisse au néant, à l'impossibilité de trouver une quelconque explication à une situation à proprement parler insensée. Josyane Perrin, enfant-cible, décrit bien cette sensation extrêmement douloureuse : « Quand on a dix enfants, a-t-on le droit d'en rejeter un, d'en exclure un ? Sous prétexte qu'il est un mal-né, un mal-venu. [...] Aujourd'hui encore, je recherche la raison de tant d'horreur et de haine. [...] J'ai été martyrisée et haïe préférentiellement dans ma fratrie. C'est cette marginalisation qui m'a le plus fait souffrir. Pourquoi ? Et pourquoi moi ? Étais-je coupable d'être née ? Perpétuelles questions que je rumine encore et toujours dans ma tête et qui resteront hélas sans réponse[24]. »

Cependant, la situation n'est pas désespérée. Que la victime ait ou non trouvé une réponse au « pourquoi ? », il se produit généralement au bout d'un certain temps un glissement vers une autre question. La véritable entrée dans le parcours de résilience semble se produire lorsque la personne passe du « pourquoi ? » au « pour quoi ? ». La première interrogation consistait à tenter de trouver du sens au passé, la seconde consiste à créer du sens pour l'avenir[25]. Je dis bien « créer » puisque certaines situations sont totalement insensées, dépourvues de sens en elles-mêmes.

En fait, à ce moment, trois questions complémentaires se font jour, qui vont inciter le sujet à s'investir dans la réflexion et l'action :

— Pour quoi ? = projection dans l'avenir.

— Pourquoi pas ? = croyance en la possibilité de réalisation.

— Comment ? = parcours à suivre, outils à utiliser.

La personne va alors adopter des attitudes et des comportements qui vont lui permettre de transformer le traumatisme passé en tremplin au service d'elle-même et/ou d'autrui. Je vais décrire ici les principales modalités de réponse à cette double question du *Pour quoi ?* et du *Comment ?* en les présentant depuis les attitudes les plus autocentrées vers les plus hétérocentrées. Autocentré ne signifie pas égocentrique, il n'y a dans ce terme aucun jugement de valeur, simplement le constat d'une réalité vécue. Cela n'aurait pas de sens de considérer qu'il est moralement plus valable d'adopter des attitudes plutôt tournées vers les autres que plutôt tournées vers soi. Toutes ont leur pertinence ; il est d'ailleurs fréquent qu'une personne fasse preuve en parallèle d'attitudes auto- et hétérocentrées.

J'examinerai donc successivement les modalités suivantes consistant à créer du sens à partir de la souffrance :

— la quête de sagesse et de spiritualité ;

(*Être*)

— l'enrichissement personnel ;

— la créativité ; (*Faire*)

— le témoignage ;

(*Faire pour aider autrui à être*)

— l'altruisme.

La quête de sagesse et de spiritualité

Cette voie de résilience est privilégiée par certaines personnes. Il peut s'agir d'une quête de sagesse « laïque » ou d'une démarche spirituelle.

Alexandre Jollien, handicapé à la suite d'une asphyxie à sa naissance, a longtemps été considéré comme un débile mental en raison de ses problèmes d'élocution et de sa grande difficulté à coordonner ses mouvements. Il a passé toute son enfance et sa jeunesse dans un établissement pour personnes atteintes d'infirmité motrice cérébrale (IMC). Il nous livre la grande leçon qu'il a tirée de cette expérience : « Je dis simplement qu'il faut tout mettre en œuvre pour parvenir à tirer profit, même de la situation la plus destructrice. J'insiste sur les épreuves parce que celles-ci restent inévitables. Rien ne sert de discourir, d'épiloguer des heures durant sur la souffrance. Il faut trouver des moyens pour l'éliminer et, si on ne le peut pas, l'accepter, lui donner sens[26]. »

Un jour, il découvre par hasard un ouvrage de philosophie qui contient notamment ces deux sentences : « Nul n'est méchant volontairement », et : « Connais-toi toi-même. » « Cette invitation retentit immédiatement en l'adolescent que j'étais. Elle bouleversa ma vie et la rendit soudain plus intéressante. Tout devenait source de réflexion. » Il se plonge alors avidement dans les textes philosophiques, ce qui lui permet « de sauver ma peau, d'avoir enfin la possibilité de réagir, d'opposer des tentatives de réponse aux interrogations qui me hantaient. La lecture des philosophes m'invita à mieux comprendre, à donner sens à la réalité[27] ».

Selon A. Jollien, la philosophie aide beaucoup, non par ses réponses, mais plutôt par sa méthode et son terrain d'investigation. Elle constitue une sorte de loupe pour lire dans les événements quotidiens, pour mieux comprendre les comportements humains et accepter la précarité de la condition humaine. « Dès que je découvris la philosophie, je me suis employé sans relâche à essayer de comprendre ce qui m'arrivait et à en tirer profit[28]. »

Nous retrouvons une démarche proche chez une personne ayant vécu un parcours très différent, François Besse. Il s'agit plus d'un parcours de « désistance » (sortie de la criminalité) que de résilience au sens strict du terme, mais son histoire vaut la peine d'être contée. Cet homme fut pendant plusieurs années le complice de Mesrine, l'ennemi public numéro un en France. Roi de la cavale, il est parvenu à s'évader à six reprises. Sa comparution au tribunal en juin 2002 pour de multiples délits (hold-up, prise d'otages, détention d'armes, tentatives de meurtre) a laissé l'auditoire pantois[29]. Tout d'abord, il reconnaît pratiquement tout ce qui lui est reproché, sauf une condamnation. Mais surtout, il porte un regard particulièrement critique sur son parcours de gangster : « Aujourd'hui, je suis capable de vous dire que je peux avoir un regard sur ce passé. Sans conteste, c'est un jugement négatif [...] je me suis trompé. » Le président lui demande alors : « Beaucoup de gens vous ont pris pour un modèle ? – Certains. Je le déplore. » François Besse souligne : « Parmi les longues peines, beaucoup sont des peines d'élimination, qui ne permettent pas à une personne de prendre en compte ce qu'elle a fait. Cette absence de réflexion devient une sclérose. En prison, il y a très peu de discours sur la responsabilité et les victimes. Le discours, c'est : "J'ai pris vingt ans et je paie avec ça." Mais pour avancer, il faut aussi que la société comprenne qu'il faut aller vers une réconciliation plutôt qu'une exclusion. »

En prison, il a passé un bac littéraire et termine un DEUG de philosophie. Ces études l'ont profondément transformé, au point que, lorsque son avocat, maître Henri Leclerc, lui demande : « Avez-vous envie d'être libre ? », il répond : « Mais je suis déjà libre. Je me suis battu chaque jour pour vivre libre [...]. Je m'en suis sorti parce que j'ai fait un travail sur moi, mais aussi parce qu'il y a eu des procureurs honnêtes, des présidents de cours d'assises qui m'ont fait confiance. Je le dois aussi à ma famille. Si j'avais été seul, je ne me serais pas réinséré[30]. »

Même l'avocat général Philippe Bilger a été impressionné par la métamorphose de cet homme, au point de faire appel à la clémence des jurés en requérant treize années de réclusion criminelle, en déclarant : « Avec quelle sincérité, avec quelle lucidité, avec quelle volonté d'aller au fond de soi, François Besse est venu s'offrir à la justice. Il a des choses à attendre de nous et de moi en tant qu'accusation. [...] La fonction la plus élémentaire de l'être humain, c'est de créer de l'avenir. C'est ce que je vous souhaite, monsieur Besse, à vous et à tous les détenus. » Et quand l'avocat général demande à François Besse comment il se situe face à la sanction qui va être prononcée contre lui, celui-ci répond : « La société l'attend, elle est nécessaire et justifiée. Une peine donnée à un accusé va engager sa vie. Et peut-être que l'accusé ne sera pas capable de la recevoir. Ce ne sera pas mon cas. J'accepterai votre décision et je ne ferai pas appel. J'estime que j'ai été bien traité. J'ai eu la parole. Vous m'avez posé des questions très fortes. J'ai eu l'occasion de rencontrer les victimes. C'est nécessaire. J'ai tenté de me réconcilier avec elles. Je tiens à bien intégrer en moi le fait que j'ai pu faire du mal et que je me dois de réparer. »

Cet effet positif de la philosophie a même été constaté chez les enfants. Une initiative particulièrement originale est la philosophie avec les enfants, qui se développe dans de nombreux pays du monde[31]. Il ne s'agit évidemment pas d'enseigner les grands auteurs, mais d'aider les enfants à réfléchir par eux-mêmes et pour eux-mêmes, selon une méthodologie largement éprouvée au fil des ans. La philosophie avec les enfants facilite le développement de l'estime de soi, la créativité, l'esprit de solidarité. Elle a pour corollaires une baisse des abandons scolaires, la remontée du niveau scolaire d'élèves en difficulté, une meilleure résistance aux offres de drogue, etc. En France, il n'existe à ma connaissance qu'un seul établissement proposant cette discipline, au sein du cours préparatoire de l'école élémentaire Vieira-da-Silva à Caen[32]. Gilles Geneviève, en charge de ce cours de philosophie, souligne que l'objectif est que les enfants « pensent le monde au lieu de le subir. Ce qui leur permettra de restaurer l'image négative qu'ils ont souvent d'eux-mêmes. Ainsi, ils pourront contribuer à développer la démocratie et construire un monde meilleur ».

Nous avons vu au chapitre précédent que la croyance en un Dieu personnel est une des modalités du lien facilitateur de résilience. La religion, et plus généralement la spiritualité, est par ailleurs créatrice de sens[33].

Juliette, victime d'abus sexuels dans son enfance, était très culpabilisée à la suite de cette expérience[34]. À l'âge adulte, elle vit une expérience de conversion et est particulièrement frappée par ce texte de l'Ancien Testament : « Tu n'éprouveras plus de honte, ne te sens plus outragée, car tu n'auras plus à rougir, tu oublieras la honte de ton adolescence [...] car celui qui t'a faite, c'est le Seigneur, le Tout-Puissant [...] celui qui te rachète. » Ce passage, ainsi que d'autres, a joué un rôle essentiel dans la guérison des parties blessées de son être.

L'enrichissement de la personnalité

Un élément essentiel favorisant la résilience est la capacité de réflexion sur soi-même et sur autrui. Une expression commune est celle de « travail sur soi » ; les scientifiques utilisent plutôt les termes de « mentalisation », de « fonction autoréflexive » ou encore de « capacité d'élaboration ». Elle intègre des facettes émotionnelles et cognitives. Selon Claude de Tichey, professeur de psychologie clinique à l'université de Nancy, « la mentalisation constitue le processus intrapsychique essentiel qui vient fonder la capacité de résilience du sujet[35] ». Nombreuses sont les personnes résilientes qui ont été en quelque sorte « contraintes » à cette activité mentale. Ce qui est dans un premier temps une nécessité de survie devient, au fil des ans, un mode de fonctionnement psychologique habituel et constitue, aux yeux des résilients eux-mêmes, une richesse personnelle à laquelle ils sont très attachés. Nous verrons au chapitre VII divers aspects de la personnalité des résilients, acquise à la suite de la victoire sur le trauma.

Il n'est bien entendu aucunement question ici de faire une apologie de la souffrance. Celle-ci n'a pas de valeur en soi, ce n'est pas elle qui fait grandir, qui enrichit l'existence ; mais une fois qu'elle est là, l'individu doit bien s'efforcer d'en faire quelque chose s'il veut éviter de se laisser engloutir par elle. C'est alors la façon dont il va interpréter le trauma, dont il s'efforce de l'utiliser, qui peut l'élever.

L'étude de Dumaret et ses collaborateurs est très éclairante à cet égard. Elle porte sur 63 adultes anciennement placés, appartenant à 35 familles, aujourd'hui âgés en moyenne de 28 ans[36]. Ces auteurs ont évalué le niveau de « capacité d'élaboration », c'est-à-dire la « faculté de construire une théorie de leur vie, une histoire cohérente dans laquelle les événements du passé éclairent le présent ». Celle-ci a été appréciée en fonction de trois critères :

— sa complexité, liée à une vision non manichéenne et caricaturale de leur vie ;

— sa relative exactitude, par rapport à la réalité de ce qui s'est passé ;

— la distance instaurée entre les jeunes et leur histoire, qui leur permet de ne pas se sentir persécutés par leur passé et d'en parler avec une relative sérénité.

Un premier groupe de 15 personnes comprend les personnes dont les entretiens satisfont à ces trois critères : une histoire à la fois complexe, proche de la réalité et apaisante.

Le deuxième groupe de 23 personnes inclut les jeunes adultes qui ont élaboré une histoire de leur vie, mais assez pauvre, éloignée de la réalité, ou qui témoigne d'un ressenti encore très douloureux.

Le troisième groupe est composé des 7 personnes dont les entretiens ne satisfont à aucun des trois critères. Il s'agit d'entretiens strictement factuels, ne dénotant aucune élaboration.

Dumaret et ses collaborateurs ont constaté un lien étroit entre la capacité d'élaboration et la bonne adaptation sociale, professionnelle et familiale des participants. Plusieurs conditions favorisent ou inhibent cette possibilité d'élaboration du jeune adulte. La première concerne les événements de son enfance. Plus celle-ci aura été chaotique, violente et douloureuse, plus il lui sera difficile de construire une histoire cohérente de sa vie. Une autre condition réside dans la qualité des relations nouées entre les enfants et les adultes qui se sont occupés d'eux. Les auteurs soulignent que « c'est en effet à travers une rencontre authentique avec un adulte, lui-même attentif aux choses de la vie intérieure, qu'un enfant peut développer la faculté de repérer une logique dans le déroulement de sa vie. Quand les parents n'ont pas pu jouer ce rôle, [...] les adultes de la famille d'accueil peuvent éventuellement le jouer soit parce qu'ils y sont naturellement portés, soit parce qu'ils ont été stimulés par l'aide de l'équipe[37] ».

Deux tiers des jeunes adultes interviewés ont déclaré que l'institution « leur avait donné quelque chose », la plupart estimaient avoir été aidés. Cela leur fournissait une vie de famille et les initiait aux relations sociales, aux rituels et aux structures qu'impliquait la vie de famille. Les interdictions et les devoirs quotidiens dans la famille d'accueil, même si cela conduisait à des conflits, semblaient avoir contribué à créer un cadre structurant, qualifié de « protecteur » par certains de ceux concernés. Comme l'exprime un des sujets : « S'ils ne m'avaient pas appris à me comporter, je serais devenu un délinquant. Moi aussi, je serai strict avec mes enfants[38]. »

Fonagy et ses collaborateurs se sont intéressés au développement de la résilience face au risque de reproduction intergénérationnelle de la maltraitance, par le biais de l'acquisition de la fonction autoréflexive[39]. Ils utilisent la théorie de l'attachement comme cadre conceptuel. Pour ces auteurs, le monde dans lequel nous vivons ne peut prendre sens que si nous invoquons des concepts tels que les désirs, les croyances, les regrets, les valeurs, les objectifs, pour comprendre le comportement d'autrui et le nôtre. Cette fonction, qualifiée de mentalisation, est assurée par la partie réflexive du soi, l'observateur interne, qui sait que le soi pense, perçoit, réagit, etc. La mentalisation est une composante essentielle de l'autonomie et d'un sentiment cohérent d'identité personnelle. Elle permet à l'individu de considérer que les actions d'autrui ont un sens par l'attribution de pensées et de ressentis, et elle peut l'aider à mieux communiquer et vivre des expériences plus riches avec les personnes qui l'entourent. Elle explique la plus grande conscience interpersonnelle et la plus grande empathie souvent observée chez les enfants résilients.

Le type d'attachement d'un bébé est évalué au cours de la procédure expérimentale standardisée suivante : il est avec sa mère dans une pièce ; une femme inconnue du bébé s'approche de lui ; la mère quitte la pièce, laissant l'enfant seul avec l'étrangère ; la mère revient et le chercheur observe le comportement du bébé avec celle-ci. La plupart des bébés manifestent de la tristesse lors de la séparation, éprouvent du plaisir à retrouver la mère, puis retournent jouer après un bref contact avec celle-ci. On parle alors d'enfant à l'attachement « sécure ». Ce comportement est généralement le reflet d'un comportement parental adéquat. Mais d'autres types de réactions sont possibles. Les enfants à l'attachement « évitant » ne pleurent pas lors des séparations et évitent ou ignorent le parent lors des retrouvailles ; ceux à l'attachement « résistant-ambivalent » sont préoccupés par le parent tout au long de la procédure, alternent la recherche de contact et la résistance, ne parviennent pas à se calmer ou à retourner explorer lors des retrouvailles ; enfin les enfants à l'attachement « désorganisé-désorienté » manifestent des comportements désorganisés ou désorientés en présence du parent : par exemple, ils paraissent dans un état de stupeur, les mains en l'air, ils se lèvent et tombent subitement par terre à l'arrivée du parent, ou ils s'agrippent au parent tout en s'en éloignant.

Quatre-vingt-dix-sept mères de la classe moyenne ont collaboré à l'étude de Fonagy et ses collaborateurs. Ceux-ci les ont réparties en quatre catégories, en fonction de leur vécu d'enfance et de leur niveau de mentalisation, et ont noté le pourcentage de bébés manifestant un attachement sécure pour chaque catégorie de mères. La conclusion est très claire. Les mères au niveau élevé de mentalisation ont plus de probabilités d'avoir un enfant à l'attachement sécure. Cet élément est certes bénéfique pour les mères ayant été bien entourées dans leur enfance, mais devient capital pour celles ayant manqué d'affection. Parmi ces dernières, toutes celles (10 sur 10) ayant un niveau élevé de mentalisation ont un bébé à l'attachement sécure, contre seulement une sur 17 (soit 6 %) de celles au niveau bas.

	Niveau de mentalisation élevé	Niveau de mentalisation faible
Mères ayant reçu de l'affection dans l'enfance (70)	80 % (8/39)	42 % (13/31)
Mères ayant manqué d'affection dans l'enfance (27)	100 % (10/10)	6 % (1/17)

Pourcentage de mères dont le bébé présente un attachement sécure, en fonction de l'affection reçue dans l'enfance et du niveau de mentalisation de la mère (Fonagy & al., *1994).*

Créativité, Imaginaire, Rêverie

Pour survivre, l'enfant blessé doit presque impérativement se créer un monde, des mondes parallèles, faits de beauté, de protection, d'amour. Tel enfant s'imagine que son père n'est pas son vrai père, et que le vrai va venir un jour le libérer de son quotidien tragique ; tel autre s'imagine que sa mère va bientôt devenir gentille et fait tout pour l'aider dans ce sens ; tel autre encore rêve de grandir vite pour créer une famille dans laquelle il sera, lui, un bon parent, etc. Les exemples abondent de telles expériences, comme le montrent les témoignages ci-dessous, qui prouvent à quel point cette attitude a une véritable fonction de stratégie de survie.

Éva Thomas, victime d'inceste par son père et de manque d'amour par sa mère, aspirait à d'autres relations : « Pour moi, dans mes rêves, tu devenais une maman douce, une maman d'amour, une vraie maman de rêve et mon cœur éclatait de bonheur quand je t'écrivais. Je t'envoyais les caresses, les baisers, que tu ne pouvais me donner. Je m'inventais une maman juste à la mesure de ma faim de tendresse[40]. »

Tim Guénard se souvient de ces moments d'espoir enfantin : « Je me persuade aussi que mon père va changer. Il ne boira plus. Il sera gentil, et je pourrai l'appeler papa. Il ne se tournera pas vers moi avec des yeux d'orage mais de printemps[41]. »

Josyane Perrin, maltraitée par sa mère, s'imaginait un autre monde beaucoup plus beau que le sien : « J'avais depuis longtemps appris à vivre hermétiquement, surtout en sa présence, préférant rêver ; le monde qui se créait alors était bien plus supportable que la réalité. [...] Je laissai une nouvelle fois vagabonder mes pensées comme cela arrivait si souvent pour rêver :

— je rêvais d'un printemps où refleurirait tout ce que la haine avait détruit ;

— je rêvais d'un été où l'on entendrait des chants d'amour et de paix ;

— je rêvais d'un automne qui éliminerait les feuilles de la discorde ;

— je rêvais d'un hiver qui regrouperait tous les êtres autour d'une même flamme[42]. »

Bénédicte Gutierrez, également maltraitée par sa mère, et qui parle d'elle à la troisième personne, sous les traits de la petite Julia : « Pour survivre, Julia ferma progressivement sa porte au monde extérieur. Le réel fit peu à peu place au rêve. [...] Au bout de quelque temps, la petite fille réussit à faire surgir de son imagination une mère fantasmatique, belle, tendre, généreuse. Il lui fallait pour continuer d'exister s'inventer de l'amour et de la chaleur humaine. [...] Sortie de l'imaginaire de Julia, sa mère de substitution contribua largement à la sauver du suicide. En lui racontant ses déboires quotidiens, elle se posait également une foule de questions qui l'obligeaient à méditer et à trouver des solutions. Lorsqu'elle approchait d'une grande vérité, elle visualisait le sourire bienveillant de son fantôme et sentait presque sa présence physique[43]. »

Dave Pelzer rêvait tout éveillé lui aussi : « Il me suffisait de laver le carrelage de la salle de bains à quatre pattes pour me voir sous les traits du prince du conte "Le Prince et le Mendiant". En tant que tel, j'avais la faculté de quitter le rôle du serviteur à tout moment[44]. » Un jour, sa mère lui donne un coup de couteau dans le ventre et la blessure s'infecte, mais Dave garde espoir : « D'une certaine façon, je savais que ma blessure allait cicatriser parce que je le voulais à toute force. Fier de moi, je me suis fait l'effet d'être un personnage de bande dessinée ayant échappé à d'énormes périls. Puis, je me suis endormi en rêvant que je volais dans un ciel aux couleurs éclatantes. Vêtu d'une cape rouge... J'étais Superman[45]. »

De façon logique, cette aptitude à l'imagination conduit beaucoup d'enfants malheureux à une sensibilité artistique. Ce constat est d'ailleurs pour moi l'occasion de préciser une notion. Certains psychanalystes estiment que le concept de résilience ne nous apporte rien de neuf par rapport à celui de sublimation. Or, il s'agit là d'une vision erronée pour deux raisons. D'une part, l'origine de la créativité est radicalement différente selon l'approche retenue. En effet, dans la théorie psychanalytique, la sublimation désigne la dérivation de l'énergie d'une pulsion sexuelle ou agressive vers des activités socialement valorisées (artistiques, intellectuelles, morales)[46], tandis que selon la résilience, l'expression artistique est une démarche de survie face à une situation traumatisante, qui devient progressivement partie intégrante de la personnalité de l'individu. D'autre part, la résilience ne se limite pas à la créativité, à la réflexion ou à la morale. De nombreux autres éléments tels que l'estime de soi, le travail de la mémoire, l'humour, etc., jouent également un rôle important.

La chanteuse Barbara a eu besoin de ces moments de déconnexion du monde réel quand elle était gamine, elle qui a connu la guerre (« la guerre, c'est aussi parfois traverser l'horreur en jouant »), la grande pauvreté (un jour l'huissier est venu chercher tous les meubles sauf le lit des parents et une table...), l'absence totale de tendresse maternelle ainsi que la violence et l'inceste par le père. « Lorsque je ne voulais plus voir ni entendre, écrit-elle, j'appuyais dans ma tête sur une gâchette secrète et me retrouvais immédiatement coupée du monde, les genoux repliés sous le menton, devenue inatteignable, à l'abri de herses et de murailles invisibles. Je pouvais rester ainsi une journée entière sans qu'on réussisse à me faire bouger. [...] Dans ma vie imaginaire, il y a eu aussi des promenades dominicales avec ma mère, de longues conversations, des rires, une grande tendresse et des secrets partagés alors que l'échange avec elle était en réalité bien difficile à cette époque ! [...] Dans mon imagination, il y a eu surtout un piano noir. Ce piano, je ne le posséderai que beaucoup plus tard, à vingt-neuf ans[47]. » Et pour supporter le quotidien sordide, la petite Barbara joue pendant des heures du piano sur... la table du salon.

De même, Michel a trouvé dans la musique le moyen de s'évader de la violence familiale quotidienne. L'un de ses cousins italiens est venu habiter en France et lui a fait découvrir la guitare. « Chaque soir, je dialoguais avec mon instrument et je créais. Je pense que comme j'étais en mal d'amour, j'avais besoin de parler de ma douleur, et que ma guitare était la seule qui pouvait m'écouter, puisque mon cousin n'était pas toujours proche de moi. Quand je voyais mon cousin, c'était comme si je voyais mon oncle ou ma tante, j'étais heureux parce que cela me replongeait dans l'ambiance que j'avais pu connaître en Italie. Et ma guitare me servait de lien avec ma famille là-bas. »

Et David, gravement maltraité par sa mère, déclare : « À huit ans, j'ai commencé à m'enfermer dans ma chambre pour créer. Je me nourrissais de musique – je m'étais mis à composer et à jouer de plusieurs instruments. [...] C'est cela qui m'a sauvé de l'écrasant sentiment de honte qui me menaçait de toutes parts. Me défendre grâce à la musique et à l'art est un choix que j'ai fait consciemment à l'âge de huit ans. [...] Ce sont la création, l'énergie et l'imagination qui me poussaient, non le pouvoir, l'argent, la religion ou l'autorité[48]. »

Toutes les formes d'expression artistique sont susceptibles de contribuer à l'émergence et au développement de la résilience. Éva Thomas, victime d'inceste, s'est jetée à corps perdu dans la peinture et la danse et y a puisé des forces qui lui ont permis de retrouver « le bon sens, celui de la vie[49] ». La peinture lui a permis de lutter contre les démons qui envahissaient ses pensées. « J'ai commencé à peindre, la nuit, pour ne pas être dérangée. La nuit m'était nécessaire pour entrer en relation avec ces forces inconnues qui me déchiraient le corps de somatisations multiples. La nuit, je peignais des formes de plus en plus grandes. Les forces qui laminaient mon corps semblaient monter dans mes mains et tout ce qui se traçait m'échappait. [...] J'étais comme possédée par des forces que je ne maîtrisais pas, mais ce saut m'a permis de me rendre compte de l'effet bénéfique de cette expérience. [...] Une nuit, j'ai réalisé un dessin de sept mètres de long, et j'en ai acquis une telle force vitale que j'ai compris que ces monstres qui se battaient sur le papier, je m'en étais délivrée pour toujours. [...] J'ai vraiment procédé par tâtonnements, mais très vite, j'ai su que j'avais trouvé là un véritable outil de guérison et je me le suis approprié. [...] Je suis tombée malade à la suite de certains cauchemars et je m'en suis parfois guérie uniquement en fabriquant un collage ou une peinture. »

Les résilients lisent et écrivent beaucoup : des réflexions personnelles, des poésies, des nouvelles, des romans. Pour Angéline, « c'est un exutoire, je me rends compte que quand j'écris, j'existe. Ce n'est pas lié au ressenti des autres, au regard des autres par rapport à moi, ce que je suis, c'est vraiment quelque chose d'intime. »

Frank Ribault, qui a rédigé son histoire d'enfant blessé dans un style littéraire particulièrement réussi, constate : « L'écriture est la seule chose qui me permet d'exister, celle qui m'a donné envie de continuer à vivre[50]. »

Longue est d'ailleurs la liste des romanciers à l'enfance meurtrie. Par exemple, Baudelaire, les sœurs Brontë, Byron, Dante, Dostoïevski, Dumas, Keats, Poe, Rousseau, Sand, Swift, Tolstoï, Voltaire, ont tous été orphelins dans leur enfance. Certains écrivains estiment d'ailleurs que leur vécu d'enfance est à l'origine de leur vocation d'écrivain. C'est le cas de Frédérik Tristan (prix Goncourt 1983) qui raconte un drame qui lui est arrivé lorsqu'il avait 9 ans[51]. En mai 1940, il se découvre couvert de sang, un goût de vomi dans la bouche et une sensation d'étouffement. Une femme crie, le serre contre sa poitrine.

« Je veux ma maman », crie-t-il.

Et la dame : « Je suis là mon petit. N'aie pas peur. C'est fini.

— Non, vous, lâchez-moi ! » Il crie, se débat. La dame le gifle et, en larmes, lui demande pardon.

« Ma maman. Je veux ma maman !

— Arrête de faire le pitre ! Tu sais bien que je suis ta mère ! »

Il apprendra plus tard qu'il a subi une attaque aérienne et qu'il a définitivement perdu la mémoire d'une scène qui l'a alors traumatisé : un autre enfant, du même âge que lui, décapité par un éclat de bombe. Frédérik Tristan estime qu'il y a un lien direct entre ce traumatisme et « la nécessité, voire l'urgence ultérieure de se reformer en formant une œuvre ». Selon lui, « le roman n'est pas fait pour décrire le monde mais pour en inventer d'autres qui soient plus profondément révélateurs. Telle est, en tout cas, ma conviction née d'une expérience arrachée au drame et vécue aujourd'hui, grâce en grande partie à elle, dans la sérénité ».

Même expérience chez Nancy Huston qui a grandi au gré de déménagements successifs[52]. Lorsqu'elle a 6 ans, sa mère quitte le domicile familial, laissant trois enfants au père, pour fonder une nouvelle famille. Son père s'installe alors avec une nouvelle femme. « Le lien que j'avais, petite, avec ma mère était un lien d'absence, exclusivement nourri d'imaginaire et d'évocations à travers ses lettres, ses mots. [...] C'est pour cela que je suis devenue écrivain, parce qu'il y avait dans ma vie quelque chose d'incompréhensible qui requérait un immense et perpétuel effort d'imagination pour tenter de le comprendre. »

Elle affirme mener une vie « hautement anormale. Être seule du matin au soir ici et ne vivre qu'avec des personnages imaginaires, vous trouvez cela normal ? ».

L'interviewer lui demande alors : « Sean Farrell, c'est vous ?

— L'un de mes alter ego plutôt. »

Elle cite Romain Gary qui « était si blessé par ses départs dans la vie qu'il n'a eu de cesse de changer de lieu, de nom, de milieu et d'écrire sans relâche des histoires. C'est un frère. Comme lui, j'ai eu une enfance instable, marquée par des déménagements fréquents ; comme lui, j'ai eu aussi la chance de pouvoir transformer ma détresse en richesse, car l'une des manières de tirer profit de ses identités multiples, c'est de les incarner dans des personnages romanesques. Dans mon premier roman déjà, *Les Variations Goldberg*, je dis je à la place de trente personnes différentes ! En effet, je voudrais pouvoir être tout le monde... ».

Cette description s'apparente fortement au mécanisme de défense appelé dissociation. Bien que la dissociation reflète souvent une perturbation réelle de la personnalité, elle peut aussi être mise au service de la créativité littéraire. Cette aptitude a cependant un revers de la médaille puisque Nancy Huston constate que son hypersensibilité, « qui me permet de faire mienne la vie des autres, me rend par contrecoup très vulnérable aux malheurs du monde ».

Le témoignage

Nombreux sont les résilients qui ressentent comme une nécessité impérieuse le besoin de témoigner de leur histoire. Au cours de l'enquête que j'ai réalisée, j'ai été très frappé du fait suivant. Je souhaitais associer une démarche quantitative (par questionnaire) et qualitative (par entretiens) car ces deux approches sont complémentaires : l'approche quantitative nous décrit des grandes tendances de comportements et d'attitudes présentes dans la population étudiée, mais ne nous dit rien sur la finesse des processus en jeu ; inversement, l'approche qualitative nous permet de mieux comprendre les processus, mais peut nous inciter à surgénéraliser à partir de quelques cas non représentatifs.

J'ai donc mis au point un questionnaire que j'ai distribué par de multiples voies. Souhaitant faire une étude comparative, je précisais dans le texte de présentation qu'il pouvait être rempli par des personnes ayant ou non été maltraitées dans leur enfance. Ce questionnaire était anonyme, il suffisait à la personne de cocher une croix pour chaque question. Mais je précisais également que si des personnes souhaitaient aller plus loin en me racontant leur parcours personnel, elles pouvaient me laisser leurs coordonnées. Le résultat fut remarquable : pratiquement tous ceux et celles qui m'ont fourni leurs coordonnées étaient des personnes résilientes à la suite de maltraitance. Les personnes à l'enfance heureuse ne l'ont pratiquement jamais fait, semblant confirmer une sagesse commune selon laquelle les gens heureux n'ont pas d'histoire. Et lorsque je téléphonais à ces personnes résilientes pour prendre rendez-vous et qu'après un moment de discussion, je leur demandais ce qui les incitait à vouloir témoigner, la réponse quasi systématique était celle-ci : « Vous savez, je pense que ça va être un moment difficile pour moi, mais si ça peut servir à d'autres, alors je suis prêt(e) à le faire. »

Elles rejoignent là le propos d'Anny Duperey, qui souhaite redonner courage et espoir aux personnes accablées par la peine : « J'écrase mon feutre sur la feuille par envie de dire, par bonheur de pouvoir dire à ceux qui me lisent et qui souffrent peut-être d'une blessure, d'un mal qui leur fait mordre leur oreiller depuis des mois ou des années et qui n'en voient pas le bout : c'est possible. Cela arrive. Comme une convalescence. Le mieux-être est tout neuf, fragile encore, mais déjà tout a une saveur nouvelle[53]. »

De même, Hirotada Ototake, né avec des moignons à la place des bras et des jambes proclame : « Je veux aujourd'hui crier haut et fort : "Même avec un handicap, chaque jour je suis heureux d'être là." Parce que je tenais absolument à faire passer le message suivant – il n'est pas nécessaire d'être parfait pour être heureux –, j'ai choisi ce titre : *Personne n'est parfait*[54]. »

Les nombreux courriers reçus par les personnes qui témoignent de leur parcours de résilience leur montrent que leur démarche n'a pas été vaine. Une lettre adressée à Anny Duperey commence par ces mots : « Vous ne pouvez pas savoir à quel point ce livre aide, réconforte, et surtout fait avancer. Pour moi, ce n'est pas une recherche nostalgique du passé, C'EST UN HYMNE À LA VIE ! C'est comme si votre livre était écrit pour moi. » Ou encore : « Vous m'avez été utile, Anny. [...] Il vous arrive cette chose inouïe d'être utile à des gens que vous ne connaissez pas[55]. » Et une lectrice d'Éva Thomas lui écrit : « Votre livre m'a rendu à moi-même, il m'a rendu l'espérance, enfin, je pouvais exister dans ces mots-là[56] ! »

De plus, certaines personnes avec qui je prenais contact par téléphone rajoutaient : « Je crois que ça peut aussi servir à mieux me comprendre. » En effet, l'individu blessé a besoin de donner sens à son histoire par le biais du récit, de réunir les pièces dispersées d'un puzzle pour rendre son existence cohérente.

Plusieurs m'ont dit, en début ou en fin d'entretien, l'ambivalence qui les avait habités dans les jours précédents : à la fois un fort désir de témoigner et en même temps la crainte que de vieux démons ne remontent à la surface. Mais c'est avec plaisir que les uns et les autres m'ont dit que cette expérience leur avait fait du bien, finalement. Cela a été l'occasion pour plusieurs de me parler d'événements qu'ils n'avaient encore jamais eu l'occasion de révéler, même au cours d'une thérapie.

Le témoignage a donc deux fonctions entremêlées qui se renforcent réciproquement : fonction autocentrée qui consiste à comprendre et exorciser le passé, fonction hétérocentrée qui permet d'être utile aux autres. Ce qu'exprime très clairement Michelle Van Hooland : « Ce point pose la question principale de ce livre : quel est le but recherché par l'écriture ? Il ne s'agit pas d'écrire pour raconter ou pour accuser mais pour décrire un processus de résilience ; parce que le but premier est de contribuer à la compréhension de la résilience[57]. »

Samira Bellil, victime de viols collectifs, était très consciente de ces deux fonctions du témoignage lorsqu'elle envisageait d'écrire un livre sur son histoire : « Je voudrais tant prévenir les petites minettes qui grandissent dans nos cités. Je voudrais faire un livre pour que tout cela ne me soit pas arrivé pour rien. Je voudrais dire à celles qui ont subi ce que j'ai subi qu'il y a toujours un espoir de s'en sortir. [...] Je sais maintenant quelle sera la porte qui peut vraiment m'amener la délivrance. Ma délivrance sera un livre[58]. »

L'écriture en vue du témoignage a très souvent une fonction cathartique de libération d'un passé traumatisant ; comme le souligne David Bisson, « l'enfant du placard » : « Au lieu de garder en moi cette tristesse empoisonnée, j'ai eu envie de l'écrire. Il n'y avait plus que ça à faire ! [...] Je voulais aussi témoigner au grand jour et faire que cela ne se produise pas pour d'autres. [...] J'avais besoin de tirer les choses au clair, de mettre de l'ordre dans ma tête, de reconstruire l'histoire. J'ai pu exprimer la colère, la tristesse, et mettre cette souffrance au-dehors, à l'extérieur de moi. La pousser au loin pour m'en débarrasser. Mais aussi pour ne pas l'oublier. [...] Ce livre a été une sorte de libération. Et d'enrichissement. Je ne suis pas le même maintenant qu'au début de ce livre. Tout cela m'aide à vivre. [...] Écrire, parler est une façon de trouver la vérité, la mienne[59]. »

Pour Éva Thomas, l'écriture a été l'occasion d'opérer une coupure radicale avec son passé : « Tu as transgressé un interdit, j'en transgresse un autre, j'enfreins la loi du silence pour retrouver mon “je” que tu m'as ravi dans le silence d'une nuit. Je n'ai d'autre arme que ma parole retrouvée, une parole nue. Je suis obligée de dire cette vérité, ma vérité pour me retrouver entière, pour laver ma blessure de ton sperme d'homme. Papa, je te quitte pour toujours. Je suis une femme désormais, j'ai l'âge que tu avais quand tu m'as prise pour toi tout seul, quand tu as fait de moi ta prisonnière, une victime de l'inceste. J'ai été obligée de sortir de moi tout le mal que tu m'as fait, d'étaler ma souffrance nue, sur une feuille blanche pour retrouver le blanc de la jeune vierge où tout peut s'inscrire. Je peux désormais reprendre mes rêves de jeune fille, penser à l'homme qui m'attend quelque part et que je pourrai aimer enfin libre. [...] Ma deuxième naissance se fera sur le papier blanc, ma naissance sera ce livre. [...] Il me faut naître au monde de la Parole. [...] Je suis sûre maintenant de naître bientôt au monde de la Parole[60]. »

Parfois, le témoignage est perçu comme une véritable mission par la victime, comme l'exprime Nathalie Schweighoffer : « J'ai rencontré des gens extraordinaires. Je ne savais pas que des adultes, des femmes, se battaient pour nous, les enfants muets de l'inceste. Pour briser le silence. Pour que ceux qui savaient, les adultes, parlent eux aussi. Alors j'ai entamé une véritable croisade. J'avais envie de dire à toutes les filles des quatre coins de la France de ne plus se cacher comme moi, de ne pas avoir honte. La honte était pour eux, pas pour nous. Je me suis retrouvée prise dans un engrenage. Une émission de télévision d'abord, sur FR3 Nice. Une tentative de faire éclater le tabou. C'était difficile au départ, mais je m'y suis mise. Après ce premier pas, tout le monde s'y est mis. La télé, les journaux, les médias. J'étais un peu abasourdie, dépassée par les événements, mais je sentais que c'était une victoire formidable. Ça me rendait forte de m'occuper des autres, de parler aux autres. Presque un bonheur[61]... »

L'altruisme

L'altruisme est un trait de personnalité fréquemment rencontré chez les résilients. Ici, se posa la question de l'œuf et de la poule. Est-ce l'altruisme qui conduit à la résilience ou l'inverse ? Ou encore, troisième possibilité, l'altruisme peut-il être considéré comme l'une des composantes possibles de la résilience ?

Quoi qu'il en soit, les résilients s'investissent souvent au profit d'autrui, et généralement dans le domaine qui a été à l'origine de leur traumatisme ou dans un domaine proche. Prenons par exemple le cas de Jacques Salomé, auteur bien connu d'ouvrages sur le développement personnel, qui a été abandonné par son père à la naissance, atteint de tuberculose osseuse à l'âge de

9 ans, plâtré pendant plus de quatre ans de la cheville jusqu'à la taille. Il a travaillé pendant douze ans pour l'enfance inadaptée, puis est devenu formateur en relations humaines. Il est parfaitement lucide sur ce qui l'a amené à exercer ce métier : « Si je tente, par mes livres ou mes actions de formateur, d'enseigner les bases d'une écologie relationnelle qui permette à chacun de pouvoir se dire et d'être entendu, d'être reconnu tel qu'il est, et non tel qu'on voudrait qu'il soit, qui lui permette d'être valorisé, c'est-à-dire d'avoir une valeur liée au sentiment d'être utile au monde, c'est certainement en relation directe avec mes propres carences et manques... En tentant de restaurer autrui, c'est chaque fois une partie de moi-même que je réparais[62]. »

Citons également Catherine Enjolet, victime d'abus sexuels dans l'enfance, et qui a créé une association de parrainage d'enfants en difficulté. Selon elle, « ceux qui ne savent pas donner ne savent pas ce qu'ils perdent[63] ».

Le livre que Marina Picasso, petite-fille du peintre, a consacré à son grand-père nous fait découvrir une facette peu reluisante du personnage. Car Picasso ne s'est pas contenté d'accorder la priorité à son œuvre plutôt qu'à ses proches, il a, bien plus encore, systématiquement humilié et rabaissé ces derniers.

Un exemple, lorsque son fils vient le voir avec ses deux enfants (Marina et Pablito) après avoir pris rendez-vous, il ne sait jamais si son père acceptera de le recevoir. La réponse est souvent négative, sa nouvelle femme précisant que « le Soleil ne veut pas qu'on le dérange », ou que « Monseigneur ne veut pas qu'on l'ennuie », ou encore que « le Maître se repose ». Marina Picasso estime que son grand-père était certes un génie, mais un « génie du mal », « un manipulateur, un despote, un destructeur, un vampire[64] », incapable d'aimer et ne s'intéressant qu'à lui et à sa peinture et laissant sa famille dans le plus grand dénuement. À l'école, des élèves demandent à Marina si elle et son frère viennent avec un chauffeur et un garde du corps, alors qu'ils sont partis le matin de la maison le ventre creux. Des années plus tard, lorsque Marina trouve un emploi pour l'été (la livraison de télégrammes), elle doit acheter un Solex d'occasion à crédit.

Or, que fait-elle aujourd'hui ? Elle a créé une fondation qui se consacre à des œuvres humanitaires au Vietnam. Les actions sont multiples, en particulier le « Village de la jeunesse » qui accueille plus de trois cents orphelins. Pendant un temps, elle a travaillé auprès d'enfants psychotiques et débiles profonds à l'hôpital de Vallauris. « Ce n'est pas par hasard si j'ai fait ce travail. Ce n'est pas par hasard si l'on part au Vietnam aider des enfants en détresse. Si je suis entrée à l'hôpital de Vallauris, c'était pour me sentir moins seule. J'avais inconsciemment besoin de me confondre au malheur de ces enfants handicapés pour mieux vivre le mien. Je mettais ma vie à la bonne mesure[65]. »

Dans une étude comparant des enfants résilients de maltraitance et des non-résilients, une caractéristique des premiers était d'être responsables de quelqu'un d'autre. Parfois, c'était un petit frère que l'enfant maltraité protégeait et dont il s'occupait ; d'autres fois, c'était un animal dont le bien-être dépendait de l'enfant. Cette responsabilité était un élément significatif dans leur vie qui n'était jamais mentionné par les non-résilients[66]. Dans une autre étude, des femmes violées qui avaient aidé d'autres femmes ayant vécu le même drame, s'étaient mieux remises du traumatisme, au fil des ans, que les autres[67].

Généralement, l'envie de se mettre au service des autres se fait spontanément, sans réflexion particulière. Mais il arrive parfois que cela résulte d'une véritable réflexion et décision pour le long terme, comme le montre l'exemple d'Hirotada Ototake, né sans bras ni jambes[68]. Devenu étudiant, il se pose une nuit cette question : « Pourquoi suis-je handicapé ? Pourquoi suis-je né avec un handicap majeur, quand la plupart des gens sont d'une robuste constitution ? Cela a sûrement un sens. » Il se dit que s'il y a des choses qu'un handicapé ne peut pas faire, il y a aussi des choses que seul un handicapé peut faire et qu'il est précisément né avec ce corps-là afin d'accomplir cet objectif, quel qu'il soit. Il s'endort tard dans la nuit, avec le sentiment de ne s'être « jamais senti aussi heureux d'être en vie ». Or, le lendemain même, il rencontre le directeur du service sanitaire régional qui lui annonce que la municipalité veut s'engager dans l'amélioration de l'accessibilité des lieux aux personnes âgées ou handicapées. « Mais, précise-t-il, c'est un domaine où nous ne pouvons rien faire si nous ne tenons pas compte du point de vue des personnes concernées. Nous aurions vraiment besoin de votre aide.

Accepteriez-vous de nous rejoindre ? » Hirotada n'en croit pas ses oreilles : la nuit précédente, il voulait tirer le meilleur parti de son handicap et, sept heures après, l'occasion lui en est donnée. La presse écrite et télévisée rendant ensuite largement compte de son engagement, il est bientôt sollicité de tous les coins du pays pour des interventions, surtout dans les écoles primaires et les collèges.

Des diverses modalités conduisant au sens, l'altruisme paraît la plus hétérocentrée, mais elle comporte une large part de démarche autocentrée. En d'autres termes, aider les autres permet au résilient de s'aider lui-même. Il y a comme un cercle vertueux, où l'aide à autrui et l'aide à soi-même se renforcent réciproquement. Une affichette du métro exprimait cela avec une pointe d'humour il y a quelques mois : « Si vous êtes fatigué, laissez votre place à une femme enceinte ou à une personne âgée, vous vous sentirez mieux. »

Malheureusement, face à cela, il existe un discours social, encore très prégnant chez les professionnels (bien que les mentalités évoluent ces dernières années), qui consiste à stigmatiser les adultes à l'enfance blessée qui souhaitent aider des enfants en souffrance. Le sésame est ici le mot « réparation » : « Il (ou elle) est dans la réparation », entend-on alors souvent. En d'autres termes, et de manière à peine caricaturale, l'idée exprimée ici est que cette personne va se servir des enfants comme thérapeutes de ses propres problèmes ; elle cherche plus à se soigner par cette activité qu'à vraiment aider les enfants. Un exemple de cette rhétorique nous est fourni par ce propos d'une psychologue qui estime que les assistantes maternelles doivent se demander pour quelle raison elles font ce métier (réflexion que je partage). Mais sa conclusion est stigmatisante : « Question qui nous permettra de voir alors que peut-être, on se situe plus dans une réparation de sa vie personnelle : un échec personnel, un échec familial et le désir d'évaluer nos capacités, dans la relation avec les autres, désir de réussir ailleurs, avec quelqu'un d'autre... Là, nous verrons bien que la dimension professionnelle n'existe plus puisque nous nous situons dans une histoire plus personnelle[69]. »

Ce discours est à mon sens particulièrement néfaste lorsqu'il est posé *a priori*, avant même d'avoir vu la personne agir. Certes, des personnes fonctionnent essentiellement sur ce registre, et il est préférable de les écarter de ce type de professions, mais elles ne représentent qu'une minorité. D'ailleurs, le discours stigmatisant sur la réparation est un raisonnement sous forme de tout ou rien, qui ne correspond généralement pas à la réalité. Il est probable que beaucoup de professionnels du social agissent en partie sur le mode de la réparation ; les plus honnêtes le reconnaissent par cette phrase que j'ai souvent entendue : « On n'est pas assistante sociale (ou éducateur, etc.) par hasard. »

Une enquête menée auprès de 25 éducateurs de jeunes enfants a montré que la majeure partie d'entre eux avaient vécu une enfance malheureuse dans la famille et/ou une scolarité difficile, et que cet élément avait été déterminant dans leur choix d'exercer ce métier[70]. Chez ces personnes, la remise en cause de l'éducation familiale passait souvent par une opposition au père et à son autorité, soit que celle-ci avait été totalement absente, soit parce que celui-ci avait usé arbitrairement de son pouvoir. Le choix du métier d'éducateur répondait au désir de faire vivre aux enfants ce que les professionnels n'avaient pu vivre eux-mêmes dans leur enfance. Ce témoignage reflète bien l'opinion générale des sujets de cette étude : « Mes motivations très profondes ont à voir avec ma propre éducation, à savoir que j'avais envie de donner à des enfants des possibilités d'éveil que j'avais l'impression de ne pas avoir eues pour moi, étant enfant. C'était un peu une remise en cause de mon éducation familiale[71]. »

Aujourd'hui, les langues se délient et certains n'hésitent pas à témoigner publiquement des origines de leur orientation professionnelle : Aldo Naouri, orphelin devenu thérapeute, s'occupe d'orphelins ; Jean, également orphelin, est devenu directeur des Orphelins-Apprentis d'Auteuil ; Jean Cartry, ayant souffert du comportement de son père, est éducateur auprès d'enfants en grande détresse ; Maryse Vaillant, maltraitée dans l'enfance, a été longtemps psychologue à la Protection judiciaire de la jeunesse, pour se mettre au service de l'enfance malheureuse et de la jeunesse délinquante.

Il est évident que pour chacun, une part de ce choix a été de l'ordre de la réparation. Mais cela ne signifie pas pour autant que c'est là l'essentiel de leur démarche, car leur volonté est bien de consacrer leurs énergies aux enfants en souffrance. Dès lors, pourquoi considérer que les jeunes blessés qui souhaitent exercer dans le domaine de l'aide à l'enfance seront automatiquement inefficaces, voire néfastes pour les enfants ? Le raisonnement sous-jacent, qui ne repose à ma connaissance sur aucune étude scientifique, est le principe des vases communicants : plus l'adulte retire de bénéfices de l'action qu'il entreprend, moins l'enfant en profite. Les spécialistes de la théorie des jeux appellent cela un jeu à somme nulle. Or, cette théorie nous a montré depuis longtemps déjà l'importance des jeux à somme non nulle, ce qui signifie très concrètement qu'aussi bien l'adulte que l'enfant peuvent tirer profit de cette action, qu'il n'y a donc pas opposition mais compatibilité entre les deux bienfaits.

Philippe a grandi dans un foyer marqué par la violence du père et a finalement été placé en internat. Il s'est mis aux drogues dures pendant une douzaine d'années : « Pour moi, c'était une manière d'attirer l'attention, puisque je n'y arrivais pas autrement. » La pente est dangereuse : « À un moment, j'étais à bout, je devais peser 45 kilos. C'était arrêter ou mourir. J'ai appelé mon père et je lui ai dit : "Je n'en peux plus, il faut que j'arrête." Il m'a aidé en me faisant entrer en cure chez des moines dans le sud de la France. Mon père a été pour moi la cause et le remède de mes problèmes. » Les débuts sont difficiles : « Après des années de défonce, je n'avais plus aucun repère, j'étais devenu un animal. Et là, je me retrouve subitement dans la réalité, il faut que je réapprenne tout : me lever le matin, me laver, me brosser les dents. Pour moi, c'était comme une deuxième naissance. J'étais entouré de gens bien, et j'ai voulu leur ressembler. Je me suis reconstruit dans ce monastère, mais au bout d'un an, j'avais encore beaucoup de mal à me projeter dans l'avenir ; j'avais envie d'aider les autres à mon tour, mais je ne savais pas trop quoi faire. C'est alors que j'ai rencontré Paul qui m'a parlé de l'internat qu'il dirige en me disant : "Si ça t'intéresse, tu peux venir chez nous comme stagiaire éducateur d'atelier." »

Finalement, Philippe en a fait son métier : « J'ai été très étonné, explique-t-il, de voir que j'étais capable de faire ce travail et que j'avais un très bon contact avec les jeunes. Ça m'a conforté dans mon désir d'aider les autres. Aujourd'hui, je suis aideéducateur ; ce métier m'apporte énormément. Les jeunes que nous recevons copient beaucoup sur l'adulte. Alors, je me dis qu'il faut que je sois un bon exemple. Quand un jeune me dit : "Je vais faire ceci ou cela", je lui dis : "Écoute, c'est pas bien ce que tu vas faire", parce que j'en ai fait l'expérience. »

Le raisonnement basé sur l'idée de réparation est idéologique. Il a généralement pour corollaire un regard positif porté sur les personnes qui ont eu une enfance heureuse et qui souhaitent exercer un métier de l'aide à l'enfance, avec un mode de raisonnement du type : « Je veux donner un peu de tout l'amour que j'ai reçu dans mon enfance. » Or on pourrait tout aussi bien considérer que ces personnes sont incapables de comprendre de l'intérieur les enfants blessés ; on peut aussi les soupçonner de vouloir aider par charité condescendante, avec un discours du type : « Il faut aider ces pauvres malheureux. »

Mais ce serait là un autre discours idéologique, tout aussi stigmatisant. L'important est moins ce qu'une personne a vécu dans l'enfance que la manière dont elle est capable de faire un travail sur soi à partir de son histoire, quelle qu'elle soit. Comme nous le verrons au chapitre IX, le professionnel qui a vécu une expérience proche de celle des personnes dont il s'occupe n'est pas, pour cette raison, meilleur ou moins bon ; il est un professionnel avec des compétences spécifiques et des limites spécifiques à ces compétences. Et il en est inversement de même du professionnel qui a vécu une enfance heureuse.

Le fait que la résilience soit fortement corrélée à l'altruisme devrait nous inciter à utiliser ce levier comme facteur de reconstruction. Permettre à l'individu en souffrance, même enfant, d'aider d'autres personnes a bien plus de chances de faciliter sa résilience que le simple fait de l'aider.

Boris Cyrulnik insiste sur l'utilité de « donner aux enfants le droit de donner ». Il fait remarquer que « les enfants qui, plus tard, sont devenus résilients, ont été ceux qui, au moment du plus grand désespoir, s'étaient donné le droit de donner[72] ». Il raconte d'ailleurs l'anecdote suivante : « Une grand-mère roumaine avait recueilli trois gamins orphelins car elle estimait trop difficile de vivre seule. Un an plus tard, les trois garçons étaient métamorphosés. Responsables de la grand-mère, ils lavaient le linge, faisaient la vaisselle et entouraient la vieille dame. Se sentant responsables de cette vieille dame vulnérable, ils avaient retapé la maison, planté un jardin, construit une porcherie et ainsi... restauré l'estime d'eux-mêmes[73]. »

Le thérapeute Guy Ausloos a parfaitement intégré cette vision des choses dans sa pratique quotidienne auprès de familles en grandes difficultés parentales. Il part du constat que les gens auprès desquels les thérapeutes et les travailleurs sociaux interviennent ont l'habitude qu'on les prenne en charge, qu'on leur vienne en aide. Or, souligne Ausloos : « Quand ils se trouvent devant un intervenant qui leur dit : "J'ai besoin de vous. Vous pouvez m'aider à résoudre mon problème professionnel", je n'ai jamais entendu quelqu'un me répondre : "Ce n'est pas mon problème. Cherchez un superviseur. Allez revoir vos bouquins." Au contraire, les gens se mettent à votre service et commencent à se valoriser puisqu'ils peuvent rendre service à l'intervenant. Je leur dis simplement en quoi j'ai besoin d'eux. [...] Nous avons besoin des parents pour faire notre travail convenablement. Pourquoi ne pas le leur dire ? Cela leur fait tellement de bien et c'est vrai[74]. »

Ce thérapeute conclut donc ainsi sa réflexion : « Chaque fois que vous aidez quelqu'un, vous l'empêchez de s'aider lui-même. Chaque fois que vous contrôlez quelqu'un, vous l'empêchez de se contrôler. Chaque fois que vous le prenez en charge, vous l'empêchez de se prendre en charge. [...] Apprendre à travailler avec quelqu'un à ce qu'il puisse s'aider lui-même au lieu de compter sur son intervenant, c'est tout un travail. »

Se faire du bien à soi-même en étant utile aux autres constitue la grande leçon du Réseau d'échange réciproque des savoirs. Dans ces associations locales, chacun offre à quelqu'un sa compétence (en informatique, en jardinage, en couture, en espagnol, etc.) et reçoit des autres, sans transaction monétaire. Les effets en termes de création de liens sociaux et de restauration de l'estime de soi sont considérables. Par exemple, Luc a témoigné un jour de son expérience[75]. Sa mère est morte très jeune, laissant trois enfants à son père qui avait du mal à faire face seul. Luc est alors placé dans un internat pour « cas sociaux » où il ne reçoit aucune affection. Il apprend à donner des coups pour éviter d'en recevoir, à haïr parce qu'il n'y a aucun autre sentiment qui peut passer : « On n'a aucune attache parce qu'on ne nous en donne pas. » Il commence à se réinsérer en travaillant à Emmaüs : « J'ai vu qu'en étant pauvre matériellement, en ayant été en prison, en étant alcoolique, je pouvais aider les autres quand même et être utile aux autres, malgré toutes les tares par rapport à la société. [...] Avec quelques amis rencontrés à Emmaüs, qui ont eu confiance en moi, j'ai pu faire un début de stabilité dans la société. Au fur et à mesure que j'étais bien, j'ai eu de plus en plus d'amis, donc je me suis senti un peu mieux, un peu plus fier de moi. J'étais redevenu un humain par rapport à la norme de la société, tout au moins à ses yeux. Je me voyais comme dans un miroir avec mes amis : comme ils me regardaient, je me voyais plus humain. Ils me renvoyaient de moi une image d'homme digne. Je me voyais ainsi plus digne. [...] Puis le "Réseau" est arrivé dans ma vie par une assistante sociale que j'avais vue une ou deux fois pour des papiers et qui m'a fait prendre une très grande confiance en moi en me demandant, avec d'autres gens venant dans les services sociaux, tout le temps des "assistés", si on voulait bien créer une association d'échange de savoirs. C'était me donner une très grande chance que de me faire confiance comme ça. [...] Là, personnellement, je ne me sentais plus assisté, je ne ressentais pas non plus le sentiment d'assister les autres, car eux-mêmes m'apprenaient ce qu'ils savaient. J'avais enfin une petite étiquette que je pouvais afficher : je pouvais me dire "être humain". J'aurais pu marquer sur mon front : "Je sers à quelque chose. [...] Je me sens à égalité, ou presque, avec les gens qui me prennent tel que je suis et qui n'installent pas de barrière, comme quelquefois les professionnels travailleurs sociaux, qui viennent pour sauver quelqu'un de la misère et qui ne pensent pas que moi, je pourrais leur être utile ; ils ne viennent que pour apporter quelque chose aux autres ; je ne sens pas de réciprocité." »

Notons cependant que des travailleurs sociaux s'impliquent dans des réseaux d'échange réciproque de savoirs, où ils sont à la fois offreurs et demandeurs, en dehors de leur temps de travail. Mais un pas de plus a été réalisé au centre d'action sociale de Lisieux par Alain Arrouet, en considérant le réseau comme le projet du centre lui-même[76]. Dès lors, tous les salariés, de la secrétaire au directeur, sont non seulement impliqués comme offreurs et demandeurs, mais cherchent également comment chacun peut exercer son métier dans l'esprit de l'échange des savoirs. Par exemple, quand l'assistante sociale rencontre les personnes, elle cherche moins à apporter des réponses à leurs problèmes qu'à repérer en quoi ils peuvent offrir et demander, et elle les aide à voir quelles sont les personnes qui peuvent avoir des réponses dans leur propre réseau de relations. Ceci a radicalement transformé les modes de fonctionnement, avec des résultats surprenants. Une assistante sociale a constaté qu'en une année, elle n'avait plus rencontré de cas de grande urgence, car le réseau en favorisait la prévention. En raison du nouveau regard porté entre l'assistante sociale et les bénéficiaires, ceux-ci viennent la voir avant la catastrophe qui motiverait un secours d'urgence. « Ces gens font d'ailleurs bien la part des choses : dans le réseau, ils m'appellent par mon prénom et on se tutoie, et dans mon bureau, ils m'appellent "Madame". » Dans ce mode de fonctionnement, l'assistante sociale est bien plus quelqu'un qui accompagne que quelqu'un qui assiste.

Comme nous venons de le voir, les personnes à l'enfance blessée parviennent à créer du sens à partir de situations à proprement parler insensées. Quête de sagesse ou de spiritualité, travail sur soi, créativité, témoignage et altruisme en sont les principales modalités. Leur impact va bien au-delà d'une simple réponse à la souffrance, puisqu'il arrive fréquemment que ces personnes donnent ainsi non seulement sens à leur souffrance, mais bien plus profondément encore sens à leur existence. C'est le cas de croyants, de travailleurs sociaux, d'enseignants, d'artistes (professionnels ou amateurs), d'amoureux de la littérature, etc. La plupart de ceux qui établissent consciemment un lien entre leur histoire et l'orientation qu'ils ont donnée à leur vie en arrivent alors à penser : « Finalement, ma souffrance n'aura pas été vaine. Elle aura servi à quelque chose. »

Deuxième partie

LE PROCESSUS DE RÉSILIENCE

On ne guérit jamais complètement des blessures d'enfance, dit-on souvent. Certes. Mais avec les années, la douleur s'apaise, la cicatrice se referme tant bien que mal et il arrive même fréquemment que le sujet retire des enseignements positifs de son passé. Avoir souffert ne nous condamne pas à un destin du malheur.

Mais au fait, qu'est-ce qu'une blessure d'enfance ? À partir de quel niveau de souffrance peut-on parler de traumatisme, et donc de résilience ? Certaines situations sont évidemment dépourvues d'ambiguïté : coups violents, inceste, décès du père ou de la mère. Mais il n'est heureusement pas nécessaire d'avoir vécu les pires horreurs pour se qualifier de résilient.

De plus, à partir de quel niveau d'équilibre personnel peut-on parler de résilience ?

Les mots nous piègent trop souvent. Lorsqu'un(e) spécialiste parle des « résilients » (en les comparant aux non-résilients), une réaction logique est de se représenter deux catégories de personnes bien tranchées : celles qui sont pleinement et définitivement guéries de leur souffrance, et les autres. C'est évidemment une simplification excessive. Il n'y a pas deux boîtes parfaitement étanches car les limites entre la résilience et la non-résilience sont poreuses pour diverses raisons.

Tout d'abord, tout dépend du critère pris en compte ; une personne peut être résiliente dans un domaine et pas dans un autre[1] : un adolescent peut être très bagarreur et en tirer une bonne estime de soi ; une jeune femme peut être parvenue à une bonne réussite professionnelle et se sentir mal dans sa peau.

De plus, dire « les résilients », c'est utiliser un raccourci de langage bien pratique, mais qui donne souvent lieu à un énorme contresens. Car il serait plus exact de dire « les personnes vivant actuellement un processus de résilience ». Plus exact, mais plus lourd aussi, ce qui explique le raccourci. Pourtant, la nuance est essentielle. Car la résilience n'est pas un état, mais un processus.

Elle varie d'intensité au fil du temps. Une personne peut être plus ou moins résiliente selon les périodes de sa vie. Et si elle ne l'est pas aujourd'hui, elle peut le devenir demain (rien n'est jamais perdu), mais inversement une personne aujourd'hui résiliente peut s'éloigner, plus ou moins longuement, de ce processus (rien n'est jamais définitivement gagné). Certes, quelqu'un qui parcourt depuis de longues années un processus de résilience finit par se structurer dans une sorte de « personnalité résiliente », mais une « rechute » est toujours possible. Il aurait d'ailleurs été pertinent d'écrire « résiliant », plutôt que résilient, et de parler de parcours de résilience plutôt que de personnes résilientes.

Par ailleurs, la résilience se manifeste généralement par étapes : elle ne s'exprime pas de la même manière quelques mois ou vingt ans après le trauma. Dans cet ouvrage sont décrites certaines de ces étapes :

— la résistance sous l'épreuve, puis la (re)construction (premier chapitre) ;

— la question « pourquoi ? », puis « pour quoi ? » (chapitre III) ;

— le déni, puis l'acceptation de la réalité du traumatisme (chapitre V) ;

— la haine, puis la sérénité, voire le pardon (chapitre V) ;

— la mémoire douloureuse, puis non douloureuse, du traumatisme (chapitre V) ;

— le temps de la plainte, puis la sortie de la plainte (chapitres V et VI).

Bien entendu, même si ces processus reviennent fréquemment dans les parcours individuels, cela ne signifie pas pour autant que chaque personne résiliente passe par ces différentes étapes, car toute expérience de résilience est singulière. Pour certains, le passage par la haine est nécessaire, pour d'autres non. Certains ont besoin d'être reconnus victimes par la justice, d'autres non.

La juxtaposition de quelques citations démontre avec éloquence que le processus de guérison nécessite de nombreuses années. Voici les témoignages de quatre personnes qui, bien qu'ayant souffert de traumatismes très différents dans leur enfance, ont toutes pour caractéristique commune d'avoir eu besoin de trente ans avant de pouvoir s'y confronter et en parler.

— Anny Duperey, dont les deux parents sont morts asphyxiés dans la salle de bains lorsqu'elle était encore une gamine : « Partager ce long cheminement qui m'avait amenée à enfin mettre au jour, dire au monde la blessure enfouie et intacte. Et comment on l'ignore superbement pendant les dix ans qui suivent l'événement, comment on met dix ans encore à ne plus l'ignorer, et dix autres années pour se rendre à l'évidence, prendre le stylo et se retrouver devant le cahier blanc avec le besoin encore incertain mais nu de parler, de livrer[2]. »

— Éva Thomas, victime d'inceste et parlant d'elle à la troisième personne : « Elle avait dû errer, presque trente ans, dans le gouffre noir qu'il avait creusé en elle avec la folie de son désir, pour retrouver enfin la vérité en même temps que le sens de la vie, le sens des mots et sa langue[3]. »

— Stanislas Tomkiewicz, survivant de la Shoah, qui a sauté du train qui l'emmenait, lui et sa famille, dans un camp de la mort : « J'ai attendu plus de trente ans pour parler à un magnétophone de mon traumatisme majeur, l'abandon de mes parents dans le train. Et il est toujours aussi indicible[4]. »

— Ricardo Eichmann, fils du tristement célèbre Adolf Eichmann, l'organisateur de la solution finale contre les Juifs. Cet homme, aujourd'hui professeur d'archéologie à l'Université de Tübingen, a mis plus de trente ans avant de pouvoir parler de son vécu personnel, après un long vécu de non-dits et de blocages psychologiques[5].

Intégrer cette notion de durée dans la résilience est donc essentiel. Or, nombreuses sont les personnes bien intentionnées qui, souhaitant aider un individu en souffrance, l'incitent à accélérer son processus, à prendre lucidement conscience de son histoire, alors qu'il n'est pas encore prêt à cela. Certes, on peut estimer souhaitable que ce temps de l'acceptation prenne moins de trente ans, et qu'un ami ou un thérapeute puisse aider à cela. Mais nulle personne à l'enfance blessée ne pourra se passer de ce grand thérapeute qu'est le temps qui passe. Même s'il est parfois utile de bousculer quelque peu un individu, il est généralement bien plus pertinent de simplement l'accompagner en respectant le rythme qui est le sien.

CHAPITRE IV

Le temps de la plainte

« Mon père a reconnu les faits.
Ma mère m'a crue. J'existais enfin. »

La plus atroce offense que l'on puisse faire à un homme, c'est de nier qu'il souffre[1].

Cesare PAVESE.

La personne résiliente a conscience qu'une partie de son être est victime, mais considère que cela ne constitue pas pour autant l'essentiel de son statut et de sa personnalité. Cette image de soi est habituellement le produit de deux étapes :

— « le temps de la plainte », au cours duquel la personne a besoin de se sentir reconnue comme victime par elle-même et par autrui ;

— « la sortie de la plainte », ce qui n'implique pas de sortir du statut de victime, mais d'intégrer cette réalité dans une vision plus large de soi.

Être reconnu comme victime constitue la plupart du temps une étape nécessaire pour la reconstruction de la personne. Cette expérience, que j'appelle « le temps de la plainte » ou le « passage par la case victime », se présente selon plusieurs cercles concentriques.

Être reconnu comme victime
— par soi-même ;
— par une personne significative ;
— par la société, par le biais de la justice ;
— par la société, par le biais des médias.

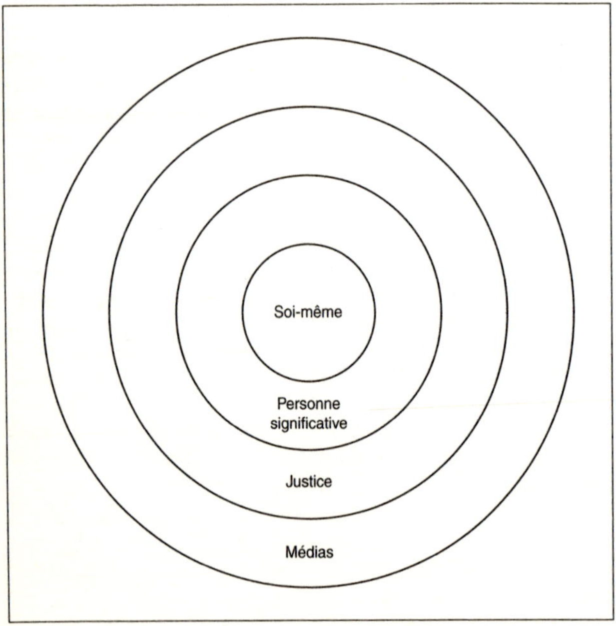

Être reconnu victime par soi-même

Les personnes « insuffisamment maltraitées » pour prétendre être résilientes

Quel niveau de souffrance un enfant doit-il avoir subi pour que l'on puisse parler de résilience ? Les essais et autobiographies sur la résilience sont pleins d'histoires d'orphelins, d'enfants incestés ou gravement maltraités, etc. Mais qu'en est-il des situations moins lourdes, de ces enfants qui n'ont apparemment manqué de rien... sinon de vraie tendresse, c'est-à-dire de l'essentiel ? Or le manque d'amour fait encore plus de mal que les coups. Mais ces personnes n'ont pas suffisamment souffert pour prétendre être victimes et donc résilientes ! D'ailleurs, elles sont peu visibles socialement. Elles sont en quelque sorte interdites d'autobiographie : quel éditeur se hasarderait à publier l'histoire d'une personne qui aurait « seulement » manqué d'amour ? Certes, l'ouvrage que vous avez entre les mains fait lui aussi la part belle aux histoires extrêmes. En tant que chercheur, je me suis surtout intéressé à la maltraitance grave pour essayer de comprendre les processus qui permettaient de s'en sortir malgré tout. Mais je ne voudrais pas pour autant oublier tous ceux et celles qui ont également souffert, sans que leur situation touche à l'extrême. La « traitance » est un continuum et, s'il est facile de distinguer les atmosphères parentales marquées par la tendresse et celles marquées par la maltraitance grave, bien malin celui qui saurait précisément tracer la frontière à partir de laquelle commence la maltraitance. Il y a aussi des malheurs, des souffrances « ordinaires », souvent chroniques.

Prenons précisément comme point de départ l'histoire de Tim Guénard, qu'il raconte dans son autobiographie *Plus fort que la haine*, devenue un best-seller[2]. Il s'agit certainement de l'histoire de résilient francophone la plus connue à l'heure actuelle. Il faut dire que son enfance a été particulièrement massacrée, que ce soit sur le plan physique ou psychologique. Après avoir été quelque temps chef de bande quand il était jeune, cet homme vit aujourd'hui heureux avec sa femme et ses enfants dans une ferme du sud-ouest de la France, où il accueille des jeunes en souffrance. Son autobiographie s'est vendue à plusieurs centaines de milliers d'exemplaires. Elle montre à quel point une vision déterministe de l'avenir d'un garçon mal parti dans la vie est fausse. Il n'y a pas de destin du malheur, c'est bien ce que nous apprennent les parcours de résilients. Cependant, j'ai constaté que l'histoire de Tim Guénard peut susciter des réactions très diverses, comme le montrent les exemples qui suivent.

Dans un centre accueillant des adolescents en grande souffrance, les éducateurs s'arrachaient les cheveux en raison des difficultés qu'ils éprouvaient à communiquer réellement avec eux. Leurs diverses tentatives se heurtaient quotidiennement à un mur de rejet, exprimé par des propos tels que : « De toute manière, vous ne pouvez pas me comprendre, vous ne savez pas ce que c'est la souffrance ! » En guise d'ultime espoir, ils envisagent une visite collective chez Tim Guénard. Rendez-vous est pris, et voilà notre équipée en minibus, direction le Sud-Ouest. Les jeunes n'ayant évidemment pas perdu leur temps à lire la biographie de Tim partent goguenards : « Je vois pas bien ce qu'il pourra nous raconter, ce mec-là ! » Or, très vite, le contact s'établit ; Tim Guénard a un mode de communication très « physique », son authenticité est évidente et communicative. Les adolescents sont rapidement conquis et reviennent finalement bouleversés par cette rencontre. Certains en tirent cette conviction chevillée à l'âme : « Si ce gars a pu s'en sortir, alors pour moi aussi, c'est possible. »

Autre contexte, autres personnes, autres réactions : deux personnes m'ont dit, séparément l'une de l'autre, qu'écouter Tim raconter son histoire les avait mises très mal à l'aise. Elles se disaient : « Mais c'est incroyable que je me sente parfois mal dans ma peau. Ce que j'ai vécu, ce n'est vraiment rien à côté de ce que lui a subi ! » Avec pour résultat, une certaine culpabilité et un mal-être encore plus important qu'avant.

Les premiers, qui pouvaient aisément s'identifier à Tim Guénard, se sentaient encouragés par son exemple. Les seconds, pour lesquels l'identification était bien plus difficile, se sentaient plus déprimés après qu'avant. Cette difficulté de se reconnaître et de tirer profit de l'expérience d'une personne très différente a été constatée dans de multiples recherches, dans des contextes bien moins graves (réussite scolaire et professionnelle, entraînement sportif, etc.)[3].

Il y a d'ailleurs deux erreurs possibles sur l'identification des résilients. La première est de ne qualifier ainsi que les personnes ayant vécu des situations extrêmes ; la seconde consiste inversement à dire : « Finalement, nous sommes tous un peu résilients. » Affirmer cela revient à banaliser le terme et lui ôter par là même toute spécificité. Un homme d'une trentaine d'années, qui a grandi dans un foyer aimant, a bien réussi ses études, s'est marié et est aujourd'hui heureux dans sa vie relationnelle et professionnelle ne peut être qualifié de résilient… à moins de considérer qu'avoir un 12 en mathématiques au lieu d'un 16, ou s'égratigner le genou après une chute de vélo, sont des événements graves !

Se reconnaître soi-même comme victime constitue souvent une première étape vers la résilience. Or, tous les enfants victimes ne se considèrent pas comme tels. De même, des adultes anciennement maltraités estiment ne pas l'avoir été. Plus une personne a reçu de coups dans son enfance, plus elle a de probabilités de considérer qu'elle a été maltraitée, comme le montre la figure ci-dessous.

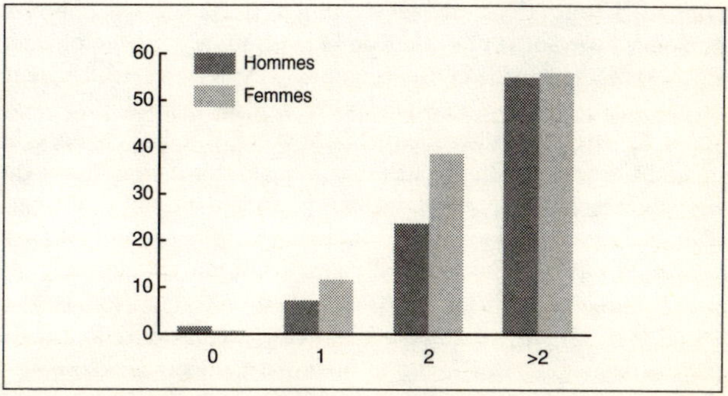

Pourcentage de sujets qui se considèrent maltraités en fonction du nombre de blessures qu'ils ont reçues. Knutson J. F. & Selner M. B. (1994), « Punitive childhood experiences reported by young adults over a 10-year period », Child abuse and neglect, *18 (2), 155-166.*

Cette figure montre aussi que relativement peu de personnes blessées estiment avoir été maltraitées : même parmi celles qui ont reçu plus de deux blessures, seulement un peu plus de la moitié se considèrent maltraitées. Plus important encore pour notre propos, une infime proportion des personnes n'ayant pas reçu de blessures physiques pensent avoir été maltraitées. Certes, la violence psychologique est maintenant officiellement reconnue comme une maltraitance[4]. Mais concrètement, lorsqu'on pense à la maltraitance, viennent immédiatement à l'esprit des images de violence physique : coups, brûlures, etc. Au cours de mon enquête, une femme d'une cinquantaine d'années exprimait clairement cette manière commune de penser. Elle m'a décrit une longue liste de maltraitances psychologiques qu'elle a subies, puis a conclu par ces mots : « Mais c'est vrai que je n'ai jamais été maltraitée. »

Examinons la définition que donnent Lopez et Bornstein de la victime ; il s'agit, selon eux, d'« une personne qui reconnaît avoir été atteinte dans son intégrité personnelle par un agent extérieur à elle-même, lequel a entraîné un dommage reconnu comme tel par le corps social[5] ». Cette définition est intéressante, mais pose néanmoins problème, car si la société estime qu'il n'y a pas dommage évident, la personne ne peut être considérée comme victime. Or, c'est bien ce qui se passe souvent pour les personnes n'ayant subi « que » de la maltraitance psychologique. Et même lorsque celle-ci est reconnue, il est bien moins fréquent qu'elle fasse l'objet d'un signalement que la maltraitance physique. En effet, si la violence physique avérée a toutes chances de conduire à une action engagée par le juge, il y a bien moins de probabilités qu'il en soit de même pour une situation de maltraitance psychologique, le raisonnement implicite étant : « Tant qu'il n'y a pas de bleus, ce n'est pas si grave que ça, au fond. »

Je caricature à peine en disant qu'autrefois, le raisonnement social était binaire : d'un côté les enfants malheureux, marqués par le destin et dont le futur était particulièrement sombre : dépression, délinquance, voire criminalité, etc. De l'autre côté, tous les autres, destinés à une vie normale. De nos jours, l'irruption du concept de résilience a conduit à une nouvelle forme de raisonnement, mais qui reste toujours binaire. L'innovation se trouve bien entendu du côté des enfants blessés qui s'en sortent. Ils constituent une nouvelle catégorie valorisée, voire une nouvelle norme morale et sociale : il est devenu de bon ton d'être résilient. Ceux qui ne s'en sortent pas sont les nouveaux exclus moraux.

Mais dans un cas comme dans l'autre, cette perspective binaire (enfance heureuse ou malheureuse) fait disparaître de notre regard une grande quantité de personnes. Car tel est bien le drame de milliers d'adultes : ils n'ont certes pas vécu une enfance malheureuse, mais cela ne signifie pas pour autant qu'ils ont vécu une enfance heureuse. Ils se trouvent dans un entre-deux inconfortable : ils ne se sentent pas vraiment appartenir à la catégorie des gens à l'enfance « normale », mais n'osent pas (ou difficilement) se qualifier de résilients lorsqu'ils comparent leur existence à celle des « vrais » résilients.

Certes, ces personnes n'ont pas été maltraitées, incestées, violées. Non, elles ont « simplement » manqué d'amour. Pas si grave que ça, après tout ! Eh bien si, justement, c'est aussi grave et ce n'est pas suffisamment pris en compte. Or, cela concerne beaucoup de personnes, surtout celles qui ont grandi à une époque où les parents prêtaient bien moins d'attention à leurs enfants qu'aujourd'hui. Chacun poussait, vaille que vaille !

Il y a quelques mois, j'étais invité à dîner par un couple d'amis. Lui me parle de son enfance très dure, essentiellement ponctuée de coups et de cris. Un résilient, de toute évidence. Puis, il se tourne vers sa compagne et lui dit : « Mais toi aussi, Sylvie, tu as vécu des moments difficiles quand tu étais gosse. — Oh, mais non, ce n'est rien en comparaison de toi. » Je me tourne alors vers elle et lui demande de m'en dire un peu plus, si elle le veut bien. Effectivement, elle a « seulement » vécu une enfance très triste, entre une mère dépressive et un père quasiment absent. Une atmosphère pesante, où il n'aurait pas été envisageable d'inviter une copine à la maison. Après l'avoir écoutée attentivement, je lui dis : « Mais tu sais, Sylvie, ce n'est pas rien ce que tu as vécu, moi je trouve ton histoire vraiment lourde quand même. » Et nous échangeons quelques minutes à ce propos. Plus tard dans la soirée, avant de nous séparer, elle me dit : « Tu sais, ça m'a fait du bien que tu me dises que ce que j'avais vécu était quand même grave. » Dans ces paroles, j'ai cru entendre la satisfaction d'être enfin reconnue comme victime. Même son compagnon, malgré toute sa gentillesse et son écoute, n'avait pu lui donner ce sentiment, car son histoire à lui constituait en quelque sorte une négation de sa souffrance à elle, sans qu'il fasse rien dans ce sens d'ailleurs.

François Truffaut constitue un bon exemple de cette catégorie d'enfants. Il a d'ailleurs exorcisé son enfance en réalisant des films largement autobiographiques. « Mes films, affirma-t-il, sont une critique de la façon française d'élever les enfants[6]. » Enfant né hors mariage (une honte à l'époque), puis adopté par l'époux de sa mère, il restera définitivement une « erreur de jeunesse », une gêne pour ses parents qui s'en occuperont non par plaisir, mais par devoir. Par exemple, quand François est adolescent, ses parents partent régulièrement faire de la varappe en forêt de Fontainebleau, le laissant seul tout le week-end. Pour assouvir sa soif de cinéma et de lecture, il fait des dettes auprès de nombreuses personnes, vole une machine à écrire pour la revendre et finit par être placé dans un centre pour mineurs délinquants. Il y fêtera l'anniversaire de ses 17 ans, en cellule, à la suite d'une tentative d'évasion et d'injures envers un éducateur. Un mois plus tard, il écrit : « Mes parents ne sont pour moi que des êtres humains, c'est seulement le hasard qui a fait d'eux mon père et ma mère, c'est pourquoi ils ne sont plus pour moi que des étrangers. »

Dans une lettre adressée à son père, après le trouble causé par son film très autobiographique *Les 400 coups* narrant la détresse d'un adolescent, il écrit : « Je n'ai aucun regret d'avoir entrepris ce film. Je savais bien que je vous ferais de la peine, mais cela m'est égal car depuis la mort de Bazin je n'ai plus de parents. [...] Vous partiez le samedi en ne me laissant pratiquement rien. Je me débrouillais en volant du sucre (une rangée entière pour que cela ne se voie pas trop). Je vivais dans le mensonge et la peur dès le dimanche soir. Un enfant qui se trouve le seul à l'école à ne pas avoir un "goûter", cela le laisse rêveur. [...] À la visite médicale, quel drame s'il fallait ôter mes chaussures et révéler l'état de mes chaussettes. [...] Non, je n'ai pas été un « enfant maltraité » mais simplement pas "traité" du tout, pas aimé et se sentant complètement “de trop” depuis que vous m'avez pris avec vous jusqu'à mon émancipation[7]. »

Examinons les résultats particulièrement intéressants présentés par Enrique Gracia. Ce chercheur a étudié les caractéristiques psychosociales de personnes ayant vécu une maltraitance enfantine étiquetée d'« insuffisamment grave » pour relever des services d'aide à l'enfance[8]. La population étudiée était constituée de cas de maltraitance physique suspectée (48 cas), de négligence (13 cas) et de maltraitance psychologique (8 cas) identifiés par des enseignants, et d'un groupe de comparaison d'enfants non maltraités (283 cas). Les résultats mettent précisément en évidence que ces enfants font preuve d'une mauvaise adaptation personnelle et sociale. Comparativement aux enfants non maltraités, ils manifestent plus de comportements problématiques, que ce soit sous forme externalisée (agressivité, hyperactivité, désobéissance, destructivité) ou internalisée (anxiété, manque de communication, immaturité, soumission et retrait). Ils font également preuve de dépendance, de faible estime de soi, d'instabilité émotionnelle et d'une vision du monde négative. Ceci conduit Gracia à considérer que la définition des cas de maltraitance comme insuffisamment graves ne représente pas la réalité psychologique de ces enfants. Cet auteur note que la plupart des conséquences de la maltraitance sont plus dues à la composante psychologique qu'à d'autres aspects tels que les blessures physiques ou le manque.

Gracia estime que c'est probablement lorsque la maltraitance enfantine est dans cette phase « insuffisamment grave » que les interventions précoces, les moins punitives et intrusives, ont le plus de chances de succès, et qu'une approche plus informelle peut être réalisée, évitant ainsi les effets stigmatisants de l'étiquetage. C'est aussi à ce stade que l'impact négatif à long terme de la maltraitance peut être réduit et mieux prévenu.

Une équipe de chercheurs s'est efforcée de comprendre pourquoi les enseignants ne signalaient qu'un faible pourcentage des cas de maltraitance et de négligence qu'ils observaient. Soixante-cinq pour cent des enseignants estimaient qu'un obstacle important était une connaissance insuffisante permettant de détecter et signaler les cas. D'autres barrières étaient la peur de ramifications légales (63 %), la peur des conséquences du signalement (52 %), le déni et/ou le désaccord parental concernant le signalement (45 %), la peur d'une ingérence dans l'intimité familiale (35 %), le manque de soutien de la communauté ou de l'établissement scolaire (24 %) et la désapprobation de la direction de l'établissement (14 %)[9].

L'HUMILIATION PIRE QUE LES COUPS

Lorsque j'ai commencé mon enquête, je n'avais pas la même conscience de la gravité de l'impact de la maltraitance psychologique qu'aujourd'hui, bien que j'aie été alerté par des écrits de chercheurs et par des autobiographies de résilients. Il y a une quinzaine d'années déjà, Hart et Brassard (1987) déclaraient que cette forme de maltraitance semblait plus fréquente et potentiellement plus destructrice que d'autres formes de maltraitance et de négligence de l'enfant. De nombreuses études sont venues confirmer ce propos. Le sujet semble d'ailleurs susciter un intérêt croissant chez les chercheurs[10]. De nos jours, de plus en plus de spécialistes estiment que la maltraitance psychologique est la forme la plus fréquente d'abus, qu'elle est généralement plus destructrice, et que l'impact de la maltraitance physique est essentiellement dû à celui de la maltraitance psychologique qui lui est généralement associée[11].

De fait, j'ai moi-même constaté que celle-ci produit des effets préjudiciables plus importants à long terme que la maltraitance physique. Deux arguments me permettent d'avancer cela, que j'examinerai successivement :

— les personnes doublement maltraitées (c'est-à-dire fortement maltraitées physiquement et psychologiquement) estiment que c'est la maltraitance psychologique qui laisse les séquelles les plus graves ;

— les personnes ayant été « seulement » maltraitées psychologiquement vont généralement moins bien que les personnes ayant été doublement maltraitées.

Nombreux sont les témoignages que j'ai recueillis qui viennent à l'appui du premier aspect. Annick a subi une violence physique intense de la part de son père depuis son enfance jusqu'à l'âge de 20 ans, lorsqu'elle est partie pour se marier. « Quand c'était trop lourd à supporter, m'explique-t-elle, je m'enfuyais de la maison avec mes petits frère et sœur. On attendait que l'orage se calme et le matin, on revenait. »

Pourtant, elle a bien plus souffert de la maltraitance psychologique manifestée par sa mère : « Mon père nous aimait, mais il ne pouvait pas s'empêcher de cogner, mais ma mère ne nous aimait pas. Jamais elle ne m'a pris la main ou donné un mouchoir pour sécher mes larmes, ou prise dans ses bras pour me consoler, ou dire quelques mots réconfortants. Jamais. Cette femme est pire que Folcoche ; pour moi, c'est Hitler. Il m'est difficile de trouver des mots précis, car il s'agit plus d'une ambiance, de non-dits, de gestes, de sous-entendus, de comparaisons, d'humiliations, de vexations, quelque chose de l'ordre de l'emprise morale. L'impression très forte d'être un pantin et qu'il y a quelqu'un derrière qui manipule les ficelles. »

À titre d'exemple, Annick me cite l'anecdote suivante. Son père est appelé au Congo comme directeur des ressources humaines d'une entreprise internationale. Annick et une de ses sœurs (« enfants-cibles » âgées de 10 et 12 ans, dans une fratrie de quatre) sont placées en France, dans un pensionnat tenu par des religieuses. Les parents n'envoient pas d'argent, pas de vêtements, au point que les gamines sont obligées de mendier : « On n'avait rien à se mettre, et pendant ce temps-là, cette femme pavoisait dans des réceptions chez le consul. » Annick envoie une lettre à ses parents pour décrire sa situation. Quelques semaines plus tard, un courrier lui arrive d'Afrique, elle ouvre l'enveloppe et découvre... sa propre lettre, avec les fautes d'orthographe et de grammaire corrigées en rouge. « Elle avait donc fait 16 000 kilomètres et me revenait en pleine figure, sans la moindre marque d'affection. » Devenue adulte, Annick a rappelé à sa mère cette anecdote particulièrement douloureuse. Réponse : « Eh bien, au moins, tu es bonne en orthographe maintenant ! »

Aujourd'hui âgée de 80 ans, la mère d'Annick continue à sévir : « Elle a complètement divisé la fratrie, avec deux enfants rejetés, ma sœur et moi, et deux enfants hyperprotégés, mon frère et ma deuxième sœur. Le travail que fait cette femme-là est extraordinaire. C'est comme une araignée qui tisse sa toile, patiemment, longuement. Elle attend de prendre au piège quelqu'un. Elle l'attire par des cadeaux, par de l'argent pour mieux pouvoir ensuite le "daguer", le "darder". Elle se sert du prétendu cadeau, le met en avant, et le retourne après, contre celui qui l'a reçu. De telle manière que la personne est engluée, ne sait plus comment faire pour se sortir de cette situation. »

Même réaction chez Marie-Raphaëlle, régulièrement victime d'inceste par son père et humiliée en permanence par sa mère qui lui jetait de la nourriture par terre dans un coin de la chambre ou dans l'assiette du chat, les aliments tout mélangés. Elle l'obligeait à regarder les autres consommer les oranges, les bananes, le chocolat auxquels elle-même n'avait pas droit. Elle traitait fréquemment sa fille de « méchante », « bonne à rien », « menteuse », etc.

Marie-Raphaëlle me raconte l'anecdote suivante au cours de laquelle son père lui imposait un double lien dramatique : « Le jour de la paie, il avait pris l'habitude de me confier une somme d'argent que j'avais la responsabilité de cacher afin que mes frères et sœurs ne la piquent pas mais aussi pour qu'elle ne lui brûle pas les doigts à lui, pour qu'il ne la dépense pas dans l'alcool. Mais lorsqu'il avait gaspillé tout l'argent qu'il avait gardé pour lui, il me suppliait de lui donner le reste en promettant de ne plus boire de vin. Si je tenais tête, je l'avais sur le dos pendant des heures et parfois il finissait quand même par me menacer de coups. Lorsque je cédais, j'avais des engueulées après, et je devais promettre d'être plus forte la prochaine fois, de ne pas céder, que je savais dans quelle situation cela nous mettait à la fin du mois ! »

Avec le recul des ans, Marie-Raphaëlle estime que c'est la maltraitance psychologique qui marque le plus à long terme. « La violence physique, c'est quelque chose qui arrive en un point précis, qui fait mal, mais qui va se réparer. Alors que les blessures psychiques, l'humiliation, c'est quelque chose qui diffuse dans toute la personne, au plus profond d'elle-même. Ça détruit son être, alors que les coups ça détruit son corps, mais pas son être. Pour moi, on se remet plus des dégâts physiques que des dégâts psychiques. En ce qui me concerne, je pense par exemple que c'était de la torture morale quand ma mère m'obligeait à regarder les autres manger à table.

Aujourd'hui encore, il m'arrive parfois de penser que je suis vilaine, méchante, que je fais du mal à tous ceux qui me côtoient. Même si je sais que je fais de bonnes choses dans ma vie, que j'aide des personnes à retrouver leur dignité, il y a aussi tout au fond de moi quelque chose qui n'arrive pas encore à y croire pleinement. Je sais bien que je ne suis pas responsable de ce que j'ai vécu enfant mais j'ai encore l'impression que c'est de ma faute, ne serait-ce que parce que je suis née un jour. »

On retrouve cet impact bien plus important de la maltraitance psychologique dans le témoignage d'Angéline : « Parce qu'il n'y a pas d'explication à ça, souligne-t-elle. En tant que maltraitée, on peut toujours trouver une explication à la maltraitance physique, on peut se dire qu'elle est énervée, que ce n'est pas elle, on peut identifier la personne qui maltraite : "C'est maman qui fait mal parce que j'ai fait une bêtise ou parce qu'elle est énervée, ou qu'elle n'est pas bien." Alors que la maltraitance morale, ça touche le plus profond, y a pas de bonne raison pour cela. Et ça, c'est le plus difficile pour moi, même encore maintenant que je suis une femme de caractère, que j'ai un mari qui m'aime, un fils adorable, ça reste encore au fond de moi comme une blessure ouverte. La personne en qui j'aurais dû avoir le plus confiance a trahi ma confiance en me traitant comme du pipi de chat, en me rabaissant, en me blessant, en me faisant croire que j'étais quelqu'un de moche, de bête. Elle m'appelait souvent comme ça : "Oh, la bâtarde !" Eh bien, elle m'a fait beaucoup plus de mal avec ce mot qu'avec tous les coups, les privations, les enfermements. D'ailleurs je suis devenue extrêmement résistante à la douleur physique alors qu'il suffit que quelqu'un me regarde avec un air de dédain et je m'effondre. »

La même triste réalité est décrite dans les autobiographies de personnes résilientes. Qu'il s'agisse de Michelle Van Hooland, qui déclare : « La souffrance psychique a été, est plus longue à panser/penser que la souffrance physique[12] », ou de David Bisson, « l'enfant du placard », qui écrit : « Les douleurs physiques s'oublient vite. Elle a toujours essayé de me faire mal, très mal, un vrai bourreau. Ma douleur à moi est morale. Il y a des souvenirs difficiles à supporter : à Noël, par exemple. Je les entendais derrière la porte. Ils faisaient la fête. Mon frère recevait des cadeaux, beaucoup de cadeaux. Je n'avais droit à rien, sauf de les écouter depuis la salle de bains. Mon frère était l'enfant choyé ; moi, une bête. Et encore une bête est mieux traitée. J'avais le sentiment d'une terrible injustice par rapport à mon frère. Pourquoi moi ? Moi, tout seul, dans cette situation[13] ? »

De son côté, Tim Guénard affirme : « Les mots font souvent plus de mal que les coups. Par exemple, mon père m'a frappé, j'en ai des séquelles à vie, mais je suis physiquement réparé. [...] Par contre, les mots, c'est criminel[14] » ; ou encore : « J'ai réalisé ce qui m'avait fait le plus souffrir dans la vie : ce n'étaient ni les coups de mon père, ni les trois ans d'hôpital [à la suite de cette violence paternelle], mais les gens qui disaient : "Malheureusement, 75 à 80 % des enfants battus vont reproduire la même chose, il est d'une famille à risque."[15] »

Le deuxième élément m'ayant amené à prendre conscience de la gravité de la maltraitance psychologique est le fait que les personnes qui ont subi de la maltraitance psychologique sans violence physique éprouvent généralement à l'âge adulte un bien-être psychologique moindre que les personnes ayant été doublement maltraitées.

Car les maltraitances physique et psychologique ne se recouvrent que partiellement. La maltraitance physique est généralement accompagnée de maltraitance psychologique, mais l'inverse n'est pas nécessairement vrai ; de nombreux enfants sont maltraités « seulement » psychologiquement. Une étude a montré le niveau de recouvrement de ces deux formes d'abus[16]. Elle a porté sur 215 familles non signalées aux services de protection de l'enfance. Quand la maltraitance physique était constatée, il y avait 93 % de probabilités qu'elle s'accompagne de maltraitance psychologique, tandis que quand la maltraitance psychologique était observée, il y avait seulement 18 % de probabilités de maltraitance physique. Les résultats étaient presque identiques pour la négligence physique (respectivement 91 % et 14 %).

Forts de ces résultats, les auteurs formulent plusieurs recommandations. Ils estiment d'une part que cette importante coprésence de la maltraitance psychologique en cas de maltraitance physique doit inciter à évaluer systématiquement s'il y a maltraitance psychologique pour tous les cas signalés de maltraitance physique. Par ailleurs, constatant l'impact particulièrement négatif de la maltraitance psychologique chez des enfants non maltraités physiquement, ils recommandent de prêter plus d'attention à la maltraitance psychologique dans la population générale.

Une étude menée auprès de 512 étudiant(e)s a montré que ceux qui avaient été psychologiquement négligés dans leur enfance étaient plus nombreux à souffrir d'anxiété, de dépression, de somatisation, de paranoïa et d'hostilité que ceux qui avaient été « seulement » maltraités physique-ment[17]. Une autre enquête menée auprès de 3 346 parents a mis en évidence que les parents verbalement agressifs (qu'ils soient violents physiquement ou non) avaient tendance à avoir des enfants agressifs[18]. Plus le parent utilisait d'agression verbale, plus la probabilité était grande que l'enfant soit physiquement agressif, délinquant, ou qu'il ait des problèmes interpersonnels. Par contre, il y avait peu de relations entre la maltraitance physique et la délinquance de l'enfant ou les problèmes interpersonnels, si les parents n'étaient pas verbalement agressifs envers l'enfant. Les auteurs suggèrent donc que le dommage psychologique associé à la maltraitance physique provient de la maltraitance verbale qui accompagne généralement celle-ci.

J'ai retrouvé des résultats proches dans mon enquête, en particulier lorsque je posais des questions ayant un rapport avec le sentiment de bien-être. Constatons, par exemple, le statut bien spécifique des réponses fournies par les personnes ayant été fortement maltraitées psychologiquement à la phrase : « Si je pouvais recommencer ma vie, je ne changerais presque rien. » Ce résultat exprime une volonté clairement affichée de ne pas revivre leur enfance. Notons la différence de cet ensemble de réponses fournies par les sujets fortement maltraités psychologiquement avec celui, nettement plus dispersé, fourni par les doublement maltraités. Ces derniers constituent d'ailleurs la catégorie de participants qui fournit proportionnellement le plus de réponses 0 (pas du tout d'accord) à cette question.

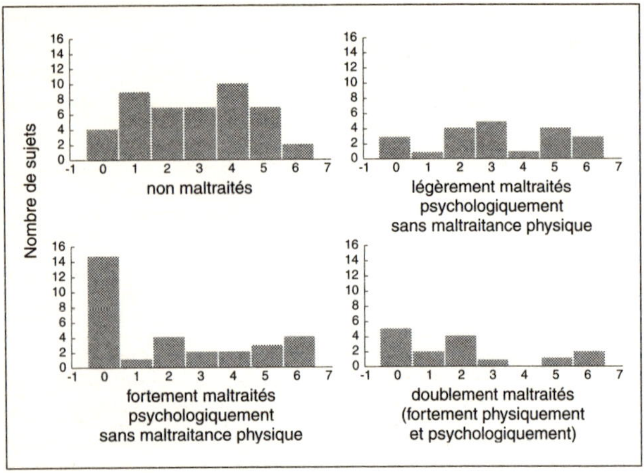

Distribution des réponses à la phrase : « Si je pouvais recommencer ma vie, je ne changerais presque rien », en fonction du comportement du père. Les réponses sont proches des réponses à cette phrase en fonction du comportement de la mère.
Le niveau 0 correspond aux personnes qui ont coché la case « pas du tout d'accord » pour cette phrase ; le niveau 6 correspond à la case « tout à fait d'accord ».

Il est frappant de constater à quel point cette phrase est bien plus fortement rejetée par les personnes maltraitées psychologiquement sans maltraitance physique (en bas à gauche) que par les autres personnes, en particulier par celles ayant été doublement maltraitées (en bas à droite).

Un autre résultat est également intéressant : le recours à une psychothérapie en fonction du type de maltraitance. Les résultats sont quasiment identiques pour trois catégories de sujets : un peu moins de la moitié des personnes ont suivi une thérapie. La seule catégorie qui se dégage nettement est celle des sujets qui ont été fortement maltraités psychologiquement dans l'enfance (sans maltraitance physique), dont plus des deux tiers ont fait appel à un thérapeute.

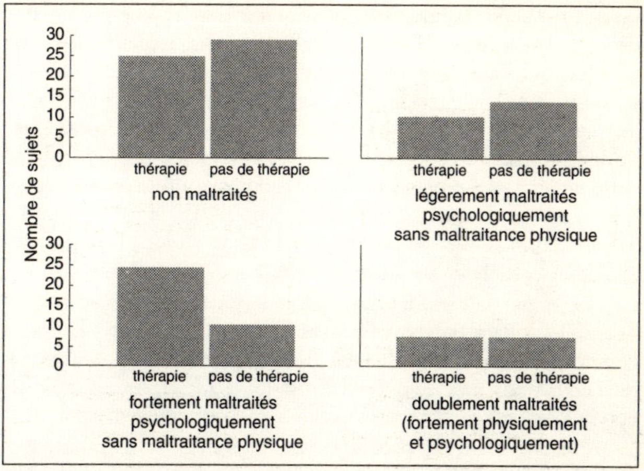

Lien entre le comportement du père et le fait que le participant ait suivi ou non une thérapie (les résultats en fonction du comportement de la mère sont assez proches).
Les réponses suivent le même principe explicatif que pour la figure précédente.

Les blessures de l'âme sont malheureusement moins visibles que celles du corps

Les éléments qui précèdent semblent bien confirmer que la maltraitance psychologique se situe bien au cœur de la maltraitance, elle constitue son élément le plus essentiel et le plus traumatisant. On peut même se demander s'il n'est pas plus difficile de devenir résilient après avoir subi « seulement » de la violence psychologique.

Mais comment expliquer cette réalité, *a priori* surprenante ? Pour cela, essayons de nous replacer dans l'univers mental et émotionnel du jeune enfant. Il raisonne de façon simple : dans la vie, il y a des gens méchants (qui tapent les autres) et des gentils (qui ne tapent pas). Ce qui a pour effet que celui qui prend des coups a une « chance » dans son malheur, celle de pouvoir situer plus facilement l'origine de ses tourments chez ses parents plutôt qu'en lui-même. Même s'il peut se sentir partiellement coupable de ce qui lui arrive, il finit généralement par réaliser que cette violence qui s'abat sur lui est anormale, excessive. C'est bien son père qui n'est pas normal, c'est bien sa mère qui est un peu dingue, ce n'est pas lui, au fond. Au fil des ans, il prend conscience de la violence de ce parent et peut raisonner implicitement de cette façon : « Mon père (ma mère) est méchant(e) ; c'est lui (elle) qui a des problèmes, ce n'est pas moi. » Et si ce parent lui affirme en plus qu'il ne vaut rien, s'il l'humilie, etc., l'enfant peut également attribuer ces attitudes à sa « méchanceté ».

Certains même, devenus adultes, en tirent un sentiment accru de valeur personnelle, très conscients d'avoir survécu à l'enfer quotidien de la violence, mais en prenant de la distance et en considérant que leur parent est le véritable responsable de cette violence.

Par contre, il est probablement plus difficile à l'enfant qui est régulièrement humilié, critiqué, insulté, mais non frappé par son parent, d'attribuer à ce dernier la responsabilité de ces vexations. Bien que « frappé » psychologiquement, il a moins de probabilités de réaliser que son père ou sa mère est en train de le maltraiter. Il a du mal à caractériser négativement le parent qui n'use pas de violence physique et a tendance à tenir alors plus ou moins inconsciemment le raisonnement suivant : « Mon père (ma mère) n'est pas méchant (puisqu'il ne me frappe pas). S'il me répète continuellement que je ne vaux rien, que je ne saurai jamais rien faire dans la vie, c'est donc vrai. » Dans ces conditions, l'enfant intègre bien plus profondément un sentiment d'inutilité, d'absence de valeur que l'enfant physiquement maltraité, et même que l'enfant doublement maltraité, ce qui a, bien entendu, un impact particulièrement destructeur sur son estime de soi et sur son sentiment de bien-être. Par ailleurs, comme les blessures de l'âme sont malheureusement moins visibles que celles du corps (à l'école, par exemple), l'enfant humilié est moins souvent aidé que l'enfant battu et a donc moins de possibilités de pouvoir réajuster son mode de raisonnement. Certes, les enfants battus ont parfois du mal à sortir du statut de victime, mais le problème des enfants maltraités psychologiquement est qu'ils ont du mal à y entrer. N'étant pas socialement reconnus comme victimes, ils continuent à se considérer coupables de ce qui leur arrive.

Les informations qui précèdent devraient nous inciter à l'action. Il est nécessaire que la maltraitance psychologique devienne une préoccupation importante dans l'univers de la protection de l'enfance car des milliers d'enfants subissent pendant des années l'humiliation et le rejet sans trouver d'adulte apte à les soutenir, à reconnaître réellement leur souffrance. Beaucoup de situations de ce type, notamment dans les milieux aisés, échappent au regard des professionnels. Et même lorsqu'elles sont connues, elles aboutissent rarement à une intervention de soutien auprès de la famille et encore moins à une procédure judiciaire. La maltraitance psychologique est certainement l'abus le moins réprimé aujourd'hui. Nombreux sont les juges pour enfants qui attendent qu'un gamin ait des bleus pour ordonner un placement. Or, « on peut tuer avec des mots ! », c'est ce que déclarent avec vigueur tous les adultes ayant été maltraités psychologiquement dans leur enfance. Il est grand temps que l'on réalise à quel point cette forme de violence est néfaste à court et à long termes dans la vie d'un individu. La maltraitance psychologique touche au plus profond de l'être, à son identité, à son estime de soi, au sentiment de sa valeur dans le monde.

Certains juges pour enfants sont cependant conscients de la gravité du problème et s'appuient sur l'article 227-17 du code pénal pour agir. Cet article précise que « le fait, par le père ou la mère légitime, naturel ou adoptif, de se soustraire, sans motif légitime, à ses obligations légales au point de compromettre gravement la santé, la sécurité, la moralité ou l'éducation de son enfant mineur est puni de deux ans d'emprisonnement et de 200 000 francs d'amende ». Cette infraction est assimilée à un abandon de famille.

La difficulté à définir la maltraitance psychologique

Il est vrai que la maltraitance psychologique pose d'énormes problèmes aux chercheurs et aux professionnels de l'aide à l'enfance, car elle est beaucoup plus difficile à définir et à évaluer que la maltraitance physique ou que les abus sexuels. Cette question a d'ailleurs fait l'objet d'un dossier de cent vingt pages rédigé par des spécialistes reconnus du domaine, dans une revue scientifique spécialisée, il y a quelques années[19]. Le débat porte essentiellement sur la question de savoir s'il faut définir la maltraitance psychologique à partir des « actes » psychologiques réalisés par les parents ou à partir du dommage psychologique causé à l'enfant. Le choix opéré par les chercheurs est généralement de considérer qu'elle consiste en des actes perpétrés par les parents, ce qui leur permet ensuite d'évaluer l'impact psychologique et comportemental chez l'enfant, parfois en le comparant avec l'impact de la maltraitance physique.

La Société américaine professionnelle sur la maltraitance des enfants a, pour sa part, adopté la définition suivante : « Un style de comportements répétés du parent (ou de l'adulte qui prend soin de l'enfant) ou un comportement isolé, mais extrême, qui convainc l'enfant qu'il est sans valeur, raté, non aimé, non désiré, en danger ou encore que sa seule valeur tient au fait qu'il satisfait les besoins de l'autre[20]. »

La maltraitance physique se voit, la maltraitance psychologique non. La maltraitance physique s'exprime sous forme d'actes manifestes, la maltraitance psychologique est plus souvent une atmosphère générale, une ambiance, la répétition de multiples actes isolés (même si, comme nous l'avons constaté avec l'histoire des fautes d'orthographe, certains « actes » psychologiques sont réellement d'une incroyable violence).

Plusieurs auteurs se sont appliqués à établir une typologie des diverses formes de maltraitance psychologique. Hart et ses collaborateurs retiennent six types de comportements relevant de cette forme de maltraitance : le rejet (refuser d'aider l'enfant et de l'aimer, le prendre comme bouc émissaire), le dénigrement (l'humilier, l'affubler de surnoms ridicules), la terreur (créer un climat menaçant), l'isolement (couper l'enfant des contacts sociaux usuels), la corruption et la mauvaise socialisation (inciter l'enfant à agir de manière antisociale), l'exploitation (l'utiliser pour son profit personnel), l'indifférence aux besoins affectifs (différent du rejet – actif – en raison de son caractère passif)[21].

Pour ma part, je propose la liste suivante, que j'illustrerai chaque fois par un exemple :

— Absence d'affection.
— Humiliation.
— Culpabilisation.
— Dette permanente.
— Violence physique par procuration.
— Impossibilité d'étudier.
— Pression à la réussite.
— Prison affective/Surprotection.
— Être frère ou sœur d'un enfant-cible.

Absence d'affection

Une mère dit à sa fille : « Je t'ai dit de ne plus m'appeler "maman" ! Tu n'as qu'à m'appeler "madame" ! D'ailleurs, tu n'es plus ma fille… Je t'interdis de me tutoyer ! »

Un autre jour, alors que sa fille est tombée malade : « Tu n'as rien trouvé de mieux ? Tu sais bien qu'il est interdit d'être malade. Allez, dépêche-toi de t'habiller. » Elle lui prend finalement la température et constate : « Hum, tu as plus de 41 degrés de fièvre mais ça ne t'autorise pas à te comporter comme une mourante. File au lit. […] Si tu dois crever, fais-le vite… J'ai pas de temps à perdre. Quoi qu'il advienne demain je te veux à l'école. Compris[22] ? »

Humiliation

Beaucoup de parents maltraitants font sentir ou disent explicitement à leur enfant qu'il vaut « moins que rien ». Les « techniques » utilisées sont innombrables : couper les cheveux d'une fille le plus court possible, habiller son enfant avec des vêtements ridicules, et n'en racheter que lorsqu'ils sont vraiment hors d'usage.

À 9 ans, David Bisson est attaché avec une chaîne au lit de ses parents. « Ils ne se préoccupaient aucunement de ma présence. Et je les entendais faire l'amour au-dessus de ma tête. À ces moments-là, je n'étais plus rien. Je n'avais aucune existence. Annulé. Balayé. Une merde !… Je crois que cela a été un des moments les plus durs, les plus douloureux à vivre[23]. »

Culpabilisation

Le sentiment de culpabilité est souvent très puissant chez les jeunes filles subissant l'inceste. Bien que victimes, elles se sentent coupables de ce qui se passe. Comme l'écrit Nathalie Schweighoffer : « Le pire, c'est la honte. Vous connaissez la honte ? La vraie humiliation ? Celle de participer, même malgré soi, à un truc tellement dégueulasse qu'on n'osera jamais en parler à qui que ce soit ? Parce que c'est pas l'autre qui est dégueulasse tout seul. Il vous rend dégueulasse. Voilà pourquoi on ne crie pas, on ne hurle pas, on ne prend pas un truc pour lui taper dessus. Si un inconnu avait essayé de me faire ça dans la rue ou n'importe où, j'aurais gueulé. Mais c'était mon PÈRE[24] ! »

Dette permanente

Certains parents ont l'« art » de placer leur enfant en situation de dette permanente. Ils n'hésitent pas à « se sacrifier » pour lui et lui font ensuite sentir sa dépendance envers eux. Comme un usurier, ils prêtent en quelque sorte une grosse somme d'argent, mais attendent régulièrement que celle-ci leur soit restituée sous forme de reconnaissance, de remerciements, etc. Maryse Vaillant raconte : « Geneviève [sa mère] ne cessait de me le rappeler. Alors que sa mère l'avait privée de tout, de nourriture et d'avenir, elle me donnait tout ; je lui devais une revanche. J'étais sa réussite, son chef-d'œuvre, son double vivant. J'étais la preuve de sa vie[25]. »

Violence physique par procuration

Nombreux sont les enfants qui disent à quel point ils ont souffert de voir un des parents frapper violemment l'autre, ou blesser gravement voire tuer leur animal préféré. Cette souffrance est si forte qu'ils auraient parfois préféré prendre des coups eux-mêmes.

Michel a énormément souffert de voir sa mère massacrée par son beau-père sans pouvoir la défendre. C'est d'ailleurs en assistant à une telle scène qu'il décide à 12 ans de ne jamais faire de même plus tard quand il sera marié et qu'il aura des enfants.

Impossibilité d'étudier

Des parents interdisent à leur enfant de poursuivre des études, alors que celui-ci le souhaiterait ardemment. Dans certains cas, c'est la souffrance qui marque le plus à long terme, car cela a provoqué un arrêt de leur parcours personnel, très difficile à rattraper ensuite. Annick me fait remarquer : « La pire violence que ma mère m'ait faite est de m'avoir empêchée de faire des études supérieures. C'est celle-là qui me fait le plus mal. Ma vie ne s'en remet pas. »

Pression à la réussite

Il s'agit de la situation inverse de la précédente, typique de familles dont les parents ont atteint une brillante réussite sociale et professionnelle et souhaitent qu'il en soit de même pour leur enfant, ou au contraire de parents qui confient à celui-ci la mission de réparer les blessures narcissiques dues au fait de n'avoir pu étudier eux-mêmes. En bref, dans un cas comme dans l'autre, le bonheur est dans le succès. Mais il s'agit bien plus d'un projet d'autosatisfaction parentale que d'un choix de l'enfant. La valeur de celui-ci ne réside pas dans ce qu'il est, mais dans ce qu'il fait. Dès lors, même ces moments de respiration que sont les loisirs fournissent l'occasion de faire pression sur lui : il doit être le meilleur au judo, elle doit exceller en guitare, etc.

Béatrice a le sentiment de ne pas avoir eu d'adolescence et a été anorexique pendant six ans[26]. Sachant lire à la perfection dès le CP, elle a poursuivi sa scolarité sans problème jusqu'à la troisième, dans une course permanente à la perfection. Elle entre alors dans un établissement réputé de Versailles, parmi les plus prestigieux, mais aussi les plus durs de France. Sa mère reconnaît aujourd'hui : « Dans notre milieu, tous les amis font Polytechnique ou Saint-Cyr. [...] Nous étions très fiers que Béatrice soit très bonne en flûte et en classe. Un vrai bonheur. Quand elle ramenait un 16 sur 20 en allemand, je disais, sur le ton de la plaisanterie : “Tu as raté le 17.” Avec le recul, je pense que c'étaient des paroles malheureuses. [...] On se dit que ses enfants auront une vie meilleure grâce aux études. On ne pense pas qu'ils peuvent s'écrouler psychologiquement. On ouvre les yeux parce qu'il arrive des tuiles. »

Prison affective/Surprotection

J'ai beaucoup hésité avant d'intégrer cette attitude parentale dans cette liste de maltraitances psychologiques. Car, si des personnes inondent d'amour leur enfant au point de l'étouffer, elles le font en général avec la meilleure volonté possible, sans avoir conscience des effets néfastes. Je développerai plus longuement ce comportement dans le chapitre VI.

Être frère ou sœur d'un enfant-cible

Notons pour finir cette forme particulièrement perverse et paradoxale de maltraitance psychologique : le fait d'être le frère ou la sœur d'un enfant-cible. Alors que celui-ci est systématiquement battu et humilié par les parents, l'enfant bien-aimé est cajolé, valorisé, comparé favorablement, etc. Or, certains enfants vivent très mal cette différence de traitement. Germain Bourhis raconte que sa sœur Claire souffrait plus encore que lui-même de la situation qu'il devait endurer : « On anéantissait son petit frère devant elle. » Par exemple, s'il lui arrivait d'uriner dans son lit la nuit, il était privé de beurre sur ses tartines au petit déjeuner, alors que Claire était contrainte, « les yeux brouillés », d'en manger double ration, sous peine que soient infligées toutes sortes de châtiments à Germain[27]. Par la suite, Claire est devenue folle.

Mais il arrive fréquemment que l'enfant choyé, pris au piège de la perversion parentale, entre lui-même dans ce jeu infernal du rejet et imite le comportement des parents qui l'y incitent d'ailleurs fortement. Or, si ce genre d'amusements peut le satisfaire dans le jeune âge, il arrive fréquemment que la culpabilité s'installe des années plus tard, une fois devenu adulte, une culpabilité envahissante et destructrice, parce qu'il s'en veut de ne pas avoir porté secours, voire d'avoir participé au rejet de l'enfant-cible. Malheureusement, sa marge de liberté était très mince.

Être reconnu victime par une personne significative

J'ai consacré un long développement à la maltraitance psychologique, car elle me semble constituer un obstacle majeur à la possibilité que le sujet puisse se reconnaître victime, alors qu'il s'agit souvent d'une première étape de reconstruction de soi.

Mais examinons maintenant le premier cercle : le besoin de se sentir reconnu victime par une personne significative. Il peut s'agir d'un(e) ami(e), du conjoint, d'un thérapeute, etc. L'important est que la personne entende vraiment la plainte, qu'elle soit sensible à l'intensité de la souffrance ressentie. Évidemment, son attitude ne doit pas amener la personne en souffrance à se complaire dans l'évocation de sa souffrance. Il n'empêche, l'enfant ou l'adulte traumatisé qui ressent le désir de parler a besoin de trouver une oreille attentive pour pouvoir s'épancher.

Or il n'est pas rare que les proches, mal à l'aise face à la souffrance de la personne, cherchent à l'inviter à sortir au plus vite de sa tristesse, alors que celle-ci a précisément besoin de passer par ce temps de la plainte. Ainsi, Samira Bellil, victime de viols collectifs, entend sa mère lui recommander : « "Il faut que tu oublies tout cela ! Tu dois maintenant regarder devant toi. Tout ça, c'est du passé ! Il faut que tu saches que je crois en toi ! Oui, je sûre que ça va marcher pour toi, crois-moi !" D'accord, d'accord ! Le problème, c'est que je n'en suis pas là. J'ai plutôt besoin de laisser aller mon chagrin, de parler de ma souffrance. Et elle ne m'en donne pas le droit. [...] En croyant m'aider, ma mère me détruit. "Fais comme si rien ne s'était passé ! Il faut avancer !" J'aurais juste besoin qu'elle prenne en considération ma souffrance[28]. »

Nier la réalité ou la gravité de ce qui a été subi par une personne constitue une deuxième source de souffrance pour elle, parfois pire encore que la première. C'est notamment le cas lorsqu'une adolescente victime d'inceste révèle la situation à sa mère et que celle-ci désavoue sa parole. La jeune fille se retrouve alors seule avec sa souffrance.

De toutes les personnes significatives, c'est l'auteur des actes, celui ou celle qui a précipité le sujet dans la souffrance, qui est le plus à même d'offrir un tremplin vers la reconstruction en restituant à la personne son statut de victime. Roland Coutanceau, psychiatre qui a reçu de très nombreuses victimes d'inceste, souligne qu'il entend bien plus souvent l'expression d'une quête que d'un rejet : « Une quête tournant autour de questions simples : "Pourquoi m'a-t-il fait cela ? Est-il capable de le regretter et de me demander pardon ? Peut-il comprendre ma souffrance ? Où en est-il maintenant ? Est-il malheureux du mal qu'il m'a fait ?"[29] »

Lorsqu'il reconnaît la gravité du tort causé et qu'il regrette son acte, le coupable facilite énormément le parcours de résilience de sa victime. Pascale Solaire, victime d'inceste, a vécu cette expérience : « Après quatre années de cheminement intérieur, la rencontre avec mon père, puis avec ma mère est devenue possible et nécessaire. Malgré mes craintes, j'ai pu revoir mon père, paisiblement. Je pouvais parler à un vieil homme, regarder un être humain, sans être focalisée sur l'image de mon père violeur. Il a fini par reconnaître les faits. Ma mère m'a crue, ce qui était inespéré compte tenu du contexte de sa vie et de nos relations. Ces deux aveux m'ont sortie de la double contrainte évoquée précédemment : je pouvais affirmer et j'étais crue, j'existais. Au-delà de cette reconnaissance des faits, j'ai éprouvé le besoin de demander une réparation matérielle du préjudice. Elle prit la forme d'une aide financière de trois mois (j'étais dans une situation matérielle difficile) et d'un chèque important que j'ai abandonné au cours d'un fleuve : le symbole suffisait[30]. »

Malheureusement, les choses ne se passent pas toujours ainsi, loin s'en faut ! Dans une étude, le parent maltraitant s'est excusé dans seulement 15 % des cas, et, dans 80 % des familles, les parents ne pensaient pas que l'abus était mauvais[31]. Cette absence de regret est généralement vécue de manière très douloureuse par les enfants maltraités devenus adultes. Ils attendent encore, encore et toujours cette parole très simple mais immensément libératrice : « Je regrette ce que je t'ai fait. » Une victime d'inceste déclare : « Je préférerais qu'ils soient morts, comme ça, je serais guérie de l'espoir qu'ils comprennent un jour le mal qu'ils m'ont fait[32]. »

Annick, qui a subi une intense maltraitance physique par son père et psychologique par sa mère, ressent « des torrents, des fleuves de haine envers cette femme. S'il y a une personne envers laquelle j'ai vraiment des désirs de meurtre, c'est bien elle ». Son père lui a dit, quelque temps avant de mourir : « Je reconnais que je n'ai pas été un bon père. » « Ça m'a fait un bien énorme, dit-elle. À ce moment, tout s'est apaisé, tous ces sentiments paradoxaux de haine et d'amour que j'avais envers lui. Évidemment, ça n'a pas effacé le passé, mais ça a complètement changé les relations entre nous. Je n'oublie pas ce qu'il a fait, mais j'ai tout pardonné. À partir de ce jour et jusqu'à sa mort, j'ai pu entretenir des relations à peu près normales avec lui ; alors que j'étais restée dix ans sans le voir, on s'est revu, on s'est écrit, on s'est téléphoné. »

Par contre, sa mère, toujours vivante, reste fermement campée sur son trône d'autojustification et continue à pratiquer très efficacement la maltraitance psychologique, à 80 ans largement dépassés. Annick continue à la voir trois ou quatre fois par an, pour deux raisons. D'une part, pour lui exprimer sa souffrance : « Mais est-ce que tu as conscience du mal que tu fais ? » ; d'autre part, parce qu'elle entretient toujours l'espoir que sa mère reconnaisse ses torts : « Je continue à lui tendre la perche. »

« Et si elle disait qu'elle regrette, ça vous ferait quoi ?

— Il me semble que tout pourrait changer. Il y aurait enfin une chance que je puisse lui pardonner. »

En vain, jusqu'à maintenant. Sans justifier aucunement l'attitude de cette femme, on peut cependant la comprendre, la cause en est « psycho-logique ». Reconnaître le mal qu'elle a fait subir depuis tant d'années à sa fille la plongerait probablement dans un malaise très inconfortable ; cela l'amènerait à remettre en question toute une existence. Entreprise ô combien périlleuse et douloureuse. Alors elle s'enferme, bétonne de plus en plus solidement un mur de bonne conscience.

Ce refus de reconnaître ses fautes, jusqu'à un âge avancé, est généralement source de souffrance pour l'enfant, même devenu adulte, comme le montre cette expérience vécue par Gisèle Halimi, la célèbre avocate. Sa mère a toujours manifesté de l'affection envers ses fils, mais aucunement pour Gisèle. Jusqu'au dernier instant, celle-ci voudra comprendre la raison d'une telle différence. Elle la demande à sa mère, sur son lit de mort : « Moi, ne pas t'aimer ? Moi qui t'ai toujours soignée, tu étais toujours malade. Avec la fièvre, tes draps étaient trempés, dans la nuit je me levais les changer... Comment oses-tu me dire ça, Gisèle ? Tu n'as pas honte, moi qui ai failli mourir pour toi ? »

Gisèle Halimi est stupéfaite, elle demande :

« “Maman, tu changeais mes draps, c'est vrai, mais tu ne me prenais pas dans tes bras, tu ne m'embrassais jamais.”

J'ai osé. Je ne l'avais jamais dit encore. Ça y est. Je bascule dans l'enfance.

“Écoute, ça suffit, je suis fatiguée.”

Sa voix, bien que basse, me glace. [...] En reprenant les couloirs comme un automate, je me surprends à transpirer très fort. On est en décembre ! Je dois m'asseoir. Je m'éponge le front, le cou. Les murs bougent un peu, j'entends encore le “ça suffit... je suis fatiguée” de ma mère, amplifié par le bourdonnement de mes tempes. Elle ne me répondra pas[33]. »

Un moment délicat du processus de résilience, en particulier chez les ex-enfants maltraités, se présente précisément à la mort des parents. Certains le vivent dans l'indifférence, mais c'est plutôt rare. Pour d'autres, il s'agit d'une délivrance longtemps attendue, pour d'autres encore, une réelle tristesse car une relation nouvelle d'affection s'était créée au fil des ans, malgré le passé. Mais il semble que pour la plupart, c'est le regret de ne pas avoir pu nouer des liens et de ne pas avoir entendu une parole de regret qui prédomine. Et quand vient l'heure de la mort du parent qui n'a jamais reconnu la moindre parcelle de torts, tout espoir disparaît. Le parent décédé continue alors à vivre encore des années dans la tête de l'individu. La mort met fin à la vie, mais pas nécessairement à la dépendance. L'ex-enfant maltraité va devoir vivre avec ce goût amer qui lui reste. Certains l'assument bien, d'autres non, considérant parfois que l'absence de cette parole de regret continue à peser plus douloureusement dans leur vie que la maltraitance elle-même.

La chanteuse Barbara a connu une enfance éprouvante, marquée par la guerre, la grande pauvreté, l'absence totale de tendresse maternelle et la violence et l'inceste par le père. Malgré cela, lorsqu'elle apprend la mort de ce dernier, elle s'en veut d'être arrivée trop tard. « J'oublie tout le mal qu'il m'a fait, et mon plus grand désespoir sera de ne pas avoir pu dire à ce père que j'ai tant détesté : “Je te pardonne, tu peux dormir tranquille. Je m'en suis sortie, puisque je chante.”[34] »

Être reconnu victime par la justice

L'EFFET (PARFOIS) BÉNÉFIQUE DE LA JUSTICE...

Le deuxième cercle de reconnaissance du statut de victime est celui de la société, par le biais de la justice. En effet, pour de nombreuses personnes, la reconnaissance par une personne significative n'est pas suffisante, leur reconstruction passe avant tout par la reconnaissance judiciaire.

Très significative à cet égard est l'histoire de Thérèse Janvier[35]. Sa mère ne l'a jamais aimée, elle a grandi sans père et son beau-père l'a violée de l'âge de 10 ans à 18 ans et demi, avec la complicité de sa mère. Après de longues années de souffrance, elle leur en parle et ils reconnaissent les faits. Mais cela ne lui suffit pas, elle a besoin que la justice la reconnaisse comme victime et elle décide donc de porter plainte contre eux. Or ce n'est plus possible car elle a révélé ces abus bien après le délai de prescription, fixé à l'âge de 28 ans de la victime. Elle est bouleversée d'apprendre cela, elle qui avait tant espéré que la justice lui donne raison. « Oui ! le bonheur d'entendre mon verdict et d'être reconnue victime. Un droit légitime pour recouvrer ma santé psychique et physique, pour tourner la page et faire le deuil de mes traumatismes accumulés. Il me fallait à tout prix poursuivre mes agresseurs, les confronter à la justice, les savoir jugés et condamnés pour vivre en paix avec moi-même. Sans jugement, sans verdict rendu, il me serait impossible de vivre sereinement. [...] J'eus envie de hurler : pour ma souffrance, il n'y a pas de prescription ! Je ne me plaignais pas. Je n'étais ni une pleurarde ni une pleure-misère, je voulais seulement : être entendue et reconnue victime pour me sentir exister. »

De nombreuses personnes lui conseillent d'abandonner : son médecin généraliste, sa psychiatre, sa cousine, un sénateur. « Il faut, je crois, ne pas l'avoir vécu pour oser formuler de telles stupidités, de telles inepties impossibles à digérer par la victime que j'étais. [...] Ces propos entendus [...] m'irritaient et me révoltaient.

Tant que je ne serais pas entendue et reconnue victime par la justice, ma vie ne serait qu'un enfer. »

De plus, elle constate qu'aux yeux de la plupart des membres de sa famille, le plus grave n'était pas ce qu'elle avait subi, mais qu'elle ait osé le dire ! Certains lui lancent : « Mais quelle idée as-tu eue de le révéler maintenant, alors que tu avais bien vécu jusqu'ici sans en parler à personne ? » Mais décidée à se battre, Thérèse remue ciel et terre.

Finalement, au bout de longues années, la CIVI (Commission d'indemnisation des victimes et infractions) la reconnaît officiellement victime. Elle se sent enfin libérée de l'énorme poids qui pesait sur elle depuis fort longtemps. Elle pose elle-même la question qui peut venir à l'esprit de nombre d'entre nous : « Pourquoi cet acharnement à vouloir être reconnue victime coûte que coûte ? » : « Pour sortir de l'enfer et entrer au paradis ! Pour sortir de ma prison semblable à celle des détenus, pour ne pas être suppliciée jusqu'à ma mort. Mort que j'aurais avancée, programmée, puisque je n'étais pas la coupable. Jusqu'à ce jour, je m'étais sentie mise à l'écart, rejetée de la société et de la famille, forcément ! Privée de ma liberté comme le sont les détenus innocents ou non. [...] Ma non-reconnaissance de victime depuis 1990 m'a plongée dans la dépression profonde, l'automutilation et l'autodestruction, m'a fait me mettre en danger comme si j'étais dans le monde carcéral. [...] La reconnaissance de victime me permet de voir, à ma façon, mes bourreaux derrière les barreaux, ainsi je me sens ex-victime et je peux tourner la page, vivre avec... »

La fonction de la justice est de dire la loi, de préciser qui est coupable et qui est victime, et de sanctionner le premier. Sa finalité n'est donc pas thérapeutique. Mais le tribunal peut néanmoins avoir des effets positifs en étant un lieu majeur où la victime peut exprimer sa souffrance et être entendue d'autrui. Dans l'univers de la protection de l'enfance, nombreux sont donc ceux qui pensent que la justice est une condition nécessaire pour la guérison des victimes. Autrement dit, le procès « rend justice » à la personne de son drame.

Éva Thomas, victime d'inceste, a particulièrement insisté sur cette fonction potentiellement réparatrice de la justice : « La première mesure thérapeutique est d'avoir recours au cadre judiciaire. […] Une thérapie n'apportera jamais cette sacralité du rituel, tellement indispensable[36]. »

Par ailleurs, la scène judiciaire présente une autre facette susceptible de faciliter la résilience : en s'efforçant de percer les mobiles qui ont conduit le coupable à commettre l'acte, elle peut aider la victime à répondre à la question « pourquoi ? », si importante pour la personne blessée.

La justice a également pour fonction de prohiber la vengeance aveugle. Comme le souligne à nouveau Éva Thomas : « Seul le cadre de la loi peut être un contenant efficace au désir de vengeance[37]. » Et le criminologue Robert Cario écrit, comme en écho : « La victime veut tout d'abord être reconnue comme une personne humaine et être, ensuite, entendue dans sa prétention à être réparée. […] Si l'on peut mettre en place un bon dispositif de prise en charge, immédiatement après les faits, les victimes ne sont plus du tout en recherche de vengeance. Elles souhaitent certes la condamnation de l'auteur des faits, mais laissent la justice suivre son cours, sans faire de surenchère. Le procès devient le moment où la société reconnaît solennellement qu'elles ont subi une atteinte absolument injustifiée[38]. »

Tout ceci constitue la situation idéale. Mais les choses ne se passent pas toujours ainsi. Et il arrive que la justice ne joue pas ce rôle bienfaiteur dans la vie de l'enfant traumatisé.

… ET NÉGATIF D'AUTRES FOIS

Car il n'est pas rare que la procédure judiciaire fasse plus de mal que de bien. Il est faux d'affirmer, comme certains le font, que le passage par la justice est en soi bénéfique. Il ne l'est que dans certaines conditions.

Avant le procès

Le parcours judiciaire est éprouvant, parfois plus douloureux encore que les actes subis. Jean-Luc Viaux, professeur de psychologie et spécialiste de la parole de l'enfant en justice, fait remarquer que « les enfants victimes sont aussi maltraités par le système judiciaire, quand aucun programme de formation spécifique sur l'audition d'enfants victimes n'est imposé aux acteurs du judiciaire[39] », ce qui le conduit à plaider en faveur de la nécessité du « respect sur la scène judiciaire de l'intime psychique[40] ». Cet auteur a montré qu'il était possible de mettre au point une méthodologie permettant de s'approcher de la vérité des faits. Ses propos équilibrés sont particulièrement bienvenus dans un univers où il n'est pas rare d'entendre et de lire des affirmations extrêmes (« les enfants disent toujours la vérité »/« les enfants affabulent fréquemment »)[41].

Les souffrances éprouvées pendant l'audition des jeunes victimes d'abus sont bien mises en évidence par le vécu de Nathalie Schweighoffer, après qu'elle eut révélé l'inceste dont elle avait été victime durant de longues années. Voici comment elle décrit ses rencontres successives[42] :

— Avec l'avocate chargée du divorce de ses parents, qui prend acte du fait nouveau que constitue la révélation de l'inceste : « Tout un galimatias de langage juridique devant nous, en larmes. Ça ne l'affectait pas outre mesure, cette bonne femme. Elle considérait la chose comme un problème juridique. J'étais devenue un problème juridique. »

— Avec l'éducateur : « Maintenant je suis assise devant l'éducateur. Il n'en a rien à foutre de ce que je lui raconte. Il dessine des trucs bizarres sur son papier et, de temps en temps, il me pose des questions de détails. Des indiscrétions. Je lui raconte ma vie pendant deux heures. Je sors de là et j'ai quoi ? Rien. »

— Une commissaire de police : « Surprise, c'est une femme flic. Une Josiane Balasko tout craché. Une sympa. Un être humain enfin dans ce dédale d'imbéciles. Elle m'offre une cigarette, me sourit, me met à l'aise, et me prévient : ce sera long. Elle ouvre une bouteille de soda. Maman s'en va. À moi de faire. Quatre heures. J'en peux plus. Je suis tellement bloquée que c'est elle qui avance des affirmations, et je hoche la tête quand c'est oui. Elle mène l'enquête à fond, alors je comprends que quelque chose a changé : il faut absolument tout lui dire. C'est elle qui va m'aider. La seule qui fasse son boulot correctement. Une femme flic formidable ! [...] Elle a pris tout son temps pour déverrouiller mon silence. Elle a compris pourquoi je n'avais pas parlé avant. Elle en avait vu d'autres. »

Un gynécologue : « Me voilà dans le cabinet d'un gynécologue : après les médecins de la tête, je dois encore accepter de me faire tripoter par un gynéco. Un gynéco, pour moi, c'est l'épouvante. Me déshabiller, me mettre nue, me laisser voir de l'intérieur. [...] Il déclare que les rapports sont anciens. Tous les rapports. Ça vous rend pas plus propre de se l'entendre certifier. On se rhabille et on s'en va, humiliée. Et la déprime recommence. »

Par ailleurs, il n'est pas rare que l'instruction aboutisse à un non-lieu, soit par manque de preuves suffisantes, soit parce que les faits sont prescrits. Effondrement de l'enfant abusé : « Mais comment c'est possible, mais ils ne me croient pas ! » Et l'éducateur de l'enfant doit alors déployer des trésors de délicatesse et de diplomatie pour tenter d'expliquer que non-lieu ne signifie pas nécessairement absence de culpabilité, mais insuffisance de preuves[43]. Mais pour l'enfant victime, cette nécessaire distinction est souvent mal comprise.

Au cours du procès

L'enfant abusé par ses parents a souvent une attitude ambivalente envers eux, composée d'amour et de haine. Leur condamnation peut entraîner un soulagement pour certains enfants, mais pas pour tous. David Bisson, « l'enfant du placard », affirme que le procès de sa mère a probablement été le plus mauvais moment de sa vie. « Je suis rentré, écrit-il, dans la salle d'audience avec le sentiment que je venais de faire une grosse bêtise, que c'était moi le coupable[44]. »

À ce propos, ceux qui pensent que le procès est en soi réparateur font une confusion fondamentale, en se trompant de niveau de reconnaissance. Car au tribunal se jouent parallèlement deux modes très différents de reconnaissance du statut de victime : une reconnaissance par la société, une reconnaissance par l'auteur des faits.

Or, ce qu'attendent beaucoup de victimes du procès, c'est plus le regret de l'abuseur que la sanction, même si celle-ci peut être importante à leurs yeux. Nous avons noté plus haut que cette reconnaissance par le coupable est un élément majeur de reconstruction pour de nombreuses victimes. Par contre, si ce dernier s'enferme dans sa suffisance et son mépris, le procès entraîne parfois plus de souffrances que de bienfaits. Pensons par exemple à certaines affaires de viol collectif où les coupables affirment que la jeune fille était parfaitement consentante. L'effet peut être dramatique.

Éva Thomas, l'une des personnes qui, comme nous l'avons constaté, affirme le plus fortement la fonction thérapeutique de la justice, reconnaît elle-même cette distinction. Elle note l'impact particulièrement négatif lorsque le père nie les actes qui lui sont reprochés et poursuit : « Que se passe-t-il quand le père avoue, quand son avocat plaide coupable et tente d'expliquer l'inexplicable faute de son client ? Quand toute la procédure fonctionne dans la vérité des faits, alors on peut voir l'extraordinaire efficacité symbolique de la justice opérer son rôle de réhabilitation et de réparation sur la victime. [...] Dans un procès où le père violeur avoue son crime, la procédure judiciaire fonctionne comme rituel de passage et de guérison, si la parole dit la vérité des faits, si la parole ne porte pas le mensonge. [...] Pour le coupable, c'est aussi reprendre une place de sujet. En endossant la responsabilité pénale de ses actes, il fait ce qu'il peut faire de plus réparateur pour sa fille. Accepter d'endosser la responsabilité de la transgression libère sa fille de toute culpabilité[45]. »

D'autres personnes que le coupable sont d'ailleurs susceptibles de provoquer de grandes souffrances chez la victime au cours du procès, par exemple :

— la mère et les proches d'une victime d'inceste, s'ils se retournent contre la jeune fille et la calomnient d'avoir révélé la situation, puisque cela a conduit la famille à l'opprobre public, à la pauvreté, parfois à l'éclatement. Elle passe alors du statut de victime à celui de coupable ;

— l'avocat de la défense dans une affaire de viol, qui déclare qu'on ne se promène pas dans la rue en jupe à 21 heures, et qu'au fond, elle l'a un peu cherché. À nouveau, la victime est déclarée coupable ;

— l'avocat de l'accusation (donc chargé de défendre l'enfant), qui, pour charger le père coupable, utilise des arguments destinés à impressionner les jurés, mais sûrement pas à faciliter la reconstruction psychologique de l'enfant : « Monsieur, rendez-vous compte de ce que vous avez fait, vous avez détruit la vie de cet enfant ! », ou encore : « Avec ce qu'elle a subi, cette jeune fille ne pourra jamais avoir une vie sexuelle normale[46] ! »

Pour éviter cependant de noircir le tableau du risque d'impact négatif d'un procès, j'aimerais apporter une nuance en citant l'expérience vécue par de jeunes hommes qui avaient été abusés par un pédophile. Ils ont certes souffert de ce que celui-ci ait nié les faits, malgré l'évidence, mais ont néanmoins trouvé un réconfort dans la décision de justice.

Cette affaire s'est déroulée dans une ville moyenne de province dans l'est de la France. Elle m'a été contée par Jean-Christophe Caner, un éducateur qui a accompagné ces personnes dans leur parcours et qui a représenté en cour d'assises le groupe qui s'était constitué partie civile. Le responsable local du mouvement de jeunes, en place depuis plus de dix ans, était un notable connu et respecté : marié et père de deux enfants, agent immobilier, membre du Rotary Club et du conseil économique du diocèse. Personnage exemplaire en public… et pédophile en privé. Le rappel des faits a été particulièrement pénible pour les victimes, âgés de 18 à 20 ans, qui avaient été contraintes, par la terreur, d'avoir des relations sexuelles avec l'accusé, mais aussi entre eux et devant lui pendant près de huit ans. Ils ont été particulièrement choqués de ce que l'accusé n'ait exprimé aucun remords ou regret, et encore moins demande de pardon. Lui qui avait martyrisé ces jeunes garçons en les terrorisant semblait totalement hermétique à leur douleur et à celle des parents dont il avait été très proche. Il a été finalement condamné à dix-huit ans de prison ferme.

Or, ces jeunes hommes sont cependant parvenus à surmonter cette nouvelle épreuve, essentiellement grâce à deux éléments : le témoignage de deux experts psychiatres qui ont démonté le mécanisme de la perversion, et la lourdeur de la peine. Dans ce cas donc, le fait que la justice les ait reconnus victimes, a pu compenser partiellement le fait que l'abuseur ne l'ait pas fait.

À la fin du procès

Même dans les cas où la sentence tombe sur le coupable, certains aspects de celle-ci peuvent être mal ressentis par la victime. Ainsi, l'indemnisation financière imposée au père incestueux (souvent payée en fait par la Commission d'indemnisation des victimes) donne souvent lieu à une réaction ambivalente chez la jeune fille. Elle apprécie généralement cette expression concrète d'une volonté de réparation manifestée par la justice, même si chacun est bien conscient de l'écart important entre la gravité du préjudice infligé et l'indemnisation financière accordée. Mais pour certaines victimes, c'est de l'« argent sale », le prix à payer par le coupable pour avoir pu profiter du corps de l'enfant, ce qui fait penser à l'argent versé à une prostituée. Dans de tels cas, l'argent est parfois refusé ou rapidement dilapidé avec des amies afin qu'il disparaisse aussi vite qu'il est apparu.

On peut résumer la distinction que j'ai faite entre les deux niveaux de reconnaissance qui se jouent au tribunal en disant qu'exprimer sa plainte et porter plainte ne relèvent pas du tout de la même logique. Certes, les deux vont souvent de pair, mais pas toujours. Ceci pose la question du caractère systématique du signalement chez les victimes mineures.

Pour le signalement systématique ?

À deux reprises, des « psys » m'ont raconté une situation où ils ont choisi, après mûre réflexion, de ne pas faire de signalement, préférant l'accompagnement à la procédure légale. Précisons qu'à chaque fois, la personne qui venait consulter n'était plus en situation de danger au moment où elle révélait les faits.

Lara, une adolescente, habite avec ses parents et son frère. Dès le premier entretien avec la psychologue, elle annonce qu'elle a subi, à l'âge de 9 ans, des attouchements de la part de son frère alors adolescent. Cette jeune fille n'est visiblement pas prête à faire une démarche de signalement, encore moins à supporter les conséquences d'une démarche faite par une tierce personne. La principale raison de cette révélation semble être le besoin de recevoir une confirmation de son ressenti selon lequel cet événement est anormal, ce dont elle a pris conscience, il y a environ deux ans. « Dans cette situation, m'explique la psychologue, j'avais pris le parti de travailler avec la jeune fille, puis avec elle et ses parents. Me protéger, en effectuant un signalement, ne me paraissait pas être la démarche à adopter puisque l'adolescente ne le souhaitait pas et qu'elle n'était plus en danger. Je lui ai alors expliqué que je pensais qu'il était important de se laisser du temps, mais que ma réflexion pouvait évoluer en fonction du contenu des entretiens ultérieurs. Lara a manifesté son accord avec cette position. Mon idée était alors d'aider Lara à en parler à ses parents. »

Mais en raison d'une absence scolaire, l'assistante sociale du collège demande à voir Lara. Celle-ci lui révèle alors les faits, en précisant qu'ils ont été répétés durant deux ans. L'assistante sociale lui annonce qu'elle va opérer un signalement. Lara contacte alors la psychologue, car elle se sent très mal à l'aise avec ce secret qu'elle souhaitait garder. Elle ne pensait pas que l'assistante sociale ferait un signalement et se pose de nombreuses questions sur ce qui va se passer et se culpabilise. Lara explique qu'elle aurait souhaité prendre du temps avec la psychologue, mais que ce rendez-vous avec l'assistante sociale a tout précipité, ce qu'elle ne voulait pas, car ses parents vont être au courant plus vite qu'elle ne le souhaitait. Elle exprime son ambivalence à cet égard : « Dans un sens je trouve bien que mes parents soient au courant et qu'il y ait une procédure car mon frère a quand même violé mon intimité. Mais dans un autre sens, la procédure n'effacera rien du tout et j'aurai toujours de mauvais souvenirs dans ma tête. » Par la suite, le frère a reconnu les faits, disant même qu'il n'y avait pas d'excuse à son comportement. Lara a continué à voir la psychologue, estimant avoir compris quelque chose d'essentiel pour elle : « La parole sert à trouver l'issue. »

La précipitation de l'assistante sociale n'a donc aucunement facilité les choses. La démarche de cette adolescente ne visait pas, dans un premier temps, le signalement, mais exprimait simplement le besoin d'une écoute, d'une reconnaissance de sa souffrance et de l'anormalité du comportement de son frère. Peut-être aurait-elle opté par la suite pour un signalement, mais c'est alors bien elle qui l'aurait décidé, il ne lui aurait pas été imposé sans son accord. Il est facile d'imaginer qu'elle n'aurait pas éprouvé le même sentiment de culpabilité si elle avait entamé une procédure après mûre réflexion, dans des conditions qui auraient été respectueuses du rythme qu'elle souhaitait donner à sa propre évolution personnelle. Il est également possible qu'après en avoir parlé en famille, et avoir entendu son frère reconnaître les faits sans les excuser, elle n'aurait finalement pas opté pour le signalement. Mais puisqu'elle n'était plus en danger, celui-ci était-il alors vraiment nécessaire ?

La deuxième histoire est celle de Christelle, une jeune fille abusée par son beau-père. Cela fait un certain temps qu'elle consulte auprès d'un psychiatre, et, mise en confiance par la relation qui s'est établie entre eux, finit par lui révéler que cet homme a abusé d'elle une fois il y à un an environ. Le psychiatre lui annonce que dans ce genre de situations, il doit faire un signalement. La jeune fille réagit immédiatement : « Non, attendez, attendez, ce n'est pas pour ça que je vous en parle ! J'avais juste besoin de me confier. » Le psychiatre accepte de ne pas faire de signalement pour cette fois, mais y fait allusion à chaque consultation ultérieure. Jusqu'au jour où l'adolescente décide de lui expliquer les faits : « Ma mère ne m'a jamais aimée. Jean-Paul, lui, m'a vraiment manifesté de l'affection. C'est le seul adulte qui ait vraiment cherché à me comprendre et j'ai beaucoup d'estime pour lui, malgré ce qu'il m'a fait. Un jour, il a dérapé et m'a abusée. Mais très vite, il a regretté ce qu'il a fait et m'a demandé pardon. Il est vraiment malheureux de cela. Cela fait maintenant un an que cela s'est produit, et il n'a plus recommencé et n'a pas eu de geste déplacé à mon égard depuis. Si vous en parlez à la police et qu'il se retrouve en prison, je m'en voudrai énormément de vous en avoir parlé, et en plus je me retrouverai seule avec ma mère qui est vraiment méchante avec moi. » Le psychiatre n'a plus reparlé de signalement et estime avoir la conscience tranquille dans cette affaire.

Je connais deux situations presque identiques qui me semblent confirmer *a contrario* la pertinence de la décision prise par ces deux « psys » : après bien des hésitations, ces jeunes victimes se sont confiées à un(e) professionnel(le) de l'aide à l'enfance, en demandant que cela ne soit pas rapporté à la police. Ayant ensuite constaté que leur confiance avait été trahie, elles ont décidé qu'elles ne feraient désormais plus jamais confiance à un adulte.

LE PROBLÈME DE LA PRESCRIPTION

Un autre problème se pose autour du lien maltraitance-justice, celui de la prescription, que nous avons déjà abordé avec l'histoire de Thérèse Janvier. La question est particulièrement critique à propos des abus sexuels (inceste et viol). Ce type de trauma, particulièrement grave, est souvent suivi d'un long silence dû, soit à la difficulté à révéler, soit à l'oubli consécutif au déni et à la dissociation. Or, la loi n'autorise à poursuivre pénalement l'auteur d'un acte criminel que dans un délai de dix ans après la majorité de la victime, c'est-à-dire jusqu'au jour de ses 28 ans. Si une victime décide de le faire plus tard, sa plainte n'aboutira pas, mais elle-même risque en revanche d'être accusée pour dénonciation calomnieuse puisqu'il est interdit de dénoncer un acte prescrit. Terrible retour de bâton.

Éva Thomas cite le président du tribunal qui, au cours d'un tel procès, rappelait chaque fois aux témoins : « Vous chercherez autant que faire se peut, dans votre déposition, à ne pas témoigner sur la vérité des faits diffamatoires, puisque la preuve en est interdite[47]. »

Une femme avait parlé à la télévision de viols incestueux subis dans l'enfance. Son père a porté plainte en diffamation ; il a eu le droit de l'attaquer et de demander des dommages et intérêts, mais elle n'a pas eu le droit de faire état au cours du procès de l'inceste qu'elle avait subi. Elle s'est alors trouvée dans une situation éminemment paradoxale, dans ce que les psychologues appellent un double lien. La justice lui demande de se défendre en disant toute la vérité, tout en lui interdisant de parler des éléments de vérité qui lui permettraient précisément de se défendre. Éva Thomas souligne : « La loi qui devrait les protéger s'est retournée contre elles. La loi va les détruire, les rendre folles. La victime devenue accusée n'a pas le droit de se défendre en parlant sa vérité. Il est interdit de parler des faits prescrits. Mais c'est une question de vie ou de mort pour les victimes ! [...] J'ai été témoin d'un deuxième assassinat psychique d'une victime d'inceste. Le premier était perpétré contre la loi, le second s'est passé dans un tribunal au nom de la loi[48]. »

Il reste cependant la solution de la voie civile. Comme le souligne Gilles Antonowicz, avocat au barreau de Grenoble, « les délais de prescription sont plus longs (vingt ans) et les risques encourus moins élevés. Il s'agit alors d'engager une action en réparation de type "classique" devant le tribunal d'instance ou le tribunal de grande instance. Certes, l'agresseur, si sa responsabilité est retenue, ne pourra pas encourir une sanction pénale. Mais, pour la victime, quinze ans, vingt ans après, l'important n'est-il pas d'obtenir la reconnaissance des faits qu'elle dénonce ? Une condamnation, ne fût-ce qu'à un euro symbolique, sera déjà fortement réparatrice[49] ».

Plusieurs affaires françaises médiatisées ont mis en évidence ce problème de la prescription. Les deux plus connues sont celles des disparues de l'Yonne et de Jean-Marie Di Falco. Cette dernière, concernant un évêque catholique très connu, a été classée sans suite pour cause de prescription. Il était reproché à cet ecclésiastique des agressions sexuelles sur mineur à l'époque où il enseignait dans une institution religieuse parisienne. L'argumentation de l'avocat du plaignant, maître Jean-Baptiste Moquet, s'appuyait sur une jurisprudence invoquée dans des affaires d'abus de biens sociaux, selon laquelle le délai de prescription ne commence à courir qu'à partir du moment où l'action publique peut être exercée par la révélation des faits. Mais elle n'a pas été retenue, ce qui était prévisible. J.-M. Di Falco a pour sa part maintenu sa plainte pour dénonciation calomnieuse à l'encontre du plaignant, et déclaré que cette affaire avait été montée de toutes pièces dans le but de lui nuire.

Aujourd'hui, des voix s'élèvent pour critiquer cette situation. L'éventail des positions est très large, comme l'ont montré une série d'interviews réalisées précisément à propos de l'affaire Di Falco[50] :

Pour le maintien de la situation actuelle

Clément Schouler, membre du bureau du Syndicat de la magistrature, considère que l'arsenal législatif actuel est largement suffisant pour réprimer les infractions sexuelles commises sur les mineurs, puisque l'allongement qui a été fait de la prescription tient compte de la faiblesse dans laquelle était cette victime au moment des faits.

Pour le démarrage de la prescription à la révélation des faits

D'autres experts proposent de faire démarrer les dix ans de délai de prescription, non pas de la majorité de la victime, mais de l'âge où les faits :

— soit sont révélés à la personne elle-même (en cas d'oubli) (Jean-Claude Bossard, pédopsychiatre, expert près la cour d'appel de Paris) ;

— soit sont révélés à autrui (Pascal Vivet, éducateur spécialisé, assesseur au tribunal de Melun).

Jean-Baptiste Moquet, l'avocat du plaignant dans l'affaire Di Falco, adopte également cette position. Selon lui, « dix ans après la majorité, ça ne suffit souvent pas pour oser dénoncer un viol subi lorsqu'on était enfant. Selon tous les experts, les victimes culpabilisent. Elles doivent faire un travail psychologique avant de parvenir à dénoncer leurs agresseurs[51] ».

Pour l'imprescriptibilité

D'autres encore plaident pour l'imprescriptibilité des meurtres et viols. Un député, Léonce Deprez, a déposé le 7 novembre 2002 une proposition de loi[52]. Ce parlementaire constate « les limites de notre arsenal législatif lorsque l'on découvre les crimes commis par de dangereux pervers à l'égard de personnes handicapées mentales placées en établissement dont personne n'a signalé la disparition (affaire Émile Louis). C'est la raison pour laquelle je vous propose de rendre imprescriptibles les crimes commis sur des personnes vulnérables ».

De même, Pierre Lellouche, député de Paris, a déposé une proposition de loi sur l'imprescriptibilité des abus sexuels sur mineurs, arguant du fait que « le processus de maturation psychologique peut prendre toute une vie » et « qu'il y a des gens qui vont sortir de leur silence à l'âge de 50 ans, trente ou quarante ans après les faits[53] ».

Claude Aiguesvives, pédopsychiatre, expert près la cour d'appel de Montpellier, résume bien pour sa part la tendance générale des psychologues sur le sujet lorsqu'il affirme que « le temps psychologique permettant de révéler une infraction à caractère sexuel vécue durant son enfance ne correspond pas au temps chronologique. Ce temps psychologique est variable d'une personne à l'autre ».

On peut donc être très surpris de la position de Michel Dreyfus-Schmidt, sénateur PS du Territoire-de-Belfort, avocat pénaliste, qui dénote une totale incompréhension du processus psychique consécutif à un trauma : « Comment expliquent-elles – les victimes – qu'elles aient attendu d'avoir 40 ans avant de porter plainte ? Il y a des gens qui ont l'esprit lent, mais à ce point... »

Au moment de mettre cet ouvrage sous presse, j'apprends l'existence de la loi n° 2004-204 (9 mars 2004) qui étend le délai de prescription jusqu'à 38 ans.

Être reconnu victime par la société, par le biais des médias

Le troisième cercle concentrique concerne la reconnaissance du statut de victime par le biais des médias. Il y a quelques années, j'étais très critique à l'égard d'émissions télévisées telles que « Ça se discute » présentée par Jean-Luc Delarue, et « Vie privée, vie publique », présentée par Mireille Dumas. Cette exposition du malheur intime me semblait plutôt malsaine, permettant la rencontre peu recommandable de l'exhibitionnisme émotionnel des uns et du voyeurisme des autres.

Or, ma position est bien plus nuancée aujourd'hui. Nous avons vu, au chapitre III, à quel point le désir de témoigner est fort chez de nombreuses victimes. Témoigner de leur résilience certes, mais aussi de leur souffrance. Ce qui peut avoir un effet réparateur essentiel pour certains. Comme l'explique Éva Thomas, victime d'inceste : « J'ai parlé à visage découvert à la télévision pour pulvériser la honte[54]. »

J'ai été impressionné par les propos de certaines personnes qui, sachant que j'allais écrire un livre contenant leur témoignage, m'ont dit : « Vous allez être notre porte-parole », ou : « Vous êtes notre ambassadeur. » Les personnes qui ont subi un grand drame dans l'existence se sentent parfois si différentes des autres qu'elles souffrent de cette distance. Elles ont besoin qu'ils comprennent, ou du moins s'efforcent de comprendre les difficultés, les peines, mais aussi les joies qu'elles ont connues. Nul n'est choqué de lire l'autobiographie d'une personne résiliente. Pourquoi finalement le serait-on plus d'un témoignage diffusé à la télévision ? En raison de son caractère immédiat, qui limite la capacité de prise de recul ? Peut-être, mais alors l'effort à faire ne doit-il pas venir plutôt du téléspectateur mal à l'aise que de la victime ?

D'ailleurs il me semble que pour se faire une juste opinion sur la valeur ou non de ces émissions, il faudrait savoir ce que sont devenus ces témoins quelques années plus tard. Si cela leur a fait du bien, alors je serai pour ces émissions, si cela leur a fait du mal, alors je serai contre. Mais il est fort probable que la situation ne se présentera pas sous cette forme binaire abrupte. Il est fort possible que cela fait du bien pour certains et du mal pour d'autres ; ceux sur qui cela n'a pas d'effet sont probablement rares. Quoi qu'il en soit, aucune recherche de ce genre n'a encore été entreprise, à ma connaissance. Du pain sur la planche pour les spécialistes de la résilience !

Le temps de la plainte, caractérisé par le besoin d'être reconnu comme victime, n'est qu'une étape sur le chemin de la résilience. Vient un temps où la personne ressent le besoin d'élargir sa perspective. Ce que j'appelle la sortie de la plainte.

CHAPITRE V

La sortie de la plainte

« J'ai réussi à ne voir en mon enfance qu'une parcelle de mon existence. »

La vie n'est pas ce que l'on a vécu, mais ce dont on se souvient et comment on s'en souvient[1].

Gabriel GARCÍA MÁRQUEZ

Une conception élargie de soi

NE PAS SE RÉDUIRE AU STATUT DE VICTIME

Nous avons examiné les diverses manifestations possibles du temps de la plainte, étape nécessaire pour la plupart des victimes. Il faut souligner à ce propos le rôle essentiel joué par les associations d'aide aux victimes. Il y a une vingtaine d'années, les victimes n'avaient quasiment pas droit à la parole. L'action tenace et efficace de ces associations a libéré cette parole, a permis qu'elle s'exprime avec force dans les médias et les prétoires, en lui donnant dignité et légitimité. On ne peut que louer ces initiatives et se féliciter du succès obtenu au fil des ans.

Mais cela ne doit pas pour autant occulter une face plus sombre de la médaille. Le risque existe, au sein de ces associations, de maintenir, avec plus ou moins de subtilité, la personne dans son statut de victime : à l'extrême, son identité consiste à être une victime. Boris Cyrulnik dénonce avec juste raison cette situation qu'il a maintes fois constatée : « J'ai souvent vu des enfants blessés, victimes une seconde fois de ceux qui les contraignaient à faire une carrière de victime[2]. »

Car la reconnaissance du statut de victime ne signe pas encore la résilience, elle n'en est qu'un préliminaire. J'appelle cette première étape le « passage par la case victime ». Dans cette étape, la personne se perçoit avant tout comme victime et désire être reconnue comme telle. Mais il ne s'agit que d'un passage ; se maintenir sur le long terme dans cette case victime n'est aucunement reconstructeur.

La plupart du temps s'installe progressivement le temps de sortie de la plainte et de l'accès à la résilience, qui se fait jour lorsque la personne considère qu'une partie de son être est victime, mais qu'elle n'est pas réduite à ce statut, que d'autres facettes existent également qui relèvent du bien-être personnel, du plaisir dans les relations familiales, amicales, dans le métier, etc. Sa vie a été marquée par le malheur, elle ne se résume pas au malheur. Notons que sortir de la case victime ne signifie pas pour autant éliminer de son esprit le fait que l'on soit victime, comme on le dit parfois, mais d'intégrer cette expérience de victimisation dans une conception plus large de son être.

Nombreux sont les résilients qui ont parfaitement conscience de cette distinction. C'est le cas de Dave Pelzer, une fois devenu adulte : « J'ai réussi à ne pas me laisser obséder par mon passé, à ne voir en mon enfance qu'une parcelle de mon existence[3]. » Ou encore de Serge Moati, auteur d'une enquête sur les orphelins et lui-même orphelin, qui écrit : « L'aboutissement de tout ce processus – du travail de deuil –, comparable à une lente cicatrisation, toujours imparfaite, c'est l'intégration de ce deuil dans la personnalité du survivant, c'est-à-dire de l'orphelin. Ce sera une de ses particularités, sans, bien sûr, que son identité se résume à cela. Et il lui faut parfois se défendre, même, pour que les autres – fût-ce par sympathie – ne placent pas cet élément au premier plan. Il lui faudra se protéger[4]. » Il y a en quelque sorte un « droit de l'enfant à être résilient[5] ».

Citons également le cas de Samira Bellil, victime de plusieurs viols collectifs : « Je ne me considère plus comme Sam la "racaille" ou Sam la "violée", je ne me présente plus comme telle. Ce passeport a pourtant été ma seule façon d'exister pendant des années. Je ne me définissais jamais autrement que par mon malheur. Je n'ai plus à utiliser ma carte d'identité de victime, j'existe maintenant autrement. Je suis Samira, j'ai 29 ans. Je crois en la vie et j'aspire au bonheur. J'ai fait ce que j'avais à faire pour en être capable[6]. »

Une étude réalisée auprès de femmes résilientes à la suite d'inceste a montré que, lorsqu'elles étaient enfants, il leur était difficile de faire sens de ce qui leur arrivait[7]. Mais avec le temps, elles ont pu reconnaître que ce n'était pas leur faute, qu'elles étaient des victimes et que c'était l'abuseur qui était coupable. Une femme a déclaré : « J'ai pu placer l'abus dans une perspective comme une tranche de vie. Une mauvaise tranche, vous savez, un ver dans la pomme. Mais cela ne me détruit pas complètement. » Ce qui est caractéristique chez ces femmes est leur refus de s'enfermer dans une position de victime. Elles souhaitent souvent la reconnaissance de leur douleur et la condamnation de leur abuseur, mais ne veulent pas être des victimes passives toute leur vie et luttent donc pour la maîtrise de leur existence.

Ida, également victime d'inceste, décrit ce qu'elle ressent : « Bien sûr, j'aurais préféré que ces agressions n'eussent pas eu lieu, mais comme je ne peux pas effacer le passé, autant les considérer comme une partie de moi-même, comme ma propriété, et même comme une richesse[8]. »

L'esprit de la résilience : ni stigmatisation ni pitié

Notons au passage que l'esprit de la résilience n'a rien à voir avec la pitié. Celle-ci est d'ailleurs généralement très mal ressentie par les enfants en souffrance. Ils ne supportent pas cette compassion dédaigneuse qui dépouille l'âme de sa dignité. Ghislaine raconte : « Une scène banale de la vie quotidienne pouvait se transformer tout à coup en scène de cauchemar. Par exemple, on se promenait, mon frère et moi, avec ma mère d'accueil et elle rencontrait quelqu'un dans la rue. Quelqu'un qui ne nous connaissait pas. Elle nous présentait. Elle avait toujours à cœur de bien préciser qu'on était des orphelins ! La scène était jusque-là banale, ne présentait rien de particulier. Tout à coup, ça devenait le cauchemar humiliant parce que les gens s'apitoyaient sur nous : "Oh ! les pauvres enfants, les pauvres malheureux !" Alors que, l'instant d'avant, on était quelqu'un de ni particulièrement malheureux ou heureux, tout à coup, on était transformés en victimes, et là, on se sentait "devenir" orphelin alors qu'on ne l'était pas l'instant d'avant. Vous l'aviez oublié ou presque[9]. »

Alexandre Jollien éprouve les plus grandes difficultés à coordonner ses mouvements en raison de son handicap ; il subit quotidiennement ce regard charitable et estime que « la pitié blesse plus que le mépris » et qu'« il y a des sourires qui blessent et des compliments qui tuent ». « Chaque jour, écrit-il, je rencontre ce regard condescendant qui croit me faire plaisir, peut-être sincèrement, mais qui nie ma liberté et me nie *ipso facto*. » Il se souvient de ces années où les badauds « projetaient des images négatives sur les pensionnaires du centre. Souvent, à mon passage, les gens chuchotaient entre eux, se tapaient du coude : "Pauvre garçon ! Pauvre petit !" Ils arrivaient presque à me déstabiliser, ces foudres de guerre. Néanmoins, en mon for intérieur, j'étais convaincu d'avoir beaucoup de chance : parents formidables, amis véritables, camarades de jeu plaisants... Pourtant, à force de l'entendre mise en doute, la certitude que je n'étais finalement pas plus malheureux qu'un autre risquait de s'étioler[10] ».

Être résilient consiste à reconnaître ses limites, et lorsqu'elles sont manifestes aux yeux d'autrui (handicap physique en particulier), accepter l'aide de ce dernier, mais sans que celle-ci s'apparente à de la pitié. Écoutons encore Alexandre : « La nécessité de ne pas choyer, de ne pas surprotéger l'autre mais au contraire, de l'ouvrir, de l'inviter à se dépasser joue un rôle important. N'exagérons pas toutefois ! Mon autonomie totale ne sera jamais possible. Heureusement, à l'université, j'ai trouvé des amis et des amies sincères, qui me passent leurs notes de cours avec spontanéité, sans condescendance. On travaille ensemble, on se complète et des amitiés solides se sont formées[11]. »

De même, Hirotada Ototake, né avec des moignons à l'emplacement des bras et des jambes, raconte que ses copains de classe avaient spontanément inventé ce qu'ils appelaient les « règles d'Oto » pour lui permettre de participer aux compétitions sportives. « Quand les copains inventèrent ces règles, ils ne le firent pas par pitié en pensant : "Il faut que l'on joue avec ce pauvre handicapé que voilà." Ils considéraient au contraire comme allant de soi qu'un de leurs condisciples puisse jouer avec eux et se batte contre eux. Moi aussi, je trouvais que cela allait de soi[12]. »

L'un des cas les plus émouvants de personne résiliente ayant pleinement intégré ces deux facettes (victime mais pas seulement) m'a été raconté par un éducateur. Cet homme avait été pendant plusieurs années le référent d'une jeune fille qui avait subi l'inceste, puis qui avait dénoncé son père, aujourd'hui emprisonné. Au fil du temps, elle avait acquis une grande confiance dans la parole de cet éducateur.

Elle désire devenir éducatrice et cherche à s'inscrire dans une école spécialisée. Et là, elle comprend très vite, au cours d'un entretien, que son passé familial va peser fortement sur son avenir professionnel. Car le fait d'avoir été victime d'inceste fait d'elle une très mauvaise candidate pour exercer le métier d'éducatrice. L'idéologie de la réparation est très prégnant, comme je l'ai fait remarquer dans le chapitre III. Bien que l'éducateur ne soit plus son référent, elle lui téléphone, sitôt sortie de cet entretien, et lui exprime le désir de le rencontrer. Au cours de l'échange, elle lui raconte cette première expérience, peu concluante à son goût. L'éducateur lui pose alors cette question : « Qu'est-ce que ça représente aujourd'hui pour toi, cette histoire d'inceste que tu as subie ? » Et la jeune fille de répondre immédiatement : « Eh bien, évidemment, ça fait partie de mon histoire, ça je ne peux pas le nier. Mais en même temps, plus les années passent, moins c'est important dans ma vie. Aujourd'hui, ce qui est le plus important pour moi, c'est de penser fonder un foyer et d'avoir un métier qui me plaît vraiment, d'être éducatrice. » Cet éducateur lui répond alors : « Banco ! la prochaine fois que tu vas à un entretien, il faut que tu leur parles comme ça. Vas-y ! »

Cette personne est aujourd'hui éducatrice de jeunes enfants.

Le jeune en difficulté suscite souvent deux types de réactions : la pitié et/ou la stigmatisation, ce qui est particulièrement le cas s'il grandit dans un milieu familial pathogène. S'il manifeste des comportements peu acceptables socialement, certains adultes vont le stigmatiser : « Ah, là, là, ces voyous, faut tous les enfermer. » On peut aussi choisir l'option inverse de la pitié : « Oh, le malheureux, en fait, s'il brûle des voitures, ce n'est pas vraiment de sa faute. Au fond, ce n'est pas lui qui est violent, c'est d'abord la société qui est violente à son égard. » Je caricature à peine ces réactions. On peut aussi associer les deux : ce qui se passe lorsqu'on s'émeut du sort d'un enfant maltraité tout en lui prédisant un avenir de parent bourreau.

Or, ni la stigmatisation ni la pitié ne sont facilitatrices de résilience. L'esprit de la résilience consiste à regarder avant tout les facettes de lumière de la personne, les ressources personnelles et sociales qu'elle est susceptible de mettre en œuvre pour s'en sortir. Or le regard stigmatisant ne s'arrête que sur les faces sombres et le regard de pitié ne porte que sur les limitations du sujet. Dans les deux cas, les ressources potentielles sont éliminées du regard. L'esprit de la résilience ne se situe donc pas dans un « juste » milieu entre stigmatisation et pitié, il se situe ailleurs, totalement ailleurs. L'essentiel pour le tuteur de résilience est de considérer que cet enfant ou cet adolescent a des ressources et de l'aider à les découvrir et les mobiliser pour grandir.

Une nouvelle naissance

Nombreux sont les résilients qui parlent de renaissance, de nouvelle naissance pour décrire leur expérience. Certains vont même jusqu'à changer de prénom, voire de nom. C'est particulièrement le cas des victimes d'inceste. Ainsi Éva Thomas a effectué un changement de prénom très officiellement, au tribunal, ce qui lui a procuré un immense bienfait, tant sur le plan physique que psychologique. « C'est dans une identité légale, viable et protégée que j'ai retrouvé le droit d'exister, de penser, et ma santé. [...] Parce que des juges m'ont rendu légalement le droit d'exister, en reconnaissant la vérité des faits comme racine d'une nouvelle identité, où je me sens protégée, je peux à nouveau penser devant la loi et non plus seulement souffrir pour demeurer dans la loi. [...] Le second acte de naissance est comme la naissance, impossible de revenir dans le ventre de la mère ; pour celles qui ont obtenu l'accord des juges, impossible de reprendre l'ancien prénom passé les deux semaines de délai pour faire appel. [...] Par cette opération, j'ai vécu physiquement la sensation de me redresser et d'avoir un sol sous mes pieds. [...] Éva a rendu sa dignité à Marie. [...] Marie, endormie pour cent ans, a regardé Éva naître, grandir, prendre la parole et se battre avec détermination jusqu'à reconquérir ses droits et sa dignité[13]. »

De même Pascale Solaire (anciennement Annie) a légalement changé de prénom. Elle a choisi nom et prénom en raison de leur étymologie qui exprime le passage de l'ombre à la lumière[14]. Quant à Germain Bourhis, maltraité dans son enfance, il a pris ce prénom Germain pour signer son ouvrage autobiographique, en hommage à Germaine, sa grand-mère paternelle, « seule bouée adulte à laquelle j'ai pu m'accrocher de temps à autre pour émerger de mon enfer[15] ».

Le travail de mémoire

FERMER LA PORTE DU PASSÉ, MAIS SANS LA CADENASSER

Une personne qui a subi un traumatisme ne peut plus revenir à un statut antérieur, comme si rien ne s'était produit entretemps, ce qui différencie la résilience humaine de celle des matériaux. Être résilient ne signifie pas repartir à zéro, mais plutôt apprendre de l'expérience et en tirer une leçon de vie. Cela ne consiste pas à effacer une page de son histoire, mais à la tourner. La mémoire joue un rôle important dans ce processus : une page tournée peut être relue de temps en temps, lorsque la personne sent que cela est nécessaire pour sa construction personnelle. Dit autrement, la *résilience est la capacité d'avoir accès à la mémoire de la douleur sans qu'il s'agisse d'une mémoire douloureuse.* En effet, pendant un certain temps, ces deux mémoires se superposent : lorsque la personne repense aux moments de souffrance qu'elle a vécus, ce souvenir est chargé d'émotions douloureuses. Puis le temps qui passe, les expériences positives de l'existence apaisent la souffrance. Petit à petit, il y a disjonction de la mémoire et de la douleur : les souvenirs sont toujours disponibles, mais ils sont accompagnés d'une moindre souffrance. Une personne a accompli un parcours important sur le chemin de la résilience lorsque sa mémoire de la douleur n'est (presque) plus une mémoire douloureuse.

Pour illustrer cela, j'aimerais utiliser une métaphore. Imaginons que notre personnalité soit une maison ou un appartement. Les pièces sont agréables, lumineuses, décorées. Mais il existe aussi une pièce sombre, qui recèle l'histoire douloureuse de la personne. *Grosso modo*, trois situations peuvent alors se présenter (bien entendu, il existe aussi des catégories intermédiaires).

Soit la porte est ouverte en permanence. Les courants d'air néfastes circulent dans le logement sans que le sujet ne parvienne à exercer un véritable contrôle. Les souvenirs douloureux sont alors susceptibles d'envahir les pensées et les émotions de l'individu, ce qui l'empêche de mener une existence paisible. Cette situation correspond à ce que les spécialistes appellent le syndrome de stress posttraumatique, caractérisé notamment par des réminiscences spontanées et douloureuses de l'événement traumatique (cauchemar replongeant la personne dans son passé de souffrance, bruit qui fait soudainement sursauter car il rappelle le choc de l'accident, etc.).

Soit, inversement, la porte est lourdement blindée, avec de multiples serrures fermées à double tour. La personne ne subit pas l'envahissement émotionnel de son passé, en faisant comme si celui-ci n'avait pas existé. Qu'il s'agisse d'un mécanisme inconscient (le déni) ou de stratégies plus conscientes, on ne peut alors parler de véritable résilience. En effet, cette attitude présente certains avantages, mais aussi des risques importants car il se passe beaucoup de choses derrière cette porte : ça remue, ça secoue, et il n'est pas rare que des années, voire des dizaines d'années après le trauma, la porte explose sous l'effet de la pression des souvenirs douloureux longtemps refoulés. La prise de conscience peut alors s'avérer d'une grande violence, à la mesure de l'épaisseur du blindage utilisé. Comme le fait remarquer Georges Bernanos : « Ne pas revenir sur le passé, c'est la meilleure façon que le passé revienne sur vous[16]. »

La troisième attitude évite les risques des deux premières. La pièce renfermant la mémoire du trauma est fermée, mais sans être blindée. Elle ne répand donc pas ses effluves pestilentiels dans la vie quotidienne de la personne, qui peut circuler dans les diverses pièces lumineuses de la maison où il fait bon vivre. Les psychanalystes qualifient de répression cette mise à l'écart des pensées relatives à des souvenirs douloureux. Mais il arrive que cette personne ressente le besoin d'examiner ce qui se trouve dans la pièce sombre et d'y faire un peu de ménage. Il ne s'agit pas de faire du ménage par le vide, mais d'éliminer les poussières inutiles, ranger les divers éléments du mobilier, etc. Elle peut alors réfléchir à son passé, s'interroger sur les comportements des personnes qui l'entouraient alors et sur les siens propres. Ces moments sont parfois difficiles à assumer, mais ressentis comme nécessaires et constructeurs pour l'avenir. Ce temps peut être plus ou moins long, plus ou moins difficile à vivre, mais il est nécessaire de temps à autre. Il s'agit alors de penser le traumatisme pour pouvoir panser la blessure, selon la jolie formule de Pascale Solaire[17]. Puis, la personne referme la porte, évite de penser en permanence à son histoire et vaque à nouveau à ses occupations quotidiennes dans les autres pièces. Cette attitude consiste donc à mettre de côté certains souvenirs de moments douloureux. Ces souvenirs sont toujours présents dans le psychisme et prêts à se manifester si la personne souhaite y faire appel, mais ils n'envahissent pas la vie psychologique quotidienne. Ces moments de retrouvailles avec le passé sont souvent mal compris par l'entourage, en particulier par le (la) conjoint(e) qui déclare : « Mais oublie tout ça ! Arrête de penser au passé », alors même que la personne parvient précisément à reconstruire sa personnalité à partir de ces retrouvailles.

Plusieurs études illustrent concrètement ces différences d'attitude. Une recherche menée auprès d'adolescentes victimes d'inceste constate que l'utilisation du déni, qui consiste à prétendre que l'abus ne s'est pas produit, est le seul prédicteur significatif d'une psychopathologie[18].

Par ailleurs, l'étude de Himelein et McElrath montre que les femmes résilientes à la suite d'abus sexuels dans l'enfance ont eu recours dans un premier temps à l'évitement (stratégie cognitive visant à minimiser l'impact émotionnel d'un événement), puis ont fait face à leur abus pour enfin, aujourd'hui, refuser consciemment de s'appesantir sur lui. Par contre, les femmes souffrant psychologiquement faisaient état de tentatives initiales réussies d'oublier, mais d'une incapacité actuelle d'éviter les pensées relatives à l'abus[19]. Une femme en bonne santé psychologique a fait remarquer : « Ce qui a joué en ma faveur est de m'y être confrontée et de l'accepter. [...] Si je mène ma vie et que je suis qui je suis sans m'appesantir dessus, alors j'ai gagné, et ce n'est pas juste de laisser quelque chose comme cela ruiner votre vie. » Une autre a déclaré : « Il ne faut pas le laisser vous contrôler. Je pense que c'est ce que j'ai fait pendant les dix premières années. Une fois que j'ai pu le mettre de côté et regarder vraiment ce qui était arrivé, ça a fait une grande différence. Maintenant j'essaie d'aller au-delà. » Une jeune fille ayant subi l'inceste utilise cette métaphore : « Le replier comme on replie un mouchoir avant de le ranger dans un tiroir[20]. »

L'étude longitudinale menée par G. Vaillant pendant plusieurs dizaines d'années est particulièrement instructive[21]. Ce psychologue a suivi avec son équipe un groupe de 456 hommes depuis le début de l'adolescence. Ils étaient généralement issus de milieux défavorisés, la moitié d'entre eux ayant passé leur enfance dans des taudis au sein de familles suivies par de multiples services sociaux. La plupart ont été réinterviewés aux âges de 25, 31, et 47 ans, sur la base de « l'échelle des forces environnementales de l'enfant », qui comporte 20 niveaux et qui se focalise sur ce qui va bien plutôt que sur ce qui va mal.

Le constat est que le niveau socio-économique parental, le QI et l'appartenance à une famille à problèmes multiples ne prédisent que faiblement la forme que prend la vie future d'un individu. G. Vaillant en tire cette conclusion : « Les choses qui vont bien dans nos vies prédisent des succès futurs et les événements qui vont mal dans nos vies ne nous condamnent pas pour toujours. » Cet auteur précise que les hommes épanouis de ce groupe à haut risque « ne sont pas libérés de leurs douloureuses mémoires enfantines. Nous pensons que c'est le style – bien adapté ou non – de leurs souvenirs et sensations qui est important. En bref, ces hommes semblent plus se baser sur la répression que sur le refoulement. La plupart ont accès à leur passé et sont capables de porter cette douleur et ce chagrin, et en faisant cela, d'en faire une source de force ». Rappelons qu'en psychanalyse, la répression est une opération psychique qui tend à éviter consciemment une idée ou un affect dont le contenu est déplaisant, tandis que le refoulement maintient dans l'inconscient toutes sortes d'idées susceptibles d'affecter l'équilibre du fonctionnement psychique de l'individu.

Renouer sereinement avec son histoire

Évidemment, cette capacité à revisiter sa mémoire sans en ressentir de la souffrance ne se manifeste pas du jour au lendemain. Ce parcours progressif prend de longues années. Par exemple, c'est souvent entre 30 et 40 ans que des personnes ayant bénéficié des services d'aide à l'enfance prennent connaissance de leur dossier administratif, ce qui est légalement possible aujourd'hui. Le temps a fait son œuvre et il est plus facile de prendre de la distance émotionnelle vis-à-vis de ce passé douloureux. De plus, si elles sont devenues parents à leur tour, ces personnes estiment qu'elles doivent répondre aux questions de leurs enfants et leur transmettre une part de leur itinéraire personnel.

Notons à ce sujet la grande disparité des dispositifs d'accueil au sein des conseils généraux, qui vont du pire au meilleur. Le pire : on remet le dossier à la personne et on la laisse seule dans une pièce. À elle de se débrouiller avec son histoire ! Le meilleur : un(e) psychologue ou un travailleur social étudie le dossier avant de recevoir la personne, ce qui lui permet ensuite de pouvoir l'accompagner dans la découverte de son passé. Toute la difficulté est évidemment de trouver la juste attitude : une présence discrète et empathique qui évite à la fois d'être intrusive ou trop effacée.

Martine Duboc, qui a accompagné de nombreuses personnes venues consulter leur dossier, conseille au professionnel assumant une fonction analogue de les guider dans plusieurs directions fondamentales :

— la reconnaissance de la réalité des privations et/ou des mauvais traitements qu'elles ont subis et de la responsabilité des personnes qui les avaient en charge ;

— l'importance de l'articulation entre les événements, car les faits ne peuvent servir à construire une histoire que s'ils s'enchaînent les uns aux autres ;

— l'utilité de s'appuyer sur les liens d'attachement les plus anciens et les repères identitaires du sujet, ainsi que sur sa façon de vivre et son environnement actuels ;

— l'attention portée aux émotions que suscitent la découverte des événements[22].

Notons au passage que ces dossiers administratifs ne répondent que très imparfaitement aux demandes de ces personnes. Dans le meilleur des cas, ils contiennent diverses pièces administratives (texte du signalement, ordonnances du juge, décisions des placements, rapports sociaux et éducatifs), des lettres, des photos, le carnet de santé. Mais ils ne rendent pas véritablement compte de la vie quotidienne de l'enfant, des petits et grands événements vécus au fil des ans. C'est pourquoi des professionnels ont conçu un outil simple, mis à disposition de tous les établissements qui accueillent des enfants, l'« Album de vie[23] ». Son but est surtout de relater les événements marquants dans la vie de l'enfant, plutôt que de présenter de manière exhaustive les mesures de prise en charge pour lui ou sa famille. Ce document permet de conserver une trace de l'évolution de sa famille, quels que soient les aléas (deuils, naissances, divorces, recompositions, déménagements) et des liens établis avec des personnes significatives pour l'enfant (assistante maternelle, éducateur, instituteur, psychothérapeute, juge des enfants, copains, copines...).

Il arrive qu'un adulte ayant grandi dans une institution pour jeunes en difficulté renoue avec son histoire en revenant dans cet internat. Il est alors fréquemment accompagné de sa compagne et de leurs enfants auxquels il présente l'univers dans lequel il a passé une partie de sa vie. Avoir fondé une famille et exercer un métier stable est pour lui une source légitime de fierté qu'il tient à faire découvrir à ceux qui l'ont accompagné à un moment critique. Surprise pour les éducateurs : cet adolescent dont on gardait surtout des mauvais souvenirs et pour lequel on aurait essentiellement pronostiqué un avenir peu reluisant a finalement bien tiré son épingle du jeu.

Non seulement le souvenir de son histoire personnelle, même douloureux, est nécessaire pour construire son identité personnelle, mais certains aspects présentent même des côtés positifs, aussi surprenants que cela puisse paraître au premier abord. Ainsi, Angéline fait remarquer : « Je ne veux pas oublier parce que ça me pousse justement à être plus tolérante, plus aimante, plus compréhensive. Ça me pousse vers le haut. Ma pire difficulté, c'est justement de ne pas laisser ma mémoire me tirer vers le bas, de toujours essayer d'en tirer des enseignements positifs. Je me sers de ma mémoire pour ça, pas seulement avec mon mari ou avec mon fils. Quand je suis dans une soirée, j'essaie toujours de voir au-delà des apparences, je suis persuadée que c'est parce que j'ai cette mémoire-là. Bien sûr, il ne faut pas laisser la mémoire vous enfouir et vous mettre le petit singe sur les épaules qui vous écrase, j'appelle ça le petit singe. C'est vrai que l'autodérision m'a beaucoup aidée : "Bon, allez ma fille, tu ne vas pas encore te laisser envahir par des petits singes." »

La mémoire des blessures d'enfance est surtout utile pour le comportement parental. Nous constaterons au prochain chapitre, qu'une différence essentielle distingue généralement ceux qui reproduisent la maltraitance qu'ils ont subie de ceux qui brisent le cercle vicieux. Les premiers ont tendance à idéaliser leurs parents et à minimiser, voire à nier la violence dont ils ont été victimes, en tenant des propos tels que : « C'est vrai, mon père me tapait, mais c'est normal, c'est parce que j'étais méchant. » À l'inverse, ceux qui ressentent ce comportement comme une injustice grave, comme quelque chose d'anormal, prennent généralement la ferme décision de ne pas l'imiter et y parviennent souvent. Et lorsqu'il leur arrive de s'énerver contre leur enfant et qu'ils sont sur le point de lever la main sur lui, une voix intérieure leur parle soudain et les arrête : « Mais tu te rends compte de ce que tu es en train de faire, tu agis comme ton père (ta mère) l'a fait avec toi. » L'effet est généralement radical et immédiat.

Certains enfants maltraités idéalisent leurs parents. Ce mécanisme de défense n'est pas favorable au bon développement de l'individu. En particulier, plusieurs études ont montré que ce sont surtout les enfants déniant la maltraitance et idéalisant leurs parents qui risquent de reproduire celle-ci[24]. Main et Goldwyn ont mené une enquête auprès de 30 femmes, la plupart ayant une trentaine d'années. Ces auteurs ont considéré qu'une femme idéalisait sa mère lorsqu'elle faisait l'éloge de celle-ci, mais sans pouvoir ensuite fournir de preuves concrètes à ce sujet, ou bien lorsqu'il y avait une contradiction flagrante entre des descriptions générales positives de la mère et des expériences négatives réelles de celle-ci, dans des situations précises. Or, plus une femme avait idéalisé ses parents, moins sa présentation des relations actuelles d'attachement était cohérente. De plus, les bébés des mères qui idéalisaient avaient tendance à éviter les contacts avec elles. Par contre, si la mère exprimait du ressentiment et de la colère envers sa propre mère pendant l'entretien et qu'elle le faisait de façon cohérente, son enfant avait peu de probabilités de l'éviter. L'évitement de sa mère par l'enfant était lié à des distorsions cognitives chez la mère. Main et Goldwyn font remarquer que « nous sommes condamnés à répéter ce dont nous ne pouvons pas nous souvenir, plutôt que d'être condamnés à répéter indéfiniment ».

Deux vignettes cliniques contrastées illustrent ces différences. Une femme a décrit sa mère comme une « bonne mère » en précisant qu'elles entretenaient d'excellentes relations. Mais quand les chercheurs lui ont demandé ce qu'elle faisait quand elle était contrariée dans son enfance, elle a répondu qu'elle s'enfuyait généralement dehors. Elle se souvenait d'un épisode où elle s'était cassé la main mais n'en avait pas parlé à sa mère, par crainte que celle-ci ne se mette en colère. Par ailleurs, son enfant était extrêmement évitant à son égard. Une autre femme n'idéalisait pas sa mère mais, comme d'autres parents qui avaient brisé le cycle de la maltraitance, elle lui avait pardonné. Cette mère avait l'enfant le moins évitant de l'échantillon.

Le rôle du pardon

De fait, le pardon est souvent constaté chez les adultes ayant souffert de violence parentale dans leur enfance. Or, ce mot fait souvent l'objet de divers contresens[25]. Pour bien comprendre ce qu'est véritablement le pardon, il est tout autant nécessaire de savoir ce qu'il est que de savoir ce qu'il n'est pas :

— le pardon n'est pas l'oubli de l'acte, ni sa justification, mais la distinction entre la personne et l'acte ;

— le pardon n'est pas un devoir, ni un acte méritoire, mais un processus de libération ;

— le pardon n'est pas la réconciliation avec l'autre, mais avec soi-même ;

— le pardon n'est pas réservé aux croyants, mais peut concerner toute personne.

Le pardon n'est pas l'oubli de l'acte, ni sa justification, mais la distinction entre la personne et l'acte

L'erreur la plus fréquente consiste à assimiler le pardon et l'oubli. Cette erreur est généralement le fait des personnes qui critiquent la notion de pardon, alors que celles qui pardonnent sont parfaitement conscientes de cette distinction essentielle. Comme le souligne Tim Guénard, gravement maltraité dans son enfance : « Pardonner, ce n'est pas oublier. C'est accepter de vivre en paix avec l'offense. [...] Pour pardonner, il faut se souvenir. Non pas enfouir la blessure, l'enterrer, mais au contraire la mettre au jour, dans la lumière[26]. » Certes, il est possible d'oublier les petites méchancetés que l'on a pardonnées. Par contre, lorsqu'il s'agit d'un traumatisme, l'oubli est généralement impossible ; ou alors, s'il se produit, c'est sous l'effet d'un déni qui, s'il dure trop longtemps, peut se révéler plus pathogène que la confrontation à la réalité. Le méfait laisse dans l'histoire de la personne une trace indélébile, mais c'est précisément à partir de cette trace qu'il faut tenter de reconstruire du nouveau. Ainsi, « le pardon est plus un acte qui invente un avenir qu'un acte qui efface le passé[27] ».

Plusieurs études ont d'ailleurs montré que nombre de parents qui ne reproduisent pas la violence subie dans leur enfance ont pardonné à leurs parents, sans les idéaliser pour autant[28]. Par exemple, une étude menée auprès de 47 mères ayant subi toutes sortes de sévices graves dans l'enfance a montré que celles qui pardonnaient à leurs parents se souvenaient avec précision de leur passé de maltraitance et avaient moins souvent tendance à reproduire le cycle de la violence[29]. Par contre, les mères qui perpétuaient ce cycle n'avaient qu'un vague souvenir de ce qu'elles avaient souffert et n'établissaient pas de lien entre leur histoire enfantine et les soins qu'elles prodiguaient à leurs enfants. Elles semblaient avoir refoulé la maltraitance subie, beaucoup d'entre elles idéalisant leur passé et le comportement de leurs parents.

De même, pardonner à quelqu'un n'est pas synonyme d'excuser ou de justifier les actes qu'il a commis ; il s'agit là de deux plans totalement différents. La personne peut pardonner parce qu'elle est pleinement consciente de la gravité de ce qu'elle a subi. Cet acte n'est donc pas l'acceptation soumise et béate de la souffrance, mais au contraire le désir de reprendre une parole longtemps confisquée.

De fait, la principale caractéristique du pardon est précisément d'opérer une disjonction entre l'acte et la personne. Celle-ci n'est pas réduite à ses actes. En d'autres termes, cela revient à considérer que, même si les actes de cette personne sont inhumains et monstrueux, elle-même n'est pas un monstre pour autant et reste avant tout un être humain.

J'ai été étonné, au cours de mon enquête, de constater la fréquence du pardon. Pour éviter d'utiliser ce mot, généralement très connoté religieusement, j'ai demandé aux sujets de m'indiquer, sur une courbe, l'évolution de leur niveau de haine envers chacun de leurs parents. J'ai très souvent obtenu le type de courbe suivant, montrant que l'individu est passé d'une absence de haine dans la petite enfance, puis par une forte haine entre 15 et 20-25 ans (fourchette variable), pour finir par une absence ou quasi-absence de haine à partir de 30-40 ans. Or, lorsque j'ai rencontré certaines de ces personnes et que je leur ai demandé à quoi correspondait cette absence de haine : « De l'indifférence, du pardon, quoi d'autre encore ? », elles m'ont presque systématiquement répondu qu'il s'agissait bien là de pardon.

Le passage par la haine, souvent nécessaire

Il semble que ce passage par la haine soit souvent une étape obligée. Nombreux sont les individus chez qui le pardon a été précédé d'une période plus ou moins longue de haine profonde, parfois jusqu'à vouloir tuer le parent maltraitant, lorsqu'ils étaient adolescents et jeunes adultes. Cette haine a deux fonctions positives : d'une part, elle évite la culpabilité, en plaçant la faute sur l'autre, pas sur soi-même ; d'autre part, elle permet au jeune de ne pas s'identifier au parent maltraitant, en considérant

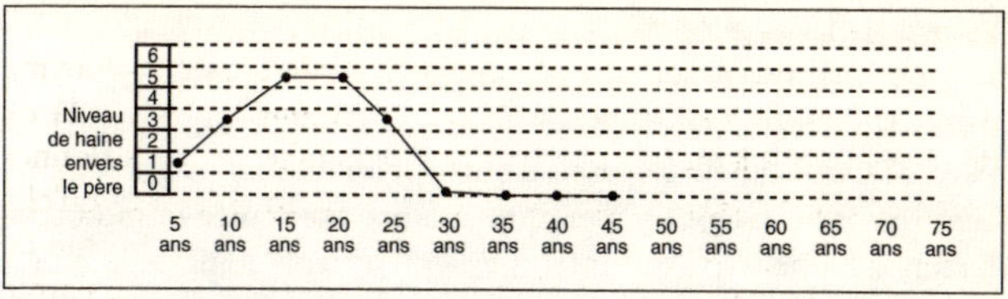

Courbe du niveau de haine d'un homme de 45 ans fortement maltraité physiquement et psychologiquement par son père dans son enfance.

que cette violence est inacceptable. Elle constitue probablement un premier tremplin vers la non-reproduction du comportement parental. Comme le souligne Éva Thomas : « Après avoir subi l'inceste, l'envie de tuer son père est signe de bonne santé psychique, un réflexe beaucoup plus sain que la culpabilité. Nous l'avons dit et répété : "C'est normal, mais surtout ne le faites pas, essayez plutôt de le faire payer lui et de vous délivrer du passé ; vous avez le droit de vivre." » Mais elle poursuit : « De la haine de mon père, je suis lentement passée à la haine du mensonge, de l'hypocrisie et de tous ceux qui protègent les pères criminels. Ma haine s'est transformée, socialisée. [...] La haine m'avait quittée, c'était une force de lutte pour la vérité qui m'habitait désormais, une force vitale positive. [...] J'étais enfin libre des chaînes posées par le père, prête à me battre avec tous ceux qui voudraient bien nous aider à créer une société plus juste pour les enfants. Dans ce combat, la haine n'était plus le moteur, mais elle en demeurait la racine[30]. »

Maryse Vaillant est également passée par cette phase de haine, à 13 ans, le jour où sa mère a découvert son journal intime : « Soudain, une énorme vague me souleva la poitrine, un élan puissant comme celui qui peut saisir un amoureux ou un mystique. Une force terrible me sortit de l'eau, gonflant mes veines et raidissant mes jambes. [...] Je ne la craignais plus. Je la haïssais. La haine venait de faire irruption dans ma vie. [...] Du matin au soir, la nuit aussi, chaque fois que la peur montrait sa gueule, je m'appliquai à m'en protéger par un écran de haine. [...] J'édifiai la défense la plus imperméable et la plus solide qui soit, une haine absolue, tenace, solide, sans faille. La peur s'éloigna de moi[31]. » Maryse Vaillant affirme qu'elle a d'abord construit sa résilience sur la haine envers sa mère, pour finalement passer à autre chose : « Aujourd'hui, enfin apaisée, je peux dire qu'on peut dépasser l'impardonnable [...] je peux à présent ressentir l'émotion que mon enfance bousculée et mon adolescence haineuse m'ont interdite : la tendresse pour celle que je n'osais aimer et que je n'osais nommer. Il m'a fallu un demi-siècle pour pouvoir penser le mot dangereux, c'est pourquoi je suis si fière, maman, de te dire que pour moi tout va bien[32]. »

Parfois même, le désir de tuer le parent maltraitant permet à la personne de se maintenir en vie, en donnant un but à son existence. « L'envie de le tuer me sauvait de ma propre envie de mourir », affirme Nathalie Schweighoffer, victime d'inceste[33]. De même, Tim Guénard a grandi, avec comme but essentiel de tuer son père : « J'avais envie de vivre pour me venger un jour. Mon rêve, c'était de sortir pour aller tuer mon père. J'ai grandi dans cette idée et elle m'a aidé à survivre[34]. » Des années plus tard, lui aussi est parvenu à pardonner.

Signalons enfin cette réaction parfois présente chez les enfants maltraités : une haine plus intense envers le parent non maltraitant qui ne réagit pas face aux actes du conjoint ou de la conjointe. Citons, à titre d'exemple, cette situation incroyable vécue par Dave Pelzer[35]. Il vient voir son père qui lit son journal dans le salon, pour lui expliquer, le tee-shirt imbibé de sang :

« Papa, ma... ma... maman m'a donné un coup de couteau. »

Sans même lever les sourcils, son père lui demande :

« Et pourquoi ça ?

— Ben, elle m'a dit qu'elle me tuerait... si je ne finissais pas la vaisselle dans les délais. [...]

— Écoute... Il vaudrait mieux que tu retournes la faire, cette vaisselle. [...] Nom de Dieu ! Est-ce que ta mère sait que tu es venu me parler ? Merde, mon p'tit gars, ce n'est pas la peine de la foutre encore plus en rogne ! Je n'ai vraiment pas envie de ça ce soir. Écoute, retourne finir la vaisselle et je te promets de ne rien dire à ta mère, d'accord. Ce sera notre secret à tous les deux. Maintenant, file avant qu'elle ne nous voie ensemble. Allez, ouste ! »

Commentaire de Dave Pelzer : « Moi qui croyais qu'il me prendrait dans ses bras pour m'emmener à mille lieues de cet enfer ! Moi qui me figurais qu'il déchirerait sa chemise pour me révéler sa véritable identité avant de s'envoler dans les airs tel Superman ! Ayant perdu tout respect pour lui, je lui ai tourné le dos. Le sauveur de mes rêves n'était qu'un imposteur. La fureur que je ressentais à son égard dépassait de beaucoup celle que m'inspirait la Mère. »

Le pardon n'est pas un devoir, ni un acte méritoire, mais un processus de libération

Certains considèrent que le pardon est un devoir filial, que, même si les parents ont fait subir des violences à leur enfant, ils restent ses parents envers et contre tout, et qu'il doit leur pardonner. C'est faux : le pardon est un choix librement décidé, non un devoir socialement imposé. Certaines personnes estiment avoir trop souffert pour pouvoir pardonner, et ceci est compréhensible et parfaitement légitime. C'est le cas de Lou : « Je ne peux pas. C'est au-dessus de mes forces. Sa violence a bousillé mon enfance. Je sais bien que ma haine m'encombre et qu'ainsi il continue à avoir prise sur moi. Si je pouvais lui pardonner, je sens bien que je serais libérée de lui, mais c'est plus fort que moi, je n'y arrive pas. C'est comme si le lien de haine qui me tient à lui ne pouvait se desserrer. Il est encore là. Il est toujours là[36]. »

Enfin, il ne faut pas transformer une expérience fréquente en norme sociale. S'il est vrai que le pardon est souvent mentionné chez les adultes résilients qui ont été maltraités dans leur enfance, n'en concluons pas qu'il faut pardonner pour être résilient. Le parcours de chacun est unique et doit être respecté. Il serait extrêmement néfaste de glisser du descriptif au prescriptif.

L'expérience de Thérèse Janvier est intéressante à cet égard. Victime du manque d'amour de sa mère et de viols par son beau-père entre 10 et 18 ans et demi, elle est invitée par la juriste d'une association d'aide aux victimes à faire un travail personnel afin de tenter d'accéder au pardon et si possible, de se réconcilier avec sa mère pour apaiser sa souffrance. Elle ne partage pas cette vision des choses. « Ainsi, écrit-elle, je poursuis mon travail de reconstruction sans avoir pardonné[37]. »

De plus, le pardon n'est pas un acte méritoire. Certains admirent la personne qui pardonne des actes considérés comme impardonnables. Or, les témoignages de « pardonnants » nous révèlent que leur démarche n'a rien de méritoire à leurs yeux. Pardonner s'est imposé parfois à eux comme une quasi-nécessité « thérapeutique ». Comme le souligne Angéline : « Je n'éprouve aujourd'hui plus de haine envers ma mère. Ce n'est pas de l'indifférence. C'est de l'ordre du pardon, de la compréhension, je me dis qu'elle avait peut-être souffert elle aussi. La haine me bouffait et je n'aurais pas pu me construire moi-même si je n'avais pas pardonné. Je suis passée par des périodes de haine, ensuite de l'indifférence, mais j'étais mal, et dès lors que j'ai essayé de comprendre, sans admettre, pourquoi, comment, quels étaient les cheminements qui l'avaient amenée à ça, j'ai pu me dire que c'était un être humain. Cette décision du pardon est arrivée à 33 ans. »

Ces personnes ne s'estiment pas meilleures que les autres du fait qu'elles ont pardonné. Certaines soulignent même qu'il est parfois plus « facile » de pardonner un acte grave que les petites vilenies quotidiennes qui s'accumulent jour après jour. Leur propos est souvent radical : « C'était ça ou crever. » Le pardon est donc un processus de libération psychologique, souvent plus bénéfique encore pour le pardonnant que pour le pardonné.

Maryse Vaillant, qui a consacré tout un ouvrage au pardon accordé aux parents, et ceci sans connotation religieuse, constate qu'« on emprunte souvent la route qui mène au pardon dans un espoir d'apaisement des douleurs, un désir de libération du passé, une quête de paix intérieure », et que la plupart de ceux qui ont pardonné disent avoir trouvé dans cette démarche un véritable apaisement[38]. Beaucoup de personnes qu'elle a rencontrées disent que leur vie a changé lorsqu'elles ont enfin pu pardonner à leurs parents.

Le pardon n'est pas la réconciliation avec l'autre, mais avec soi-même

Assimiler le pardon et la réconciliation avec l'agresseur est une confusion assez fréquente, en particulier chez les croyants. Or, la distinction est essentielle. Certes, le pardon est une condition de la réconciliation, mais il n'y conduit pas toujours. La réconciliation nécessite la volonté des deux parties : le coupable qui demande pardon, la victime qui pardonne, alors que le pardon n'a besoin que d'une personne, la victime, pour émerger. Certes, il est plus facile à un ex-maltraité de pardonner quand le parent regrette son comportement passé, mais il arrive assez fréquemment que certains pardonnent à leurs parents, alors même que ces derniers ne manifestent aucun regret. D'ailleurs, devenus adultes, plusieurs souffrent plus de cette absence de regret que du souvenir des violences subies.

Par ailleurs, certains adultes ex-maltraités pardonnent à leurs parents, mais estiment qu'ils ne peuvent aller au-delà, qu'ils ne peuvent s'engager dans une démarche de réconciliation. Rosamonde déclare : « Voici ce que j'ai écrit à mon père : "Je n'oublierai jamais ce que tu m'as fait, cela m'est impossible. Mais je te pardonne. Je crois que maman serait heureuse de le savoir. Ce pardon que je t'accorde, si je le fais, c'est pour moi, pour ma paix à moi, pour ma liberté personnelle. Inutile d'essayer de renouer avec nous. Mon pardon n'est pas une réconciliation avec toi : c'en est une avec moi-même."[39] »

Démarche très proche de celle d'Éva Thomas, qui avait initialement voulu tuer son père. Mais le temps a fait son œuvre et elle écrit : « Papa, je te quitte pour toujours. [...] Sur ces chemins de vérité, je pensais trouver la haine, avec tant de rage enfouie en moi, mais je n'ai pu qu'écrire avec mes larmes que je t'aimais toujours et retrouver intact en moi l'amour d'une petite fille pour son père. Mais désormais tu n'es plus un amant interdit, tu es redevenu un père, mon vieux père, à qui je pardonne son désir d'homme qui a failli me tuer. Je n'ai plus envie que tu meures, ni de te voir en prison[40]. »

Le pardon est un long processus, qui comprend deux composantes successives qui sont souvent confondues. Il y a d'abord le pardon « intellectuel », volonté de briser le cycle de la violence, qui constitue le véritable acte de pardon. Puis il y a le pardon émotionnel, la disparition des sentiments d'amertume, qui lui ne dépend pas de la volonté de la personne et qui peut prendre beaucoup plus de temps. Une personne peut donc avoir pardonné alors même qu'il lui faut encore beaucoup de temps avant que ses sentiments ne soient apaisés.

LE PARDON N'EST PAS RÉSERVÉ AUX CROYANTS, MAIS PEUT CONCERNER TOUTE PERSONNE

Penser que le pardon ne concerne que les personnes ayant la foi est une erreur qui peut être le fait tant de croyants que d'athées. Bien entendu, certaines personnes pardonnent dans un cadre de pensée religieux. C'est le cas de Magali, qui a grandi entre un père violent et une mère qui ne lui manifestait aucune tendresse[41]. « Le seul souvenir d'un geste affectueux de maman, dit-elle, c'est celui du jour où mon père nous avait mis, mon frère et moi, en joue avec son fusil, et où maman s'était interposée en disant : "Non, ces deux-là, tu n'y toucheras pas." » Arrivée à la trentaine, Magali se convertit au catholicisme. En pèlerinage à Lourdes, elle vit une expérience spirituelle très forte qui la conduit au pardon : « Pendant le chemin de croix, il s'est passé quelque chose d'étonnant. Je me trouvais en communion avec Dieu. J'avais senti Sa présence. En descendant du chemin de croix, je ne parlais plus car j'étais encore sur un petit nuage. » Et soudain, elle se met à prier pour ses parents. « Cela ne rime à rien d'entretenir de la haine, explique-t-elle. Cela ne faisait que me rendre malheureuse, sans confiance en moi. » Elle a alors repris contact avec ses parents.

Cependant, cette connotation religieuse n'est pas systématique, et il y a aussi une utilisation strictement « laïque » du terme, comme le montre clairement l'ouvrage de Maryse Vaillant *Il n'est jamais trop tard pour pardonner à ses parents*. La plupart des témoignages recueillis ne font pas référence à une croyance religieuse, mais à l'impact bénéfique du pardon. C'est pourquoi je qualifie généralement ces expériences de « pardon laïc à fonction thérapeutique ». D'ailleurs, il n'existe pas, à ma connaissance, de mot a-religieux qui reflète pleinement cette expérience. Des expressions comme « lâcher prise », « ne plus éprouver de haine », ne constituent que de pâles reflets d'une réalité plus profonde. La seule différence entre le pardon du croyant et celui du non-croyant est le fait que le croyant attribue généralement la source de son attitude de pardon dans le sentiment qu'il a d'être lui-même pardonné par Dieu. Mais l'expérience relationnelle du pardon entre humains reste identique dans les deux cas.

Que conclure de tout ce qui précède ? Qu'il est précisément impossible de tirer une conclusion générale et définitive ! Car chaque cas est différent, chaque enfant, chaque adolescent, chaque adulte réagit à sa manière au trauma. Et donc, toute règle générale et systématique court fortement le risque de ne pas respecter le processus spécifique de résilience de la personne, de l'individu précis qui tente de trouver une issue à son traumatisme. Le parcours de résilience que la personne s'offre à elle-même devrait susciter du respect et de la compréhension. Cela ne peut se faire que dans une écoute attentive, libre de tout préjugé et de toute certitude sur ce qui est bien pour l'autre, en fonction de nos propres expériences et *a priori*.

CHAPITRE VI

Quand l'enfant résilient devient parent

« Ce que je trouve extraordinaire, c'est qu'on peut donner ce qu'on n'a jamais reçu. »

Le test le plus important à long terme de la résilience vis-à-vis de ce qu'on a pu vivre étant enfant est de devenir parent. Or la majorité des enfants maltraités deviennent des parents acceptables, malgré l'augmentation du risque, et non l'inverse[1].

Quand vous interrompez les schémas familiaux et que vous brisez le cycle, vous faites à vos enfants un cadeau inestimable, ainsi qu'à leurs enfants et aux enfants qui viendront encore après eux. Vous remodelez le futur[2].

S'il a manqué d'un modèle parental affectueux, l'enfant résilient devenu parent a généralement de la difficulté à trouver la « bonne » attitude avec ses enfants. C'est particulièrement le cas pour les ex-maltraités. Mais les problèmes se situent rarement là où on le pense généralement. En effet, contrairement à une opinion largement répandue, la plupart des personnes maltraitées dans leur enfance ne maltraitent pas leurs propres enfants, une fois devenues adultes.

La plupart des enfants maltraités deviennent des parents affectueux

L'idée de transmission intergénérationnelle est pourtant encore souvent considérée comme la principale hypothèse explicative de la maltraitance. Cette opinion erronée repose sur un biais méthodologique appelé inversion des probabilités. On part du constat exact que la plupart des parents maltraitants ont été maltraités dans leur enfance et on en tire la conclusion fausse que la plupart des enfants maltraités devenus adultes maltraitent leurs propres enfants. Or, il s'agit là de deux informations totalement indépendantes l'une de l'autre.

Prenons deux autres situations pour bien comprendre cela : le divorce et le Loto :

— Cent pour cent des divorcés ont été mariés, mais cela ne nous fournit aucune indication sur le pourcentage de mariés qui finissent par divorcer ; ce taux peut varier de 0 à 100 %.

— Une publicité de la Française des jeux soulignait il y a quelques années que « 100 % des gagnants ont tenté leur chance ». Ici, nous constatons que le pourcentage inverse (les joueurs qui gagnent) est très faible : 0, 000... 1 %.

L'inversion des probabilités consiste précisément à confondre deux méthodes, l'approche rétrospective et l'approche prospective. Dans une étude rétrospective, le chercheur observe le comportement actuel d'une personne (généralement un adulte) et s'intéresse aux événements passés susceptibles de l'expliquer, tandis que dans une étude prospective, il part de la situation actuelle d'une personne (généralement un enfant) et s'intéresse à son parcours évolutif au fil des ans.

Notre regard est rétrospectif lorsque nous examinons quel pourcentage :

— de personnes maltraitantes ont été maltraitées (environ 90 %, avec des variations selon les études) ;

— de personnes divorcées ont été mariées (100 %) ;

— de gagnants au Loto ont joué (100 %).

Inversement, notre regard est prospectif lorsque nous examinons quel pourcentage :

— d'enfants maltraités deviennent maltraitants (environ 5 à 10 %, avec des variations selon les études) ;

— de personnes mariées divorcent (30 à 50 %) ;

— de joueurs du Loto gagnent (0,0000... 1 %).

La conclusion de tout cela est claire : on ne peut tirer aucun pourcentage prospectif d'un pourcentage rétrospectif. Ces deux chiffres sont totalement indépendants l'un de l'autre.

Il y a là une illusion d'optique mentale due à une réalité toute simple. Lorsque nous examinons les gagnants du Loto, nous éliminons d'office de notre regard tous les joueurs qui ont perdu, c'est-à-dire la majorité. Et lorsque nous examinons les parents maltraitants, nous éliminons de notre regard tous les enfants maltraités qui sont devenus des parents affectueux, c'est-à-dire ici aussi la majorité. Seule une méthodologie prospective peut mettre cette réalité statistique en évidence.

L'inversion des probabilités est une erreur fréquente chez les travailleurs sociaux et chez les thérapeutes car ils voient essentiellement les gens qui vont mal. Boris Cyrulnik parle à ce sujet de « biais du professionnalisme ». Cependant, ce biais est susceptible d'affecter chacun d'entre nous. Lorsque, au journal télévisé de 20 heures, un reportage nous décrit un déplorable cas d'inceste ou de violence familiale, les journalistes tentent de s'informer sur l'histoire des parents et constatent, dans la majorité des cas, que ceux-ci ont eux-mêmes été abusés dans leur enfance. Ce qui entretient dans l'ensemble de la population le sentiment erroné que les enfants maltraités sont condamnés à devenir des parents maltraitants.

Hunter et Kilstrom ont réalisé une étude particulièrement intéressante. Elle montre qu'à partir des mêmes données factuelles, le taux de transmission intergénérationnelle est ici de 18 ou de 90 % selon la procédure adoptée ! Leur enquête a été menée auprès de 282 parents d'enfants admis dans un service de soins intensifs. Quarante-neuf de ces parents avaient été maltraités dans leur enfance. Un an plus tard, les chercheurs constatent que 10 enfants ont été maltraités, dont 9 étaient issus de parents anciennement maltraités eux-mêmes. Le tableau ci-dessous montre les taux différents obtenus à partir de cette enquête.

	Parents maltraités dans leur enfance	Parents non maltraités dans leur enfance
Nombre de parents observés	49	233
Nombre d'enfants maltraités après un an	9	1
Pourcentage d'enfants maltraités après un an (prospectif)	*18 %* (méthode prospective)	0,4 %
Pourcentage d'enfants maltraités selon le type de parents (rétrospectif)	*90 %* (méthode rétrospective)	10 %

Importance de la transmission intergénérationnelle, selon une perspective prospective ou rétrospective (Hunter & Kilstrom, 1979).

Remarquons cependant que le risque de maltraitance est nettement plus élevé chez les parents ayant été eux-mêmes maltraités : environ 45 fois plus important dans cette population (18 %) que chez les parents qui n'ont pas été maltraités eux-mêmes (1 enfant maltraité pour 233 parents non maltraités, soit, 0,4 %). Ce qui confirme la nécessité de distinguer nettement entre deux notions : augmentation du risque et transmission intergénérationnelle. Ce risque 45 fois plus élevé est pourtant exceptionnel puisque dans les douze autres études sur ce thème publiées à ma connaissance, le risque varie de 1,2 fois moindre à 9 fois plus important[3].

Dans cette étude, les sujets qui ont cessé la maltraitance intergénérationnelle avaient un réseau social plus riche que ceux qui ont reproduit le cycle de la violence : relations avec des amis, avec la famille élargie, participation à une vie d'église ou à d'autres groupes sociaux. Plusieurs d'entre eux avaient été élevés par d'autres membres de la famille, ou au sein d'une famille adoptive, ou encore par un(e) ami(e).

Certains de ces parents ont clairement exprimé leur colère au sujet de leurs expériences enfantines et étaient résolus à faire mieux avec leurs propres enfants. Ils étaient plus aptes à parler de leur expérience et à faire usage d'émotions appropriées. Ils semblaient plus conscients du risque de répéter le cycle et s'interrogeaient parfois sur leur aptitude à protéger leurs enfants et à s'occuper d'eux, avec des déclarations comme : « Je ne sais pas vraiment ce que signifie être une mère. » Par contre, ceux qui reproduisaient la maltraitance donnaient souvent un vague compte rendu de ce qu'ils avaient subi et exprimaient moins souvent des doutes sur leurs aptitudes parentales. Les parents ayant brisé le cycle faisaient preuve d'une espérance réaliste face aux difficultés, ainsi que l'exprimait un jeune père : « Je crois fermement que la plupart des obstacles peuvent être vaincus. »

La comparaison de trois études françaises portant sur les enfants placés est fort instructive à cet égard. La première, effectuée par Michel Corbillon et ses collaborateurs, utilise une méthodologie quasi prospective[4] et étudie le taux de reproduction du placement dans deux départements français. Le résultat est clair : en Côte-d'Or, pour 277 personnes placées dans leur enfance, 14 de leurs enfants ont été placés, soit un taux de reproduction de 5 %. Le chiffre est sensiblement équivalent dans le Bas-Rhin où, pour 286 personnes placées dans leur enfance, il y a 17 enfants placés (5,9 %). Or, une autre étude parue quelques années plus tard aboutit à des résultats très différents avec une méthode rétrospective[5]. Sur 46 mères ayant un enfant placé dans un service de l'Aide sociale à l'enfance, 26 avaient elles-mêmes été placées dans leur enfance, soit un pourcentage de 56,5 %. Le biais d'inversion des probabilités peut nous inciter à croire faussement que plus d'un enfant placé sur deux aura des enfants placés une fois devenu parent.

Enfin, la recherche quasi prospective de Dumaret et ses collaborateurs porte sur 63 adultes anciennement placés, appartenant à 35 familles, aujourd'hui âgés en moyenne de 28 ans[6]. Issus de familles carencées présentant de graves dysfonctionnements psychosociaux, ils sont restés au moins cinq ans en famille d'accueil et ont quitté le cadre du placement familial depuis plus de cinq ans. Cette étude présente l'intérêt de fournir des données à la fois rétrospectives et prospectives. L'analyse rétrospective (qui porte sur le lien entre la génération des parents des jeunes et celle de leurs grands-parents) montre que dans 18 familles sur 35, au moins un parent est un « ex-placé », soit un pourcentage de 51 %. Par contre, l'analyse prospective (à partir des 34 jeunes adultes qui ont des enfants) met en évidence une absence quasi totale de reproduction. Aucun d'eux n'a d'enfant placé au sein des structures de l'ASE. Il y a eu un seul cas d'« abandon » d'enfant à la naissance ; l'enfant, de mère mineure, a été adopté. Cette femme est aujourd'hui mariée et mère de plusieurs enfants, et bien insérée relationnellement et professionnellement. Le phénomène de reproduction a donc pratiquement disparu. Selon les auteurs de l'étude, « l'enchaînement, la reproduction semble avoir été interrompue grâce aux modifications de l'environnement, à la stabilité du placement et au travail des équipes du placement familial ».

Théories explicatives de la répétition

La transmission de la maltraitance ou du placement est donc rare. Or, les études scientifiques utilisent pratiquement toutes l'expression transmission intergénérationnelle de la maltraitance (ou reproduction transgénérationnelle) alors qu'elles constatent le contraire dans la plupart des cas. Les mots ont du poids et il serait grand temps que l'on parle de la fréquence de la *cessation* intergénérationnelle de la maltraitance. On découvrira plus loin les facteurs qui facilitent ce changement de comportement chez les ex-enfants maltraités. Mais puisque depuis des décennies, les psychologues se sont bien plus intéressés à la transmission qu'à la cessation, examinons les explications théoriques qu'ils en ont proposées. Nous verrons qu'elles ne sont pas très convaincantes. Trois approches théoriques ont tenté d'expliquer cette prétendue transmission intergénérationnelle : la psychanalyse, la théorie de l'apprentissage social et la théorie de l'attachement.

La psychanalyse

Les psychanalystes ont proposé plusieurs mécanismes de défense susceptibles d'expliquer la transmission intergénérationnelle de la maltraitance : le déni, la dissociation, l'idéalisation, l'identification à l'agresseur. Cette dernière est la plus fréquemment citée à ce sujet. Par ce mécanisme, le sujet intériorise inconsciemment l'agression de son parent maltraitant et la dirige contre son enfant. Arthur Green présente le cas de Charles, un jeune de 16 ans qui, selon lui, illustre bien ce mécanisme d'identification à l'agresseur[7]. Il est né alors que sa mère Sally avait 13 ans. Celle-ci vivait avec une cousine qui la battait et le mari de celle-ci qui abusait souvent sexuellement d'elle depuis son arrivée dans leur foyer à l'âge de 4 ans, après la mort de sa mère. Quand Charles pleurait (notamment de faim), Sally le frappait avec tout ce qui lui tombait sous la main. À 16 ans, Charles fut envoyé en liberté surveillée pour avoir tiré sur son enseignant avec une carabine. Par la suite, il a tiré sur un groupe de Blancs hostiles après un concert de rock. Pour Green, cet enfant a répondu à son environnement maltraitant en s'identifiant à sa mère violente, comme principale défense contre les sentiments d'anxiété et d'impuissance.

L'approche thérapeutique consiste généralement à remplacer des mécanismes de défense inconscients par une démarche volontaire et consciente (accès aux souvenirs et aux émotions liés à la maltraitance, prise de conscience de l'identification et décision d'agir différemment, prise de conscience de l'idéalisation et perception plus réaliste des parents, etc.). Selon Green, plus le maltraitant peut reconnaître et verbaliser les traumas de son enfance, moins il aura de risques de les reproduire avec ses enfants et avec d'autres personnes.

Cependant, faire référence à l'identification à l'agresseur pour expliquer la transmission de la maltraitance pose un problème de taille : les psychanalystes ne fournissent aucun élément permettant de savoir pour quelle raison c'est ce mécanisme qui est en jeu plutôt qu'un autre (par exemple l'apprentissage social), dès lors qu'il y a maltraitance dans deux générations successives ; pour eux, cela va de soi qu'il s'agit d'identification à l'agresseur.

Il n'existe pas, à ma connaissance, de recherche scientifique qui ait véritablement démontré l'impact de l'identification à l'agresseur dans la transmission de la maltraitance. En écrivant cela, je ne veux pas dire que ce mécanisme est une chimère ou qu'il ne joue aucun rôle, mais plutôt qu'il n'existe pas encore à ma connaissance de méthode permettant d'en évaluer véritablement la présence. La difficulté de mettre à l'épreuve des hypothèses basées sur des processus inconscients n'est pas nécessairement rédhibitoire puisque cela a été fait pour d'autres mécanismes de défense (dissociation, idéalisation, déni).

La théorie de l'apprentissage social

Cette théorie postule que la plupart des comportements humains sont appris par observation au moyen du « modelage ». L'apprentissage se fait sous deux formes : d'une part, l'individu observe les comportements agressifs et, s'ils conduisent à des résultats bénéfiques à leur auteur, il les évalue comme étant efficaces, puis les imite. D'autre part, il peut y avoir aussi apprentissage de normes : l'individu peut apprendre en famille qu'une discipline sévère, coercitive, constitue une part normale de l'éducation.

Cette théorie, qui a suscité de très nombreuses recherches particulièrement pertinentes, souffre néanmoins de deux défauts lorsqu'elle est appliquée à la transmission intergénérationnelle de la maltraitance. D'une part, se retrouve ici le problème déjà évoqué à propos de l'identification à l'agresseur. Les auteurs qui expliquent la transmission par l'apprentissage social ne précisent pas pour quelle raison et selon quels mécanismes. À nouveau, l'apprentissage social semble aller de soi dès lors qu'il y a maltraitance dans deux générations successives[8]. Ainsi, malgré leurs profondes divergences théoriques, psychanalystes et théoriciens de l'apprentissage social se rejoignent dans cette insuffisance explicative.

D'autre part, rappelons que l'apprentissage social de l'agression postule que le sujet imite le comportement du modèle agressif parce que ce comportement paraît profiter à son auteur. Or, la maltraitance infantile crée une situation bien particulière puisque l'enfant est à la fois observateur *et victime* de la violence. Or, même si l'enfant peut éventuellement estimer, d'un côté, que la violence présente un intérêt pour le père (encore faudrait-il préciser lequel : obtention de l'obéissance, baisse de sa tension émotionnelle, etc. ?), il est aussi très conscient que la violence parentale n'est aucunement bénéfique à lui-même qui subit cette violence. Or, les auteurs ne tiennent aucun compte de cette réalité pourtant fondamentale.

La théorie de l'attachement

La théorie de l'attachement constitue aujourd'hui l'un des principaux cadres conceptuels d'étude des relations interpersonnelles du jeune enfant. Bowlby, son créateur, fortement influencé par les recherches en éthologie animale, a initialement insisté sur la notion de « période sensible » d'attachement envers un être vivant (« empreinte » en éthologie animale) et a considéré que les conséquences d'un manque d'amour maternel au cours des deux premières années de vie présentaient le risque d'être définitivement dommageables. Il a également incorporé des éléments sociocognitifs à sa théorie de l'attachement. Selon lui, chaque enfant construit une représentation, un modèle interne opérant *(internal working model)* de chacun de ses parents (ou fournisseur de soins), caractérisé en particulier par la disponibilité ou non du parent. C'est par ces « modèles internes opérants » que se transmet le comportement parental d'une génération à l'autre. L'enfant intègre un modèle de soi et des modèles des autres qui vont guider ses comportements une fois devenu parent. Par exemple, s'il fait l'expérience d'un parent distant et froid, il intégrera un double modèle : du parent comme rejetant et de soi comme une personne ne valant pas la peine d'être aimée.

Abordons maintenant deux autres aspects liés entre eux, la claire conscience de la maltraitance subie et la décision d'adopter un comportement opposé à celui des parents.

Cette théorie a suscité beaucoup d'intérêt et de controverses chez les chercheurs, ce qui a conduit à de multiples affinements théoriques et méthodologiques. Sur le plan théorique, la principale modification concerne la remise en question des notions de période sensible et d'empreinte dans l'espèce humaine. De multiples recherches empiriques ont conduit à adopter une vision nettement moins déterministe du développement affectif et relationnel chez l'être humain, mettant en évidence la plasticité des types d'attachement, et par voie de conséquence la possibilité de la résilience[9]. L'individu n'est pas enchaîné par la forme des liens d'attachement de son enfance, mais peut remodeler progressivement le type de relations affectives qu'il entretient avec son entourage.

Briser le cycle de la maltraitance

ÊTRE PLEINEMENT CONSCIENT DE LA VIOLENCE SUBIE...

Nous avons déjà noté au fil des pages de cet ouvrage certains éléments essentiels facilitant la cessation intergénérationnelle de la maltraitance :

— une capacité élevée de réflexion sur soi-même et sur autrui (chapitre III) ;

— la présence d'un conjoint soutenant (chapitre II) ;

— la présence d'un réseau d'amis (ce chapitre, ci-dessus) ;

— l'activité efficace des services de protection de l'enfance (ce chapitre, ci-dessus).

Depuis 1975, Egeland et ses collaborateurs mènent une étude longitudinale d'enfants et de leurs familles à haut risque, intitulée *Projet mère-enfant de l'Université du Minnesota*[10]. Parmi les personnes ayant participé à cette enquête se trouvent 47 mères ayant subi toutes sortes de sévices dans l'enfance : brûlées avec un fer à repasser, jetées contre un mur ou un radiateur, ébouillantées, et régulièrement frappées avec une ceinture ou un fil électrique. Une mère s'est souvenue d'avoir été laissée dehors durant l'hiver. La plupart des mères qui ont brisé le cycle de la maltraitance avaient une relation stable avec leur mari ou compagnon. Comparativement aux mères ayant reproduit la maltraitance, elles décrivaient leurs relations comme plus satisfaisantes et se sentaient mieux soutenues émotionnellement. Ce mari ou compagnon était, dans la plupart des cas, le père de l'enfant, et s'impliquait dans les soins à l'enfant. Ces mères qui brisaient le cycle rapportaient aussi plus souvent que des parents d'accueil, un proche ou un de leurs parents leur avaient fourni un soutien émotionnel quand elles étaient enfants. Certaines avaient suivi une psychothérapie quand elles étaient adolescentes ou jeunes adultes, contrairement aux mères maltraitantes. Egeland fait remarquer qu'au cours d'une psychothérapie, l'étape la plus importante est peut-être de faire savoir aux ex-maltraités qu'ils ne maltraiteront pas inévitablement leur enfant.

Par ailleurs, les mères non reproductrices étaient très conscientes et se souvenaient avec précision de leur passé de maltraitance, dont elles parlaient avec beaucoup d'émotion, et étaient généralement très disertes sur la manière dont elles souhaitaient élever leurs enfants. Elles reconnaissaient les effets que la maltraitance avait sur elles, ainsi que les effets potentiels sur leurs propres comportements en tant que mère. Par ailleurs, les femmes qui pardonnaient à leurs parents avaient moins souvent tendance à reproduire.

Par contre, les mères qui perpétuaient le cycle n'avaient qu'un vague souvenir de ce qu'elles avaient souffert et n'établissaient pas de lien entre leur histoire enfantine et les soins qu'elles prodiguaient à leurs enfants. Elles semblaient avoir refoulé la maltraitance subie, beaucoup d'entre elles idéalisant leur passé et le comportement de leurs parents. Par exemple, l'une de ces mères a parlé de la longue période passée avec son père qu'elle décrivait comme un homme merveilleux, mais sans pouvoir donner d'exemple précis d'activités enfantines avec lui. Or, cet homme alcoolique avait abandonné la famille quand elle avait 2 ans. Egeland et ses collègues utilisent le concept de clivage pour expliquer la façon dont ces personnes font face à la réalité de la maltraitance et de la négligence. Ils suggèrent que les maltraités se clivent eux-mêmes, ce qui leur permet d'éviter de se confronter à la réalité de la maltraitance.

Les mères reproductrices de la maltraitance semblaient aussi ne pas comprendre la complexité de leur enfant et de la relation avec lui. Elles avaient tendance à le considérer sous un angle exclusivement négatif ou positif. Dans de nombreux cas, la description de leur enfant était idéalisée, comme elles le faisaient au sujet de leurs parents. Par ailleurs, ces mères vivaient généralement dans la pauvreté, subissaient de fortes quantités de stress et avaient généralement un QI inférieur à celui des mères ayant brisé le cycle.

Des chercheurs ont voulu étudier plus précisément ces processus de dissociation sur un sous-échantillon de 24 personnes[11]. Les mères du groupe à reproduction de maltraitance avaient tendance à idéaliser leur passé : les descriptions étaient très positives, mais contradictoires avec les expériences enfantines réelles. Ces mères étaient par ailleurs de fortes consommatrices de drogues et d'alcool à un âge précoce et avaient fait plus de tentatives de suicide, comparées aux autres. Par contre, les mères qui brisaient le cycle avaient intégré leur expérience enfantine dans leurs souvenirs et en parlaient d'une manière qui correspondait à ce qui leur était arrivé ; elles étaient orientées vers le futur et comprenaient que leur histoire passée faisait partie de leur identité. Nombre d'entre elles ont fait des commentaires spontanés sur le fait de ne pas répéter la maltraitance avec leurs enfants. Elles avaient des croyances claires sur les soins et la discipline. Elles étaient très conscientes de la souffrance qu'elles avaient vécue comme enfant et faisaient en sorte que cela ne se répète pas avec leurs enfants.

… ET DÉCIDER DE FAIRE LE CONTRAIRE DE SES PARENTS

Il y a également un facteur sur lequel j'ai particulièrement porté mon attention ; je le qualifie de « contre-modelage ». Il s'agit de la décision que prend le jeune, à un moment donné de son évolution personnelle, de décider qu'il adoptera un comportement inverse de celui de ses parents lorsqu'il sera lui-même parent. Comme nous allons le voir, c'est une réalité extrêmement fréquente chez les personnes résilientes à la suite de maltraitance enfantine. En fait, il est probable que leur démarche a été progressive, mais c'est le moment où cette décision est devenue claire dans leur esprit qui a surtout marqué ces personnes.

Dans l'enquête que j'ai menée, ce propos est apparu dans pratiquement chaque entretien, et de façon souvent très appuyée, dont voici quelques exemples :

Annick

Elle a été gravement maltraitée par ses deux parents, surtout physiquement par son père et psychologiquement par sa mère. « Ce que je trouve extraordinaire, dit-elle, c'est qu'on peut donner ce qu'on n'a jamais reçu. C'est-à-dire cette capacité qu'a l'individu de trouver en lui les forces, les sentiments contraires à ce qu'il a vécu et les exprimer. Ma mère ne m'a jamais aimée, et pourtant je suis capable d'aimer, de transmettre de l'affection à mes enfants. »

Michel

Son beau-père était très violent. Il frappait régulièrement sa mère et l'humiliait souvent. « C'était quelqu'un d'abject, d'ignoble, il n'y a pas de mot pour le décrire. Il voyait tout en noir, il avait une violence inouïe et nous a fait découvrir la vie d'une mauvaise manière. » Le frère de Michel a reçu des coups de poing dans la figure d'une extrême violence ; sa sœur a fait trois tentatives de suicide vers 16 ans. C'était surtout son beau-père qui frappait, mais sa mère participait aussi parfois. « Ils ont cassé mon frère et ma sœur, pour moi, ils les ont tués. Il n'y a pas d'autre mot. À petit feu, mais ils les ont tués. »

L'année de ses 12 ans est une période charnière dans sa vie car il prend alors conscience du destin qui l'attend et se dit : « Michel, tu dois encore tenir six ans et après tu t'en iras. » Durant cette période, il commence à se dire que si un jour, il a une femme et des enfants, il ne les fera jamais souffrir. Un jour où son beau-père frappe violemment sa mère, il reste là, submergé de peine et de colère, et se disant : « Regarde, regarde, pour que jamais tu ne fasses la même chose plus tard. Et si par malheur, un jour ça t'arrivait de faire ça, alors que Dieu te reprenne. »

Angéline

Elle a eu son fils quand elle avait 23 ans, à une époque où elle se sentait encore « complètement déboussolée ». Bien qu'elle ait voulu ardemment cet enfant, elle a eu tendance, les premières années, à reproduire les schémas de sa mère. Certes, elle ne le battait pas, ni ne le martyrisait verbalement comme sa mère l'avait fait, mais elle se montrait absolument intraitable avec lui, la moindre faute prenant des proportions énormes, ce qui pouvait l'entraîner dans de violentes colères.

Mais un jour, un événement a produit une coupure radicale entre l'« avant » et l'« après ». Angéline passait quelques jours de vacances à la plage avec sa cousine et la famille de celle-ci. Sa mère survient alors à l'improviste pour venir les voir ; Angéline se sent très mal à l'aise car elle ne s'attendait pas à la voir. Ce jour-là, un événement banal (son fils refuse de manger des champignons) la met dans une grosse colère : le fait que ce refus se produise devant sa mère fait qu'elle se sent en accusation, comme si elle n'élevait pas correctement son fils. Elle réagit alors très violemment, attrape son fils par le bras et le jette ; il atterrit à deux mètres. Et là, dit-elle, « je me suis vue le faire, un peu comme si j'étais détachée de mon corps ». Ce jour-là, je me suis dit : « C'est terminé, encore elle qui te fait faire des trucs comme ça, qui te rend laide, qui te rabaisse, c'est fini, je ne veux plus. » Pour la première fois de sa vie, elle se déteste. Jusqu'à présent, elle avait le sentiment que c'était sa mère qui la détestait, mais là, c'est son propre regard sur elle-même qui lui a fait mal. Dès lors, « j'ai voulu de toutes mes forces faire le contraire de ce qu'elle faisait, être le contraire de ce qu'elle est ».

À partir de ce jour, un long travail sur soi s'est mis en place : chaque fois qu'Angéline sentait la colère monter contre son fils, elle parvenait à se contrôler, s'isolait, respirait, se passait de l'eau sur la figure, et ne revenait que quand elle était calmée. Le souvenir de son acte de violence constituait à ses yeux une limite qu'elle avait dépassée, ce qu'elle avait vu d'elle-même l'ayant fortement choquée.

Chez elle, le contre-modelage s'est aussi manifesté par le fait de n'avoir qu'un enfant. « Je n'en voulais pas d'autre, j'avais peur de faire des différences. Ça a été la seule lâcheté de ma vie. À l'époque je me disais : "Je ne suis pas sûre de pouvoir donner autant à l'un qu'à l'autre, alors je n'en fais qu'un". Je ne pouvais pas faire autrement, je ne pouvais pas prendre de risque. »

Catherine

Elle se souvient de ses rêves d'enfant : « Quand je voyais les mères venir chercher leurs enfants avec des gestes affectueux, je me disais : "Pétard, qu'est-ce qu'ils ont de la chance, parce que moi quand je vais rentrer, qu'est-ce que je vais trouver à la maison ?" Et je me disais : "Un jour, j'aurai des enfants pour les entourer, les aimer." Moi, par la suite, quand mon fils était petit, si vous saviez le plaisir que j'ai eu à venir le chercher à l'école, à le promener dans la rue. Quand je faisais ça, j'avais l'impression de me redonner à moi, petite fille, tout ce qui m'avait manqué. Même maintenant, j'adore aller en ville avec mes enfants. Quand j'étais adolescente, je n'avais qu'une envie, trouver un homme bien et avoir un enfant pour l'aimer et lui donner tout ce que je n'avais pas eu. Je me disais : "Quand j'aurai des enfants, je m'en occuperai bien tout le temps. Jamais ils ne manqueront de rien, ni matériellement, ni affectivement, et pour cela, je veux faire des études, avoir une bonne situation." Je suis donc devenue une bonne mère, même si je pense que je le suis parfois un peu trop. Je devance leurs désirs, par exemple, on se promène en ville, je dis à mon fils : "Tiens, ça, ça ne te plairait pas, tu ne veux pas que je te l'achète ?" Parfois, il me dit : "Oui, mais c'est un peu cher." Je dis : "Mais c'est pas grave." Mes enfants, je leur dis tout le temps : "Je vous dois à la hauteur de mes moyens." Parce que j'ai aussi souffert de privations matérielles. »

Marie-Raphaëlle

Elle a subi durant de longues années l'inceste par son père et le rejet humiliant de sa mère. Parmi les éléments personnels qui l'ont aidée, il y a eu pendant un certain nombre d'années la volonté de transformer ses parents. Mais ce désir échouait tout le temps ; elle n'arrivait pas à ce que sa mère l'accepte et l'aime, ni à ce que son père n'ait plus de moments de folie. Dès lors qu'elle a compris que ce but était impossible à atteindre, « cette envie est devenue décision de ne pas faire comme eux quand je serai grande. De toutes mes tripes, je ne voulais pas devenir comme ma mère, pas lui ressembler. J'ai vraiment fait un choix, je me disais : "J'ai été battue, je ne veux pas battre." Pour moi, il y avait vraiment un choix. Cela signifiait surtout oser être différente, avoir le droit d'être différente, parce que je sentais déjà que, par rapport à mes frères et sœurs, je réagissais de manière différente. Par exemple, par la suite, mes sœurs ont toutes fait de la prostitution à un moment ou à un autre, alors que ça n'a pas été mon cas ».

Devenue mère, Marie-Raphaëlle a poussé très loin cette logique. Par exemple, si elle donnait trois carrés de chocolat à l'une de ses deux filles, il fallait qu'elle en donne trois à l'autre. « Je voulais éviter de faire quoi que ce soit qui aurait pu les blesser, risquer de donner moins à l'une qu'à l'autre. J'ai essayé de faire le contraire de ce que j'avais vécu. »

On retrouve des propos identiques dans les autobiographies de personnes résilientes :

Le cinéaste François Truffaut

Ayant grandement souffert du manque d'amour dans son enfance, il a un jour écrit une lettre à ses parents dans laquelle il leur déclarait : « Je vous garantis que ma fille ne sera pas une enfant difficile. [...] Nous la gâtons autant que possible car je crois qu'avec les enfants il vaut mieux se tromper dans ce sens-là que dans l'autre. » Puis, quelques années plus tard : « Je réagis avec mes enfants en contradiction totale par rapport à ce que j'ai vécu[12]. »

Josyane Perrin

« Pour moi, les enfants représentent tout. [...] Ils sont notre bien le plus précieux et jamais, jamais, je n'aurais battu Thierry ou Céline ; tous les coups que j'ai reçus, je les ai transformés en tendresse et en amour pour eux[13]. »

Dave Pelzer

« Rompant le cercle vicieux, je suis devenu un père coupable essentiellement d'entourer son fils d'amour et de lui prodiguer tous les encouragements possibles[14]. »

Tim Guénard

Après avoir été l'objet d'une remarquable démonstration d'affection par un jeune handicapé moteur, il prend cette résolution : « Ce jour-là... je décide que je me marierai un jour. Et que j'aurai des enfants... Je m'engage à ne pas abandonner mes enfants. Je leur donnerai ce que je n'ai pas reçu. » Il a réalisé son vœu puisqu'il écrit des années plus tard : « Mes enfants sont devenus mes racines. Auprès d'eux, l'homme blessé que je suis a reçu des guérisons. Lorsqu'ils m'appellent mon papa, je sens un délicieux frisson courir le long de mon échine. Une émotion exquise. Je ne veux pas m'habituer à ce qu'on m'appelle papa. C'est la plus belle chose au monde[15]. »

J'appelle cette attitude le « contre-modelage » puisque toutes ces personnes ont fait de leur(s) parent(s) des antimodèles. Je définis ce terme comme la décision consciente d'agir à l'encontre d'un modèle humain, suivie à plus ou moins long terme de la réalisation du comportement souhaité. Le contre-modèle est généralement un parent, mais cela peut aussi être un enseignant ou toute autre personne dont le comportement déplaît particulièrement à l'enfant.

Ce terme de contre-modelage exprime à la fois le déterminisme et la liberté. L'enfant, l'adolescent n'a pas choisi d'être confronté à tel modèle parental et d'en subir l'influence, il est donc bien sous la pression d'un certain déterminisme. Mais il lui est néanmoins possible de faire usage de sa liberté de pensée et d'action en décidant d'aller à l'encontre des comportements et des attitudes que ce modèle a adoptés. Notons qu'expérimenter le contre-modelage ne consiste pas seulement à décider d'agir contre, mais aussi à décider d'agir pour (une vie meilleure pour soi et/ou pour les autres, en général). Ici s'applique pleinement la phrase de Jean-Paul Sartre : « L'important n'est pas ce qu'on fait de nous, mais ce que nous faisons nous-même de ce qu'on a fait de nous[16]. »

La fréquence de la *cessation* intergénérationnelle de la maltraitance est appelée à modifier profondément notre regard sur les personnes blessées dans leur enfance. C'est probablement ce qui est arrivé à Joni Marie Boye-Beaman lorsqu'elle a fait sa thèse de doctorat[17]. Elle a étudié la violence conjugale chez 346 hommes à partir de la conception de la transmission intergénérationnelle et de la théorie de l'apprentissage social. Son idée était que les hommes maltraités dans leur enfance avaient tendance à imiter le comportement de leur père et étaient donc plus violents que les autres. Or, elle a constaté exactement le contraire. En moyenne, les maris ayant grandi dans un foyer très violent avaient moins tendance à frapper leur compagne que ceux ayant grandi dans une famille moins agressive.

Condamner quelqu'un à un destin du malheur est une faute morale

Le lecteur l'aura compris au fil des pages, la transmission intergénérationnelle de la maltraitance est l'exception et non la règle, contrairement à ce qui a été longtemps cru et affirmé. Cette erreur est aujourd'hui corrigée chez les chercheurs qui peuvent donc s'intéresser prioritairement aux processus qui conduisent à la cessation. Mais elle circule encore dans le grand public et chez certains psychologues et professionnels de l'enfance. Or, affirmer que les enfants maltraités deviendront des parents maltraitants n'est pas seulement une erreur de raisonnement, mais aussi une faute morale. Ce lieu commun a condamné des milliers (des millions ?) de personnes à vivre dans la peur de la reproduction, certaines reculant l'âge de procréer, d'autres refusant plus ou moins consciemment d'avoir des enfants. Les ex-maltraités ont souvent peur de maltraiter eux-mêmes leurs enfants. Certains s'interdisent même de devenir parents. Un soir, à la fin d'une conférence, une femme d'un certain âge est venue me voir et m'a confié ce qui a constitué le drame de sa vie : ne pas avoir eu d'enfants avec son mari aujourd'hui décédé et qu'elle avait beaucoup aimé. Celui-ci avait préféré ne pas avoir d'enfants par crainte de reproduire ce qu'il avait subi. L'un des cas les plus dramatiques à cet égard est celui d'un jeune adulte qu'a rencontré Boris Cyrulnik dans sa clientèle. Il a suivi pendant une longue période un patient incroyablement maltraité. Cet enfant a bien évolué et a fait des études pour apprendre un métier. Un jour, Cyrulnik le voit arriver dans son bureau très angoissé parce qu'il était amoureux ! « "C'est affreux, a-t-il expliqué, j'ai été maltraité, maintenant je vais le répéter", et il a fait une tentative de suicide[18]. »

À noter que certains « spécialistes » enferment l'individu dans un destin du malheur, tel ce psychiatre qui a conseillé à une femme de ne jamais avoir d'enfant parce qu'elle répéterait inévitablement le cycle de maltraitance[19]. Une femme résiliente m'a signalé le cas de son frère à qui on a refusé d'adopter les deux enfants de sa compagne, comme il le souhaitait, en invoquant comme motif la maltraitance qu'il avait subie dans son enfance !

Heureusement, certains thérapeutes sont, à l'inverse, particulièrement empathiques auprès de ces personnes et les rassurent. C'est le cas du professeur Marcel Rufo, pédopsychiatre, qui affirme qu'« avoir une enfance malheureuse permettrait plutôt de devenir bon parent et bon grand-parent. Quand on a vécu quelque chose de douloureux dans l'enfance, on fait tout pour ne pas reproduire mais au contraire pour réparer ce qu'on n'a pas eu[20] ». Il sait de quoi il parle puisqu'il a travaillé pendant quelques années avec une institution accueillant six cents enfants victimes de sévices physiques ou nutritionnels. Trois éducatrices leur ont consacré toute leur vie. Quatre cents de ces enfants devenus adultes continuent de donner de leurs nouvelles aux deux éducatrices survivantes. Quatre-vingt-treize pour cent d'entre eux sont devenus d'excellents parents et grands-parents, alors que 7 % seulement ont reproduit sur leurs enfants les sévices dont ils avaient été victimes.

Les connaissances accumulées au fil des ans par de nombreux chercheurs nous invitent donc à un changement de regard[21]. La croyance commune erronée selon laquelle l'enfant martyr deviendra inéluctablement un parent bourreau ne peut conduire qu'au découragement et au pessimisme déterministe. Par contre, savoir que la plus grande partie des enfants maltraités deviendront des parents affectueux nous invite à un optimisme réaliste. Réaliste, car il n'est pas question évidemment de passer d'un extrême à l'autre en considérant que, d'un coup de baguette magique (rencontre du conjoint, naissance des enfants), tout va aller soudainement pour le mieux dans le meilleur des mondes. La résilience est un processus long et aventureux, parfois ponctué de reculs temporaires. Mais elle est porteuse d'espérance.

Terminons ce passage par une petite anecdote. Une assistante sociale m'a raconté qu'en tant qu'ex-maltraitée, elle avait toujours voulu faire le contraire de ses parents. Ce qui s'est bien déroulé, sauf un jour où elle a donné une fessée « mémorable » à ses filles, âgées respectivement de 4 et 6 ans. Ce qui va la culpabiliser énormément pendant de longues, longues années, convaincue de les avoir profondément traumatisées. Jusqu'à ce que trente ans plus tard, elle finisse par oser leur en parler. Surprise ! les deux filles ne s'en souviennent pas. Aux dernières nouvelles, la culpabilité reste tout de même toujours un peu présente chez l'assistante sociale...

Les limites et les effets pervers du contre-modelage

Le contre-modelage de la maltraitance n'a malheureusement pas que des avantages. Il présente un certain nombre de limites et d'effets pervers :

— la crainte de maltraiter soi-même ;

— la maltraitance malgré le souhait contraire ;

— la surprotection et la prison affective ;
— la permissivité.

Les parents résilients ont souvent peur de maltraiter

Malgré leur intense désir d'être de bons parents, nombreux sont les ex-maltraités qui redoutent de faire du mal à leurs enfants. Il s'agit là d'une arme à double tranchant. Il y a certes une face positive : cette crainte que le parent porte en lui a un effet inhibiteur remarquable, en particulier lorsqu'il sent que la colère contre son enfant commence à monter en lui. Cette crainte d'être soi-même maltraitant s'impose alors et bloque toute manifestation de violence. Mais il y a également une face plus sombre : cette crainte peut, dans certains cas, limiter considérablement l'épanouissement de la personne ainsi que sa spontanéité auprès de ses enfants. Elle peut se maintenir durant de longues années, même si elle a heureusement tendance à diminuer au fil du temps.

Certains ex-maltraités reproduisent la maltraitance de leurs parents, malgré le souhait contraire

Le fait de ne pas vouloir reproduire la maltraitance parentale facilite certes la rupture du cycle de la violence, mais ne constitue pas pour autant une garantie absolue. Tous les spécialistes de la protection de l'enfance connaissent des cas de personnes maltraitantes qui s'étaient pourtant promis de ne jamais reproduire ce que leur père ou mère avait fait avec elles. En quelque sorte, le contre-modelage semble être une condition nécessaire, mais non suffisante de cessation intergénérationnelle de la maltraitance.

Quand les parents résilients surinvestissent leur enfant

Qu'il s'agisse d'orphelins, de maltraités ou de survivants de la Shoah (et probablement d'autres génocides), les résilients savent bien mieux que d'autres combien le manque d'amour peut être néfaste et inversement, à quel point les relations humaines, l'affection sont facteurs de reconstruction. Par conséquent, ils ont généralement pour qualité majeure une grande capacité à donner de l'amour, leur plus grande joie consistant en ces moments de tendresse et de complicité toute simple avec les enfants que la vie quotidienne peut leur offrir.

Jean, un orphelin aujourd'hui marié et père de quatre enfants, manifeste un attachement très profond pour sa famille. Il déclare : « C'est sûrement une des choses les plus difficiles à supporter que de n'avoir personne à qui parler. D'avoir personne que l'on peut toucher affectivement. Je ne me souviens pas entre 5 et 13 ans d'avoir été caressé, d'avoir été embrassé... Tout ça n'existe pas... Et, depuis que je me suis marié et que j'ai eu des enfants, je me suis aperçu que c'est vraiment nécessaire, qu'il faut en faire tous les jours, des bisous et des caresses, qu'il faut sans arrêt qu'il y ait ce contact physique. Quand on l'a pas eu, là aussi on se dit que ça doit être nécessaire ! [...] Quand on a eu la vie que j'ai eue, arriver à se marier, c'est une grande réussite. J'ai été orphelin, et moi, je fonde un foyer, et j'ai des enfants ! Ça, c'est déjà merveilleux ! C'est la plus belle chose qui puisse arriver [...]. J'adorais, avec mon fils Laurent, quand il était jeune... C'était un enfant un peu rêveur, qui aimait bien la nature... J'aimais bien me promener avec lui, avec sa toute petite main dans la mienne, et puis le voir s'arrêter et ramasser une petite feuille. Là, j'avais vraiment l'impression de jouer le rôle du père, le père des rêves[22]. »

Mais il y a aussi le revers de la médaille. Car le résilient de blessures d'enfance a généralement pour défaut de vouloir trop bien faire. Il désire si fortement être un bon parent, parfois même un parent parfait pour ses enfants que cela peut amener ces derniers à certaines difficultés. S'il est bien connu aujourd'hui que la vie du résilient n'est pas un long fleuve tranquille, on sait moins qu'il n'est pas facile non plus d'être enfant de résilient.

La surprotection, la prison affective et le devoir d'être heureux

Il est probable que nombre d'enfants maltraités (et d'enfants de déportés de la Shoah) s'efforcent de surprotéger leurs propres enfants, une fois devenus parents, comme l'ont constaté Kreklewetz et Piotrowski, dans leur recherche auprès de 16 mères ayant subi l'inceste dans leur enfance[23]. Ces femmes cherchaient généralement à préserver leurs propres enfants. Par exemple, elles surveillaient les contacts de leurs enfants avec certains individus et situations et mettaient au point des plans de sécurité. Certaines mères n'autorisaient pas leurs enfants à entrer en contact avec leur propre abuseur ou avec des individus qu'elles considéraient comme des abuseurs potentiels. Dans certains cas, elles ne leur permettaient pas d'avoir des relations avec des membres de la famille qui refusaient de reconnaître qu'elles avaient elles-même subi l'inceste. De plus, ces mères contrôlaient leurs filles à la maison et leurs activités sociales. Une mère n'a jamais laissé ses enfants seuls avec son nouveau mari pendant un an. Une autre faisait très attention à ce que sa fille ne soit jamais seule dans la chambre avec son frère aîné âgé de 17 ans.

Toutes les mères de cette étude se sont décrites comme très protectrices, et souvent surprotectrices, voulant éduquer différemment et mieux qu'elles ne l'avaient été. Nombre d'entre elles s'efforçaient d'être des mères parfaites. Les stratégies de contrôle adoptées leur ont permis de se sentir plus efficaces comme parent et, selon leur propre conception, ont réduit la probabilité que leurs propres enfants puissent aussi être victimes.

Mais plusieurs études ont montré que la surprotection freine un bon développement psychosocial de l'enfant. Élever un enfant en s'efforçant de limiter au maximum les stress n'est pas le meilleur cadeau à lui faire. Cela ne lui apprend pas à réagir aux difficultés de la vie et ne l'incite pas à se fixer des défis. De plus, la surprotection dont ils sont l'objet conduit certains enfants à rejeter violemment leur parent à l'adolescence ou à l'âge adulte.

Angéline est consciente d'avoir surprotégé son fils. Mais à l'âge de 33 ans, elle a profondément réfléchi sur elle-même et a fait le point sur son comportement. « Mon fils était tout pour moi, dit-elle, je me serais coupé les deux mains, les deux pieds pour lui. J'étais omniprésente, je voulais le rendre heureux à tout prix, aplanir toutes les difficultés. On était trop liés, c'était des rapports fusionnels. » À l'adolescence, son fils a eu des réactions explosives : « Il ne me supportait plus et me disait à peine bonjour. Il m'a beaucoup reproché mon attitude en me disant : "Mais tu ne peux pas me laisser faire mes erreurs, me laisser me casser la gueule de temps en temps ?" »

Cette période de rejet a été très difficile pour Angéline. Elle a retourné ses reproches à son fils en lui lançant : « Mais enfin, je fais tout ce que je peux pour toi, et tu me rejettes comme si c'était une faute, mais espèce de fils ingrat, tu n'as pas honte ! »

Son fils est finalement parti vivre avec son père pendant un an et demi. « J'étais tous les soirs au téléphone à lui faire faire ses devoirs alors qu'il était en Allemagne et moi en Avignon. Quand il avait fini ses devoirs, il allait manger, je le rappelais à 9 heures pour lui dire bonsoir avant qu'il aille se coucher. Même à 1 000 kilomètres, je le bouffais encore. Là maintenant, quand je m'en souviens, je me dis que c'était hallucinant. »

Puis Angéline s'est mise à réfléchir et s'est dit : « Mais bon sang, il a raison, il a raison ; laisse-le faire ses propres expériences, laisse-le faire ses erreurs, sinon il va être malheureux, il faut bien qu'il fasse la part des choses, qu'il sache que s'il n'y a pas la nuit, il n'y a pas le jour. » Elle a dû se faire violence pour le laisser vivre sa vie, pour ne pas intervenir, quitte à le laisser faire des erreurs et lui dire quelques années plus tard : « Tu vois, là, si tu m'avais écoutée, ça ne te serait pas arrivé. » Mais cela a été extrêmement dur pour elle. « J'ai changé quand il avait 14-15 ans, et j'ai vu que par la suite, il était bien plus tranquille et décontracté. Les relations se sont nettement améliorées à partir du moment où je l'ai laissé libre, où je lui ai ouvert la prison. »

Micheline a vécu une expérience proche, bien que l'origine de sa souffrance soit très différente puisqu'il s'agit d'une enfant cachée de la Shoah : « Le départ des enfants a été pour moi un véritable déchirement : ils sont pourtant partis tard, à peu près à vingt-cinq ans. En fait, je n'arrivais pas à leur lâcher la main. Sans doute parce que moi, on m'avait lâché la main trop tôt, trop vite. Mais je me suis rendu compte, et mon fils me l'a très gentiment, mais très fermement dit, qu'une main qui tient trop longtemps devient une prison. Et en même temps, quand je le lâchais, il y avait en moi de terribles sentiments d'angoisse et de culpabilité. Je n'arrivais pas à me comprendre. C'était vraiment épouvantable, ce que je vivais. Je me rendais compte que j'étais tout à fait néfaste. [...] C'est vrai que la séparation d'avec mon fils a été plus difficile : j'avais comme besoin de vérifier que lui n'avait pas disparu. Et je téléphonais, et je téléphonais trop souvent, et c'était pour lui insupportable[24]. »

Ces propos rejoignent le constat de « prison affective » fait par Boris Cyrulnik, qui m'a dit l'avoir constaté à diverses reprises dans sa clientèle. Dans ce cas, la personne a tellement manqué d'amour dans son enfance qu'elle va donner le maximum d'amour possible à son enfant. Or, ce dernier risque fort de ressentir cela plus comme un étouffement, un empiétement de son univers intime, que comme une marque d'affection. À l'adolescence, cet envahissement risque de lui paraître de plus en plus insupportable. Soit il l'accepte et le subit, envers et contre tout ; soit il tente de s'en libérer. Mais comment se libérer d'une prison affective lorsqu'on ne possède pas encore les clés psychologiques et relationnelles pour ouvrir sereinement la porte ? La seule solution reste souvent la charge de dynamite. Efficacité garantie, mais effets secondaires importants... Et le parent constate, ahuri que son enfant bien-aimé, avec qui s'étaient tissés des liens de grande tendresse (mais aussi de fusion excessive) fasse soudain preuve d'une agressivité explosive, incompréhensible. De vieux démons peuvent alors remonter du fond du psychisme du parent résilient pour lui sussurer : « Finalement, tu vois que tu n'es pas un bon père (mère) malgré tous tes efforts. » Et quand ce parent lance à son enfant : « *J'ai tout fait* pour toi », celui-ci se dit : « Moi, *j'étouffais* par toi. »

Je connais le cas d'un grand-père, qui a copieusement maltraité ses neuf enfants. Tous sont devenus parents, aucun n'a maltraité ses propres enfants (bel exemple de contre-modelage, n'est-ce pas ?). Mais plusieurs d'entre eux ont eu tendance à surinvestir leur fonction parentale. Au point qu'un des petits-enfants ne veut aujourd'hui plus voir sa mère car il estime qu'elle l'a empêché de vivre en l'étouffant par son amour excessif. On imagine aisément la grande douleur de cette femme : après avoir été maltraitée par son père, après avoir fait le maximum pour son fils, elle se voit aujourd'hui rejetée par lui.

Une des facettes de cette prison affective est ce que j'appelle le « devoir d'être heureux » imposé à l'enfant. Certains parents anciennement maltraités ont beaucoup de mal à accepter que leur enfant puisse éprouver de la tristesse, estimant plus ou moins consciemment qu'ils en sont responsables, même si ce n'est pas le cas. Il faut dire qu'ils font tout pour éviter la moindre contrariété à leurs enfants. Ceci fait peser sur ces derniers le poids d'un « devoir de bonheur » difficilement accessible. Ce processus peut être renforcé par un autre. Lorsque l'enfant est au courant du drame qui a été vécu par le parent (ou qui le subodore), il peut lui-même se refuser le droit à la tristesse, sur la base du raisonnement suivant : « Que représente mon petit malheur face à l'immense drame que lui (elle) a vécu ? » Notons au passage cette remarque de Moutin et Schweitzer, sur les survivants de la Shoah : « Le plus souvent, les survivants ne parlaient pas de leur passé, créant une atmosphère de secret et de honte et provoquant une culpabilité de l'enfant d'avoir une jeunesse plus heureuse[25]. »

La permissivité parentale

Un autre effet pervers du contre-modelage est la permissivité manifestée par certains parents ex-maltraités. Hypersensibles à tout ce qui pourrait constituer une limitation à l'expression de l'enfant, et peut-être par crainte d'entrer dans une spirale de la violence, ils évitent au maximum l'usage de contraintes et surtout de punitions. En d'autres termes, ils privilégient le lien au détriment de la loi.

Ruscio a mené une étude auprès de 45 mères ayant été sexuellement abusées dans leur enfance, en les comparant à 717 mères de la population générale[26]. Il s'est fondé sur la typologie de Baumrind, qui répartit les parents en trois catégories : les parents autoritaires, les parents « autoritatifs » et les parents permissifs (voir chapitre II). Les mères qui avaient été abusées sexuellement étaient sensiblement plus nombreuses à faire partie de la catégorie des parents permissifs. Ruscio en déduit qu'elles sont si conscientes du pouvoir des adultes sur les enfants et des risques que cela entraîne, qu'elles évitent à tout prix la directivité et la discipline. Selon lui, cela risque de s'avérer préjudiciable aux enfants puisque des recherches antérieures ont montré que les enfants de parents permissifs ont tendance à être moins mûrs et autonomes, moins assertifs socialement et moins orientés vers la réussite que des enfants élevés par des parents autoritatifs ou autoritaires.

D'ailleurs, agir ainsi entraîne parfois un « effet boomerang » fort déconcertant pour le parent. Élevés sans véritable contrainte, les enfants risquent de devenir de plus en plus difficiles à contrôler, ce qui conduit alors dans certains cas le parent à devenir maltraitant.

Le contre-modelage constitue d'ailleurs peut-être l'explication d'un phénomène apparemment surprenant parfois observé : le saut générationnel de la maltraitance, c'est-à-dire la succession de ces comportements sur trois générations : maltraitance -> non-maltraitance -> maltraitance. Il semble donc que certains enfants de résilients, estimant que l'éducation qu'ils ont reçue a été vraiment trop laxiste, tombent dans l'extrême inverse d'une trop grande sévérité.

Ce saut intergénérationnel a également été constaté au sujet de la maturité psychologique. Gisèle Harrus-Révidi, dans son enquête sur *Parents immatures et enfants-adultes*, constate une « alternance dans la succession des générations. L'immaturité parentale crée une prématuration chez l'enfant qui, à son tour, par système défensif, surprotégera le sien, entraînant ainsi la réapparition du même toutes les deux générations : à la douleur d'avoir eu des parents incompétents succédera celle de voir ses enfants dépendants[27] ». Signalons aussi, dans un autre registre, le cas de Werner, âgé de 40 ans. Son grand-père était communiste, son père est devenu SS et lui-même a pris pour modèle son grand-père et s'est résolument engagé à gauche[28].

Optimisme et réalisme, telles sont les deux facettes du regard que l'on peut porter sur les personnes résilientes, à la lumière de ce chapitre. Optimisme puisque malgré une enfance particulièrement difficile, la majeure partie des enfants maltraités deviennent des parents affectueux. Mais réalisme également, car la résilience n'est pas une bonne fée qui transforme automatiquement les citrouilles en carrosses.

Les différents points évoqués dans ce chapitre devraient inciter à un nouveau discours social et à un changement de perspective. On a longtemps stigmatisé sans raison les enfants maltraités en leur prédisant un avenir de bourreaux. Heureusement, ce discours n'a aucune consistance scientifique. Par contre, on ne s'est absolument pas intéressé à un risque bien plus fréquent (mais beaucoup moins grave, il est vrai), le surinvestissement parental, qui entraîne généralement certains effets préjudiciables. Or, il est possible d'envisager là un travail de sensibilisation des parents, consistant à leur expliquer diverses facettes de la relation éducative : il est tout à fait possible à la fois d'aimer et d'imposer des sanctions ; il est important que les enfants ne soient pas en permanence le centre des préoccupations de leurs parents, pour l'équilibre des uns et des autres ; certains enfants trop choyés ont parfois l'impression d'étouffer par un excès d'amour et se révoltent ; etc. Évidemment, tout ceci doit se faire dans le plus grand respect possible de la personne. Car il ne faudrait pas tomber dans une nouvelle forme de stigmatisation envers les parents résilients consistant à penser : « De toute façon, soit ils maltraitent leurs gamins, soit ils les laissent tout faire. » Cette remarque n'est pas que pure rhétorique. Il m'est arrivé à deux reprises d'entendre, au cours de formations, alors que je venais de parler des risques de surinvestissement des parents résilients : « Finalement, étouffer d'amour un enfant, c'est pareil que de le maltraiter. » Ma réponse fut chaque fois : « Écoutez, si vous disiez cela à des parents qui ont été maltraités dans leur enfance, cela les choquerait probablement beaucoup. » Et chaque fois, la personne a reconnu son erreur. Ah, stigmatisation, quand tu nous tiens !

La plupart des parents qui n'ont pas connu l'amour dans leur enfance tentent de faire au mieux de leurs possibilités et de leurs émotions. Beaucoup y parviennent de manière convenable, pour d'autres l'apprentissage est plus difficile. Ce n'est sûrement pas en les critiquant d'entrée de jeu, mais au contraire après avoir reconnu et valorisé leur capacité d'être une bonne mère ou un bon père, qu'on peut progressivement leur faire remarquer qu'il leur arrive peut-être parfois d'aller un peu trop loin.

CHAPITRE VII

La personnalité des individus résilients

« Nous parlons la même langue. »

« Je perçois les filles du collège comme des ombres, des bruissements. Nous ne pouvons communiquer. La distance qui nous sépare n'est pas franchissable. Ces filles parlent, crient, vibrent. Je les vois, les entends, mais elles ne vivent pas dans la même réalité que moi ; même si je tendais la main, je ne pourrais les atteindre[1]. »

Par ces quelques mots, Maryse Vaillant rend parfaitement compte de ce que ressentent la plupart des jeunes vivant une grande souffrance. « Je me suis toujours senti(e) différent(e) des autres » est un propos que j'ai fréquemment entendu dans les entretiens que j'ai réalisés. Certains ont compris dès l'enfance que leurs préoccupations quotidiennes, leur manière d'appréhender l'existence n'étaient pas identiques à celles de leurs petits voisins et camarades d'école, même si ce n'était encore qu'une impression diffuse. Catherine, dont la mère était alcoolique, me dit avoir « découvert le pot aux roses » quand elle avait 3 ans : « J'ai très vite compris que ma mère avait bu et qu'elle n'était pas capable de s'occuper de moi. » La différence perçue par rapport aux autres se renforce à l'adolescence, comme le montrent les témoignages de Nathalie Schweighoffer, une victime d'inceste : « On parlait des cours, des sorties, des clopes. Comme si de rien n'était. J'en avais marre de ces discussions de gamines. Ça me gonflait. Ces petites histoires de mecs. "T'as flirté avec lui ou pas ? Ton père te laisse fumer, toi ? Qu'est-ce que t'as mis dans la rédac sur Montaigne ? D'où tu sors ce pull ?"

"D'où je sors ce père ? Pourquoi moi ?"[2] »

Qu'il s'agisse des orphelins, des enfants maltraités, des victimes d'inceste, pratiquement tous ont ressenti cette différence, ce sentiment d'être étranger au milieu des autres. Ils estiment souvent qu'il ne servirait à rien de parler de ce qu'ils vivent quotidiennement car, de toute façon, on ne les comprendrait pas ou on les fuirait. Éva Thomas, autre victime d'inceste, a tiré cette conclusion, en parlant d'elle-même : « Si elle disait la vérité, elle ferait fuir ses amis... elle serait perdue. Elle faisait semblant d'être comme les autres jeunes[3]. »

La nécessité d'avoir adopté certains modes de penser, certains comportements pour survivre des blessures d'enfance procure aux résilients, une fois devenus adultes, des traits de personnalité bien spécifiques. Les entretiens semi-directifs que j'ai menés à l'occasion de ma thèse[4] permettaient une large liberté d'expression à ces personnes. J'ai constaté que certains thèmes revenaient spontanément de façon assez récurrente, sans qu'ils aient fait initialement partie des thématiques que j'envisageais d'étudier. Par ailleurs, les autobiographies que j'avais lues convergeaient fréquemment avec ces propos. J'en suis donc arrivé à penser que les résilients d'enfance malheureuse présentent un certain nombre de caractéristiques psychologiques qui les distinguent sensiblement de la population générale.

Pourtant, beaucoup se sont longtemps efforcés d'être « comme tout le monde », parce qu'ils ressentaient le besoin de s'intégrer socialement, pour donner le change, ou encore pour ne pas apparaître anormal et éviter qu'on leur pose des questions. « Au début, je brûlais d'être comme tous les autres, nous dit un jeune handicapé. J'aurais tout donné pour devenir enfin normal[5]. »

Mais comme nous allons le voir, il leur est impossible d'être comme tout le monde. La personne résiliente est définitivement différente des autres. Attention, quand j'écris cela, le lecteur risque de ne penser qu'à la facette traumatisme. Ce serait une erreur ; certes le résilient est différent en raison de son traumatisme, mais aussi, surtout, en raison de sa résilience. Bien sûr, tous le disent : « On ne guérit jamais complètement de ses blessures d'enfance. Il y a des cicatrices qui restent pour toujours. » Mais il y a aussi des apprentissages positifs qui se maintiennent toute la vie. Je citerai à nouveau Maryse Vaillant : « Je crois que les enfants qui connaissent les affres et les paniques des parents fragiles et qui sont quotidiennement amenés à côtoyer leurs précipices font comme moi. Ils acquièrent très tôt des stratégies de survie personnelle qui continuent de leur coller à la peau même lorsque la vie leur a permis de s'éloigner du danger[6]. »

Parvenu à l'âge adulte, le résilient sent bien que « les autres » ne comprendront jamais véritablement ce qu'il ressent. S'ils font vraiment un effort, ils pourront saisir intellectuellement ce qu'il a vécu, mais ils ne parviendront jamais véritablement à percevoir cette réalité sur le plan sensible, affectif, émotionnel.

Les différentes caractéristiques que je présente ci-dessous se retrouvent fréquemment chez les personnes résilientes, mais cela ne signifie évidemment pas qu'elles sont toutes présentes chez toutes. Rappelons qu'au-delà de certaines généralités, chaque expérience de résilience est unique. Et inversement, une personne n'ayant pas subi de traumatisme important peut fort bien en posséder certaines. Ce qui demeure, c'est la forte récurrence, chez les résilients, de certains traits de personnalité que j'ai répartis en deux catégories : les traits personnels et les traits relationnels. Cette utile distinction reste cependant quelque peu arbitraire pour certains d'entre eux, comme le lecteur pourra le constater chemin faisant.

Traits personnels

— une maturité précoce ;
— la relativisation des problèmes quotidiens ;
— l'adoption de positions bien tranchées ;
— le sentiment d'avoir eu beaucoup de chance (ou pas du tout !) ;
— le perfectionnisme et l'excès de travail ;
— un intense appétit de vivre ;
— un sens développé de l'humour ;
— un questionnement quasi permanent.

TRAITS RELATIONNELS

— se sentir à la fois plus fort et plus faible que la moyenne des gens ;
— une gentillesse excessive ;
— le sentiment d'une mission à accomplir dans ce monde ;
— une hypersensibilité aux réactions d'autrui ;

Traits personnels

UNE MATURITÉ PRÉCOCE

Le trait de personnalité le plus souvent présent est, logiquement, une maturité précoce. Cet enfant qui grandit est un adulte avant l'âge, il acquiert des modes de fonctionnement, des aptitudes bien plus tôt que les autres enfants. Ce qui est difficile à assumer au quotidien, mais qui constitue souvent aussi une source de fierté. Certains sont mêmes contraints à la « parentalisation », c'est-à-dire qu'ils doivent assumer le rôle de parents au foyer, ce qui est particulièrement le cas lorsque les parents sont alcooliques ou souffrent d'une maladie psychiatrique.

Catherine me décrit ses mésaventures enfantines. Lorsqu'elle avait 6-7 ans, sa mère devait venir la chercher à l'école privée dirigée par des sœurs, mais elle arrivait souvent vers 20-21 heures, « après avoir fait la tournée des bistrots toute la journée ». « J'étais débordée, je ne pouvais pas venir, excusez-moi », disait-elle pour s'excuser. « On rentrait à point d'heure, elle faisait parfois encore quelques bistrots sur la route. » Vers 8 ans, Catherine a utilisé un ramassage scolaire, et rentrait donc à la maison par elle-même. « Soit je trouvais ma mère dans un état normal, ce qui était très rare, soit elle était bourrée comme un coin, et elle n'arrêtait pas de marmonner, soit elle était dehors à faire les bistrots. »

À cette époque, sa mère vivait avec quelqu'un qui buvait également et ils ont eu un enfant. « Moi, je ne supportais pas le désordre et je faisais le repassage à 8 ans. » Lorsque Catherine rentrait à la maison et que sa mère et son beau-père étaient absents, elle se chargeait de sa demi-sœur. Elle avait découvert toute seule, dans le placard de la cuisine, toutes les explications pour lui donner le biberon. « Il fallait mettre tant de mesures de lait, stériliser le biberon, je faisais bouillir de l'eau. Je berçais ma sœur, et après je lui donnais son biberon. J'avais repéré les cycles où elle dormait. Mes copines venaient me chercher pour jouer à la corde à sauter, à l'élastique. Alors, je leur disais : "Attendez, ma petite sœur va bientôt s'endormir". Et quand elle dormait, je descendais jouer, et je remontais toutes les demi-heures pour voir si elle ne s'était pas réveillée. »

On comprend qu'avec un tel programme, Catherine avait de quoi se sentir différente de ses petites copines. Du biberon à l'élastique, le fossé est immense.

« Un jour, quand j'avais 9 ans, il y a eu une dispute épouvantable à la maison entre ma mère et son deuxième mari, j'ai pris ma petite sœur dans les bras. On habitait en face du commissariat central. J'en ai eu ras le bol, j'ai traversé la rue et je suis allée voir les flics. Ils nous connaissaient parce que les voisins les appelaient sans arrêt, le panier à salade venait, on partait au palais de justice en pleine nuit. J'ai dit aux flics : "J'en ai marre, je ne veux plus rester ici, je veux aller vivre avec mon père." Ils m'ont envoyée chez ma tante, le temps de passer la nuit. Ils ont bouclé ma mère et ont envoyé un télégramme à mon père. Le lendemain matin, il est arrivé et m'a dit : "Voilà, je t'emmène". »

La maturité précoce est une contrainte souvent lourde, mais quasiment impérative. Elle oblige l'enfant à prendre des décisions lui-même sans pouvoir compter sur l'aide de ses parents. Lorsque Serge Moati demande à Jean-Marc, orphelin dans l'enfance : « Vous pensez qu'un orphelin devient plus vite mûr que ses copains ? », celui-ci répond : « Oui. On est responsable très tôt. On ne peut plus compter sur ses parents pour se réorienter si on rate une classe... On peut pas trop glander. On ne fait pas de choses frivoles. On les fait après mais, dans l'adolescence, il n'y a pas de place pour la frivolité, c'est clair. On est mûr tout de suite. On n'est pas là pour se marrer[7]. »

La relativisation des problèmes quotidiens

Conséquence logique de ce qui précède, les problèmes quotidiens apparaissent bien dérisoires à celui qui a traversé de lourdes épreuves. « Une fois qu'on a perdu sa mère, plus rien de pire ne peut arriver », ou : « À côté de tous les coups que j'ai reçus, le reste, c'est pas grand-chose, vous savez », sont des propos très souvent tenus par ces personnes.

Plusieurs personnes que j'ai interviewées ont employé des expressions telles que : « J'ai une collègue de bureau, elle se fait vraiment des montagnes d'une souris », ou : « Mon voisin, il voit des problèmes partout, il se noie dans un verre d'eau. » Maria m'affirme : « Je pense qu'on peut se rendre malheureux soi-même, si on veut tout regarder en noir, si on veut se pourrir la vie par des bêtises. Et donc, j'essaie toujours d'aller à l'essentiel, qui est la vie, l'amour. Pour moi, c'est les deux moteurs. Et je ne vais pas m'embourber dans les chamailleries de bureau. Même dans la vie de couple, il y a des chamailleries sans intérêt. »

Joseph Gourand (déporté un an à Auschwitz à 17 ans) fait remarquer : « Paradoxalement, ce qui m'a aidé à me reconstruire, c'est l'expérience même de la déportation par laquelle j'étais passé. J'y ai puisé la force de considérer les autres difficultés de la vie, si graves semblaient-elles, comme relatives. [...] Si vous avez subi une épreuve très dure au cours de votre vie et si vous vous en êtes sorti vivant, quand il vous en arrive une autre, vous êtes blindé[8]. »

Quant à Alexandre Jollien, il déclare : « Celui qui dès la naissance côtoie la souffrance ou la douleur entame l'existence pourvu d'un réalisme bienfaiteur. En définitive, trop tôt avisé que la vie s'accompagne inexorablement de peines, il sombre moins aisément dans le découragement[9]. »

Pierre déclare au sujet des difficultés de l'existence : « Ça ne me fragilise pas du tout. J'essaie d'analyser le pourquoi de la situation, je crois que j'arrive à repérer ce qui ne va pas et à essayer de trouver comment réagir. Ça m'a forcé à scinder la part des choses, le mauvais et le bon, et à essayer de trouver ma voie. Du coup, j'arrive toujours à retomber sur mes pattes, je ne me suis jamais cassé la figure. J'ai toujours assumé ma situation sans m'effondrer. »

Notons que l'association d'une personne résiliente et d'une personne n'ayant pas eu de problèmes majeurs dans son existence pose parfois des problèmes, en raison du grand décalage dans la perception de l'existence qui peut alors exister. C'est notamment le cas de Catherine qui estime que son mari, « né avec une cuiller d'argent dans la bouche », est très exigeant avec les enfants alors qu'elle-même s'efforce de leur assurer une vie la plus agréable possible : « Il râle tout le temps, il y a toujours quelque chose qui ne va pas. Parce que la table n'est pas mise ou parce que les enfants n'ont pas arrosé le jardin ou qu'ils sont dehors alors qu'ils devraient être dedans, etc. Je trouve ça vraiment pénible. »

L'ADOPTION DE POSITIONS BIEN TRANCHÉES

La différence entre les deux documents qui suivent saute aux yeux. Il s'agit pourtant de la même page du questionnaire que j'ai soumis aux sujets de mon enquête. Le premier a été rempli par une personne n'ayant pas été maltraitée dans son enfance, le second par une personne qui a été fortement maltraitée physiquement et psychologiquement par sa mère. L'un et l'autre sont bien représentatifs de chacune de ces deux populations, même si j'ai choisi de présenter le plus remarquable des questionnaires d'ex-maltraités à cet égard.

Il s'agit là d'un constat auquel je ne m'attendais aucunement, ce que j'appelle la polarisation (ou extrémisation) des réponses des ex-maltraités. En effet, plus je recevais de questionnaires, plus j'avais l'impression qu'existait cette différence entre réponses des maltraités et des non-maltraités, même si elle n'était pas systématiquement présente. Mais ce qui n'était qu'intuition a dû faire l'objet de traitements statistiques ; ils ont clairement confirmé ce que je soupçonnais. Sur toutes sortes de sujets, les personnes résilientes de maltraitance ont tendance à adopter des positions plus tranchées que les autres. Sur certains thèmes, il s'agit d'unipolarisation (tendance à répondre surtout dans une direction), pour d'autres, il s'agit de bipolarisation.

	pas du tout d'accord						tout à fait d'accord
Je m'occupe de mes enfants pour qu'ils se sentent bien dans leur peau						X	
Le fait que les parents se tapent ou se giflent parfois est nécessaire	X						
Je passe du temps avec mes enfants afin que cela développe leur intelligence					X		
Je n'accepte pas que les autres m'imposent leurs conceptions sur l'éducation des enfants						X	
Mon époux(se) et moi-même, pensons généralement la même chose sur la manière d'élever nos enfants				X			
Je suis généreux avec mes amis						X	
Les gens sont naturellement méchants et hostiles	X						
Je me remets rapidement après avoir subi un choc					X		
Si les gens savent s'y prendre, la plupart des malheurs peuvent être évités					X		
Dans la plupart des domaines, ma vie est proche de mon idéal					X		
La nature humaine est fondamentalement bonne			X				
J'ai une forte personnalité				X			
J'aime faire face à des situations nouvelles et inhabituelles					X		
Les bonnes choses qui arrivent dans le monde sont bien plus nombreuses que les mauvaises		X					
En général, ma colère contre quelqu'un passe rapidement						X	
Mes conditions de vie sont excellentes					X		
D'habitude, je fais bonne impression sur les gens					X		
Je pense souvent que je ne vaux rien	X						
J'aime goûter de nouveaux plats						X	
Il y a plus de bien que de mal dans le monde			X				

	1 (pas du tout d'accord)	2	3	4	5	6	7 (tout à fait d'accord)
Je m'occupe de mes enfants pour qu'ils se sentent bien dans leur peau							X
Le fait que les parents se tapent ou se giflent parfois est nécessaire	X						
Je passe du temps avec mes enfants afin que cela développe leur intelligence							X
Je n'accepte pas que les autres m'imposent leurs conceptions sur l'éducation des enfants							X
Mon époux(se) et moi-même, pensons généralement la même chose sur la manière d'élever nos enfants		X					
Je suis généreux avec mes amis							X
Les gens sont naturellement méchants et hostiles	X						
Je me remets rapidement après avoir subi un choc							X
Si les gens savent s'y prendre, la plupart des malheurs peuvent être évités							X
Dans la plupart des domaines, ma vie est proche de mon idéal							X
La nature humaine est fondamentalement bonne							X
J'ai une forte personnalité							X
J'aime faire face à des situations nouvelles et inhabituelles							X
Les bonnes choses qui arrivent dans le monde sont bien plus nombreuses que les mauvaises						X	
En général, ma colère contre quelqu'un passe rapidement							X
Mes conditions de vie sont excellentes							X
D'habitude, je fais bonne impression sur les gens						X	
Je pense souvent que je ne vaux rien	X						
J'aime goûter de nouveaux plats							X
Il y a plus de bien que de mal dans le monde						X	

Un bon schéma valant mieux qu'un long discours, il suffit de regarder la figure ci-dessous pour comprendre ce qu'est la bipolarisation. Il décrit la répartition des réponses (de 0 = pas du tout d'accord à 6 = tout à fait d'accord).

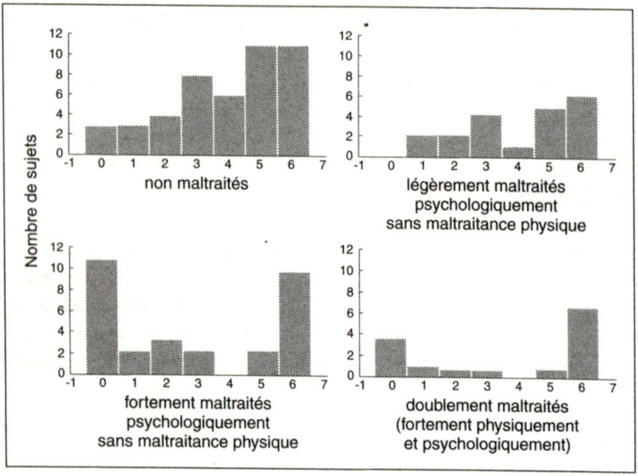

Distribution des réponses à l'item « Je suis satisfait de l'aide que je reçois de mon époux(se) pour élever nos enfants », en fonction du comportement du père.

On observe ici une forte bipolarisation des réponses des personnes appartenant à la catégorie 3 (fortement maltraitées psychologiquement) et, dans une moindre mesure, des personnes appartenant à la catégorie 4 (fortement maltraitées physiquement et psychologiquement). Autrement dit, la plupart de ces personnes ont tendance, soit à s'estimer très insatisfaites de l'aide de leur conjoint (colonne de gauche), soit très satisfaites (colonne de droite). Très peu adoptent une position moyenne sur ce sujet.

Retournons maintenant à la page de questionnaire présentée précédemment et notons au passage ces réponses étonnantes de la part de quelqu'un qui a subi de graves maltraitances physiques et psychologiques : elle attribue la note 0 à la phrase : « Les gens sont naturellement méchants et hostiles » et la note 6 (sur 6) à la phrase : « La nature humaine est fondamentalement bonne. » Surprenant, non ?

Après avoir rempli ce questionnaire, Angéline a écrit les lignes suivantes qui montrent qu'elle établit un lien direct entre sa manière d'être et son vécu d'enfance. « Je me découvre encore plus manichéenne que je ne le pensais ! Je me rends compte aujourd'hui que c'est grâce à cela que je ne suis pas une mère comme la mienne, j'ai voulu de toutes mes forces faire le contraire de ce qu'elle faisait, être le contraire de ce qu'elle est. Je me rends compte avec horreur que si je n'avais pas adopté cette solution un jour, je serais sans doute devenue une mère maltraitante. »

Pour ma part, je ne m'autoriserais pas à parler de manichéisme à propos de ce trait de personnalité fréquent chez les résilients de maltraitance. Certes, il y a bien chez ces personnes une tendance à adopter des positions extrêmes sur divers aspects de l'existence, mais libre à chacun de l'interpréter à sa manière. Car on peut tout aussi bien porter sur elles une appréciation plus favorable : « Ces personnes ont des vraies convictions, elles ne transigent pas avec ce qu'elles considèrent comme étant la vérité. » Tout dépend de la perspective adoptée.

Nous avons noté précédemment que lorsque l'enfant ne trouve pas de lien, il en crée (avec des animaux, la nature, etc.) ; lorsqu'il ne trouve pas de sens, il en crée. Ici, c'est la même chose qui se passe : l'enfant qui ne trouve pas de loi dans son univers familial se crée des règles pour survivre. J'ai souligné au chapitre II que plusieurs personnes résilientes que j'ai interviewées m'ont dit : « J'ai vraiment manqué de structures », ou : « Ce qui m'a le plus manqué, c'est de repères. » Car la maltraitance parentale n'est souvent que le reflet, la manifestation la plus évidente d'un manque de repères dans la personnalité du parent et, par voie de conséquence, dans le fonctionnement familial. Une fois devenus adultes, un certain nombre d'ex-enfants maltraités vont non seulement faire preuve d'un contre-modelage de la maltraitance (c'est-à-dire qu'ils vont décider d'être un parent non maltraitant), mais également de ce manque de repères. Ils vont donc se forger des convictions nettes, des principes clairs, pour conduire leur existence. C'est donc quasiment par nécessité de survie que les ex-maltraités devenus des parents affectueux ont adopté des positions radicales sur l'existence. C'était en quelque sorte une indispensable condition pour pouvoir se diriger dans l'existence.

Reste à savoir si la polarisation des attitudes des ex-maltraités se maintient au fil des ans. *A priori*, il est impossible de donner une réponse. Il se peut qu'avec les années, la personne adopte une approche moins catégorique de l'existence. Mais l'inverse est également possible. Chaque fois que la recherche apporte des réponses à une question, elle charrie aussi de nouvelles questions...

Le sentiment d'avoir eu beaucoup de chance (ou pas du tout !)

La bipolarisation des réponses des ex-maltraités se retrouve très clairement à propos de la question du sentiment d'avoir eu de la chance dans la vie ou pas. Voici la répartition des réponses à la phrase : « Quand j'y pense, je m'estime vraiment chanceux. »

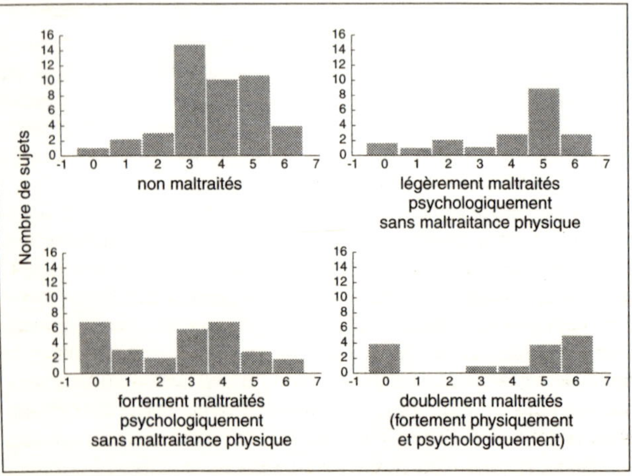

Distribution des réponses à l'item : « Quand j'y pense, je m'estime vraiment chanceux », en fonction du comportement du père.

Cette figure met en évidence un résultat qui ne surprendra personne : les individus fortement maltraités sont les plus nombreux à estimer qu'ils ne sont pas chanceux. Sept sujets fortement maltraités psychologiquement sur 31 (soit 23,3 %) cochent 0 (= « pas du tout ») à la phrase : « Quand j'y pense, je m'estime vraiment chanceux » ; 4 sujets doublement maltraités sur 15 (soit 26,7 %) font de même.

Par contre, ce qui est nettement plus étonnant, c'est le pourcentage important de personnes doublement maltraitées qui s'estiment très chanceuses. Le constat est particulièrement remarquable si on les compare avec les non-maltraités. Cinq ex-doublement maltraités sur 15 (soit 33,3 %) se disent très chanceux, contre seulement 4 non-maltraités sur 47 (soit 8,7 %).

Petite remarque méthodologique au passage. Les moyennes des réponses des non-maltraités et des doublement maltraités sont quasiment identiques (respectivement 3, 74 et 3, 80 sur une échelle allant de 0 à 6). Si l'on se contentait de cette information, on pourrait croire que le sentiment d'être chanceux dans la vie est le même chez les uns et les autres. Or, les histogrammes nous démontrent que la répartition de leurs réponses est radicalement opposée d'un groupe à l'autre. Il est toujours utile de rester prudent face aux statistiques.

Deux explications me semblent possibles pour cette tendance d'une proportion importante d'ex-maltraités à répondre qu'ils ont eu beaucoup de chance. L'une est qu'elle reflète précisément cette tendance à fournir des réponses extrêmes.

L'autre se rapproche de ce que nous avons constaté plus haut à propos du goût pour l'existence. Étant donné leurs conditions de vie initiales particulièrement défavorables, ces personnes ont appris à apprécier à leur juste valeur les événements, les rencontres humaines qui leur ont permis de s'en sortir. Ceci était bien improbable à leurs yeux et a donc constitué une chance dans leur vie. Tandis que les personnes qui n'ont pas eu de difficultés particulières dans leur enfance ont plutôt tendance à considérer les événements et rencontres favorables comme normaux.

David Bisson, « l'enfant du placard », écrit : « Les éducateurs m'ont appris à vivre. [...] J'étais dorloté par les éducateurs. Ils étaient tous vraiment bien avec moi. Cela ne pouvait pas mieux se passer. Je suis tombé pile sur ce qu'il me fallait. J'ai eu beaucoup de chance. [...] Je n'ai que des bons souvenirs de ces années-là[10]. »

De même, Angéline me déclare : « J'estime que j'ai eu beaucoup de chance dans ma vie. C'est sûr qu'avec toutes les embûches, toutes les barrières et tous les murs que j'ai dû franchir, être arrivée là où j'en suis, être bien dans ma peau, être heureuse, aimer et être aimée, ça c'est de la chance. »

Quant à Stanislas Tomkiewicz, qui a passé son adolescence dans le ghetto de Varsovie, puis au camp de Bergen-Belsen, il déclare : « Je me suis toujours vu non pas comme un garçon qui a eu beaucoup de malheurs, mais comme quelqu'un qui a eu énormément de chance, et qui doit payer cette chance en travaillant pour les autres[11]. »

Le perfectionnisme et l'excès de travail

Il arrive fréquemment qu'un enfant mal-aimé multiplie les efforts pour obtenir de son père ou de sa mère un témoignage de douceur, une parole d'amour. Il ramène des carnets de notes remarquables, il cire le parquet, fait la vaisselle, tout cela dans l'espoir d'un regard tendre, d'une main délicatement posée sur les cheveux. Rien n'est jamais trop parfait pour y parvenir.

Parvenu à l'âge adulte, cela donne parfois une personne hypercompétente, généralement très appréciée pour la qualité de son travail. Angéline est convaincue que sa réussite professionnelle est un fruit direct de son enfance, de ce goût qu'elle a de vouloir être parfaite, d'aller plus loin, de travailler plus. « Je n'aurais pas été aussi performante dans mon métier si je n'avais pas eu cette enfance-là. J'ai été longtemps directrice commerciale, et c'est un métier où il faut absolument tout le temps se dépasser, se mettre tous les jours en question, aller au-delà de ses possibilités, C'est ce que je faisais déjà quand j'étais enfant, car j'essayais d'être parfaite pour être acceptée par ma mère. » Elle travaillait bien à l'école, était obéissante, rendait service à ses frères et sœur quand ils le lui demandaient, assumaient leurs bêtises ; en bref, elle s'efforçait d'être parfaite. En vain.

Mais ceci peut aussi leur causer des difficultés relationnelles car ils sont parfois aussi exigeants avec leurs collègues qu'avec eux-mêmes et ont tendance à considérer que les autres font mal leur travail. Catherine le souligne : « Je suis difficile, je suis très exigeante avec moi-même, très dure avec moi-même, je suis très appréciée et reconnue dans ma profession. On me demande quelque chose, clac, je le fais, c'est net, c'est carré. Quand on me donne des informations qui ne sont pas claires, ça m'énerve. »

Parfois, c'est le désir de prendre une revanche sur la vie qui les pousse à agir ainsi. Joseph Gourand (déporté un an à Auschwitz à 17 ans) écrit : « Ma hargne à m'en sortir, à mettre ma famille à l'abri, ne supportait aucune pause. J'avais l'impression d'être en faute chaque fois que je me reposais. J'étais un fugitif persuadé qu'il sera repris par ses démons s'il s'arrête, ne fût-ce qu'un instant, de courir[12]. »

Un jour, un entrepreneur évoque les transformations du quartier où Joseph vient d'acheter une seconde boutique, et lui dit que s'il continue, il va posséder toute la rue de Turenne. Joseph répond : « "Vous ne pouvez pas comprendre. Que savez-vous de moi ? J'ai une revanche à prendre. Je veux prouver que je peux faire ça, que je ne suis pas un pauvre type.

— Mais sur qui voulez-vous donc prendre une revanche ?

— Sur la vie. La revanche de la vie."

Il n'insista pas, mais désormais prit ses distances comme si j'étais un gentil garçon un peu dérangé. C'est vrai que, parfois, je devais passer pour un fou avec ma frénésie perpétuelle, mon insatisfaction chronique, ce toujours plus qui me dominait[13]. »

Un intense appétit de vivre

La lumière paraît d'autant plus belle que l'on a vécu dans l'obscurité. C'est bien l'expérience éprouvée par de nombreux résilients. L'enfant maltraité grandit généralement avec l'espoir d'un avenir meilleur. Il y a tout d'abord l'avenir proche avec ses parents, mais cet espoir est généralement déçu.

Pourtant, lorsque ces petits bonheurs ont lieu, lorsque leurs parents manifestent quelque gentillesse à leur égard, c'est pour certains enfants le paradis qui descend soudain sur terre. Une promenade en forêt, une partie de cartes en famille, un bon dessert pour l'anniversaire, peuvent constituer des souvenirs inoubliables pour l'enfant habituellement rejeté, alors qu'ils ne marqueront pas particulièrement celui qui bénéfice régulièrement de marques d'affection. Ces enfants ont appris à apprécier ce qui paraît normal aux autres. « Des instants que tout un chacun trouvait anodins, il m'arrivait de les trouver sublimes[14]. »

Il y a aussi l'avenir plus lointain, lorsque l'enfant sera devenu adulte et qu'il pourra décider lui-même de sa vie. Une fois quitté l'univers familial, il se dit plus ou moins consciemment : « Désormais, le pire est passé, demain ne peut être que meilleur. » Ce mode de raisonnement peut donner à ces personnes une énergie formidable, un intense appétit de vivre. Ils goûtent avec délices tous les petits bonheurs de l'existence. Ce qui n'est pas incompatible, d'ailleurs, avec des phases dépressives lorsque le passé s'impose douloureusement à la mémoire.

Il est intéressant de mettre en parallèle les deux citations suivantes, la première provenant d'une jeune fille victime d'inceste, l'autre d'un jeune homme déporté à Auschwitz :

— « La liberté c'est formidable. Vous ne pouvez pas comprendre, vous êtes libres depuis toujours. Pour moi et ceux et celles qui me ressemblent, la liberté est un cadeau fabuleux[15]. »

— « Liberté est un mot merveilleux, mais il faut avoir vécu en prison ou dans les camps pour savoir vraiment ce qu'il signifie. Quand vous avez vécu cela, chaque fois que vous descendez dans la rue en sachant que l'on ne vous mettra pas en prison, vous êtes un homme heureux. Aujourd'hui encore, lorsque je vais acheter du pain ou le journal, je savoure le goût de la liberté[16]. » Après avoir été libéré, ce jeune homme a conscience de la « chance » qui est la sienne : « J'avais, selon moi, perdu pour toujours le droit de me plaindre. Gémir sur mon sort aurait été parfaitement inutile et, de surcroît, j'estimais que cela aurait été insultant envers ceux des miens que les nazis avaient réduits en cendres. Tout ce que je vivais désormais, vu par où j'étais passé, c'était du rab, de l'inespéré[17]. »

De même, au cours de notre entretien, Angéline me dit : « J'ai appris à goûter le bonheur des choses simples de la vie : la beauté des arbres, les nuages qui passent, l'odeur d'une fleur, les oiseaux qui viennent manger les graines que je leur mets, etc. Le monde est magnifique. Je trouve ça fantastique. Mon mari, qui a grandi dans sa famille d'amour, m'a dit : "Moi, je n'ai jamais été très heureux, jamais très malheureux, j'ai toujours été au milieu. Depuis que je te connais, je découvre une autre dimension à ma vie, et je me rends compte que je n'ai pas vécu de choses fortes, de moments forts, et que je me suis souvent créé des problèmes alors qu'il n'y en avait pas besoin." »

La pointe ultime de cette attitude, incompréhensible au commun des mortels, est que certaines personnes se disent prêtes à recommencer leur vie, si c'était à refaire. Angéline m'écrit : « Votre questionnaire a le mérite, pour moi, hormis son importance incontestable, de me faire prendre conscience que j'ai eu une vie exceptionnellement riche et belle. Serais-je celle que je suis si je n'avais pas vécu une telle enfance ? Sinon, alors je recommence la même vie... car j'aime ce que je suis. » Quand je l'interroge sur ce propos, elle me confirme : « Oui, absolument, je la recommence tout de suite, parce que je suis ce que je suis devenue. Je me dis que, finalement, quoi qu'elle ait fait, je suis devenue quelqu'un de pas mal. Maintenant, je sais qui je suis, je ne suis pas l'image qu'elle a voulu donner de moi, je ne suis pas tombée par hasard dans sa vie, je ne suis pas un petit bout de chair, je suis moi, et je suis moi parce que je suis passée par tout ça. J'ai vraiment l'impression de ne pas être née de cette femme, mais de m'être fait naître moi-même. »

Quant à Tim Guénard, gamin incroyablement maltraité, il fait le bilan suivant : « Quand j'étais gamin, je rêvais sans cesse d'avoir une maman et un papa d'occase, d'être adopté. Cela ne m'est jamais arrivé et j'en étais triste. En fin de compte, je suis content que cela se soit passé ainsi. Si j'avais été adopté, je n'aurais pas vécu aux mêmes endroits, je n'aurais peut-être jamais connu l'Arche de Jean Vanier et des personnes handicapées. Je n'aurais jamais rencontré le père Thomas, ni mon ami Léon, ni la juge. Je n'aurais pas eu la même vie, surtout je n'aurais pas rencontré ma femme et je n'aurais pas eu les enfants que j'ai. Et je n'échangerais pas cela contre tout l'or du monde. Je suis heureux d'avoir vécu ce que j'ai vécu.[18] »

Cependant, le sentiment d'être heureux ne tombe pas subitement du ciel, et les résilients sont bien placés pour le savoir. Ceci conduit certains à adopter une démarche parfaitement consciente et volontariste pour parvenir au bonheur, ainsi que l'a fait le philosophe Robert Misrahi[19]. Lorsque je lui demande pourquoi il a choisi le bonheur comme thème central de sa recherche philosophique, il me répond que c'est évidemment par recherche de la nature humaine, mais aussi en raison de son expérience personnelle, car il a perdu la moitié de sa famille lors des persécutions nazies quand il était jeune[20]. Cette expérience l'a conduit à considérer qu'au cœur de la nature humaine se situe le désir de joie. Le bonheur est pour lui une nouvelle manière d'être qui découle d'un changement de regard de l'individu sur le monde, ce qu'il appelle une conversion philosophique. Il estime que le bonheur présente trois contenus : la réflexion, qui permet à l'individu de devenir vraiment la source de ses décisions concernant son existence ; l'amour, dans lequel l'autre n'est pas perçu comme un objet, mais reconnu comme sujet ; enfin, la jouissance du monde, qui peut s'exprimer en appréciant la beauté de la nature, en admirant une œuvre d'art, ou encore en se lançant dans l'action.

Alexandre Jollien, gravement handicapé depuis la naissance et devenu également philosophe, a lui aussi expérimenté cette « contrainte » au bonheur. « Je dois mettre à profit la vie, trouver de la joie, sinon je suis perdu. [...] Toute ma vie – je l'ai bien compris – je m'emploierai à construire sur la douleur, sur le vide, sur la menace qui submergent, de la joie[21]. »

Pour lui, « le bonheur, s'il existe, s'oppose ainsi diamétralement à un confort quiet, tranquille, tiède. Il réclame une activité intense, une lutte sempiternelle ; il s'apparente à une plénitude désintéressée acquise dans un combat permanent[22]... ».

Tout ceci est fort bien, mais il ne faudrait pas occulter pour autant la face noire du vécu psychologique des résilients. La plupart connaissent cette spécificité *Janus bifrons* de leur personnalité : rose le jour, sombre le soir ; souriante en public, triste dans la solitude. Les deux témoignages qui suivent sont très explicites à ce propos. Celui de Joseph Gourand, d'abord, qui a perdu sa famille lors de la Shoah : « La journée je donnais le change mais il arrivait toujours un moment où, le soir, je devais rentrer seul dans ma chambre. Chaque marche de l'escalier m'apparaissait alors comme une montée vers la solitude. J'aimais ce refuge mais je ne pouvais rien contre les fantômes qui venaient m'assaillir. [...] D'un côté, il y avait ceux qui avaient le bonheur d'avoir encore leurs parents, de l'autre, il y avait l'orphelin à perpétuité que j'étais devenu. [...] J'avançais toujours masqué, le sourire aux lèvres. Ceux qui ignoraient d'où je venais ne voyaient en moi qu'un boute-en-train, une heureuse nature dont les blagues et les imitations faisaient rire. S'ils avaient su que, rentré chez lui, le clown se démaquillait et retrouvait intacte sa tristesse, ils m'auraient considéré d'un autre œil. Je serais redevenu une espèce de malade à perpétuité, un insupportable foyer de mauvaise conscience[23]. »

L'autre témoignage provient de Maryse Vaillant, qui a vécu dans un univers de grande violence familiale et de pensées maternelles particulièrement macabres : « Une remarque au bas de mes bulletins revient sans cesse : "Élève vivante !" [...] Cet adjectif me poursuivra toute ma scolarité. [...] En grandissant, je devins même une "bonne vivante", une fille de compagnie agréable, toujours prête à rire et à partager bons mots et bonne chère. C'est que le masque de convivialité généreuse et gaie m'a toujours été utile pour engager des relations sociales et pour protéger mon intimité. [...] Quand je suis assez seule et assez bien pour me laisser aller, un profond sentiment de tristesse paisible m'envahit qui ressemble à du bien-être. La lutte pour vivre est fatigante, même pour qui en a l'énergie et la mission[24]. »

Un sens développé de l'humour

L'humour est fréquent chez les individus résilients. Il est doublement utile. D'une part, il permet de prendre de la distance vis-à-vis de la souffrance. Alexandre Jollien cite cette phrase de Chamfort : « La plus perdue de toutes les journées est celle où l'on n'a pas ri », et fait remarquer qu'« à l'institut, l'absence pesait, les interrogations aussi. Les journées apportaient mille difficultés. Mais aucune, selon le critère de Chamfort, n'était perdue. Au contraire ! La vie devient douce grâce à l'humour. Rire et combattre sauvaient nos vies. Et si les deux allaient de pair, ils ne pouvaient se passer l'un de l'autre[25] ».

De même Éva Thomas raconte qu'il lui est fréquemment arrivé, au sein de l'association SOS Inceste qu'elle avait créée, de se réunir avec d'autres membres pour travailler, mais qu'au bout d'un moment, le besoin de rire ensemble l'emportait. « La légèreté avait encore gagné du terrain sur le sérieux, et chaque fois nous nous moquions de notre désir de comprendre l'inceste. Nous avons souvent rêvé de jouer des morceaux de nos histoires sur le mode du clown, nous ressentions le besoin de nous moquer de notre malheur pour prendre de la distance. En attendant, nous avons beaucoup ri ensemble, et c'est sans doute ce qui nous a aidées à supporter tout ce que nous avons entendu[26]. »

Boris Cyrulnik raconte l'histoire d'une fillette kosovare âgée de 5 ans qui avait été enfermée dans une pièce avec une cinquantaine d'adultes de sa famille et de son village[27]. Les soldats les ont mitraillés puis ont mis le feu au tas de corps. Elle a miraculeusement réchappé de cette tuerie. Elle s'est ensuite réfugiée dans une brouette qu'elle a refusé de quitter pendant deux mois. C'est un preneur de son qui est parvenu à la faire sortir de sa prostration. Il a fait le pitre en sautant sur place comme un kangourou. Or, contre toute attente, la fillette s'est levée au bout de quelques minutes et s'est mise, elle aussi, à sauter comme un kangourou.

L'humour est également un moyen d'intégration, ce que beaucoup d'enfants en souffrance comprennent rapidement. Alexandre Jollien, bête curieuse au milieu des lycéens, constate : « Face à eux, titubant, paumé, et piéton, je compris très tôt que plus je serais joyeux, dynamique et plein d'humour, plus il me serait aisé de devenir des leurs. Je m'attelai donc à manier les mots, à provoquer le rire chez mes chers camarades. Très vite, à l'étonnement général, je me fis une place parmi eux[28]. »

Quelques années plus tard, il entreprend de faire une école de commerce. Le premier jour, le professeur demande si les mêmes causes produisent toujours les mêmes effets. Après avoir hésité, Alexandre intervient : « Non ! si l'on tombe dans les escaliers, on peut se casser un ou deux tibias, c'est pourtant la même cause à chaque fois, on tombe... » « C'est un bon exemple », répond le professeur. Réaction d'Alexandre : « Question d'habitude, monsieur. » Les élèves hurlent de rire et Alexandre est immédiatement intégré[29].

UN QUESTIONNEMENT QUASI PERMANENT

Pour parvenir à une vie équilibrée, les personnes à l'enfance blessée ont dû intensément réfléchir sur les pensées et les comportements d'autrui, sur leurs propres attitudes, sur le sens de l'existence, etc. Michelle Van Hooland fait remarquer qu'elle a « construit du sens par le questionnement[30] ».

Éva Thomas fait remarquer qu'elle cherchait seule des réponses à toutes les questions qu'elle ne pouvait poser aux adultes, sous peine de recevoir des gifles. Elle se réfugie dans les livres et la réflexion intérieure : « Elle voulait tout comprendre, elle avait besoin de réfléchir. En épluchant les légumes, en repassant le linge, elle tournait dans sa tête mille questions[31]. »

La plupart des personnes que j'ai interviewées ont fait allusion au long travail sur soi qu'elles avaient été amenées à faire pour s'en sortir.

Tony Lainé, le psychiatre qui a accompagné David Bisson, « l'enfant du placard », après sa délivrance a été frappé par son aptitude à raisonner, malgré ses longues années de solitude : « Dès nos premiers entretiens, alors que David venait de s'échapper de sa geôle, il surprenait par l'acuité et la mobilité de son intelligence. Il l'employait à s'interroger sur toutes les étapes de son existence, y compris sur la décision qu'il avait prise de choisir la liberté[32]. » David lui-même en conclut : « J'ai beaucoup pensé dans le noir. Peut-être pour éviter de mourir[33]. »

Or, ce qui est condition de survie dans l'enfance devient mode de fonctionnement habituel à l'âge adulte. Les résilients ont tendance à se poser en permanence des questions sur le pourquoi du comment des choses et des êtres. Cette manière d'être qui leur convient généralement parfaitement et qu'ils apprécient au plus haut point, peut cependant leur créer quelques soucis dans leurs relations avec les autres. Il n'est pas rare qu'ils se fassent rabrouer par leurs amis, leurs collègues ou, ce qui est plus douloureux, par leur conjoint(e) : « Mais arrête de te poser tout le temps toutes sortes de questions. Ça n'a vraiment pas d'intérêt de se prendre la tête comme tu le fais ! » C'est dans de tels moments que la personne résiliente ressent le gouffre insondable qui la sépare des autres...

Mais ce n'est heureusement pas toujours ce qui se passe. Ainsi, Nadia apprécie la complémentarité qui existe entre son mari et elle-même : « Pour mon mari, il y a des évidences, par exemple sur des principes d'éducation, parce que dans sa famille, on écoute les enfants. Et il ne voit pas pourquoi je me pose des tas de questions, j'ai des doutes. Ce qui m'a aidée, c'est de vivre avec quelqu'un qui est sur des rails, pour qui il y a des choses évidentes. Et inversement, pour lui, le fait de vivre avec quelqu'un qui doute, qui manque de repères, ça l'a aidé à remettre en cause des évidences trop bien ancrées. Ça fait un bon complément en somme. »

Traits relationnels

SE SENTIR À LA FOIS PLUS FORT ET PLUS FAIBLE QUE LA MOYENNE DES GENS

Nombre de résilients reconnaissent en eux des contraires fortement marqués. « Je suis à la fois optimiste et pessimiste[34]. » La caractéristique la plus remarquable à cet égard est un surprenant mélange de grande force et de grande fragilité. Leur fragilité vient du traumatisme subi, leur force du traumatisme surmonté.

Il y a donc le versant force : avoir traversé l'épreuve les a aguerris, leur a démontré qu'ils pouvaient surmonter l'insurmontable et que dès lors plus rien n'est impossible. Ils sont en quelque sorte « vaccinés » contre le stress : « Je sais que, quoi qu'il m'arrive, je pourrai toujours m'en sortir. » Comme l'a fait remarquer un jour une collègue de travail à un résilient : « Toi, tu es comme les petits chats, on sent bien que tu retomberas toujours sur tes pattes. » La chanteuse Barbara, qui avait été victime d'inceste, faisait remarquer, au cours d'une interview, que « la force que j'ai me vient des bonheurs que j'ai connus, et aussi des moments de désespoir que j'ai traversés[35] ». Et Dave Pelzer, gravement maltraité, note que « les épreuves de mon enfance m'ont donné une grande force intérieure. J'ai appris à m'adapter rapidement aux situations difficiles, à les surmonter en découvrant le secret de la motivation personnelle. Grâce à mon expérience, j'ai une vision de la vie que peu d'êtres humains partagent, je suis capable d'apprécier ce que beaucoup considèrent comme un dû. À l'évidence, j'ai fait un certain nombre d'erreurs en cours de route, mais j'ai pu rebondir[36] ».

Certaines expériences peuvent d'ailleurs marquer un être pour toujours, lui donnant la certitude qu'il est toujours possible de triompher de l'adversité. Écoutons l'aventure incroyable survenue à Joseph Gourand : « Il ne faut jamais baisser les bras, c'est ma doctrine à moi. Jusqu'à la dernière seconde, tout peut basculer. [...] À 14 ans, j'avais déjà été condamné à mort et amené devant le peloton d'exécution pour être fusillé. C'était quelques années avant d'avoir été déporté à Auschwitz. J'avais tenté de franchir la ligne de démarcation qui, à l'époque, divisait la France en deux. À 5 heures du matin, des SS m'ont emmené en rase campagne pour m'exécuter. Il y avait de la glace, de la neige. Le froid était tel que les gouttes de sueur gelaient sur mon front. Et ils m'ont mis en joue. Au tout dernier moment, un soldat a crié en allemand : "Il y a contrordre !" Cela m'a tout appris. Tant que j'existe, tant que j'ai un œil ouvert, tant que j'ai la vie, tant que je suis là, je ne suis pas foutu[37]. »

Mais il y a aussi le versant fragilité. Car si les résilients peuvent rester solides face à des situations qui affoleraient la plupart des gens, ils peuvent aussi s'effondrer pour ce qui apparaîtrait bénin aux yeux d'autrui, mais qui touche à leurs blessures intimes. C'est particulièrement le cas dans les relations affectives. Ayant souffert d'un grand manque, ils peuvent devenir très dépendants des réactions d'autrui, avoir toujours peur de ne pas être véritablement aimés, souffrir énormément d'une phrase désagréable. C'est probablement chez les enfants maltraités psychologiquement que ceci est le plus marquant. L'humiliation dont ils ont été victimes les rend extrêmement vulnérables : ils se sentent souvent indignes des éloges qu'ils reçoivent et subissent douloureusement les jugements négatifs à leur égard car ils réactivent des souffrances anciennes. C'est par exemple le cas d'Angéline, qui n'a subi aucune maltraitance de son père, mais une forte maltraitance, tant physique que psychologique, par sa mère. Elle a été une « enfant-cible », c'est-à-dire, au sein de la famille, la seule enfant victime de maltraitance, situation à laquelle elle n'a toujours pas trouvé d'explication. Jusqu'à l'âge de 15 ans, sa vie quotidienne a été rythmée par les gifles ou les coups qui tombaient sur elle pour un oui ou pour un non, par les punitions, les humiliations. Elle a connu les privations de nourriture, l'interdiction de parler, l'enfermement à la cave, dans des placards, des cagibis, la privation de fêtes de famille (Noël, anniversaires, mariages), l'obligation d'accomplir des tâches ménagères très lourdes, parfois jusqu'au milieu de la nuit. Il lui était également interdit de jouer avec ses deux grands frères et sa petite sœur. Sa mère l'appelait souvent : « Oh, la bâtarde ! » « Eh bien, elle m'a fait beaucoup plus de mal avec ce mot qu'avec tous les coups, les privations, les enfermements. D'ailleurs je suis devenue extrêmement résistante à la douleur physique alors qu'il suffit que quelqu'un me regarde avec un air de dédain et je m'effondre. » Elle ne supporte pas d'être prise en faute ; par personne. Par exemple, rater un plat cuisiné la met hors d'elle-même parce qu'elle a l'impression d'être prise en faute. « Bien sûr, quand je fais l'analyse, je sais bien qu'un plat raté ce n'est pas bien grave. Mais mon premier réflexe, c'est de me dire "Je vais être jugée." Et ça vient de là. »

Certaines personnes, sur la base de lectures trop rapides, ont cru comprendre que les résilients sont des surhommes et des « surfemmes », bref des héros, quasi mythologiques. Ceci est évidemment faux. Au contraire, les résilients les plus « sages » ont appris à gérer leurs frustrations et leurs limites. Ils connaissent leurs failles et évitent de se mettre dans les situations qui pourraient les déstabiliser. Je me souviens qu'au cours d'une formation, je parlais de l'expérience de deux sœurs, aujourd'hui âgées d'une cinquantaine d'années, qui avaient été les enfants-cibles de leurs parents. Le père est aujourd'hui décédé, mais la mère continue très efficacement son travail de sape psychologique sur l'une d'elles qui continue à la voir régulièrement. Sa sœur a décidé de ne plus entretenir de liens avec elle et s'en porte mieux. Réaction immédiate d'une stagiaire, qui me dit : « Mais si elle était vraiment résiliente, elle pourrait aller la voir sans risque. » Et moi de répondre : « Non, justement, la résilience, c'est un optimiste *réaliste*, cela veut dire ne pas prendre de risques au-dessus de ses forces, savoir tenir compte de ses fragilités. Cette personne a choisi d'investir son énergie dans d'autres domaines et c'est sûrement très bénéfique pour elle. »

Les résilients sont des diabétiques du cœur. Jamais complètement guéris, mais stabilisés au point de pouvoir mener une vie presque normale.

Une gentillesse excessive

Le besoin d'être aimé des résilients est souvent à l'origine d'une autre caractéristique : leur gentillesse excessive. Alors que beaucoup de personnes pensent que les enfants maltraités deviennent des gens pénibles à vivre, c'est parfois plutôt le contraire qui se passe. Par désir de plaire, par peur d'être rejetés, beaucoup ont tendance à faire passer leur personne en seconde, troisième position, voire plus loin encore. Juliette Girault, victime d'inceste par son grand-père et maltraitée par son père, affirme : « Je n'ai jamais appris à dire non. Pendant longtemps, si je disais non à une personne qui s'intéressait à moi, je pensais qu'elle n'allait plus m'aimer. Il fallait donc que je dise oui. Et il fallait que je lui dise oui tout le temps. Longtemps j'ai fait des choses la mort dans l'âme, contre mon gré. Et contre mon goût. J'ai mis du temps à apprendre. La première fois que j'ai réussi à dire non, j'ai ressenti un sentiment de délivrance[38]. »

Cette tendance à être « trop gentil » se met généralement en place petit à petit et spontanément. L'enfant en souffrance constate tout simplement qu'il reçoit plus de marques d'affection de la part des adultes (hors milieu familial) lorsqu'il est gentil, lorsqu'il obéit, que lorsqu'il est désagréable. « Grâce à ma gentillesse et aux petits services rendus, j'avais gagné l'affection de mes institutrices et celle de mes camarades[39]. »

Alexandre Jollien, qui a grandi dans un foyer pour infirmes moteurs cérébraux, se souvient qu'« au centre, les marques d'affection, d'encouragement de la part des adultes n'étaient pas monnaie courante, et beaucoup de mes camarades reconnaissent aujourd'hui qu'ils aiment recevoir des louanges et des compliments. L'autre devient pour eux un “distributeur automatique” de récompenses qu'il faut à tout prix solliciter. La pitié leur sert d'instrument pour récolter quelques louanges. Réaction naturelle : lorsqu'on a faim, on cherche à manger ; lorsqu'on a soif, on boit ; lorsqu'on a besoin d'amour, on le recherche opiniâtrement[40] ».

Le sentiment d'une mission à accomplir dans ce monde

Nous avons noté, dans le chapitre III, que l'individu résilient a fréquemment un penchant marqué vers l'altruisme. Un pas de plus et nous le voyons auto-investi d'une mission à accomplir. Révolté par le sort qui lui a été dévolu, il se fixe souvent pour objectif de modifier les choses, voire de changer le monde ! Comme l'exprime Joseph Gourand : « Aujourd'hui, dès qu'un homme est humilié, quelles que soient ses origines, je me sens en fraternité avec lui[41]. » Dès lors, les petits enjeux de la vie quotidienne semblent bien mornes, si peu excitants, en comparaison de ce qu'il doit accomplir. Un orphelin devenu adulte se souvient : « Je vivais avec des copains aisés et ils étaient toujours en conflit avec leur mère ! Ils se disputaient. Moi, je disais : "J'ai pas ce problème-là, j'ai une mission à remplir, je la remplirai jusqu'au bout." [...] Et moi, je pensais : "Non, de toute façon, s'il faut débarrasser la table, par rapport à la mission que j'ai, c'est que dalle... Elle est tellement énorme, ma mission, que cette histoire de table, c'est rien"[42]. »

Pas étonnant après cela d'apprendre que les orphelins sont très nettement surreprésentés chez les grands leaders politiques et religieux[43] !

Pour certains, c'est toute leur raison de vivre qui est engagée dans l'action qu'ils mènent. Cette volonté missionnaire étonne parfois les proches, les irrite souvent. « Mais arrête-toi un peu ! Pourquoi est-ce que tu as toujours besoin de courir tout le temps comme ça ? » J'ai connu le fondateur d'une association de parrainage d'enfants qui avait pour slogan : « Tant qu'un enfant souffre dans ce monde, je me battrai. » Vaste programme ! Il a épuisé tous ses collaborateurs. Son épouvantable histoire d'enfance expliquait complètement son engagement extrême.

Une hypersensibilité aux réactions d'autrui

Les enfants qui grandissent dans un univers perpétuellement dangereux (qu'il s'agisse de la maltraitance, de la guerre, des camps de concentration) développent souvent une hypervigilance, une sensibilité accrue à des signaux émotionnels et comportementaux parfois infimes. Il y a quelques années, j'ai rencontré un adolescent qui, malgré un physique assez ingrat et des capacités intellectuelles limitées, avait un grand succès auprès des filles. Je lui ai demandé quelle était, selon lui, la source de son succès. Il m'expliqua que c'était parce qu'il observait attentivement les réactions (visage, notamment) de ces personnes et s'y adaptait en permanence. Or, il m'avait confié par ailleurs que son père, homme d'une violence extrême, avait tué sa mère devant ses yeux, et qu'il devait continuellement être attentif à la moindre de ses réactions. Il est très probable que ceci explique cela.

Dans la même veine, Maryse Vaillant indique qu'elle était devenue « experte dans l'art subtil qui consiste à veiller sur le bon état de sa mère. C'est assez facile. On peut même acquérir de véritables dons de médium : on se branche sur la météo maternelle, on enregistre la moindre vibration, on anticipe la moindre perturbation[44] ».

De son côté, Michelle Van Hooland souligne qu'elle cherchait « à percevoir la réaction de l'agresseur à tel ou tel événement, les causes de l'agression : qu'est-ce qui va provoquer une crise ? [...] Lorsque je franchissais la barrière de la maison, je me demandais systématiquement : comment va-t-il être aujourd'hui ? Je cherchais donc des signaux qui me permettaient de déterminer l'ambiance. Il arrivait souvent que je regarde la fenêtre de ma chambre pour voir si j'apercevais ma sœur : selon sa tête, je devinais ce qu'il se passait à l'intérieur[45] ». Elle souligne qu'un hochement de tête de son beau-père, un léger changement de posture, un mmh étaient autant de signes annonciateurs que quelque chose allait se produire.

Une autre caractéristique, qui recoupe en partie la sensibilité aux signaux émotionnels, est l'intérêt manifesté pour le monde intérieur d'autrui. Ayant pris goût à comprendre pourquoi ses parents et lui-même agissent et pensent de telle ou telle manière, le résilient acquiert une aptitude à l'écoute d'autrui. Plusieurs personnes qui ont répondu à mon enquête m'ont fait remarquer qu'elles étaient étonnées de voir à quel point des gens venaient spontanément se confier à elles, leur dire des choses qu'ils n'avaient encore jamais osé dire à personne d'autre. C'est le cas de Marie-Raphaëlle, qui subissait l'inceste quasi quotidiennement par son père alcoolique et à qui sa mère, prostituée, jetait la nourriture par terre, dans un coin de la chambre. Elle a créé une association en faveur des personnes ayant été sexuellement abusées dans leur enfance. Or, dès l'âge de 9 ans, elle avait créé un petit groupe d'enfants malheureux : « Ils m'appréciaient ; j'étais, je ne sais pas pourquoi, facilement la confidente, je les écoutais, les réconfortais, les aidais tant bien que mal ; ça me donnait une raison pour tenir. » La création de l'association a été une étape importante de son parcours de résilience. « J'ai répondu à un appel intérieur, me dit-elle. Ça répondait à une promesse que je m'étais faite quand j'avais huit ans de devenir un jour une grande personne et de faire quelque chose pour d'autres et avec d'autres ; cela m'a aidée à survivre. Cela s'est fait naturellement : des personnes sont venues vers moi et je les écoutais, je les portais. Je me suis donc rendue à l'évidence que je donnais là ma pleine mesure, mais aussi que je recevais le plus et que j'étais dynamisée. Après, tout s'est enchaîné. »

Et s'il y a une surreprésentation d'individus à l'histoire compliquée parmi les psychologues, ce n'est peut-être pas tout à fait par hasard. C'est probablement la profession qui répond le mieux à leur quête de compréhension des méandres du psychisme humain !

L'ensemble de ces divers traits de personnalité façonne un style de personnalité bien particulier. C'est ce qui explique pourquoi les résilients ont souvent l'impression de ne pas vivre dans le même monde que les autres personnes. Et c'est probablement aussi pourquoi, lorsque deux résilients se rencontrent, ils ont rapidement le sentiment d'appartenir à un univers commun, sans même avoir parlé de leur histoire personnelle. C'est bien ce que montrent ces deux derniers témoignages. Le premier est de Catherine Enjolet, victime d'abus sexuels dans son enfance : « On n'est pas de son pays, on est de son enfance. Les princes et princesses d'ailleurs ont les mêmes territoires. Angélica sait que nous avons les mêmes origines. Nous parlons l'indicible couramment. Nos silences ont les mêmes accents. Pas besoin de se regarder pour se voir, de se parler pour s'entendre, c'est à ça que l'on se reconnaît. Alphabet en creux, aux empreintes qui ne trompent pas ; les résilients parlent la même langue[46]. » L'autre témoignage est du réalisateur Serge Moati, orphelin qui a interviewé des « compatriotes » : « Il me fallait les faire parler, les écouter, ces "sans-famille". Eux et moi, je le savais déjà, nous avions un langage commun. Nous nous comprenons, nous nous reconnaissons d'instinct, comme des compatriotes en terre étrangère[47]. »

Troisième partie

LES PROFESSIONNELS DE L'ENFANCE ET LA RÉSILIENCE

La résilience existe probablement depuis que la souffrance humaine est apparue sur terre, les tuteurs de résilience également. Ceux-ci le sont généralement sans le savoir et n'ont pas suivi de formation pour le devenir.

Face à un tel constat, certains pourraient être tentés par une réduction des budgets destinés à l'aide sociale, selon une logique aussi simpliste qu'erronée : « Mais à quoi bon dépenser des sommes considérables puisque la plupart des gens s'en sortent spontanément ? » Cette vision à courte vue oublie ce principe majeur de la construction de la résilience selon lequel nul n'est résilient tout seul. D'où le rôle très important des professionnels de l'accompagnement, que ce soit directement auprès de la personne en souffrance ou comme catalyseurs, facilitant des liens entre la personne et son entourage.

Une réaction apparemment opposée, mais tout aussi erronée, consisterait à rejeter sans discuter les connaissances acquises sur la résilience, en affirmant par exemple que, face à de grandes souffrances, seule une psychothérapie peut guérir et que les personnes qui se mettent à l'écoute des autres sans être dûment diplômées ne sont que de dangereux apprentis sorciers-thérapeutes.

En fait, ni inutiles ni tout-puissants, les professionnels[1] ont bel et bien un rôle à jouer, spécifique tout en étant proche de celui des tuteurs « spontanés » de résilience. Plus encore, il est même possible d'envisager la mise en place d'une politique d'aide sociale à l'enfant et à la famille fondée sur le concept de résilience. Il est probablement plus stimulant et efficace de baser le travail social sur les ressources des individus et des groupes que sur leurs faiblesses et leurs limitations.

CHAPITRE VIII

Les enseignants, principaux tuteurs potentiels de résilience

« Grâce à vous, cher maître, ma vie a changé. »

Les enseignants ont bien plus de pouvoir que ce qu'ils croient, mais ils n'ont pas le pouvoir qu'ils croient[1].

Le témoignage de René est impressionnant[2] : « Il y a bien longtemps, vous en souvenez-vous, j'entrais dans votre classe la peur au ventre, l'âme triste, les idées confuses et c'est en traînant les pieds que je franchis le seuil de votre classe et je pensais : à quoi bon, à quoi bon essayer d'étudier, je ne suis qu'un âne, depuis déjà trois ans, les maîtres me répétaient ces paroles. [...] Pourquoi aurais-je appris des leçons ou fait des devoirs puisque je ne comprenais rien à rien ! Ainsi, les jours passaient, semblables, monotones, tristes...

J'étais seul, et vous, vous êtes arrivé, vous avez demandé mon nom, et vous n'avez pas ri. [...] Vous m'avez pris par les épaules et vous avez lancé la phrase magique : “On t'a toujours dit que tu étais nul. C'est faux ! Personne n'est nul, et si tu le veux, tu peux réussir, cela ne tient qu'à toi : il faut que tu apprennes tes leçons ; je t'aiderai, je sais que tu le peux ! Je sais que tu le peux !”

Comment se faisait-il que quelqu'un s'intéresse à moi tout à coup ? Et voici que je voulais vous plaire, vous faire plaisir, vous prouver que vous n'aviez pas tort de me faire confiance. Personne encore ne m'avait parlé ainsi. À partir de cet instant, cher maître, et grâce à vous, ma vie a changé, j'ai compris que seule la volonté pouvait nous faire avancer. Bien sûr, j'ai eu des moments de doute, mais je me suis aperçu que, si je les apprenais, ces leçons, eh bien, je les savais ! Les élèves de ma classe n'en revenaient pas, je commençais à avoir de bonnes notes, mais ce qu'ils ne savaient pas, c'est que dans l'ombre, vous veilliez. Vous m'aidiez, et vous m'encouragiez. Les enfants commençaient à me regarder différemment, ils n'osaient plus m'insulter et, petit à petit, me laissaient jouer avec eux. Je me sentais plus à l'aise et c'est ainsi que, grâce à votre soutien, j'ai pu poursuivre mes études, ayant toujours en tête vos paroles d'encouragement. Aujourd'hui, je peux me targuer d'avoir une bonne situation que j'estime vous devoir. Merci. »

Réponse de l'instituteur :

« Mon petit, je suis très touché par le ton de ta lettre. Bien sûr que je me souviens de cet oiseau blessé aux grands yeux désespérés et j'ai compris immédiatement ton calvaire ; je n'ai absolument rien fait d'extraordinaire comme tu sembles le penser, je n'ai fait que te remettre sur une voie que l'on t'avait fait quitter. Le rôle des maîtres est bien entendu d'enseigner les matières principales, mais aussi de voir un peu plus loin et de chercher à comprendre le mal de vivre de certains enfants ; le dialogue est important car il peut dénouer des situations critiques. Je suis au crépuscule de ma vie et, si j'avais pu aider ne serait-ce qu'un seul enfant, je considérerais ma mission comme accomplie. Mais ce que tu ne dis pas et que j'avais découvert, c'est que ton père était mort là-bas... à la guerre, en 1944, d'une balle en plein front, au cours d'un affrontement avec l'ennemi. Pourquoi les adultes ne t'expliquaient-ils rien ? Pourquoi l'ai-je compris ? C'est que mon propre père lui aussi avait été tué dans une tranchée à Verdun lors de la guerre précédente. Et, à moi non plus, on n'avait pas dit pourquoi on peut prendre des vies aussi facilement. Bien à toi.

Monsieur C. »

Dans cette rencontre fondatrice, M. C. a remarquablement joué le rôle de « tuteur de résilience ». En particulier, l'association du lien (une attitude bienveillante à l'égard du petit René) et de la loi (de réelles exigences relatives au travail scolaire) ont permis à cet enfant de donner du sens, une direction à son existence. Cette histoire est emblématique d'une situation très fréquente car les enseignants sont aux premières loges pour faciliter l'émergence, puis le développement de la résilience des enfants en souffrance.

Le rôle des enseignants

L'ouvrage *Mémoires de maîtres, paroles d'élèves,* d'où est tiré le témoignage ci-dessus, rassemble de nombreuses lettres d'anciens élèves qui content leur vécu à l'école. Plusieurs d'entre elles montrent à quel point les enseignants peuvent avoir une forte influence sur les enfants, tant dans le sens positif que négatif.

Les enseignants tuteurs de résilience ont l'art de valoriser les réussites, comme le souligne François qui note que son instituteur préférait donner des friandises à ceux qui faisaient des efforts que des punitions aux turbulents. « Nos bras n'étaient jamais assez longs lorsque nous levions le doigt pour répondre à ses questions. Jamais je n'ai aussi bien travaillé : ce n'était pas pour les chocolats, mais c'était pour lui faire plaisir ! [...] Je n'ai pas oublié son bras sur mes épaules lorsqu'il me serrait contre son côté pour me féliciter[3]... »

De même, Guy se souvient du « cahier d'honneur où la plus modeste réussite en rédaction : une élégance, un sourire de mots, un bout de phrase parfois, était consigné avec un soin jaloux. C'était notre trésor. Je me souviens très bien de mon émotion, de notre émotion à tous et de la joie d'être ainsi mis à l'honneur. C'était parfois le plus maladroit en écriture qui, ce jour-là, avait trouvé un diamant de mots, tel que "lumières de lune oubliées dans les flaques d'eau", ou "la terre s'endort et je songe à la beauté du monde". Et vous disiez à l'élève et à toute la classe : "N'y touchons pas, c'est une phrase de grand écrivain, tu l'écriras dans le cahier d'honneur." Quelle fierté dans les yeux de l'enfant ! Ce cahier d'honneur et aussi de bonheur ! » Et Guy de conclure : « Alors, bien sûr, j'ai voulu faire le même métier que vous[4]. »

Certains enseignants ont d'ailleurs le don de mettre en valeur les aptitudes et centres d'intérêt de l'enfant pour le faire progresser.

Un enfant d'une école primaire qui n'aimait pas l'école et dont l'enseignant avait repéré son amour pour son chien, avait été déclaré « responsable des animaux familiers » de l'école. Ceci impliquait de prendre soin de divers animaux de l'école, d'écrire un petit manuel sur les soins à donner aux animaux, qui a été finalement relié et placé dans la librairie de l'école, et parler à toutes les classes des soins aux animaux. Jusqu'à ce que le manuel soit proposé, ce garçon avait détesté écrire mais avec l'encouragement et l'aide de son maître, il a rédigé ce manuel parce qu'il croyait qu'il avait un message de valeur à offrir[5].

Ces enseignants savent aussi regarder les erreurs avec humour, comme le souligne Marie qui se souvient que, lorsqu'elle faisait une tache d'encre sur son cahier, la maîtresse y ajoutait des pétales et la transformait en fleur assortie d'un point d'exclamation[6], ou encore Guy qui se rappelle avoir rendu une copie de version latine pleine de contresens et qui s'attira cette remarque : « Vous auriez dû faire plus attention. Ce pauvre Regulus, croyez-moi, il a déjà assez souffert des Carthaginois. »

Il n'est pas rare que l'impact d'un enseignant soit tel qu'il suscite une, des vocations, comme nous venons de le voir avec l'exemple de Guy. Citons également, parmi d'autres, celui de Maria : « Moi, j'étais la petite Portugaise, l'immigrée parlant mal le français, l'étrangère au cœur à vif, la rage au ventre. [...] Pourtant, lentement, jour après jour, vous m'avez apprivoisée. Des petits riens ont tout changé. [...] Et surtout votre regard, ce regard positif que vous avez su porter sur moi. Un regard qui m'a insufflé la confiance qui me manquait. Un regard qui savait si bien dire : "Vas-y, tu peux ! Vas-y, tu vas y arriver !"

Grâce à vous, tout devenait possible et ma révolte a trouvé son chemin : les livres et le savoir.

À la fin du CM2, je savais déjà quel serait mon métier : institutrice. J'ai grandi, mon choix n'a pas varié. Depuis presque vingt ans, j'enseigne à mon tour, en région parisienne ; et à mon tour, je porte sur mes élèves ce même regard. Ce trésor que vous m'avez transmis, je le distribue sans compter, et ce n'est pas grave, car il est inépuisable. Merci d'avoir apporté tant de pierres à ma construction. Merci d'avoir cru en cette petite fille qui ne croyait pas en elle[7]. »

Le processus inverse se produit parfois : l'attitude particulièrement négative de certains enseignants pousse des enfants à souhaiter devenir enseignant à leur tour, précisément pour faire exactement le contraire. J'ai déjà montré à quel point ce « contre-modelage » constitue un élément essentiel conduisant des enfants maltraités à devenir des parents non maltraitants[8]. Ainsi une autre Maria : « Dès que je franchissais le seuil de votre classe, ma vie ralentissait puis s'arrêtait. Votre heure de classe était une longue torture, une réclusion à perpétuité. [...] Étrangère à votre langue, inapte et irrécupérable, voilà ce que j'étais pour vous. Pourtant, de tout cela je vous remercie car vous m'avez sans le savoir donné envie de faire votre métier. Pour ne surtout pas vous ressembler[9]. »

Plusieurs anciens élèves soulignent que tel instituteur ou institutrice a été plus que cela, a été en quelque sorte un second père ou une seconde mère. Certains disent que c'était avant tout pour lui faire plaisir qu'ils s'investissaient autant. Gérard, élève en difficulté, a pu sensiblement progresser grâce au soutien de son instituteur, et déclare : « C'était devenu pour moi un véritable honneur de vous faire plaisir sans interruption[10]. »

Le tabou de l'affectivité à l'école

Mais j'entends déjà certains esprits chagrins se récrier, à double titre :

— d'une part, laisser entrer l'affectivité dans la salle de classe, c'est courir le risque de tous les débordements imaginables, le moindre étant le phénomène du « chouchou » ; quant au pire...

— d'autre part, si l'enfant n'apprend pas à travailler pour lui-même mais seulement pour son enseignant, il risque fort de ne plus s'investir l'année suivante si une telle relation ne s'instaure pas avec l'enseignant suivant.

De fait, le thème de l'affectivité est un sujet tabou dans l'Éducation nationale. Comme le souligne Allen Larès : « Ce déni de l'affectivité se comprend à la lumière de la peur qui l'origine :

la peur des “débordements” de l’affectivité. Autant cette peur est légitime, compréhensible, autant ses effets peuvent être destructeurs en ce sens que le déni de la part affective (tant dans l’acte d’apprendre que dans l’obéissance aux lois et règles) peut *fermer la porte à la résilience*[11] » (souligné par moi). Cette crainte du pire s’est d’ailleurs sensiblement aggravée avec la mise au jour d’affaires sordides de pédophilie, au point que certains enseignants d’éducation physique et sportive osent à peine toucher le bras d’un(e) adolescente !

Mais cette crainte du pire doit-elle interdire toute manifestation d’affection ? Ce serait certainement un effet pervers bien regrettable.

Quant au risque d’un désinvestissement de l’élève lorsqu’il changera d’enseignant, il est certes réel, mais probablement minoritaire. Notons tout d’abord que lorsqu’on demande à des enfants ou à des préadolescents issus de la population générale : « Pourquoi travailles-tu ? », il n’est pas rare que la réponse soit : « Parce que je veux que ma maman soit fière de moi[12]. » Ceci est parfaitement normal à cet âge, et l’élève va progressivement se dégager de cette attitude pour acquérir une forme de motivation plus personnelle. Or, l’enfant qui vit dans un désert affectif, qui ne reçoit pas dans sa famille de retour positif sur ses activités scolaires a besoin de trouver une personne qui l’encourage, le félicite pour ses réussites. Et la personne la plus à même de fournir cela est bien évidemment son instituteur (trice) et plus tard ses professeurs. N’ayons donc pas crainte de ce désir de plaire à l’enseignant car il s’agit d’un tremplin remarquable sur lequel il est possible de faire rebondir l’enfant. D’autant plus que l’altruisme, le fait de donner à autrui, de lui faire plaisir est à la fois une manifestation et une source de résilience.

D’autre part, il semble que dans la majorité des cas, l’étincelle allumée poursuive sa course durant de longues années. Par le *lien* qu’il établit avec l’élève, l’enseignant permet à l’enfant de créer du *sens*, il l’invite à se projeter dans l’avenir, à donner une direction et une signification à son travail scolaire, voire à son existence. Car en agissant ainsi, l’enseignant ne fait pas qu’insuffler à l’élève le désir de lui faire plaisir, il permet aussi à ce dernier de découvrir que, contrairement à ce qu’il avait pu croire jusqu'alors (ce qu'on lui avait fait croire ?), il lui est possible d'obtenir de bons résultats ; contrairement à ce qu'il ressentait, il peut éprouver du plaisir à la découverte du savoir. C'est par exemple le cas d'Anne-Élisabeth : « Jusqu'à ce que je vous rencontre, mes résultats scolaires n'étaient pas très glorieux... [...] Il me semble que je redoublais le cours préparatoire parce que je ne savais pas lire. En fait, vous vous êtes vite aperçue que je savais lire mais que j'avais peine à le faire à haute voix. Je crois que j'avais peur, mais vous, vous m'avez apprivoisée, rassurée, encouragée. Que n'aurais-je pas fait pour vous, je vous trouvais belle, délicate, avec vos cheveux auburn relevés en chignon, vous sentiez bon, vous mettiez du rouge à lèvre... Je vous admirais et je voulais vous plaire, en m'appliquant, en travaillant bien et soigneusement. [...] Je devenais une bonne élève. [...] La femme que je suis devenue vous doit beaucoup... Vous êtes la première personne qui m'ait aidée à croire en moi, vous m'avez éveillée à la lecture, à l'écriture, à la poésie, à la beauté... Pour toujours ! Avec vous, j'ai cessé d'être un vilain petit canard ! Je vous en remercie infiniment[13]. »

Nombreux sont les témoignages qui abondent dans ce sens. Mais le plus éloquent sur cette influence culturelle à long terme est probablement celui d'Albert Camus. Il a été très marqué par « le seul geste paternel, à la fois réfléchi et décisif, qui fût intervenu dans sa vie d'enfance[14] ». Orphelin de père, le jeune Albert vivait dans un petite village d'Afrique du Nord avec sa mère et sa grand-mère. Son instituteur a demandé à ces deux femmes l'autorisation pour que le garçon aille au lycée. Devant leur refus (« nous sommes trop pauvres, nous ne pouvons pas »), il est allé les voir, a fait pression auprès d'elles et a obtenu une bourse pour Albert[15].

Apprenant qu'il est lauréat du prix Nobel de littérature, Albert Camus écrit une lettre à son instituteur : « Sans vous, sans cette main affectueuse que vous avez tendue au petit enfant pauvre que j'étais, sans votre enseignement, et votre exemple, rien de tout cela ne serait arrivé. Je ne me fais pas un monde de cette sorte d'honneur. Mais celui-là est du moins une occasion pour vous dire ce que vous avez été, et êtes toujours pour moi, et pour vous assurer que vos efforts, votre travail et le cœur généreux que vous y mettiez sont toujours vivants chez un de vos petits écoliers qui, malgré l'âge, n'a pas cessé d'être votre reconnaissant élève. Je vous embrasse, de toutes mes forces[16]. »

« On n'apprend pas d'un prof qu'on n'aime pas »

À la lumière de tels témoignages, le débat récurrent sur l'opposition réelle ou supposée entre enseigner et éduquer paraît dénué de fondement. Un enseignant est d'autant plus efficace dans sa fonction première qu'il sait dépasser celle-ci. C'est le cas face à tout élève, mais encore plus manifeste face à des enfants en souffrance.

L'enseignant ne peut se contenter d'être un simple transmetteur de connaissances, même auprès des enfants issus de la population générale. S'en tenir au rôle strict d'enseignant contient un message implicite, perçu par les enfants et les adolescents, à savoir : « La discipline que je vous enseigne est plus importante que vous-mêmes. » On pourrait paraphraser Paul Watzlawick, qui disait « On ne peut pas ne pas communiquer », et affirmer : « Un enseignant ne peut pas ne pas éduquer. »

Or, qu'attendent précisément les enfants d'un enseignant ? L'enquête menée par Cléopâtre Montandon auprès de 67 enfants genevois (35 filles et 32 garçons) de 11 à 12 ans est explicite à cet égard[17]. Pour eux, un bon professeur est à la fois celui qui sait bien enseigner (expliquer clairement et patiemment, savoir susciter l'intérêt et la motivation) et celui qui manifeste un ensemble de qualités humaines qui s'expriment par l'écoute, la gentillesse, la disponibilité envers les élèves, la compréhension, l'humour, la sympathie. Ils apprécient les enseignants qui font preuve d'une exigence bien dosée, mais rejettent celui qui fait preuve d'une sévérité excessive. À nouveau, l'équilibre du lien et de la loi.

Carl Rogers a beaucoup insisté sur la nécessité que l'enseignant établisse précisément une relation de personne à personne avec l'élève[18]. Selon lui, si l'enseignement se résume à transmettre des connaissances ou une technique, il est plus efficace d'utiliser un livre ou un enseignement programmé. Aussi, affirme-t-il, le rôle de l'enseignant est surtout de faciliter le développement des capacités d'apprentissage autodéterminé du sujet, et pour cela trois principales qualités d'attitude sont nécessaires, qualités qui sont directement liées à la « profonde confiance dans l'être humain et les possibilités de celui-ci » que l'enseignant doit éprouver face aux élèves :

— la congruence (ou authenticité), attitude la plus importante selon Rogers. Cela signifie qu'il rencontre personnellement l'élève, sur la base d'une relation directe de personne à personne ; qu'il est lui-même, qu'il ne se renie pas, qu'il entre en relation sans masque ni façade avec celui qui apprend ;

— la considération, l'acceptation, la confiance, ce qui signifie que l'enseignant éprouve de la considération pour l'élève, pour ses sentiments et ses opinions, pour sa personne ;

— la compréhension empathique : l'enseignant s'efforce de se mettre à la place de l'étudiant, de voir les choses avec ses yeux à lui, afin de comprendre de l'intérieur les réactions d'un étudiant.

Fort bien, pensera-t-on, mais ces attitudes sont-elles réellement susceptibles de faciliter l'apprentissage ? C'est précisément ce qu'ont voulu étudier David Aspy et Flora Roebuck, au travers d'une série de recherches passionnantes. Le titre de leur ouvrage est très clair : *On n'apprend pas d'un prof qu'on n'aime pas*[19]. Ces auteurs voulaient savoir ce qui se produit en classe lorsqu'un enseignant sait montrer à ses élèves qu'il les aime vraiment, les comprend et veut les aider. Leurs résultats sont allés bien au-delà de ce qu'ils imaginaient.

Ils ont utilisé trois outils destinés à déterminer les facteurs importants reliés à l'efficacité d'un enseignant :

— une classification des différents genres d'interactions entre enseignant et élève (la Grille d'analyse des interactions de Flanders) ;

— une classification des objectifs cognitifs (la version de Metfessel, Michael et Kirsner de la Taxonomie des objectifs pédagogiques de Bloom) ;

— un mode d'évaluation du degré d'interaction entre l'enseignant et l'élève (l'Échelle d'évaluation des modes d'interaction personnelle de Carkhuff).

Ces auteurs qualifient d'interactions facilitantes les trois attitudes décrites par Rogers et évaluées par l'échelle de Carkhuff : la congruence, la considération positive et l'empathie. Parmi d'autres résultats, notons en particulier les suivants. Les élèves des enseignants offrant un haut degré d'efficacité au niveau de leurs interactions :

— voient leurs résultats scolaires et leur niveau de QI s'améliorer ;

— sont beaucoup moins souvent absents ;

— ont une meilleure image d'eux-mêmes.

Par exemple, D. Aspy et F. Roebuck ont choisi au hasard 25 enfants de 6 ans travaillant avec un enseignant à haut niveau d'interactions facilitantes et 25 autres enfants du même âge ayant un enseignant à bas niveau d'interactions facilitantes. Ils ont fait passer un test de QI aux uns et aux autres en début et en fin d'année. Les élèves du premier groupe ont gagné en moyenne 9 points de QI alors que les autres n'ont fait aucun progrès significatif.

Une expérience très simple a permis de constater l'impact de certaines attitudes. D. Aspy et F. Roebuck ont demandé à des instituteurs d'inclure un des trois mots : « heureux », « triste » et « fâché » dans le message qu'ils transmettraient à l'élève qui a fini de lire une phrase ou un paragraphe à l'occasion d'un cours de lecture. Par exemple : « Tu es heureux d'avoir lu tous les mots correctement », ou : « Tu es triste parce que tu n'as pas pu lire certains mots », ou encore : « Tu es fâché parce que tu n'arrives pas encore à lire. » Le but visé par les auteurs était que les enseignants parviennent à saisir le sentiment global que chaque élève éprouvait à ce moment précis, en supposant que ces messages auraient une influence positive sur les élèves. Or, ces simples messages aidaient les jeunes à apprendre à lire plus rapidement ! Selon Aspy et Roebuck, les enseignants comprenaient vraiment leurs élèves et semblaient même les aimer ! Ce simple élément a suffi à inciter les élèves à redoubler d'efforts, à concentrer leur énergie et à réussir de mieux en mieux.

Ces deux auteurs ont élaboré un programme destiné à élever le niveau d'authenticité, de considération positive et d'empathie des enseignants. Ceci a notamment abouti aux résultats suivants, au sein d'une école située dans un environnement socio-économique très faible, dont la population était à 98 % noire. Après la formation, il n'y avait pratiquement pas de changement de comportement chez les enseignants n'ayant pas suivi le programme, tandis que ceux ayant suivi le programme présentaient une sensible augmentation du nombre et de la qualité des interactions facilitantes, avec les effets suivants :

— l'école avait le taux d'absentéisme le plus bas de son histoire (8,8 %) en quarante-cinq ans d'existence ;

— le vandalisme a diminué de façon significative (ce problème auparavant sérieux n'en était plus un) ;

— le pourcentage de démission chez les enseignants est passé de 80 % à 0 % ;

— des enseignants d'autres écoles ont commencé à demander à être mutés dans cette école ;

— cette école a gagné neuf rangs dans l'échelle de compétence en lecture des élèves de la commission scolaire locale (l'école dessert le plus grand nombre d'élèves défavorisés dans cette commission scolaire) ;

— en moyenne, les élèves de 7 à 10 ans de cette école ont fait plus de progrès en mathématiques que tous les élèves de la commission scolaire ;

— le nombre de bagarres entre élèves a diminué de façon significative.

Les auteurs en concluent donc que le meilleur moyen pour les enseignants d'aider vraiment leurs élèves à apprendre et à mieux respecter la discipline consiste à suivre un programme de formation qui leur enseigne systématiquement à employer des modes d'interaction et de communication efficaces.

Le lien : encore plus nécessaire avec les enfants et les adolescents en souffrance

Je viens de présenter des données montrant l'utilité d'adopter un mode relationnel apte à favoriser une amélioration des résultats scolaires chez les enfants en général. Ceci est encore plus vrai chez l'enfant en souffrance. Lorsque l'enfant vient d'un milieu affectueux et structurant, l'élément affectif est moins important, tandis que s'il vit dans un désert affectif, cela peut prendre une immense importance.

Ceci est particulièrement bien mis en évidence par les attentes des élèves suivis dans les classes relais. Ces dispositifs prennent en charge des collégiens (rarement plus d'une dizaine d'élèves), en voie de déscolarisation ou entièrement déscolarisés, en vue de les réinsérer dans un circuit scolaire ordinaire. Nombre de ces adolescents ont des conditions de vie familiale particulièrement difficiles, souvent ignorées des équipes des collèges d'origine[20]. Une enquête réalisée par Élisabeth Martin et Stéphane Bonnéry[21] au cours de l'année 1998-1999 auprès de 557 jeunes, issus de 35 dispositifs, a montré que ces élèves affrontent des situations familiales et sociales difficiles (violences familiales graves, précarité des revenus et du logement, alcoolisme parental, manque de stabilité psychologique d'un parent, incarcération d'un membre de la famille, décès, séparations conflictuelles). Une situation particulière n'est rapportée que dans 10 % des cas.

Les entretiens réalisés auprès d'un échantillon restreint de 48 jeunes présents dans neuf dispositifs mettent en évidence l'importance considérable que ceux-ci accordent aux relations interpersonnelles avec les enseignants. Les auteurs soulignent que « la relation avec le professeur semble une condition *sine qua non* de l'apprentissage. Un professeur avec qui l'on ne s'entend pas ne donne pas envie de se confronter au travail ». Ces élèves n'apprécient pas les enseignants qui se présentent à eux d'abord en tant que « transmetteurs de savoirs » et non en tant que personnes. Le « bon prof » est celui qui les comprend en tant que personne, qui comprend les raisons qu'ils invoquent pour expliquer leurs difficultés, auquel ils opposent l'enseignant « qu'en a rien à foutre des élèves », qui fait ce métier uniquement pour gagner sa vie. D'où l'importance de certaines rencontres : « Je vais dans un autre cours, toujours la même chose. À part un seul prof de maths, il a dit : “Ouais, tous mes collègues ils disent que vous êtes des fouteurs de merde, moi je crois pas, moi je suis persuadé qu'y en a qui sont là pour réussir, moi je veux que vous réussissiez. Et si vous êtes sérieux en cours avec moi, vous allez travailler, nanani, nanana.” Avec ce prof, on travaillait, c'est le seul qu'on travaillait. Avec les autres, on travaillait même pas[22]. »

Par ailleurs, comme le constatent M.-A. Hugon et J. Pain au cours d'entretiens, ces élèves souhaitent non seulement être écoutés et respectés, mais aussi évoluer dans un cadre structurant. Il n'y a pas pour eux opposition entre ces deux démarches. Un jeune compare la classe relais où il se trouve avec ce qu'il a connu avant : « On est beaucoup plus encadrés. Les profs sont vraiment plus sympas[23]. »

Brigitte Prot, auparavant professeur de français, et exerçant aujourd'hui le métier de « motivatrice » en établissements scolaires souligne que le principal frein à la motivation des élèves est le manque de confiance en soi. « Pour développer des envies, fait-elle remarquer, il faut d'abord être en vie, c'est-à-dire avoir, au moins, une image de soi constructive[24]. »

Pour cet auteur, l'outil central de la motivation est donc la reconnaissance de l'élève en tant que personne, ce qui s'exprime par les attitudes et les comportements suivants :

— véhiculer une conception vivante de la personne et de la société ;

— reconnaître l'élève comme une personne unique et en devenir ;

— accompagner le projet de l'élève. Cet accompagnement s'articule autour de trois axes :

- proposer à l'élève des outils de connaissance de soi et de sa réalité scolaire ;
- définir des objectifs accessibles, les étapes et les moyens nécessaires pour les atteindre, et les inscrire dans le temps ;
- valider les réussites sur chaque parcours, plutôt que de pratiquer une évaluation ancrée par les manques ;
- proposer aux élèves les outils d'une meilleure communication ;
- éduquer aux médias.

Le rôle des établissements scolaires

La résilience se construit essentiellement à partir d'une (de) rencontre(s), de liens privilégiés établis avec d'autres personnes par qui l'enfant va se sentir reconnu, apprécié, aimé. Il s'agit donc avant tout d'un processus interpersonnel. Mais il est possible de mettre en place des dispositifs susceptibles de faciliter cette rencontre.

Dans son enquête sur les établissements qui obtiennent de bons résultats scolaires et d'orientation professionnelle auprès de jeunes en grande difficulté[25], Cécile Delannoy constate qu'un aspect essentiel, commun à ces différents établissements est qu'il s'agit de structures de petite taille, ce qui présente plusieurs avantages :

— *La reconnaissance des personnes*. L'auteur souligne qu'une plainte fréquente des anciens mauvais élèves de l'enseignement public est d'avoir manqué de reconnaissance : « Je n'existais pas. » « Pour eux, je n'étais qu'un numéro. » « Si on s'était un peu intéressé à moi, j'aurais pu travailler... » Elle affirme, après d'autres, que certains comportements indésirables ont notamment pour fonction d'attirer l'attention sur leurs auteurs. Notons toutefois que la taille de l'établissement n'est évidemment qu'un élément facilitateur. Un élève peut fort bien rencontrer un adulte soutenant dans un gros lycée, et ne pas y arriver dans un petit établissement.

— *L'adaptation aux besoins des élèves*. Une petite structure permet un traitement pédagogique individualisé des problèmes des élèves. Et de citer la réponse du directeur de la maison de la Fondation d'Auteuil à la question : « Que faites-vous lorsqu'un jeune pose de réels problèmes de comportement dans une classe ? » « Je ne peux pas vous dire ce que nous faisons en général, mais je peux vous dire ce que nous avons fait pour Simon, ce que nous avons fait pour Sélim... [...] Nous n'appliquons aucune règle fixe. »

— *La surveillance des individus*. Les gros établissements facilitent les comportements délictueux, par l'anonymat qu'ils génèrent.

Cécile Delannoy a été particulièrement frappée par l'attitude des personnes qui entourent ces jeunes. Les membres de l'équipe considèrent ces derniers comme des personnes à respecter et s'efforcent de comprendre la logique interne qui les anime. Ils manifestent de la confiance en leur avenir. Par-dessus tout, « ils s'impliquent dans leur métier en tant que personnes humaines et pas seulement en tant que titulaires d'un poste[26] ».

D'autres travaux ont montré les bienfaits des petits établissements[27]. Ce sont les élèves en difficulté sociale et scolaire qui en tirent le plus grand profit.

Résumons rapidement les résultats obtenus dans deux importantes organisations : la Fondation d'Auteuil et les Maisons familiales rurales. Je présenterai également des structures en plein développement depuis quelques années : les classes relais.

La Fondation d'Auteuil

La Fondation d'Auteuil (anciennement Orphelins-Apprentis d'Auteuil) est une organisation existant depuis plus d'un siècle et qui accueille 4 600 enfants et adolescents, répartis en 32 « maisons d'accueil ». Il s'agit d'enfants en difficulté, soit présentés par leur famille, soit plus souvent placés par l'Aide sociale à l'enfance après avoir été retirés à leur famille (53 %). L'objectif est clairement de suppléer l'absence ou la carence éducative des familles, en facilitant l'intégration sociale de ces jeunes par la formation professionnelle. Ce sont d'ailleurs les cas les plus lourds qui sont orientés dans ces maisons, dont le propos d'un juge pour enfants résume bien l'importance : « Vous êtes leur dernière chance. Si ça ne marche pas chez vous, je sais bien qu'ensuite, c'est la délinquance et la prison[28]. »

De fait, les résultats sont impressionnants. Dans un des centres, le directeur précise : « Actuellement, sur 15 jeunes ayant quitté l'école avec un BEP en juin dernier, 12 sont au travail en janvier 1998. Nous estimons donc réussir une insertion correcte de nos jeunes dans 90 à 95 % des cas : autonomie, absence de délinquance, vie de famille, pas de chômage de longue durée[29]. »

Les professionnels n'hésitent pas à donner des responsabilités aux adolescents, en leur témoignant une réelle confiance. Dans une des maisons, lorsqu'un jeune demande son admission, à l'issue de l'entretien préalable, le directeur confie à deux jeunes au hasard, en demandant des volontaires, le soin de lui faire visiter entièrement l'établissement. Ces deux garçons reçoivent un trousseau de clefs complet et disposent donc d'une heure pour tout montrer et répondre aux questions du nouveau. À la fin de la visite, celui-ci décide s'il veut rester ou non. Aucun jeune n'a fait un mauvais usage des clefs et de la liberté qui lui avait été confiées[30].

À Paris, les jeunes assurent des services dans des maisons de retraite, et les éducateurs constatent que ces adolescents, facilement violents, peuvent être très patients avec des personnes âgées qu'ils coiffent longuement, qu'ils promènent en marchant très lentement.

La maison Daniel-Brottier de Bouguenais en Loire-Atlantique offre deux formations : l'une aux métiers de la restauration, l'autre au métier de palefrenier. Il s'agit donc de deux métiers de services, dans lesquels le bien-être d'autres êtres vivants dépend de leur comportement : clients au restaurant, chevaux à l'écurie. Son directeur constate : « Il est rare que l'on soit déçu par le comportement d'un jeune qui a choisi de soigner les chevaux, et l'on est souvent surpris de voir le changement d'attitude que produit sur des jeunes, au comportement agressif et débraillé, le fait de revêtir une tenue de service pour accueillir des clients : ils sont méconnaissables, polis, attentionnés, sensibles à la courtoisie des clients[31]. »

Les Maisons familiales rurales

Les Maisons familiales rurales, initialement destinées à former les jeunes ruraux, reçoivent surtout aujourd'hui des adolescents en difficulté scolaire au collège, amenés par leurs parents, et des jeunes ayant séjourné dans des foyers de l'Aide à l'enfance. Comme le souligne Jean-Louis Gauthier, directeur d'une des structures : « Nous essayons de prendre des jeunes largués, ceux qui ont vraiment besoin de nous pour se maintenir à flot[32]. »

Les personnes centrales du dispositif sont les « moniteurs ». Cécile Delannoy note l'impact positif de la polyvalence de ces professionnels qui, assurant le suivi personnalisé de chaque élève et les visites aux parents et maîtres de stage, sont à la fois professeurs d'enseignement général, formateurs, animateurs de groupes et éducateurs. Selon cet auteur, ceci permet aux moniteurs une action beaucoup plus efficace auprès des jeunes, parce qu'ils sont en contact avec eux dans tous les domaines de leur existence : en cours au sein de la MFR, lors des stages en entreprise où ils leur rendent visite, et à l'internat puisque les moniteurs assurent à tour de rôle une permanence en soirée. C. Delannoy fait remarquer que le moniteur « connaît mieux le jeune, et constitue pour lui un support d'identification plus facile : le jeune commence par s'attacher à un éducateur-animateur jugé “sympa”, ou commence par respecter le professionnel compétent, et accepte ensuite les autres aspects et notamment les aspects scolaires[33] ».

Christophe Massip, formateur de formateurs au Centre national pédagogique des Maisons familiales rurales, souligne pour sa part qu'« au-delà de leur enseignement, les moniteurs des Maisons familiales apportent un soutien psychologique à ces adolescents. Par leur vigilance, ils les aident à réguler leur tempérament. De multiples qualités pour exercer cette fonction sont nécessaires. En tant que personnes-ressources ils essaient d'être chaleureux et accessibles[34] ».

Notons également ce propos de Jean-Louis Gauthier, qui montre que les notions de lien et de structure, de cadre, sont nécessairement complémentaires pour faciliter la résilience de ces adolescents : « Régler les conflits, nous savons à peu près le faire, mais cela nous prend beaucoup de temps et c'est un temps qui n'est pas comptabilisé dans les rémunérations. Notre dotation budgétaire ne prend en compte que les tâches d'enseignement, comme si nous étions un établissement scolaire ordinaire. L'accompagnement social de prévention, dans ce pays, n'est pas rémunéré. Or les jeunes qui arrivent chez nous commencent par y déverser tous leurs problèmes. Notre réponse à ces problèmes tient en deux mots : *l'Amour et la Loi*[35] » (souligné par moi).

Les classes relais

Les classes relais sont des structures qui prennent en charge des collégiens déscolarisés ou en voie de déscolarisation, et dont nous avons noté plus haut qu'ils ont généralement connu un milieu familial particulièrement perturbant. Elles visent un double objectif : non seulement la rescolarisation du jeune, mais également sa resocialisation, puisque ces adolescents sont à l'origine de fortes perturbations dans leur établissement scolaire d'origine[36]. Ces expériences sont l'occasion de la rencontre entre enseignants et éducateurs, ce qui génère parfois une confrontation entre deux cultures professionnelles, entre deux perceptions différentes de l'adolescent, généralement qualifié d'élève par les uns, de jeune par les autres.

Mais au-delà de leurs différences, ces professionnels partagent généralement une même conviction, celle de l'éducabilité de tous les élèves. Ce qui n'est pas toujours facile à vivre. Élisabeth Martin et Stéphane Bonnéry soulignent que c'est probablement cette certitude qui incite les jeunes à trouver la réassurance et la confiance nécessaires qui vont leur permettre de reconsidérer leurs relations aux autres et par là même de se reconsidérer[37].

Au moment de l'inscription, le jeune et un représentant de l'équipe signent un contrat qui les engage réciproquement : cela concerne le respect de certaines normes comportementales, les attentes pédagogiques et les aides apportées par l'équipe. Pour maintenir la motivation du jeune, certaines équipent jalonnent le parcours par le passage d'étapes, caractérisées par des objectifs précis et de plus en plus ambitieux. L'élève est félicité, voire récompensé (diplôme spécifique) pour la réussite de chaque étape.

Par ailleurs, les équipes estiment que la présence d'un cadre exigeant est une condition essentielle au bon fonctionnement du dispositif. La taille réduite de l'unité permet justement d'exercer une vigilance permanente. Tout retard, tout manquement à la discipline est immédiatement repéré et les parents sont alors prévenus par téléphone. Ceci conduit notamment à une très nette diminution de l'absentéisme des élèves. Comme le précise une éducatrice : « Ces jeunes attendent des adultes qu'ils ne fuient pas la confrontation avec eux, c'est ce dont ils ont besoin pour se sécuriser. Ils attendent qu'on les arrête, on est là pour cela[38]. »

Un autre objectif est de responsabiliser les adolescents, de leur faire acquérir une conscience civique. Certaines structures organisent des cours de secourisme ou la participation à des tâches d'intérêt général (contribution à des projets humanitaires ou à des actions de protection de la nature).

Parmi d'autres initiatives adoptées, des groupes de parole sont mis en place afin de permettre aux jeunes de s'exprimer, d'échanger sur leurs difficultés, sur les actes qu'ils ont commis ou dont ils se sentent victimes, ainsi que sur l'interprétation qu'ils en donnent.

Liens personnels établis avec l'élève, respect, confiance en lui, en ses possibilités et en son avenir, valorisation des réussites, responsabilisation, cadre structurant, cohérence pédagogique de l'équipe, tels sont donc les ingrédients majeurs facilitant la résilience des jeunes intégrés dans l'univers scolaire.

En Amérique du Nord, certaines écoles ont mis au point des programmes visant à susciter la résilience d'enfants en difficultés.

Les écoles publiques de Minneapolis sont à la pointe dans ce domaine. Les enseignants ont reçu une formation ainsi qu'un manuel intitulé *Du risque à la résilience*. Le programme est fondé sur cinq « stratégies[39] ».

— Offrir à chaque élève qui en a besoin des occasions d'entretenir des relations affectives avec un adulte soutien. Par ailleurs, les parents sont invités à participer à des rencontres sur l'éducation parentale et à participer à la vie de l'école.

— Accroître le sentiment de maîtrise des élèves sur leur existence. Les enseignants s'efforcent de leur fournir des occasions de se prouver qu'ils peuvent réussir.

— Construire non seulement des compétences scolaires mais aussi sociales, notamment en leur donnant des responsabilités.

— Réduire les sources de stress en faisant en sorte que l'école soit un lieu de soutien bienfaisant.

— Stimuler les ressources scolaires et communautaires pour répondre aux besoins des enfants. Les adultes du voisinage sont invités à s'impliquer dans la vie scolaire. D'anciens élèves ayant réussi viennent parler aux élèves de leur parcours et leur font entrevoir diverses orientations professionnelles.

CHAPITRE IX

Un changement de perspective pour les professionnels de l'aide à l'enfance

> « Ce dont j'ai le plus souffert, c'est de la distance professionnelle. »

Les connaissances acquises sur la résilience sont-elles susceptibles d'influencer l'action des professionnels de la protection de l'enfance ? Effectivement : le nouveau regard induit par la résilience nous invite à envisager certaines modifications dans l'attitude adoptée face aux personnes en souffrance, en particulier les jeunes.

La distance professionnelle en question

Un principe majeur de l'action des travailleurs sociaux est la « bonne distance professionnelle ». L'idée centrale est qu'au cours de la relation entre le professionnel et l'usager, doivent être réduits voire évacués les éléments susceptibles de perturber le caractère « objectif » de cette relation, en particulier les aspects émotionnels et affectifs. Il faut donc se focaliser sur le caractère technique de l'aide apportée (conseils, versements d'une aide financière, mise en relation avec un autre service, etc.). Cette distance est censée être avantageuse à plusieurs titres : elle protège le professionnel et l'usager d'envahissements émotionnels inopportuns ; elle permet de traiter les dossiers de diverses personnes d'une façon qui soit sensiblement reproductible d'une personne à l'autre. Dans l'idéal, le dossier d'un usager pourrait être traité de la même manière par toute assistante sociale du service.

La bonne distance professionnelle n'est pas une conception initialement exprimée par les jeunes femmes et les jeunes hommes se destinant à une carrière de travailleur social. Des chercheurs ont posé la question suivante à des étudiants de première année en travail social : « Quelles sont les valeurs qui fondent votre choix professionnel ? » Les réponses sont significatives : l'amour, l'altruisme, l'égalité ou la justice, la liberté, la dignité, la solidarité, le sens des responsabilités, le respect des différences. Parmi les attitudes, ils citent la disponibilité, l'écoute, la communication[1]. Ils n'intégreront cette notion de bonne distance qu'après quelques années de formation, ce qui sera généralement perçu par leurs aînés comme une manifestation de professionnalisme.

LES SOUFFRANCES PROVOQUÉES PAR LA BONNE DISTANCE PROFESSIONNELLE...

Or, nous avons pu constater, au long de ce livre, à quel point le lien, c'est-à-dire une relation affective établie entre une personne en souffrance et une autre, aidait la première à se (re)construire. L'inverse est tout aussi exact : se refuser à établir des liens de personne à personne limite les occasions de faire émerger la résilience. Alexandre Jollien témoigne de cette souffrance : « Les relations avec le personnel restaient superficielles. Jamais, nous ne parvenions à discuter d'individu à individu ; nous n'avions droit qu'à des palabres de professionnel à “enfant”, de médecin à “malade”[2]. »

Il était particulièrement irrité de ce que les éducateurs disséquaient leurs moindres faits et gestes, réduisant chacun à un cas clinique. « Dans leurs colloques, écrit A. Jollien, beaucoup d'éducateurs insistent excessivement sur la nécessité de mettre de la distance entre le “patient” et l'éducateur. Cette recommandation anodine suscite beaucoup de souffrances gratuites. [...] Cette distance nous éloignait des éducateurs. Comment confier ce qui touche, ce qui est intime, à une personne qui affiche une telle distance ? Avec ce genre d'éducateurs, nous n'abordions jamais les vrais problèmes. Ces personnes représentaient à mes yeux des techniciens, des spécialistes, alors que j'avais précisément besoin d'une écoute amicale, d'une proximité bienfaisante qui stimulât une recherche commune de solutions. Cette distance a finalement creusé, entre éducateurs et pensionnaires, un gouffre infranchissable. La distance, il est vrai, peut aider le soignant à conserver sa sphère privée, à ne pas se laisser miner par les problèmes du patient[3]. » « Ce dont j'ai le plus souffert, conclut-il, c'est de la distance professionnelle[4]. »

En l'absence de leurs parents, ces enfants et adolescents marqués par le handicap ressentaient le besoin d'une présence affective et ne la recevaient pas. « Tu ne t'imagines pas les dégâts qu'occasionne l'absence des parents. De plus, le sentiment que les éducateurs nous soignent plutôt qu'ils nous aiment n'arrange rien... Ce vide ressenti dès ma prime jeunesse me fait encore souffrir aujourd'hui. [...] J'imagine la douleur, l'extrême désarroi d'un enfant avec pour seule perspective l'internat, le home à perpétuité. S'ils affichent la distance thérapeutique, les rares humains qui l'entourent le privent de l'essentiel, de la nourriture affective à partir de laquelle se développe une personnalité[5]. » Alexandre Jollien n'a retenu qu'un seul élément positif de cette relation basée sur la distance : elle lui a donné un contre-modèle figé qu'il s'est ensuite efforcé de ne pas suivre. Il compare cette attitude avec celle, très différente, manifestée par les éducateurs qui l'ont vraiment aidé : « Ils nous aimaient. Ils avaient confiance en nous, en nos possibilités. Sans prétendre tout maîtriser, conscients que beaucoup d'éléments leur échappaient, ils se montraient modestes. [...] Matthieu, par exemple, un charpentier recyclé dans l'éducation, gérait les problèmes avec simplicité. En homme de terrain, il abordait les difficultés une par une. [...] En nous faisant confiance, il nous invitait à découvrir nos illusions, nos penchants, nos faiblesses. [...] Matthieu n'est resté qu'une année avec nous, mais nos progrès dépassaient avec lui tout le travail accompli auparavant[6]. »

Quelques années après sa sortie du centre, devenu étudiant dans une école de commerce, A. Jollien se promène dans la rue avec des amis et voit Sébastien. Il le présente à ses nouveaux amis : « C'était mon éducateur au centre. » Plus tard, Sébastien lui a confié qu'il avait trouvé étrange cette façon de le présenter : « Le centre, certes, est le lieu où nous nous sommes connus, mais notre relation ne peut se limiter à cela, je te considère comme une vraie connaissance. » « Pour lui, note A. Jollien, notre relation ne se réduisait donc pas au rapport éducateur-handicapé. Il n'agissait pas avec moi en éducateur, mais en ami[7]. »

… ET LES BIENFAITS GÉNÉRÉS PAR LA BONNE PROXIMITÉ HUMAINE

C'est auprès des personnes en grande souffrance que cette notion de distance professionnelle est la plus critiquable et que l'attitude inverse, faite de proximité et d'affectivité est la plus nécessaire. Voici plusieurs témoignages qui montrent à quel point cette attitude a pu réchauffer le cœur de jeunes blessés par l'existence.

Jacques Salomé, abandonné par son père à la naissance, et atteint de tuberculose osseuse dans l'enfance, se souvient d'une infirmière qui l'a particulièrement marqué : « Au sanatorium, lorsque j'avais 9 ans, une infirmière a été pour moi une relation structurante. J'avais l'impression d'être accepté inconditionnellement par cette femme. Elle ne me demandait pas de bien travailler en classe, ni d'être gentil, ni de dire merci. Même si je ne m'étais pas lavé les pieds depuis huit jours, j'étais accepté tel que j'étais. J'avais 9 ans et avec cette femme de 36 ans, j'avais l'impression que je pouvais dialoguer d'égal à égal. Ce que je disais, elle en tenait compte. Cela semblait avoir de l'importance et de la valeur pour elle[8]. »

On retrouve des expressions similaires dans les propos tenus par deux adultes ayant été gravement maltraités dans leur enfance. David Bisson, accueilli dans un foyer, affirme : « Les éducateurs m'ont appris à vivre. […] J'étais dorloté par les éducateurs. Ils étaient tous vraiment bien avec moi. Cela ne pouvait pas mieux se passer. Je suis tombé pile sur ce qu'il me fallait. J'ai eu beaucoup de chance. […] Je n'ai que des bons souvenirs de ces années-là[9]. »

Pour sa part, Dave Pelzer décrit ses premiers contacts avec Mme Pamela Gold, une assistante sociale. La première fois, il était recroquevillé à un bout du canapé tandis que Mme Gold, assise à l'autre bout, se rapprochait insensiblement de lui comme si elle voulait prendre sa main. « D'abord trop effrayé pour la laisser me toucher, je finis par m'apprivoiser et elle me caressa la peau en m'assurant n'être là que pour m'aider [10]. » Ce premier jour, Mme Gold reste cinq heures auprès de Dave.

Les visites suivantes furent également difficiles : « Tantôt la peur m'empêchait de parler et les silences s'éternisaient. Tantôt – pour des raisons mystérieuses – j'éclatais en sanglots. Cela n'avait aucune importance pour Mme Gold qui me serrait contre elle, me berçait, me chuchotait à l'oreille que je n'avais rien à craindre. Il arrivait qu'on s'allonge tous les deux sur le canapé et que je lui raconte des trucs qui n'avaient rien à voir avec mon horrible passé. Dans ce cas, blotti dans ses bras, je humais l'arôme de son parfum. Au bout d'un petit moment, Mme Gold m'inspira confiance. »

Lorsque, quelque temps plus tard, Pamela Gold emmène Dave au tribunal pour le jugement de ses parents, elle lui dit : « "Écoute-moi très attentivement, David. C'est Pam qui te parle, pas ton assistante sociale, tu comprends ? […] Je voudrais que tu saches que je t'aime." Je plongeai mon regard dans les yeux, si purs, de Mme Gold. "C'est vrai, insista-t-elle, me caressant la joue" [11]. »

J'imagine qu'en lisant ces quelques lignes, certains professionnels estiment que Mme Gold est allée trop loin, beaucoup trop loin dans ses diverses manifestations d'affection envers Dave Pelzer. Qu'ils réfléchissent alors à ce que, devenu adulte, il dit aujourd'hui de cette femme, qu'il qualifie d'« ange des services sociaux » : « S'il est une femme dont le souvenir restera à jamais gravé dans mon esprit, c'est Mme Gold, mon assistante sociale, pour la vigilance dont elle a fait preuve à l'égard de ma sécurité et de mon bien-être[12]. »

Porter un regard positif sur le jeune

Nous avons retrouvé dans ces derniers exemples la principale caractéristique des tuteurs de résilience, à savoir le fait de manifester de l'empathie et de l'affection. Mais on observe aussi, chez les professionnels facilitateurs de résilience, d'autres caractéristiques, notamment celle qui consiste à s'intéresser d'abord aux côtés positifs de la personne, sans nier les autres facettes pour autant. En voici deux exemples significatifs :

Gilbert Longhi, proviseur de lycée, a créé des classes adaptées aux élèves décrocheurs qui souhaitent reprendre leur scolarité. Lorsqu'il reçoit un élève, il commence par lui demander quel est son projet, ses centres d'intérêt, puis il aborde ses difficultés, pour revenir sur des questions telles que : « As-tu gardé le goût des études ? » « Pourquoi souhaites-tu réintégrer une école ? » « Qu'est-ce que tu attends de notre lycée[13] ? »

De son côté, Pierre-André Michaud, médecin chef dans une unité hospitalière spécialisée dans la santé des adolescents, constate qu'il a dû opérer une véritable conversion mentale pour répondre réellement à leurs aspirations : « Pour nous médecins, c'est une sorte de désapprentissage et de réapprentissage : ce que nous ont appris nos études, en effet, c'est à identifier des problèmes, à en rechercher les causes et à y apporter des solutions. Si ce paradigme est efficace et opérant lorsqu'il s'agit de problèmes somatiques bien identifiés (appendicites, otites et autres fractures), lorsque l'on a affaire à des problématiques complexes comme l'usage de drogue, les troubles du comportement ou les symptômes de nature psychosomatique, il s'avère souvent inadapté, voire contre-productif. »

Aujourd'hui, ce médecin reçoit l'adolescent en lui posant ces questions : « Qu'est-ce qui marche bien dans ta vie en ce moment ? Que pourrais-tu améliorer dans ta vie, dans ta manière de vivre ? Quelles sont tes activités, tes loisirs préférés ? Y a-t-il quelqu'un que tu admires beaucoup ? Qui ? Pour quelles raisons ? Quelles sont les principales qualités que les autres te reconnaissent ? Comment te fais-tu des camarades habituellement ? Vers qui te tournes-tu habituellement lorsque tu cherches à résoudre un problème ? Quelles sont tes principales qualités ? Peux-tu donner l'exemple d'une situation difficile que tu as réussi à maîtriser avec succès ? Peux-tu citer un exploit dont tu es fier ? Que fais-tu pour te maintenir en bonne santé ? Quelles responsabilités prends-tu dans la vie, à la maison, à l'école, ailleurs[14] ? »

Dans un précédent ouvrage, Stefan Vanistendael et moi-même avons établi une liste de multiples questions, classées thématiquement, visant précisément à aider les professionnels de l'enfance à repérer quels sont les éléments positifs, dans la vie de l'enfant et dans son environnement, qui peuvent lui permettre de rebondir face à l'adversité[15].

Susciter la parole de l'enfant sans l'imposer

Soulignons également cette autre caractéristique des tuteurs de résilience qui est d'accorder à l'enfant en souffrance la liberté de parler ou de se taire. Nombreux sont les professionnels de l'enfance qui ont expérimenté ce que j'appelle la « taxithérapie ». Par exemple, un éducateur ou une assistante sociale emmène un gamin en voiture pour un examen médical à l'hôpital qui se trouve à une quinzaine de kilomètres. Durant le trajet, cet enfant habituellement replié sur lui-même et qui refuse obstinément de parler de son histoire, ouvre spontanément son cœur. Cette expérience est très fréquente. Trois éléments favorisent ces confidences. D'une part, l'enfant ne ressent aucune obligation de parler puisque ce n'est pas la raison d'être de ce moment passé avec l'éducateur. D'autre part, il ne subit pas la confrontation des regards en face à face, ce qui est vécu comme une situation angoissante pour certains. Enfin, la scène se déroule dans un espace clos et restreint (qui rappelle la protection utérine ?). Notons cependant que le même type d'expérience peut se produire à l'air libre. Un professeur d'éducation physique m'a raconté qu'il lui était déjà arrivé de vivre des situations identiques avec des élèves, le temps de se rendre du vestiaire au stade.

Ces situations où des jeunes parlent de manière spontanée, en dehors des temps et des lieux réservés à cela, ne sont pas une exception. Par exemple, certains garçons accueillis dans un foyer le font systématiquement dans l'escalier : ils accrochent l'éducateur pour un détail, puis en arrivent rapidement à parler plus intimement d'eux-mêmes. D'autres préfèrent se confier après une partie acharnée de ping-pong avec l'éducateur...

Les facilitateurs de résilience sont souvent riches de créativité lorsqu'il s'agit de faciliter l'expression de la parole de l'enfant blessé, sans imposer celle-ci. Ils utilisent parfois des « stratégies de contournement », sans même s'en rendre compte. Le principe est d'inviter l'enfant ou l'adolescent à s'exprimer sur des situations difficiles qui surviennent à d'autres êtres auxquels il peut s'identifier, pour l'amener progressivement à parler de lui-même. En voici trois exemples, à partir de contes, de sociodrames et... d'une affiche de colloque.

À partir de contes

Plusieurs thérapeutes et travailleurs sociaux utilisent les contes pour amener l'enfant à parler de ses problèmes, par une voie détournée. Ils peuvent aborder des thèmes tels que le deuil, par le biais de *Bambi* (qui perd sa mère, tuée par un chasseur), l'inceste avec *Peau d'âne*, la maltraitance avec *Blanche-Neige*, etc. Bruno Humbeeck se sert des contes non seulement pour cela, mais aussi pour mettre en évidence auprès de l'enfant les éléments favorisant la résilience[16]. Par exemple l'aptitude de Blanche-Neige à s'entourer de tuteurs de résilience. Même Harry Potter est appelé à la rescousse dans ce but !

À partir de sociodrames

Jo Finder, directeur du foyer de Vitry, faisait jouer des sociodrames aux adolescents accueillis, sur toutes sortes de situations sociales potentiellement sources de conflits. Il a fait jouer des centaines de sociodrames sans qu'aucun n'ait abouti à un passage à l'acte. L'un de ces jeunes témoigne de cette expérience trente ans plus tard : « Le thème était exposé une semaine avant, et avant de le jouer, j'allais voir Jo ou un éducateur, je lui disais : "Ce rôle-là, comment tu verrais que je pourrais le défendre ?" Et en abordant ça, c'était l'occasion d'aborder tout un tas de choses de ma propre vie et de mes propres problèmes. Et puis deux jours après le jeu, le temps que tout ça se digère, je disais : "Comment ça se fait qu'en abordant tel sujet, j'aie eu une angoisse terrible qui m'est montée ? Qu'est-ce qui s'est passé ?" Et quand j'en causais à Jo, à Tom ou aux autres, c'était l'occasion d'aborder les choses importantes[17]. »

À partir de l'affiche d'un colloque sur la résilience

Il y a environ un an, j'étais invité à participer à un colloque sur la résilience organisé par une association d'avocats pour enfants et une association d'aide aux victimes. Le soir précédant le colloque, je dîne avec les organisateurs et d'autres intervenants. Un avocat, Jean-Marie Salzard, me fait remarquer qu'il a placé l'affiche du colloque dans son cabinet et que cela facilite énormément la parole des enfants qu'il reçoit. Or, que représente cette affiche ? Un enfant qui rebondit sur une sorte de trampoline de pompiers tenu par divers professionnels (un avocat, un juge, un médecin, un policier).

Lorsque cet avocat reçoit un enfant, il lui demande tout d'abord : « D'après toi, ça représente quoi, ce dessin, ça signifie quoi, rebondir, pour un enfant ? » L'enfant lui répond, puis cet avocat lui demande : « Et à ton avis pourquoi cet enfant a-t-il besoin de rebondir ? » L'enfant répond à nouveau, et ce n'est qu'à partir de ce moment que l'avocat commence à poser des questions afin de recueillir des informations sur les abus dont l'enfant a été victime.

C'est très probablement la séquence des questions qui facilite l'expression de la parole de l'enfant. La première se focalise sur les aspects positifs de l'enfant (sa capacité à rebondir) ; la deuxième aborde des questions plus délicates, mais en restant dans l'univers des enfants en général ; l'avocat ne demande à l'enfant des précisions sur son vécu personnel que dans un troisième temps.

De la relation d'aide au lien d'accompagnement

Paul Fustier a écrit un ouvrage particulièrement éclairant, dont le titre est déjà tout un programme : *Le Lien d'accompagnement*[18], que l'on peut comparer à la traditionnelle expression de « relation d'aide ». Certes, Rogers avait une vision très positive de la relation d'aide : « J'entends par ce terme des relations dans lesquelles l'un au moins des deux protagonistes cherche à favoriser chez l'autre la croissance, le développement, la maturité, un meilleur fonctionnement et une plus grande capacité d'affronter la vie[19]. » Cependant, les mots ont du poids et peut-être serait-il temps que les professions de la relation d'aide deviennent aussi (et peut-être prioritairement) des professions du lien d'accompagnement. Ce qui implique deux changements de perspective :

— de la relation au lien : qu'il n'y ait plus seulement une relation de professionnel à usager, mais aussi un lien de personne à personne ;

— de l'aide à l'accompagnement : que l'on ne fasse pas à la place de la personne, mais qu'on l'accompagne dans la mise en place de stratégies d'action. Notons cependant que cette conception du travail social est de plus en plus répandue.

Donner et recevoir

Se basant sur les travaux de Marcel Mauss et d'Alain Caillé sur le don et le contre-don, P. Fustier propose un modèle d'action sociale consistant à « favoriser chez les personnes prises en charge l'acceptation du don, la reconnaissance de la dette, et la mise en place de contre-dons[20] ». L'ethnologue Mauss avait montré que l'échange par le don suppose trois obligations : tout individu est obligé de faire des cadeaux, tout bénéficiaire est obligé de les accepter et de rendre. Le don à sens unique est souvent une forme de domination qui ne facilite pas la résilience. Celui qui reçoit une aide (financière ou autre) d'un travailleur social se sent redevable, il est en dette à son égard et estime souvent qu'il doit rendre un contre-don. Un homme propose un café, une mère de famille invite l'assistante sociale à venir manger le couscous à la maison, etc. Que se passe-t-il alors ? Beaucoup de travailleurs sociaux, au nom du sacro-saint principe de bonne distance professionnelle, refusent ce don en considérant que c'est la porte ouverte à une relation qui va dépasser le registre strictement professionnel.

Si le travail social fait plus appel aux statuts et aux fonctions (le professionnel, l'usager) qu'aux êtres de chair et de sang, il risque tout simplement de se dépersonnaliser, d'aboutir à un service offert par des techniciens anonymes et interchangeables.

Avec beaucoup de justesse, P. Fustier fait remarquer que le service réalisé par le travailleur social est souvent perçu très différemment par lui-même et par le bénéficiaire. L'éducateur, l'assistante sociale, etc., a le sentiment d'agir en tant que professionnel(le), en vertu d'un mandat qui lui est octroyé, tandis que le bénéficiaire peut interpréter son acte comme relevant avant tout de la sphère du don : « Si le soignant ou le travailleur social fait cela, c'est pour moi, pour me faire plaisir, parce que je suis "aimable". »

Voici comment se manifeste le processus de don/contre-don dans le travail social. Le professionnel fait un don spécifique, le « don d'individuation », qui permet à la personne prise en charge de constater qu'elle n'est pas seulement un usager anonyme parmi d'autres, mais qu'elle est reconnue comme un individu aux yeux du professionnel. Ceci n'est possible que si elle pense que le professionnel fait quelque chose de plus que ce que son travail suppose, qu'il est au-delà du strict contrat de travail. Ce don d'individuation s'exprime sous trois formes différentes :

— donner du temps ;
— donner du privé ;
— donner des émotions.

Donner de son temps, c'est accepter de déborder parfois de dix ou vingt minutes sur son horaire de travail. Beaucoup de choses se disent au moment où le professionnel raccompagne la personne à la porte après un entretien. Celui-ci hésite, et puis se ravise et ouvre son cœur. Car au fond, il est venu, non seulement pour solliciter une aide, mais bien plus encore pour parler de sa vie, de ses joies et de ses peines, à une personne de confiance.

Donner du privé a surtout lieu à propos de la famille. Contrairement à ce que certains formateurs recommandent, il est possible de parler de sa vie familiale à des personnes bénéficiant d'aides sociales, dans la mesure évidemment où l'on ne se met pas à raconter sa vie en détail. Après tout, dire par exemple que l'on a soi-même parfois des difficultés à éduquer son enfant peut rapprocher le professionnel et l'usager dans le sentiment d'une humanité partagée d'égal à égal, sans que cela mette pour autant en péril le statut professionnel. Notons au passage que l'attitude inverse peut aboutir à des situations cocasses, comme celle d'une assistante sociale enceinte, très gênée de ne pas pouvoir masquer son état devant les usagers et à qui des mères demandaient régulièrement si sa grossesse se passait bien. Malaise, bafouilles et tentatives de détourner la conversation garantis.

Donner des émotions est un autre signe d'appartenance à notre commune humanité. L'assistante sociale qui est touchée par la description qu'une jeune femme fait de son enfance blessée, ou l'éducateur qui manifeste clairement son irritation face au comportement destructeur ou autodestructeur d'un adolescent, montrent qu'ils ne sont pas seulement des techniciens, mais des personnes qui expriment de la sensibilité, de l'intérêt envers la personne qui se trouve en face d'eux.

Les contre-dons par la personne prise en charge sont notamment les changements positifs qu'elle manifeste. Comme le souligne P. Fustier, ce type de contre-don est facilement accepté et est même encouragé. Il y a également l'offre de confidences, qui est souvent valorisé. Mais le contre-don pose apparemment problème lorsqu'il se manifeste d'une autre manière, par exemple, lorsqu'une mère invite une assistante sociale à prendre un café ou carrément à partager son repas, comme je l'ai mentionné plus haut.

Tout ce qui précède explique pourquoi il est nécessaire d'entretenir une bonne proximité humaine (et même affective dans certains cas) avant la bonne distance professionnelle. Ce qui ne signifie pas pour autant remplacer l'une par l'autre. Encore une fois, il s'agit de raisonner en termes de « ceci et cela » et non de « ceci ou cela », en d'autres termes d'associer la bonne proximité et la bonne distance, la relation entre un professionnel et un usager et le lien entre deux personnes. Ce qui est probablement plus facile à dire qu'à faire, je le reconnais.

Mais soyons honnête : en général, à qui sert prioritairement la bonne distance professionnelle ? Pas à la personne accompagnée, qui a bien plus besoin de chaleur que de distance, mais au professionnel qui a besoin de protéger sa vie privée, de ne pas être envahi par les problèmes et débordements émotionnels de cette personne. Il n'y a là évidemment rien de répréhensible, au contraire. Tous les professionnels du travail social savent que cette distance est nécessaire pour éviter de « se faire bouffer ».

Mais alors comment trouver le juste équilibre entre les deux ? Ce n'est pas simple, parce qu'il n'existe pas UN juste équilibre. Il s'agit plutôt d'une dynamique mouvante, à réinventer chaque jour, face à chaque situation nouvelle. Impossible donc de donner une règle générale, applicable en toutes circonstances, indiquant de façon précise où se trouve la frontière entre ce qui est pertinent et ce qui ne l'est pas. Ce qui ne signifie pas pour autant que le travailleur est laissé seul à l'aventure, sans aucun repère utile. Deux de ces repères me semblent pertinents :

— la prise de conscience de la distinction entre les mondes intime, personnel et professionnel ;

— le soutien des autres professionnels.

Quand les univers personnel et professionnel se rejoignent

La distinction entre les mondes intime, personnel et professionnel, qu'a élaborée Dominique Mérigot, thérapeute familial, me semble particulièrement éclairante[21]. Pour bien la comprendre, partons du mode de fonctionnement habituellement prescrit au travailleur social, basé sur le postulat de la bonne distance professionnelle. La situation peut se résumer ainsi :

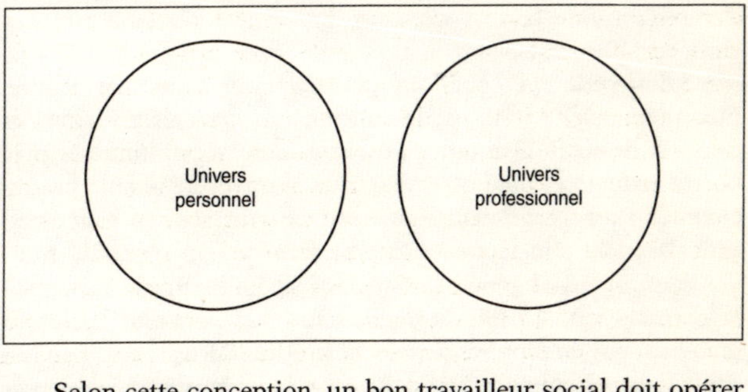

Selon cette conception, un bon travailleur social doit opérer une claire délimitation entre l'univers personnel et l'univers professionnel. Or, ceci pose quelques problèmes. D'une part, ce type de relation est totalement asymétrique. Le travailleur social a le droit (parfois même le devoir) de pénétrer à 100 % dans l'univers personnel de l'usager, mais ne dévoile rien du sien à ce dernier. Cette distinction personnel/professionnel ne fonctionne donc qu'à sens unique. Mais interrogeons-nous un peu : aimerait-on que quelqu'un vienne systématiquement fouiller en profondeur dans notre vie, par exemple dans une période de crise avec notre adolescent ?

D'autre part, comme nous l'avons constaté, s'en tenir au strict registre de la technicité professionnelle, sans introduire un lien d'humanité, n'est pas susceptible de faire émerger la résilience. Dominique Mérigot propose donc le schéma alternatif suivant :

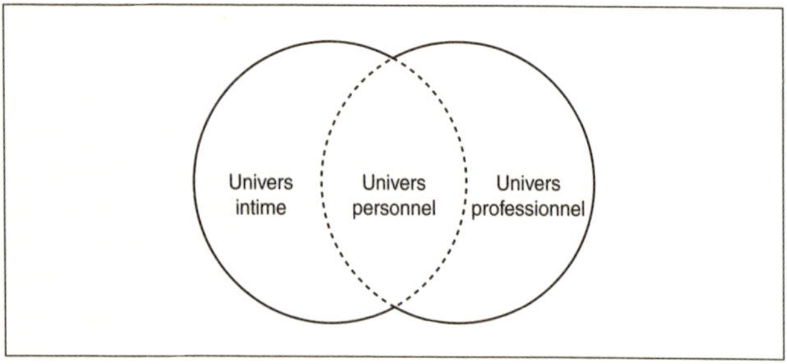

Selon cette approche, une part de notre vie intime peut se superposer avec la vie professionnelle. Il ne s'agit évidemment pas d'un recouvrement total : être travailleur social implique précisément une certaine réserve ; il ne s'agit évidemment pas de raconter sa vie en détail à la personne qui vient solliciter une aide. Dès lors, l'inévitable question se pose : où placer la frontière entre l'intime et le personnel, et surtout entre le personnel et le professionnel ? Il n'y a malheureusement (ou plutôt heureusement !) pas de réponse nette et définitive. Certes, lorsqu'on fait l'option d'une coupure nette entre les univers personnel et professionnel, la situation a l'avantage d'être claire et réduit les risques de dérapage : toute divulgation d'éléments personnels est exclue de la relation avec l'usager. Dans le second cas de figure, c'est au cas par cas qu'il faut discerner où se situent ces frontières, ce qui est évidemment plus incertain, voire déstabilisant. Mais plus enrichissant également. La situation se complique encore du fait que les frontières de cette zone intermédiaire sont susceptibles de se déplacer au fil du temps ; par exemple, le professionnel pourra entretenir un lien plus fort avec la personne au bout de quelques mois de connaissance réciproque ; selon les situations, la nécessité se fait parfois sentir de manifester plus d'affectivité, parfois plus de retenue, il n'y a aucune règle absolue. C'est pourquoi j'ai tracé en pointillés les frontières de l'univers personnel.

Aussi, plutôt que de fournir des règles précises (ceci est possible, cela est interdit), je préfère présenter deux expériences concrètes très différentes qui permettent, me semble-t-il, de bien percevoir ce que signifie cette zone de chevauchement entre l'intime et le professionnel, qualifiée de zone personnelle par Dominique Mérigot.

Jacky Van Thuyne est un ancien prisonnier qui, une fois sa peine purgée, est devenu éducateur et a ouvert un centre pour faciliter la réinsertion des détenus récemment libérés. Un jour, il envoie un peu d'argent à un jeune, appelé sous les drapeaux, qui lui en a fait la demande. Celui-ci repasse un jour à son bureau : « Je suis venu te dire merci parce que tu t'es occupé de moi. — Tu sais, c'est mon métier. » Mais le jeune n'apprécie pas la réponse : « Dis pas ça, dis pas ça, dis pas que c'est ton métier[22]. » Ce dont il avait besoin, c'était de sentir qu'au-delà de l'aspect professionnel de l'aide, il y avait bel et bien un lien interpersonnel qui lui permettait d'être reconnu en tant qu'individu par Jacky Van Thuyne. Celui-ci tire d'ailleurs de l'anecdote la conclusion qu'il faut effectivement assumer pleinement cette proximité qui s'exprime dans le travail social.

Autre exemple. Il y a quelques mois, j'assurais une formation sur la résilience auprès d'aumôniers de prison protestants, en début de printemps. Autour des tables disposées en cercle, nous portons presque tous une chemise ou un pull, sauf deux ou trois venus en chemisette. À la pause, l'un des aumôniers vient me dire qu'il a beaucoup apprécié mes propos selon lesquels, dans le travail social, l'histoire personnelle de chacun influence ses attitudes professionnelles, et qu'il ne s'agit pas de le nier mais d'en tirer profit. Or, cet aumônier est précisément en chemisette… qui laisse découvrir de superbes tatouages sur toute la longueur des deux bras. Nous avons sympathisé et Mario m'a appris qu'il allait quasiment systématiquement faire ses visites en chemisette. Je lui ai alors demandé si des prisonniers lui avaient fait des commentaires à ce sujet. Non, me répond-il. À ma demande, il a donc posé la question à certains d'entre eux, au cours des semaines qui ont suivi. En général, la première réaction fut un moment de surprise, bientôt suivi de cette réflexion : « Si ce type-là s'en est sorti, alors moi aussi, je peux y arriver. » De façon générale, le simple fait de leur avoir posé cette question les a aidés à être plus à l'aise avec cet aumônier : « Il y avait un regard plus doux de leur part. »

POUR SE DISTANCER DE SOI-MÊME : L'UTILITÉ DES SYNTHÈSES ET DES SUPERVISIONS

S'il existe une bonne distance à respecter impérativement, c'est celle qui se situe vis-à-vis de soi-même. En effet, dans tous les métiers qui impliquent un lien avec autrui, l'individu n'est pas le meilleur évaluateur et régulateur de ses propres attitudes et comportements. Le regard d'autres professionnels est indispensable pour l'aider à se situer correctement.

Deux principaux dispositifs sont possibles pour cela : la supervision (généralement par un psychologue professionnel) et la discussion de groupe entre professionnels (généralement qualifiée de réunion de synthèse). Dans chaque cas, l'objectif visé est d'aider les travailleurs sociaux à prendre du recul sur leur pratique. Comme le fait remarquer un professionnel de l'enfance : « Le travail en équipe, c'est un lieu de parole et d'écoute. Ça permet de faire tomber l'angoisse par rapport aux situations, ça permet une analyse objective d'une situation, de donner plus de recul, une connaissance complémentaire et différente de la législation, une complémentarité des travailleurs sociaux. Cela entraîne un regard extérieur et une remise en question. Il faut l'accepter et essayer d'apporter des critiques constructives. Il faut aussi trouver des points communs pour être cohérents face aux gens[23]. »

Mais ces réunions n'ont de valeur que dans une atmosphère de respect mutuel. Le débat contradictoire est utile et enrichissant dans la mesure où existent la confiance et la volonté de communiquer librement. Lorsque c'est le cas, elles offrent un lieu de réflexion et de questionnement sur les objectifs visés, les moyens mis en œuvre, les valeurs implicites ou explicites des uns et des autres. Elles permettent de se sentir soutenu à l'occasion d'une situation particulièrement délicate, voire traumatisante pour le travailleur social.

De même, les supervisions, généralement effectuées par un psychologue, facilitent une meilleure compréhension du vécu des travailleurs sociaux et peuvent devenir un outil très efficace d'amélioration des pratiques.

Une nouvelle conception de la complémentarité des professionnels

La spécialisation des tâches : se méfier des attitudes extrêmes

Un autre postulat du travail social consiste à dire : « Il faut travailler en partenariat, mais en sachant que chacun doit rester dans son statut professionnel spécifique. » Ce travail est donc fondé sur une polyvalence face aux individus et sur une spécialisation des fonctions. Autrement dit, chaque professionnel peut s'occuper indifféremment de toute personne dont il a la charge, mais inversement, son action doit se limiter à une facette, un espace très circonscrit de cette personne (le thérapeute soigne l'esprit malade ou fatigué, l'avocat défend l'enfant, l'éducateur enseigne des règles de vie, etc.).

Or, la résilience nous invite à sérieusement réviser cette coupure radicale. On pourrait presque dire, en poussant la logique à l'extrême, qu'elle nous enseigne l'inverse : polyvalence des fonctions, mais liens spécifiques avec telle ou telle personne. Car d'une part, la réalité est que nous n'avons pas la même attitude avec toutes les personnes avec lesquelles nous sommes amenés à travailler. Autant l'admettre et s'efforcer d'en tirer le meilleur. D'autre part, lorsque nous accompagnons une personne, notre action peut porter sur différents aspects. Cela ne signifie évidemment pas pour autant que tous les postes professionnels sont interchangeables, mais que l'on peut déborder de son strict cadre professionnel pour empiéter sur notre « commune humanité », sur ce qui nous rassemble tous, au-delà des statuts et des étiquettes. Car ce dont l'enfant malheureux se souviendra, ce n'est pas que l'avocat, l'assistante sociale, l'éducateur, etc., ont bien fait leur travail, en restant bien dans les limites de leurs compétences respectives. Non, ce qui l'aura marqué, c'est tout simplement qu'on l'ait écouté avec un intérêt réel, qu'on lui ait parlé comme à un être humain, et non pas comme à un cas de plus à traiter efficacement. Le reste est important certes, mais non essentiel. Tout professionnel impliqué dans la protection de l'enfance peut jouer le rôle d'adulte bienfaisant auprès de lui, quel que soit son métier. Écoutons ce que disent deux enfants maltraités, l'un d'une femme juge pour enfants, l'autre d'un policier.

Tim Guénard : « Je suis tombé en amour de cette femme qui sait écouter avec son cœur. [...] Voilà un bon juge. Il t'accueille, prend le temps de te regarder en vérité. C'est un juge qui ne juge pas, justement. Il regarde ton dossier, après t'avoir regardé. Il cherche avec toi la possibilité de reconstruire ta vie. Il te tend la main, même si tout paraît perdu[24]. »

Dave Pelzer, après que le policier eut dit : « Ne vous en faites pas toubib. J'ai donné ma parole au môme. Sa mère ne le torturera plus jamais. » « À ce moment-là, écrit D. Pelzer, je n'ai plus douté d'être vraiment en sécurité. Malgré l'envie folle que j'en avais, je me suis empêché de serrer la jambe du policier. Rayonnant, je l'ai en revanche immédiatement promu au rang de héros. » Une fois placé dans un foyer, il dit au revoir au policier en lui serrant la main de toutes ses forces. Celui-ci se met alors à genoux pour lui dire : « Écoute-moi bien, David. Ce sont les petits garçons comme toi qui m'ont donné envie de devenir policier. » « Sans réfléchir, je lui entourai le cou de mes bras qui me brûlèrent aussitôt. Tant pis[25]. »

Certes, chaque professionnel a des fonctions bien définies à assurer. Mais simultanément, chacun d'eux se situe dans un ensemble plus large qui est notre commune humanité. Il peut donc nous arriver d'avoir un impact psychologique bénéfique sur un enfant sans être thérapeute ou d'avoir un rôle éducatif auprès d'un adolescent sans être éducateur. Une division excessive du « travail social » risque de découper le sujet en rondelles, chacune correspondant à telle ou telle profession, alors que lui-même est un tout indivisible. Ceci peut casser une dynamique de communication, qui a parfois été déjà bien difficile à enclencher, avec des propos tels que : « Attends, là je suis obligé de t'arrêter, ceci ne me concerne plus. Pour cela, il faut que tu t'adresses à un psy (ou à ton avocat, etc.). » Je reviendrai sur ce point essentiel un peu plus loin dans ce chapitre.

On trouve dans l'ouvrage de Christiane Besson et de Jérôme Guay, *Profession travailleur social*, des idées très proches de celles que je développe ici. Ces auteurs critiquent tout d'abord le modèle traditionnel d'intervention, basé sur :

— un héritage médical : le professionnel cible un symptôme spécifique, avec un minimum d'interférences externes à l'intervention experte ;

— l'approche univoque des situations, alors que plusieurs problématiques se retrouvent souvent ensemble ;

— l'oubli du contexte, alors que les interventions devraient viser au-delà des comportements pour cibler les conditions sous-jacentes ;

— l'isolement artificiel du client vis-à-vis de son environnement social extra-familial[26].

Les auteurs proposent, en contrepartie, quelques repères pour la construction d'un nouveau modèle[27] :

— la rencontre avec le client là où il se trouve ;

— une approche globale et polyvalente, tenant compte de tous les besoins, et faisant appel aux ressources du réseau social de la personne en besoin. Le travailleur social doit donc viser à retisser les liens sociaux qui se sont rompus et aider les usagers à renouer avec le cycle de réciprocité ;

— un engagement au service de l'usager et de son réseau. Le professionnel s'adresse à la souffrance sous-jacente aux comportements problématiques, dans une attitude de partage et de réciprocité, plutôt que de contrôle ;

— implication et créativité. Le travailleur s'implique individuellement auprès de la personne et essaie de trouver avec elle la solution au problème, au lieu de lui procurer un service prédéterminé par l'institution qui l'emploie. Il travaille donc *avec* l'usager au lieu de travailler *pour* lui, ce qui lui permet de laisser libre cours à sa créativité tout en se rapprochant de la personne avec laquelle il s'associe. Ce qui a deux conséquences sur sa pratique : il *s'écarte de la distance professionnelle* et fait preuve de beaucoup plus de polyvalence (souligné par moi) ;

— le rétablissement des cycles de réciprocité. Le travailleur social aide les personnes et leurs proches à cheminer dans le processus de collectivisation de leur besoin, individuel au départ ; pour cela, il pense *réseau* au lieu de penser *individu* ;

— le partage des responsabilités. Le travailleur social remet en question la suprématie de son rôle professionnel en établissant un processus de partage de sa responsabilité avec les citoyens avec lesquels il établit un rapport d'échange.

La complémentarité des histoires individuelles et des personnalités

Il est une forme de complémentarité entre professionnels à laquelle on songe peu et qui me semble très importante. Quand on s'intéresse à l'histoire personnelle des professionnels de l'enfance, on constate cette double réalité. Il y a d'une part une proportion importante de personnes ayant eu une enfance heureuse, qui souhaitent par ce métier redonner à des enfants un peu de l'amour qu'elles ont elles-mêmes reçu ; mais d'autre part aussi, une proportion importante de personnes ayant eu une enfance malheureuse, qui désirent éviter aux enfants dont elles ont la charge de passer par les mêmes souffrances qu'elles.

J'ai critiqué dans le chapitre III la stigmatisation dont ces dernières sont parfois victimes, au travers du concept de « réparation ». Mais je souhaite ici faire un pas de plus. Penser qu'une bonne professionnalisation devrait conduire les travailleurs sociaux à adopter la même attitude technique devant chaque personne qui se présente à eux est irréaliste. Car au-delà de sa qualité de professionnel, chacun réagit aussi en fonction de son histoire, de ses valeurs, etc. Et il est bien évident qu'un éducateur anciennement maltraité n'aura pas les mêmes réactions intimes ni la même attitude extérieure qu'un autre éducateur qui aura eu, lui, une enfance particulièrement heureuse. *Chacun d'eux a sa compétence spécifique et sa limite spécifique.* L'éducateur à l'enfance heureuse aura probablement acquis une stabilité interne lui permettant de soutenir efficacement certains enfants en difficulté, mais il ne pourra jamais comprendre de l'intérieur ce que vivent ces enfants. Inversement, un éducateur ayant souffert dans son enfance pourra beaucoup mieux comprendre ces enfants (et ils le sentiront sans aucun doute), mais il risque inversement d'être parfois ébranlé par des « effets miroirs », lorsqu'en entendant un enfant ou un adolescent raconter son histoire, il se retrouve soudain confronté à ses propres souvenirs douloureux. S'il s'identifie trop au jeune qui est devant lui, il risque de ne plus avoir la distance nécessaire (vis-à-vis de lui-même) pour agir efficacement. De plus, il risque de penser que son parcours de résilience est le modèle par lequel toute autre personne doit idéalement passer.

Notons au passage qu'on parle aujourd'hui de la nécessité de construction de la résilience chez les professionnels de l'aide à l'enfance, car ils sont victimes « par procuration », à force de côtoyer des situations particulièrement douloureuses[28].

La collaboration de professionnels ayant un passé différent peut donc constituer une grande richesse. J'ai constaté que certaines équipes caractérisées par une grande confiance réciproque favorisent une véritable liberté de parole, ce qui permet aux uns et aux autres de reconnaître très simplement qu'ils n'y arrivent pas avec tel ou tel jeune et qu'ils ressentent le besoin de passer le relais. Et lorsqu'un collègue se propose, ce n'est pas en faisant sentir qu'il est plus compétent.

Ici se pose d'ailleurs le problème de l'éducateur « référent » d'un jeune accueilli dans un foyer. Comme je l'ai souligné précédemment, nul ne peut s'autoproclamer tuteur de résilience, c'est l'enfant en souffrance qui va « élire » quelqu'un (ou quelques-uns) comme étant un adulte auquel il va particulièrement se confier. Or, cet adulte choisi comme tuteur n'est pas nécessairement l'éducateur référent nommé par l'institution. Éducateurs et équipe de direction sont en général bien conscients de ce décalage et s'efforcent de gérer cela tant bien que mal. Certains nomment un référent temporaire, en attendant de voir ce qui va se jouer au fil des semaines. Certains n'en désignent pas pendant quelque temps. Rien à voir en tout cas avec cette réaction d'une directrice qui a déclaré un jour à son personnel, en parlant des enfants : « On n'est pas dans un supermarché, on n'est pas là pour choisir son éducateur ! » Je me permets de douter de sa capacité à faire émerger la résilience...

Une dernière remarque au sujet du climat d'équipe : on retrouve ici aussi cette notion de donner du temps, ou plutôt d'en « perdre ». Ces moments informels autour d'une tasse de café, ces discussions du lundi matin où chacun peut raconter les petits bonheurs et malheurs vécus en famille tissent des liens que ne peuvent créer les relations strictement professionnelles. Comme le fait remarquer Paul Fustier : « On doit même considérer que l'efficacité d'une équipe institutionnelle repose partiellement sur un art du temps perdu. [...] Le temps que l'on pourrait gagner au nom de la productivité, en supprimant ces espaces-temps objectivement inutiles, n'est gagné qu'aux dépens des liens interpersonnels qui nécessitent au contraire que du temps soit perdu[29]. »

Le rôle des familles d'accueil

Les assistantes maternelles constituent une catégorie bien spécifique de professionnels puisqu'elles vivent sept jours sur sept avec les enfants qu'elles reçoivent, ce qui engendre nécessairement des liens.

D'une idéologie à l'autre

Réfléchir sur ce rôle est d'autant plus nécessaire que l'univers de l'aide sociale à l'enfance en France est aujourd'hui sérieusement ébranlé par la parution de l'ouvrage du pédopsychiatre et psychanalyste Maurice Berger, *L'Échec de la protection de l'enfance*[30]. Il y dénonce ce qu'il appelle « l'idéologie du lien familial » qui amène à considérer que c'est la famille biologique qui est au cœur du dispositif, et non l'enfant et sa protection ; conception qui ne repose, selon lui, sur aucun concept théorique solide ni sur des études empiriques. Cet auteur est révolté du fait qu'il n'existe aucun protocole d'évaluation des résultats des dispositifs de protection de l'enfance. « L'idéologie reposant sur l'aspect biologique du lien empêche souvent de considérer la famille d'accueil comme étant une famille elle aussi, et un lieu essentiel pour aider l'enfant à construire sa personnalité, et non pas simplement comme un bon lieu d'accueil répondant à ses "besoins de base". Or si un enfant a besoin d'une famille, ce n'est pas forcément de sa famille biologique. » Pour cet auteur, cette « idéologie du lien familial » est néfaste non seulement pour l'enfant, mais aussi pour la famille d'origine, puisqu'elle impose à celle-ci d'être des parents à temps complet alors que certains ne le peuvent ni ne le souhaitent, mais qu'ils pourraient l'être dans un laps de temps plus limité. Par conséquent, « en se plaçant d'emblée du côté des parents, l'intervenant ne peut concevoir la séparation que comme un échec (ce qui est enseigné dans certains lieux de formation) et jamais comme une chance donnée à l'enfant. La seule tentative qu'on peut proposer pour rétablir une certaine identification à la souffrance de l'enfant consiste à [se] poser la question : "Laisserions-nous un bébé ou un enfant de notre famille en garde une heure ou une demi-journée par semaine dans l'environnement où se trouve l'enfant concerné ?" Si la réponse est non, pourquoi y laisse-t-on cet enfant[31] ? »

La solution préconisée par M. Berger est de placer les enfants en famille d'accueil bien plus souvent que cela n'est fait actuellement, en accompagnant cette mesure de visites médiatisées, c'est-à-dire de rencontres entre l'enfant et ses parents biologiques, en présence de travailleurs sociaux. Il cite, à l'appui de sa thèse, Jean-Marie Muller, président de la Fédération nationale des personnes admises ou ayant été admises à l'Aide sociale à l'enfance (FNADEPAPE) : « De notre place, nous affirmons que le placement est souvent nécessaire. Beaucoup de parents, malgré tous les étayages mis autour d'eux, ne sont pas capables d'être parents. Il existe une confusion entre le maintien des liens avec la famille, et le maintien dans la famille. Pour nous, les parents, ce sont ceux qui élèvent l'enfant. Être géniteur n'ouvre pas de droits[32]. »

L'ouvrage de Maurice Berger est probablement excessif, en particulier parce qu'il surgénéralise à partir de situations extrêmes qu'il a rencontrées dans sa pratique professionnelle. Car les cas dramatiques qu'il cite, et qui ne peuvent que conduire à suivre son propos, sont précisément ceux qui arrivent dans son service en raison de l'échec patent de protection de l'enfant qu'ils reflètent. Il n'en reste pas moins que ce livre doit nous inciter à réfléchir.

Le placement en famille d'accueil a connu deux périodes marquées chacune par des conceptions radicalement opposées : autrefois, il fallait à tout prix séparer l'enfant de sa « mauvaise famille », et celui-ci était envoyé chez une nourrice le plus loin possible de sa famille d'origine. Puis subitement, les services de protection de l'enfance sont passés à une conception inverse : l'idéal est aujourd'hui de maintenir l'enfant dans sa famille biologique, et lorsque le placement s'impose, l'objectif est le retour de celui-ci dans son foyer d'origine à plus ou moins long terme. Poussées à l'extrême, ces deux conceptions relèvent de l'idéologie pure. L'important est véritablement d'aborder chaque situation au cas par cas, et en s'efforçant de se garder des positions extrêmes.

Les familles d'accueil enserrées dans un double lien

De nos jours, un maître mot dans l'univers des assistantes maternelles est la professionnalisation. Le législateur a notamment intégré l'obligation de suivre une formation, portant en particulier sur quatre thèmes :

— le développement de l'enfant ;
— la situation particulière des enfants placés ;
— le métier d'assistante maternelle ;
— le cadre institutionnel et administratif.

On insiste généralement dans ces formations sur la nécessité de ne pas trop s'attacher à l'enfant et d'apprendre à mettre de la distance professionnelle avec lui. La position officielle actuelle a pour effet d'imposer aux familles d'accueil une limitation à l'expression de l'affectivité envers l'enfant reçu. Sans aucun doute, certaines familles d'accueil vivent dans une illusion dangereuse et mégalomaniaque de vouloir faire le bonheur de l'enfant en l'inondant d'amour. Les travailleurs sociaux se méfient à juste titre de ces femmes qui risquent un jour d'être profondément déçues de ne pas recevoir en retour de l'enfant toute l'affection qu'elles en attendent. Cela finit parfois très mal ; l'enfant est ramené au service, accompagné de ce propos amer de l'assistante maternelle : « Quand je pense à tout ce que j'ai fait pour lui ! » Il faut donc réfréner ces élans excessifs. Mais en voulant généraliser le remède à toutes les assistantes maternelles, ne risque-t-on pas de faire pire que le mal ?

De façon surprenante, il existe fort peu de recherches sur les liens affectifs tissés entre les familles d'accueil et les enfants reçus. C'est précisément le thème abordé par une thèse récente en éducation familiale particulièrement intéressante, réalisée par Nathalie Crouzet, sous la direction de Paul Durning[33]. Un premier constat est que toutes les assistantes maternelles mettent au cœur de leur profession la relation affective avec les enfants : les aimer, être à leur écoute et être disponibles sont à leurs yeux des qualités nécessaires à la pratique de cette activité. Mais dans le même temps, elles estiment qu'elles ne peuvent exprimer leur véritable sentiment par rapport à l'enfant accueilli et surtout le dévoiler à l'équipe. L'une déclare : « On a un rôle de mère mais on n'a pas le droit de le dire. » Et une autre : « Cela fait cinq ans qu'elles sont là, elles font partie de la famille... On n'a pas le droit de dire ma fille, mais elles vivent là. Parfois je ne sais pas comment leur répondre ! On prend le rôle de la maman. »

Ceci est dû au fait que les assistantes maternelles sont en quelque sorte soumises à un double lien, bien décrit par cette autre personne : « Quand on vous confie des enfants, on vous dit de les élever comme les vôtres. Quand on parle et que l'on montre que ces enfants s'attachent à nous, on vous dit, ne les aimez pas trop, restez professionnelle, ne leur donnez pas trop d'amour. Dans ma tête c'est clair, ils ont des parents et je fais tout pour que cela se passe bien avec eux. » Ceci a parfois pour résultat, comme le souligne Bigot, que « les assistantes maternelles sont suspectées tout à la fois de ne pas aimer l'enfant qui leur est confié, et de trop l'aimer[34] ».

Parfois, l'exigence d'attitude différente entre les enfants biologiques et les enfants accueillis frise la caricature. Au cours d'une formation, il avait été demandé aux assistantes maternelles d'amener des photos des enfants. Le formateur a fait remarquer : « On dirait que ce sont vos enfants, il n'y a pas de séparation entre vos enfants et ceux de l'ASE. »

On ne peut qu'être frappé par ce paradoxe :

— d'un côté, lorsqu'on demande à une assistante maternelle : « Pourquoi avez-vous choisi de faire ce métier ? », elle répond quasiment systématiquement : « Parce que j'aime les enfants » ;

— d'un autre côté, lorsque des psychologues ou des professionnels de l'enfance évoquent l'idée de professionnalisation des assistantes maternelles, les critères mis en avant ne comprennent généralement pas le fait d'aimer un enfant. On a même parfois l'impression que l'assistante maternelle est perçue comme une bonne professionnelle dans la mesure où elle adopte une posture de distance affective.

Il y a quelques années, une psychologue écrivait dans une revue d'assistantes maternelles : « Les enfants en accueil et les nôtres vivent dans un même espace. Là, au même moment, il faut être le professionnel pour l'un, le parent pour l'autre. Dans ce même moment, nous avons donc deux casquettes différentes. [...] Il faut bien par un moyen ou un autre que l'enfant saisisse bien que nous sommes dans le cadre de notre travail dans la relation avec lui »[35]. Les critères que cette psychologue fournit de la professionnalisation ne font intervenir aucun élément affectif, au contraire. Pour elle, travailler en professionnel :

— c'est prendre de la distance par rapport à sa vie privée, à son statut privé ;

— c'est poser un cadre de travail ;

— cela renvoie au champ des compétences ;

— c'est avoir et prendre des responsabilités ;

— c'est se former et s'informer ;

— c'est la capacité à se remettre en question ;

— c'est travailler en équipe.

Or, la finalité de la profession d'assistante maternelle est bien, en fin de compte, de faciliter la résilience de l'enfant accueilli. Et tous les témoignages et travaux scientifiques présentés dans ce livre montrent bien que l'enfant peut construire sa résilience lorsqu'il se sent reconnu, apprécié, valorisé, aimé par une personne qui a de l'importance à ses yeux. Éliminer la dimension affective du vécu quotidien de l'assistante maternelle revient à extirper le cœur même de sa fonction. Une fois que le « service professionnel minimum » est assuré, c'est bien l'affection dont l'enfant va se sentir entouré qui est susceptible de faciliter sa résilience.

L'étude menée par Marthe Coppel et Annick-Camille Dumaret auprès de jeunes adultes ayant grandi en famille d'accueil montre très clairement qu'un élément caractéristique de la « bonne » famille d'accueil à leurs yeux est la capacité de celle-ci à leur avoir donné le sentiment qu'ils faisaient partie de la famille, et inversement, que les jeunes insatisfaits de la relation instaurée est de ne pas avoir été traités comme les enfants de la famille d'accueil[36]. Le lien a parfois été tellement fort que certains jeunes adultes sont devenus parrain ou marraine des petits-enfants de la nourrice, ce qui laisse supposer une relation quasiment fraternelle avec les enfants de l'assistante maternelle. Un garçon raconte : « À l'arrivée, d'un seul coup, je me suis senti aimé. J'ai vécu comme un gosse normal. [...] Elle [la nourrice] parlait peut-être un peu plus avec moi, car j'étais un problème, j'étais le plus malheureux. Il me manquait tout dans la vie, ils m'ont tout appris... Quand je suis parti, la porte est restée ouverte. » Un autre décrit la relation avec le père d'accueil : « Le père aussi était très gentil. Il m'a appris plein de choses sur le bricolage, la nature, les oiseaux. Il m'emmenait toujours avec lui à la pêche, au jardin. Il me faisait découvrir la vie. Il avait une attitude de père [...] Quand il est mort, ça m'a fait de la peine. »

Dans un numéro récent de la même revue d'assistantes maternelles[37], est présentée la liste de leurs devoirs envers les enfants :

— la sécurité ;

— la stabilité (éviter notamment l'alternance entre l'activité d'assistante maternelle et une activité professionnelle à l'extérieur) ;

— la disponibilité pour les soins, les jeux, les accompagnements scolaires, etc.

En lisant cette liste, je m'interroge : « Mais où est l'affection, dans tout cela ? La disponibilité pour les câlins, ça n'a donc pas d'importance ? » Il faut savoir que les éléments ci-dessus sont également présents (hormis parfois la disponibilité pour les jeux) chez des familles pratiquant très efficacement la maltraitance psychologique sans maltraitance physique ni négligence. Or, comme nous l'avons vu au chapitre IV, cette forme de maltraitance peut faire des dégâts pires que la maltraitance physique. Les éléments énumérés ci-dessus constituent donc le service minimum que l'on peut attendre d'une assistante maternelle, mais que l'enfant est en droit d'en attendre bien plus, sur le plan affectif.

Quels liens affectifs se tissent entre les familles d'accueil et les enfants reçus ?

Il existe, chez les professionnels de l'enfance, une conception commune qui oppose deux catégories de familles d'accueil : les « mauvaises », qui cherchent à se substituer à la famille d'origine, et les « bonnes », qui se limitent à suppléer celle-ci. Or, la thèse de Nathalie Crouzet, basée sur des entretiens avec des assistantes maternelles, offre une perspective bien plus nuancée. Elle montre d'une part que les comportements de celles-ci sont bien plus diversifiés que ces deux conceptions opposées ne le laissent imaginer, d'autre part que l'attitude d'une assistante maternelle peut varier considérablement en fonction de l'intensité des liens affectifs existant entre l'enfant et sa famille d'origine. Cette auteure repère non pas deux catégories (substitution ou suppléance), mais cinq catégories de « modèles relationnels » entre familles d'accueil et enfant :

— un modèle inclusif (qui se substitue aux parents) ;

— un modèle partagé (relations irrégulières avec les parents, affection partagée ; situation la plus fréquente qui concerne la moitié des enfants) ;

— un modèle incertain (relations très instables avec les parents, isolement affectif) ;

— un modèle exclusif (relations très régulières avec les parents et prédominance de la relation affective avec eux) ;

— un modèle intermédiaire (relation parcimonieuse avec les parents, affection relative).

Voici tout d'abord un exemple de modèle inclusif, où la substitution aux parents a des effets positifs. C'est celui de Fabienne, une adolescente de 17 ans qui refuse tout contact parental et s'est complètement intégrée dans la famille d'accueil. Elle y est placée depuis l'âge de 11 mois par décision de justice. Les parents ont été jugés incapables de prendre en charge leurs enfants, et particulièrement la mère « atteinte de troubles de la personnalité » et « incapable d'amour altruiste » selon les termes du jugement. Fabienne ne voit plus ses parents depuis sept ans, alors qu'ils habitent à quelques kilomètres. Le rapport de l'éducateur précise qu'« elle vit beaucoup mieux depuis qu'elle n'est plus préoccupée par les visites de ses parents. Elle n'a plus peur d'eux... ». Fabienne appelle sa famille d'accueil « papa et maman » et veut continuer à habiter chez eux.

La situation est très différente pour la famille recevant Myriam (4 ans) et Stéphane (19 mois). Il s'agit d'une fratrie placée avec l'accord maternel depuis un an et demi dans une famille d'accueil. La maman est haïtienne et connaît des difficultés administratives. Elle vit avec le père des enfants dans un appartement et a une activité professionnelle instable du fait de ses difficultés. Les parents maintiennent des contacts très réguliers avec leurs enfants et s'investissent clairement dans l'éducation. « J'ai fait venir la maman à l'école, elle a visité l'école. C'est elle qui signe les autorisations. » L'assistante maternelle suit donc les choix éducatifs de la mère et lui laisse investir sa place. L'interprétation qu'elle donne de son rôle est très pertinente : « La place de l'enfant dans la famille est différente selon que la mère est proche ou pas. Il y a des liens plus forts quand il n'y a pas la mère. Pour Myriam et Stéphane, je laisse la place à la mère, parce qu'elle est proche d'eux, je leur dis que "maman fera tout pour nous reprendre". »

Cette assistante maternelle compare le placement de Myriam et Stéphane au premier placement qu'elle a eu deux ans auparavant. Il s'agissait de deux petites filles âgées, au moment de leur placement, de 8 mois et 6 mois et demi. La première est restée placée cinq ans et la seconde trois ans. Les fillettes n'ayant pas eu de nouvelles de leur mère pendant plus d'un an et demi, une procédure d'adoption a été engagée. En raison de cette absence d'affection maternelle, l'assistante maternelle a investi totalement la relation affective : « J'ai été une mère pour elle. Alysson dit d'ailleurs : "Moi, j'ai trois mamans !", maman Nathalie, la mère biologique, moi et maman Valérie, la mère adoptive. » Aujourd'hui elle revoit les fillettes une fois par mois et pendant les vacances scolaires, car les parents adoptifs souhaitent maintenir des liens avec la famille d'accueil. Pour l'assistante maternelle, « elles font partie intégrante de notre famille. Tout ce que je leur ai donné... c'était comme mes enfants, je ne faisais pas de différence. S'il fallait parler de mes enfants, je parlerais de tous [les deux fillettes et ses trois enfants] ».

Notons également que ce sentiment d'avoir plusieurs papas et mamans se retrouve chez d'autres enfants, sans que cela semble entraîner de dommages psychologiques et de problèmes d'identité, contrairement aux craintes de nombreux travailleurs sociaux. L'enfant s'y retrouve finalement assez bien. Ainsi, Nadia, aujourd'hui âgée de 14 ans, a été placée à l'âge de 2 mois chez sa famille d'accueil et y restera probablement jusqu'à sa majorité. Elle rencontre régulièrement ses parents tous les quinze jours, et l'assistante maternelle a établi des relations amicales avec eux. Elle appelle sa famille d'accueil « papa et maman », reconnaît avoir deux papas et deux mamans, et vit sereinement cette situation. « Nadia je l'ai toujours considérée comme à nous, mais y a quand même une différence avec nos enfants, parce qu'on en parle avec les parents. »

Nathalie Crouzet tire une conclusion optimiste de son enquête : « Ces derniers résultats permettent de nuancer l'idéologie dominante dans le domaine de l'aide sociale à l'enfance au sujet de l'implication affective trop passionnelle des assistantes maternelles à l'égard des enfants placés. L'analyse du corpus dévoile des nuances affectives selon les enfants, des implications différentes en fonction de la présence des parents, de l'histoire du placement et de la famille d'accueil. L'enfant n'est pas “capté”, [...] il est dans la plupart des cas “partagé” entre un quotidien stable dans la famille d'accueil et des rencontres parentales ponctuelles, parfois irrégulières. Les deux familles se complètent et l'enfant s'installe dans cette double parentalité inavouée. Deux familles pour deux inscriptions parentales complémentaires mais différentes, l'une au quotidien, l'autre se greffant sur le quotidien. »

Ceci me conduit à proposer un critère de professionnalisation qui permet d'éviter le double lien présenté plus haut, en intégrant l'implication affective dans cette professionnalisation. Mais pas n'importe laquelle évidemment. Ce critère est donc la capacité de l'assistante maternelle d'adapter son niveau d'investissement affectif au niveau d'investissement de la famille d'origine envers ses enfants, en tenant compte notamment de la perspective de retour ou non de l'enfant dans sa famille, dans un avenir proche ou lointain. Si la famille d'origine s'investit fortement auprès de l'enfant avec une perspective évidente de retour, l'assistante maternelle devra éviter de faire de même, pour que la séparation ne soit pas trop dure de part et d'autre. Par contre, moins les parents biologiques manifestent d'intérêt envers leur enfant, plus celui-ci aura besoin de l'affection de l'assistante maternelle.

Les thérapeutes, un rôle important, mais à ne pas surestimer

Que se passe-t-il lorsqu'un(e) jeune commence à confier des aspects intimes de son vécu psychologique à un éducateur ou à une assistante sociale ? Il n'est pas rare que ce professionnel l'arrête et lui dise : « Attends, là, ce que tu es en train de me dire, c'est trop délicat, ça ne relève plus de moi », et qu'il oriente ce(tte) jeune vers un psy. La modestie de cette personne est tout à son honneur, puisqu'elle estime ne pas avoir les compétences (« On n'est pas formés pour ça ! ») pour répondre de manière adaptée aux besoins du jeune. Mais il s'agit souvent de scrupules excessifs.

Certes, le psychothérapeute peut jouer un rôle essentiel, en permettant à une personne de livrer ce qu'elle a sur le cœur. Dans mon enquête, la grande majorité des personnes ayant suivi une psychothérapie estiment que celle-ci leur a fait beaucoup de bien. Ainsi, Annick affirme : « Si je tiens à peu près debout aujourd'hui, c'est grâce à l'aide de thérapeutes, de psychiatres. Sans ces personnes, je serais déjà morte. » Il ne faudrait cependant pas faire des thérapeutes une caste de professionnels complètement à part en surestimant leur rôle. Plusieurs éléments convergents incitent à relativiser l'aura d'omniscience et de toute-puissance qui entoure parfois les thérapeutes :

— les psychothérapeutes ne sont pas les seuls à pouvoir accompagner un jeune en souffrance ;

— il y a de bons et de mauvais psychothérapeutes ;

— certaines conceptions théoriques et pratiques psychothérapeutiques sont plus néfastes que bénéfiques ;

— certaines personnes s'en sortent sans psychothérapie.

Les « psys » ne sont pas les seuls à pouvoir accompagner

Comme nous l'avons déjà noté, recueillir des confidences et avoir un effet thérapeutique auprès de quelqu'un n'est pas réservé aux « psys ». Si une jeune fille choisit de se confier à une éducatrice, c'est parce qu'elle a de bonnes raisons de le faire. Si cette dernière la renvoie à un psychothérapeute, il peut alors se produire une divergence totale d'interprétation de la situation. L'éducatrice respecte le principe d'une bonne division des tâches professionnelles, pour le bien de la jeune fille. Mais celle-ci interprète cette attitude comme un refus de l'écouter, voire un rejet, car en se confiant, elle ne cherche pas un bon technicien des méthodes psychothérapeutiques, mais avant tout un être humain qui l'écoute, qui accorde de l'intérêt et de la valeur à qu'elle est venue lui exprimer. Elle avait cru le trouver en cette personne, et voici qu'elle découvre qu'elle s'est trompée ! Amère déception.

Écoutons l'avis de deux praticiens chevronnés qui ont pris l'option de jouer un rôle de catalyseur plutôt que d'acteur direct auprès d'enfants en souffrance.

Paul Steinhauer, psychiatre et professeur de psychiatrie, considère que les professionnels de l'enfance entretiennent des attentes irréalistes à l'égard de la psychothérapie des enfants placés, en espérant que des professionnels de la santé mentale aideront mieux ceux-ci qu'ils n'ont pu le faire eux-mêmes[38]. Or, selon lui, les enfants placés ne sont pas de bons candidats pour la psychothérapie : ils en voient peu le besoin, et même s'ils le ressentent, ils parviennent rarement à s'engager en thérapie et à soutenir leur motivation assez longtemps pour en retirer des bienfaits significatifs. Dès lors, ils auront plus de probabilités de trouver le lien qui leur fait défaut dans la famille d'accueil ou dans l'institution qui les reçoit qu'auprès de cliniciens du réseau de la santé mentale. Dans ce cadre, « les psychothérapeutes peuvent davantage assister les intervenants sociaux en assumant auprès d'eux un rôle de consultant, laissant à ceux qui ont le plus d'expérience dans le suivi quotidien de situations sociales complexes le soin d'apporter un soutien relationnel constant à ces enfants[39] ».

Paul Steinhauer présente quatre modèles originaux d'action de placement familial, proches les uns des autres. Voici le « Programme parent-thérapeute[40] ». À la différence d'autres programmes qui placent des enfants souffrant de troubles affectifs dans des familles d'accueil et qui fournissent des psychothérapies aux enfants et un suivi permanent aux parents d'accueil, ce programme vise à former des parents-thérapeutes qui servent tout à la fois de parents d'accueil et de thérapeutes-substituts. L'équipe a entrepris une vaste campagne de publicité dans les médias et par des dépliants distribués dans les lieux publics. Ils ont reçu 300 demandes et, après sélections successives, ont retenu quinze familles, sur la base des critères suivants : aptitudes à résoudre des problèmes, sens de la communication, satisfaction éprouvée dans des rôles, sensibilité et souplesse lorsque le parent est confronté à des comportements inadéquats. Ces familles étaient divisées en trois groupes composés chacun de cinq couples formant ensemble un système interactif. Chaque enfant n'avait donc pas simplement une famille ou des parents d'accueil mais un réseau de tantes et d'oncles ainsi que de cousins et cousines d'accueil.

Chaque groupe de parents se rencontre toutes les semaines pour une séance de trois heures au cours de laquelle ils peuvent améliorer leur capacité de communication et de résolution de problèmes, faire état des difficultés rencontrées et s'apporter un soutien mutuel. L'équipe encourage les visites des enfants auprès de leurs tantes et oncles d'accueil pendant les week-ends, pour leur donner l'occasion d'entrer en contact avec d'autres figures parentales et pour offrir aux parents-thérapeutes un peu de répit dans leur tâche quotidienne. Ces parents-thérapeutes, de mieux en mieux informés en matière de psychologie, ont bien su appliquer les concepts théoriques acquis et utiliser les ressources offertes par les groupes et l'équipe de supervision.

De son côté, Maja Perret-Catipovic[41] est partie d'une réalité très concrète : une étude menée à Genève a montré que dans un service d'urgences médicales après une tentative de suicide, l'équipe médicale encourageait l'adolescent à consulter un

« psy ». Or, très peu de ces jeunes le faisaient. Tirant les leçons de cette situation, les urgentistes ont alors changé de méthode : ils prévenaient systématiquement l'unité de psychiatrie de l'hôpital. Un psychologue ou un psychiatre se déplaçait immédiatement au centre des urgences pour y rencontrer le jeune, créer un premier lien et tenter de l'intéresser à un suivi psychologique. Là encore, l'expérience a montré que cela ne marchait pas : à peine deux adolescents sur dix s'engageaient dans une thérapie.

Souhaitant favoriser la résilience de ces jeunes[42], Maja Perret-Catipovic et son équipe du Centre d'étude et de prévention du suicide à Genève, partent donc du constat que l'adolescent suicidant refuse généralement toute aide psychologique par un professionnel. Ils lui proposent bien entendu de rencontrer un psychologue ou un psychiatre, mais s'efforcent surtout de tisser un réseau autour de l'adolescent, en prenant pour partenaires les personnes faisant partie de son entourage immédiat. « Aujourd'hui, écrit Maja Perret-Catipovic, je peux dire que notre travail consiste essentiellement à tisser des liens. Dit ainsi, cet objectif paraît très peu scientifique. Pourtant, je suis convaincue que c'est l'objectif le plus pertinent lorsqu'il s'agit d'aider les adolescents suicidants. Car après tout, une tentative de suicide à l'adolescence n'est-elle pas avant tout une rupture de liens : liens avec ses parents, avec son entourage, mais surtout rupture du lien avec soi-même ? » Selon elle, les membres de la famille élargie, les marraines et les parrains, les enseignants constituent de précieuses ressources pour soutenir le jeune, mais ce potentiel est malheureusement sous-utilisé.

Maja Perret-Catipovic regrette par ailleurs que la vulgarisation de la psychologie ait introduit dans l'esprit de nombreuses personnes, en particulier les parents, le sentiment qu'ils ne sont pas vraiment aptes à répondre aux difficultés des adolescents. Ils préfèrent alors s'en remettre à des professionnels qu'ils estiment plus compétents qu'eux. « Notre travail, écrit M. Perret-Catipovic, consiste souvent à aider les parents à oser être les parents de leur enfant, à explorer leurs ressources et à les aider à créer des liens. »

Cette démarche est particulièrement sage. Elle ne consiste pas à évacuer le rôle du thérapeute auprès du jeune (puisque la possibilité de rencontrer un psychologue ou un psychiatre est offerte à ce dernier), mais à élargir la perspective du processus thérapeutique en y incluant d'autres personnes.

On retrouve la même idée dans la conclusion qu'une équipe de chercheurs a tirée des études d'évaluation du debriefing, procédure consistant à favoriser la verbalisation du trauma vécu par des victimes. Le debriefing a pour objectif de réduire l'impact psychologique négatif des événements traumatiques, en particulier d'éviter l'apparition du syndrome de stress posttraumatique, caractérisé notamment par des cauchemars, des pensées envahissantes du trauma, des sursauts excessifs, etc. La plupart des personnes qui bénéficient d'un debriefing soulignent que cela les a aidées. Mais cela ne signifie pas pour autant que la méthode soit efficace car la plupart des victimes d'un trauma s'améliorent d'elles-mêmes. Pour évaluer l'efficacité du debriefing, il faut donc comparer les résultats chez des individus qui ont bénéficié de cette intervention aux résultats de ceux qui ne l'ont pas reçue. Si l'intervention est efficace, les individus qui en ont bénéficié seront en meilleur équilibre psychologique que les autres. Or, la récente synthèse d'études, réalisée par Richard J. McNally et ses collègues, montre que ce n'est pas le cas : il n'y a pas de preuve convaincante que le debriefing psychologique prévienne l'apparition du syndrome de stress posttraumatique[43].

Par ailleurs, lorsqu'elles ont le choix, seulement 10 % des victimes d'un trauma cherchent à en discuter avec un professionnel de la santé mentale. Comment font celles qui s'en sortent seules (la majorité des victimes) pour gérer l'événement traumatique ? Elles passent par des phases alternées d'évitement et de confrontation. Selon Richard J. McNally et ses collègues, ce processus intermittent permet aux victimes de reconstruire leur vie en se concentrant sur les problèmes pratiques qu'elles affrontent, et donc de placer l'événement dans le passé. Ainsi, contrairement à une croyance largement partagée, inciter des personnes à parler de leurs pensées et sentiments peu après un trauma peut augmenter le risque qu'elles soient submergées par l'expérience, ce qui sera contre-productif.

Mais ces auteurs n'en concluent pas que les professionnels de la santé mentale devraient laisser les victimes de trauma seules après le trauma. En effet, les individus qui éprouvent un manque de soutien social à ce moment présentent un risque accru de syndrome de stress post-traumatique. Le rôle de ces professionnels devrait donc prioritairement consister à faciliter la mise en lien avec les proches. Le thérapeute ne devrait agir directement que si la victime manque de tels liens et manifeste le désir d'un soutien professionnel.

Il y a le pire et le meilleur chez les thérapeutes

L'étiquette « psychologue professionnel » (ou psychiatre) semble constituer un sésame absolu aux yeux de certains professionnels de l'enfance, qui estiment que le fait d'avoir suivi une formation pendant plusieurs années procure automatiquement à quelqu'un la compétence pertinente pour aider toute personne qui vient consulter. C'est évidement faux, car il existe de bons et de mauvais « psys ». Ce propos est d'une telle banalité que je suis presque gêné de l'écrire.

Le pire, on peut le trouver dans l'histoire que raconte Éva Thomas, dans une colère bien compréhensible : « Monsieur le psy, vous qui m'avez fait raconter mon histoire d'inceste comme une histoire d'amour, vous êtes un individu dangereux, un grand menteur, un autre semeur de désordre [...]. Vous avez usé, abusé de toute votre autorité pour me faire raconter mon histoire "comme une histoire d'amour", non comme un abus de pouvoir et une horrible violence qui m'avait détruite. Vous avez tout de suite choisi le camp des hommes comme Freud, défendre le père d'abord. Facile, quand la fille a perdu la mémoire. Et j'ai subi un nouvel abus de pouvoir, une autre violence qui pouvait me rendre folle. » On comprend qu'elle ait décidé de ne plus jamais remettre les pieds dans ces « lieux maudits de thérapie-mensonge » où on ne pouvait accepter sa vérité[44].

Le contraste entre un bon et un mauvais psy est bien mis en évidence dans l'histoire de David Pelzer, qui a eu l'occasion de rencontrer successivement deux psychiatres, quand il était enfant, à la suite des grandes violences que sa mère lui avait fait subir[45].

Le premier « expert » l'appelle systématiquement Daniel au lieu de David et lui fait subir un interrogatoire serré. Florilège :

David : « "Qu'est-ce que vous écrivez ?

— Il faudrait peut-être que je t'explique la procédure. Celui qui pose les questions, c'est moi, le psychiatre. Et toi, tu es le patient, fit-il, pointant son crayon sur moi. Est-ce clair ? Alors, parle-moi de ta mère [...].

— Eh bien..., commençai-je, cherchant mes mots. Ma mère... je ne crois pas qu'elle était..."

D'un geste, il me coupa la parole : "Mais non ! C'est moi qui interprète, toi tu te contentes de répondre aux questions. Pourquoi ta mère te maltraitait ?

— Comment voulez-vous que je le sache ! C'est vous le médecin, c'est à vous de me le dire. J'y pige que dalle, moi, à vos questions... et quand j'essaie d'y répondre, vous me coupez la parole. Et d'abord, pourquoi je devrais vous parler alors que vous savez même pas comment je m'appelle". »

À la deuxième séance, ce psychiatre rappelle un événement à David : « "Aujourd'hui, Daniel, j'aimerais que tu me parles de ce que tu ressentais quand ta mère te maltraitait. [...] Quand tu avais 8 ans, ta mère t'a pris le bras – le bras droit – et l'a tenu au-dessus d'une cuisinière. C'est exact ?"

Une bombe explosa dans mon ventre. Les mains tremblantes, j'eus la sensation d'être en caoutchouc. [...] Ma vie est griffonnée sur ce bout de papier et elle est entre les mains de cet éminent toubib qui n'est même pas fichu de se rappeler mon nom. C'est complètement dingue.

"À ton avis, pourquoi ta mère a-t-elle voulu te brûler ce jour-là ? Tu n'as pas oublié l'incident, n'est-ce pas... Daniel ? Dis-moi. Qu'est-ce que tu éprouves pour ta mère ?

— David, le repris-je froidement. Je m'appelle David. C'est une malade mentale, et vous aussi d'ailleurs." »

Une fois sorti du cabinet, David retrouve Mme Catanze, son assistante maternelle, qui lui demande si tout va bien.

« "Non, non et non ! Ce mec est braque ! Aujourd'hui, il a voulu savoir ce que j'avais ressenti quand...

— Ma foi, c'est son boulot. David. C'est lui le docteur. Je suis persuadée qu'il ne cherche qu'à t'aider.

— C'est pas vrai ! Il pose pas le même genre de questions que vous ou que Mme Gold. Les siennes, elles sont tordues. 'Quel effet ça fait de brûler vif sur une cuisinière ? Oh, mais c'est parfaitement compréhensible que tu détestes ta mère', fis-je en le parodiant. Avec lui, je sais pas quoi dire ni comment me comporter. Il est bizarre. Je crois que c'est lui le malade qui a besoin d'aide, pas moi. [...] Moi, je suis paumé. Si vous saviez comme je me sens idiot – un moins-que-rien [expression que sa mère employait fréquemment à son encontre]. Bon, ce qui est arrivé avec la mère, je m'en souviens très bien et c'était peut-être de ma faute. En tout cas, j'essaie de l'oublier." »

Les perspectives de Dave et du psychiatre étaient radicalement différentes. Celui-ci voulait confronter l'enfant à son histoire de souffrance pour qu'il puisse l'évacuer, ce qui l'a conduit à poser d'entrée de jeu à David des questions qui constituaient une nouvelle violence pour lui. David, lui, se posait deux questions essentielles à ses yeux : comment sa mère gentille avec lui était-elle devenue si méchante ? Allait-il lui aussi devenir malade comme elle ? Étant donné l'absence d'empathie et la distance professionnelle de ce psychiatre, il décide de ne plus jamais retourner chez lui.

La situation sera tout à fait différente avec un autre psychiatre, le docteur Robertson, « l'antithèse de l'éminent confrère que j'avais consulté. M'ayant accueilli par une poignée de main, il me demanda de l'appeler Donald. Son cabinet était inondé de lumière et – surtout – il me traita comme une personne. On tomba d'accord sur une séance hebdomadaire. Lors de ces dernières, *je ne me sentais jamais obligé de parler – ça venait naturellement* [souligné par moi]. Évidemment, le premier sujet abordé fut mon passé, mais je l'interrogeais sur tout, lui avouant ma hantise de devenir comme la mère. Il avait beau essayer de m'orienter sur autre chose, je n'en démordais pas, obsédé par le besoin de trouver des réponses. J'appris à lui faire confiance à mesure qu'il m'aidait, avec doigté, à explorer mon douloureux dédale intérieur[46] ».

Autre exemple d'un bon psy, celui qu'a rencontré le jeune Stanislas Tomkiewicz dans le ghetto de Varsovie. N'ayant pas du tout envie d'accomplir les tâches manuelles qui lui étaient imposées par les autorités allemandes, il finit par penser qu'il n'arrivera jamais à se débrouiller dans la vie et qu'il sera toujours à la charge de ses parents[47]. Il fait une tentative de suicide et finit par se retrouver dans le cabinet du seul psychiatre encore présent dans le ghetto. Ils parlent longuement ensemble… « Et ce type a réussi, je ne sais pas de quelle manière, à me convaincre d'une chose apparemment très simple mais qui m'a fait l'effet d'une vraie révélation, à savoir que les conditions dans lesquelles nous vivions là, fin 1942, dans le ghetto de Varsovie, étaient des conditions de vie anormales. » Selon ce psychiatre, il n'y avait que deux possibilités : soit les Juifs seraient tous tués par les Allemands, et dans ce cas-là, il n'y aurait plus à s'en faire, soit l'Allemagne serait battue, ce dont il était convaincu, et dans ce cas-là, la vie de Stanislas serait très différente. Dans cette vie normale, un garçon comme lui serait un être de valeur et se débrouillerait bien, grâce à ses dons, ses intérêts, sa drôlerie. « Le résultat, écrit Tomkiewicz, c'est que, depuis cette date-là, je n'ai plus jamais fait de tentative de suicide. J'ai également gardé l'idée que c'est l'intervention de ce psychiatre génial qui m'en a dissuadé. […] Voilà comment j'ai acquis la conviction très profonde […] qu'il est possible, en une seule consultation, avec une seule parole qui ouvre une serrure dans l'âme d'un jeune, de provoquer suffisamment de changement pour qu'il ne veuille plus se suicider, pour qu'il retrouve le goût de vivre. » Conséquence, le petit Stanislas… est devenu psychiatre pour adolescents, et l'un des meilleurs connaisseurs de l'âme enfantine. Il a notamment travaillé pendant vingt-trois ans au centre des jeunes de Vitry, qui accueillait des adolescents agressifs, dont, en majorité, personne ne voulait plus, avec comme principe une méthode thérapeutique originale : l'AAA ou attitude authentiquement affective, dont le postulat de base était qu'il n'existe pas d'enfant ou d'adolescent foncièrement antipathique, tous ont une énergie créatrice potentielle, tous peuvent se faire aimer. Selon cet auteur, chaque garçon reçu au foyer avait besoin d'un apport affectif intense et de longue durée. « Il s'agissait de lui transmettre le sentiment qu'il pouvait être aimé. Il importait ensuite de garder cette attitude pendant toute la durée de la relation, le temps étant un facteur capital de la thérapie d'un jeune abandonnique[48]. »

Vus de l'extérieur, les psychologues et psychiatres sont supposés compétents parce qu'ils ont suivi une formation spécifique. Or, vu de l'intérieur, ce monde s'oppose radicalement autour de divergences théoriques et thérapeutiques, les représentants de telle ou telle approche déniant parfois à leurs adversaires une quelconque efficacité. Je pense en particulier à l'opposition entre certains psychanalystes et thérapeutes cognitivo-comportementalistes. Heureusement, certains sont ouverts à des approches différentes de la leur.

Quoi qu'il en soit, au-delà des divergences théoriques, ce qui fait un bon thérapeute est tout simplement une capacité d'empathie, une véritable sensibilité envers le patient et son histoire. Édouard Zarifian souligne très justement que « le bon psy possède une qualité qui ne s'apprend pas dans les facs de médecine : le respect de l'autre. Le bon psy, c'est celui qui essaie de trouver chez l'autre ce qu'il a d'exceptionnel[49] ». Une revue de la littérature portant sur 1 100 publications sur les liens entre processus thérapeutiques et effets cliniques a mis en évidence que, dans un grand nombre d'études, les résultats positifs étaient associés au fait que les patients avaient le sentiment de vivre une relation étroite et de collaborer activement avec leur psychothérapeute, qu'ils percevaient ce psychothérapeute comme empathique et attentif, et qu'ils étaient convaincus de son efficacité et le respectaient[50].

Dans sa pratique, Alain Delourme, docteur en psychologie et psychothérapeute, a complètement admis le principe selon lequel « la portée d'un travail thérapeutique ne résulte pas tant des choix techniques du psychothérapeute ou de ses élaborations théoriques, même si les deux sont nécessaires, que de son intelligence sensible et de la manière dont il s'implique dans la relation. [...] Le processus psychothérapeutique sera plus probablement créatif et efficace si le lien entre patients et praticiens intègre une part affective[51] ». Alain Delourme prône une attitude qui associe à la fois l'implication dans le lien et la réflexion distanciée vis-à-vis de ce lien.

Il critique la position de neutralité bienveillante, que le sujet peut interpréter comme une marque de désintérêt voire une hypocrisie professionnelle. Il estime que le thérapeute peut (doit ?) s'impliquer affectivement auprès du patient, à condition toutefois que soit respectée la double règle d'interdiction de la séduction sexuelle et de la violence. Le décalage avec la neutralité bienveillante est bien illustrée dans cette situation toute simple décrite par Alain Delourme : « Un jour, je vais chercher Hubert dans la salle d'attente, je lui dis bonjour et l'invite à entrer dans le bureau. Arrivé là face à lui, je le regarde et ressens de la tendresse pour cet homme jeune, timide et déprimé. Je lui dis alors : "Je suis content de te voir", il me regarde avec intensité, lui qui détourne souvent le regard, il s'ouvre, sourit et me dit qu'il est content que je sois content[52]. »

Roland Coutanceau, psychiatre spécialiste de la thérapie des personnes victimes d'inceste, insiste sur la nécessité d'une présence active du thérapeute : « Que l'on soit familier de la victime ou professionnel, éducateur, assistante sociale, psychologue ou médecin, la première attitude est tout simplement d'être là, d'écouter l'enfant ou l'adolescent avec respect. [...] C'est finalement une attitude de présence, de disponibilité, de soutien. Mais l'écoute ne doit pas seulement être passive, car de temps en temps il faut prendre le risque de dire quelque chose, de poser une question, de réagir, d'exprimer un sentiment. » Pour cet auteur, un aspect essentiel de cette rencontre est « l'humanité de l'écoutant, la compassion, le *vibrato* émotionnel ; il faut sortir du carcan neutre, professionnel. Il faut s'allier à la victime et manifester une alliance large, humaine et sociale, de façon à briser son sentiment de solitude[53] ».

Le bon thérapeute va donc « alterner entre des moments de présence chaleureuse, bienveillante, d'écoute passive ou d'intervention minimale, et des moments d'initiative, de directivité, voire de confrontation. L'écoutant ou le thérapeute doit naviguer entre ces deux pôles, repérer les moments où il faut être plutôt l'un ou plutôt l'autre, en fonction de ce que peut supporter le patient[54] ». Je ne peux que conseiller au lecteur de se plonger dans l'ouvrage de ce psychiatre dont l'attitude thérapeutique avec ses patientes est exemplaire. L'insistance de cet auteur sur la diversité des expériences des victimes d'inceste et la nécessité que le thérapeute s'adapte à cette diversité est particulièrement instructive.

Certaines théories et pratiques sont plus néfastes que bénéfiques

Une attitude fréquente, partagée par les tenants de diverses approches théoriques, consiste à penser qu'il est nécessaire que le patient creuse à fond dans son histoire de souffrance pour pouvoir évacuer celle-ci. Or, ce n'est pas forcément nécessaire et il arrive souvent que cela fasse plus de mal que de bien. Bien sûr, si la personne souhaite en parler, elle doit pouvoir disposer de l'oreille attentive du thérapeute, mais inversement celui-ci ne devrait pas se fixer comme objectif d'amener le patient à faire resurgir tous ses malheurs passés.

Dans leur recherche menée auprès d'ex-enfants placés, Marthe Coppel et Annick-Camille Dumaret font remarquer que certaines interventions de thérapeutes, alimentées par la conviction qu'il faut à tout prix lutter contre l'oubli, se sont révélées néfastes en raison de leur caractère intrusif[55]. Quelques extraits d'entretiens tirés de ce travail sont particulièrement éclairants à cet égard :

« Les entretiens, c'était obligé, d'ailleurs ça se passait mal... Leur thérapie c'est d'évoquer les souvenirs d'enfance, et d'essayer d'en tirer une synthèse ou je ne sais pas quoi. Ça ne me plaisait pas du tout, je ne voulais pas en parler, ça ne les regardait pas. Le psychologue ? Oui, on est passé, mais ça a été un échec, parce qu'on ne lui a pas parlé... »

« La psychologue, elle disait sans arrêt des trucs froids, elle posait sans arrêt les mêmes questions pour savoir où j'en suis actuellement, comme j'ai évolué, elle me posait éternellement les mêmes questions. Il y a des questions que tu poses une fois ou deux et ça suffit, après tu sais. »

« Le psychologue, on prenait rendez-vous, c'était régulier. À l'époque, je n'écoutais pas, je ne comprenais pas le sens de cette rencontre... Ce qui m'intéressait, c'était de parler à quelqu'un, pour moi, c'était plutôt le côté affectif, ça m'apportait ça, c'est plus une sensation qu'on s'occupe de vous, ça a un sens. »

« Le docteur R., c'était plus copain que docteur, et ça se passait très bien ; il se débrouillait pour qu'on puisse discuter librement... Il essayait de nous ouvrir l'esprit plutôt que de rester enfermé dans notre cocon. »

Il ressort clairement de ces témoignages que l'enfant ou l'adolescent peut évoluer lorsqu'un thérapeute dépasse sa technique professionnelle et parvient à instaurer une relation affective positive avec ce jeune.

Rien ne nous prouve qu'il soit nécessaire de remuer le passé douloureux pour aller mieux. Dans un article recensant divers travaux, Miltenburg et Singer remettent sérieusement en cause cette pratique[56]. Ils citent diverses études qui mettent en évidence que la mise à jour et le revécu des traumas passés génèrent une importante souffrance chez les patients. Les thérapeutes qui utilisent ces pratiques auprès d'adultes ayant subi des maltraitances dans leur enfance estiment cependant qu'il s'agit là d'une étape nécessaire de la thérapie.

Or, constatent Miltenburg et Singer, cette conviction ne repose aucunement sur des études évaluatives bien contrôlées. Ils citent seulement une exception datant de 1988, où une étude a montré que la technique de restructuration cognitive (caractéristique de la thérapie cognitive) avait montré clairement des effets positifs. Devant l'absence de travaux statistiques, ils se sont reportés sur les études de cas pour voir si elles fournissaient une information claire sur l'efficacité du traitement. Ils constatent que la plupart des auteurs font un grand usage de cas pour illustrer les symptômes, les mécanismes de défense, le transfert et le contre-transfert, mais que peu utilisent ces cas pour illustrer comment ils travaillent, et ce n'est que très rarement qu'ils établissent qu'un traitement s'est conclu efficacement.

Par contre, tous les auteurs soulignent le profond désespoir, les dépressions, le comportement suicidaire et les manifestations agressives des clients au cours du traitement. Tous affirment également qu'un certain nombre de clients sont incapables de faire face à cette exacerbation de leurs problèmes et arrêtent la thérapie. Il arrive même que, durant la thérapie, les manifestations soient si importantes que l'hospitalisation psychiatrique devient nécessaire. Pourtant, ces effets négatifs n'entament en rien la conviction profonde de certains thérapeutes : tout ceci est une phase que le patient doit traverser. Miltenburg et Singer font remarquer qu'un nouveau médicament ne recevrait jamais une autorisation de mise sur le marché dans de telles conditions d'absence de recherche évaluative, d'efficacité non démontrée et de nombreux effets secondaires néfastes.

Ils citent le cas de Rosi, une patiente qui, au cours de son analyse, est devenue de plus en plus agressive envers son thérapeute. « Mais qui ne deviendrait pas agressif envers un thérapeute qui ne fournit pas d'aide mais vous permet de souffrir le processus complet de revécu du passé traumatisant ? » Le psychanalyste ne s'est visiblement pas posé la moindre question éthique sur la pertinence de sa démarche ; il explique très savamment que cette agressivité consiste en un transfert inconscient du « sadisme extrême » de Rosi, causé par son identification avec ses agresseurs.

Ces deux auteurs proposent de remplacer l'opposition « pathologique »/« en bonne santé » par l'opposition formes désirables/indésirables de comportement, d'émotions ou de stratégies de survie, telles que perçues par le patient lui-même. Il s'agit, autrement dit, de partir des valeurs personnelles du client, de ses critères, des objectifs qu'il souhaite atteindre, dans la mesure évidemment où ils sont en accord avec la loi et avec le comportement social généralement accepté. Ce qui conduit à adopter des attitudes diversifiées selon les patients. La thérapie qu'ils pratiquent consiste à partir des stratégies de survie que le patient a mises en place et à lui apprendre de nouvelles stratégies de *coping* (faire face) reposant sur ces stratégies.

D'ailleurs, ces deux auteurs ne pensent pas que la technique consistant à inciter le patient à se souvenir de la maltraitance enfantine et à la revivre soit toujours néfaste. Elle peut être utilisée dans la mesure où certaines conditions précises sont remplies, en particulier que cela soit bien en accord avec les objectifs du patient et que le patient puisse déterminer ce qui est affirmé à son sujet. Or le patient souhaite rarement retraverser tout son passé, mais il désire plus souvent découvrir ou ressentir un aspect spécifique de ce passé qui lui paraît limiter l'atteinte d'un objectif personnel concret.

Van der Hart et Steele ont réagi à l'article de Miltenburg et Singer[57]. Ils soulignent « l'excellente approche thérapeutique » que ceux-ci préconisent, mais font remarquer que, contrairement à ce qu'ils affirment, le traitement habituel du traumatisme repose aujourd'hui surtout sur la construction de l'ego et des capacités intégratives. Le but de certaines thérapies n'est donc pas de revivre le trauma mais de le synthétiser et de l'intégrer dans la personnalité, comme faisant partie de l'expérience globale du patient. Car, font-ils remarquer, de plus en plus de travaux insistent sur le fait que le travail de mémoire n'est qu'une partie optionnelle d'une thérapie plus large destinée à construire les ressources de l'ego et le soutien relationnel et à améliorer le fonctionnement quotidien.

Eux-mêmes préconisent une thérapie mettant en jeu différentes phases successives. Il y a tout d'abord une période plus ou moins longue de réduction du symptôme, de stabilisation et de construction de l'ego, qui correspond, selon eux, à l'approche thérapeutique prônée par Miltenburg et Singer. Elle vise à améliorer le fonctionnement quotidien, à alléger les symptômes et à améliorer les compétences de *coping*. Bon nombre de patients obtiennent de notables améliorations au cours de cette première phase du traitement et décident d'arrêter la thérapie à ce stade. Si c'est le cas, Van der Hart et Steele approuvent pleinement ce choix. Ils n'entament la deuxième étape avec le patient que si ce dernier exprime clairement son consentement informé.

Cette deuxième étape implique des processus complexes, qu'ils appellent synthèse, réalisation et intégration. La synthèse est l'activité mentale qui consiste à connecter la mémoire traumatique avec d'autres états de conscience. Le trauma cesse alors d'être réexpérimenté d'une manière traumatique et devient un fait historique « neutre ». La réalisation permet au trauma d'être relégué dans un lieu et place spécifiques de l'histoire de la personne, lui permettant d'avoir une vie après le trauma. Celui-ci prend une forme symbolique et est progressivement intégré dans la personnalité globale. La troisième étape touche à une vision large de la personnalité. Durant cette phase, le patient solidifie les compétences existentielles qu'il a apprises et acquiert un enrichissement personnel qui comprend la spiritualité, une sexualité saine, l'attention envers son corps, des relations humaines profondes, l'accent mis sur la carrière et sur la famille, ainsi qu'une éthique personnelle. Ces trois étapes du traitement suivent souvent un parcours non linéaire, le client et le thérapeute glissant de l'une à l'autre, en fonction des besoins du client.

Depuis quelques années, Hubert Van Gijseghem, professeur de psychologie à l'Université de Montréal, s'inquiète du fait qu'on est probablement allé trop loin dans la sollicitation de la parole des victimes d'inceste et d'abus sexuel[58]. Selon lui, « nombre d'intervenants, mus par un désir sincère de réparer, donnent dans un véritable acharnement thérapeutique qui fait souvent fi des besoins réels de l'enfant abusé. [...] Ainsi, l'enfant présumé abusé est plus ou moins poussé au dévoilement dans un but de protection. Néanmoins, est-il nécessaire d'assommer l'enfant pour le "sauver" ? Par son éventuel silence, l'enfant protégerait-il quelque chose de plus vital, c'est-à-dire qui va davantage dans le sens de sa survie psychique[59] ? ». Cet auteur dénonce cette insistance à faire parler de l'abus qui compromet souvent davantage l'équilibre psychique et aboutit à une « victimisation secondaire » de l'enfant, qui peut être aussi préjudiciable pour l'enfant que l'abus lui-même. Celui-ci en arrive, dès lors, à développer des stratégies de survie qu'on tend à interpréter à tort comme des conséquences de l'abus sexuel alors qu'en réalité ce sont les effets négatifs du traitement. L'auteur cite à l'appui de son propos plusieurs études qui montrent que des enfants abusés qui ont gardé le secret sont moins perturbés à l'adolescence que d'autres qui l'ont dévoilé. Van Gijseghem ne rejette pas pour autant l'utilité du dévoilement, qui est éminemment souhaitable lorsqu'il constitue la seule garantie contre l'abus. Le risque de victimisation secondaire réside plutôt dans la façon dont l'appareil sociojudiciaire s'empare du dévoilement. En effet, l'enfant est souvent interrogé à de multiples reprises et par plusieurs professionnels sur les mêmes faits, ce qui peut s'avérer particulièrement traumatisant pour lui. « Il n'est pas rare, affirme Van Gijseghem, d'observer qu'en cours de thérapie, l'enfant abusé devient de plus en plus perturbé. Le thérapeute tend à interpréter ce phénomène comme une manifestation de la colère mobilisée et le considère comme bénéfique. Nous osons toutefois avancer l'hypothèse que cette aggravation est iatrogène, c'est-à-dire due au traitement lui-même : on empêche l'enfant de tirer le rideau sur la scène de l'abus[60] » et on l'enfonce fatalement dans une identité d'enfant abusé dont il lui est très difficile de s'évader.

Je partage complètement la conclusion de cet auteur : « S'il est essentiel de maintenir le tabou de l'inceste, il n'est pas moins capital de permettre à l'enfant de retourner au secret une fois dévoilée la transgression dont il fut la victime. C'est là, à mon avis, la plus sûre stratégie en faveur de la survie psychique, et nos pratiques en sont tragiquement fort loin[61]. »

Étrangement, ces propos, somme toute mesurés, suscitent la colère de plusieurs auteurs. Par exemple, Pierre Sabourin qualifie cet auteur de révisionniste de la maltraitance[62]. Il affirme que « tous les cliniciens observent [...] qu'une mise en mots chez cet enfant écrasé de honte, comme une représentation graphique spontanée et mise en scène de ses traumatismes sont les seuls recours, les secours inespérés, pour que ses mécanismes de défense [...] puissent un jour dénouer les fixations posttraumatiques et ensuite permettre au refoulement de fonctionner ». Or Van Gijseghem n'a jamais prôné le silence, au contraire, mais une prudence dans la façon dont la parole de l'enfant est recueillie. Il a d'ailleurs répondu aux critiques en rappelant qu'à ses yeux, « la parole – le dévoilement – est primordiale. Toutefois, une fois la chose dite, l'agresseur puni et l'enfant protégé, celui-ci devrait avoir le droit de se taire et de passer à autre chose si cela correspond à son besoin. Ce n'est pas dans l'intérêt de cet enfant d'être maintenu, souvent de force, dans une thérapeutique mise en place par des idéologues de la parole imposée[63] ».

Dans son commentaire nuancé sur cette polémique, Boris Cyrulnik cite le cas d'une petite fille accablée de malheur depuis que l'ami de sa mère l'avait violée. Après quatre ou cinq « entretiens » silencieux, il l'a vue arriver un jour toute rose et souriante : « J'ai trouvé la solution. Je vais dire que j'ai menti. Je n'en peux plus d'avoir à expliquer à tous ces gens ce qui m'est arrivé[64]. »

S'en sortir sans thérapie

Enfin, les thérapeutes doivent rester modestes, tout simplement parce que la plupart des gens font face aux problèmes de l'existence en faisant appel à leurs propres ressources internes et à leur réseau de relations. Ainsi, aux nombreuses personnes qui lui demandent s'il a suivi une psychanalyse, Tim Guénard répond : « Je n'ai suivi qu'une seule thérapie, la psychanalyse de l'instant présent[65]. » Qualifier cela de résistance à la psychothérapie, comme certains le font, est une illustration supplémentaire de ce préjugé consistant à penser que l'on sait mieux que l'autre ce qui est bon pour lui. L'important est ici encore de respecter le parcours de résilience que la personne se donne à elle-même.

Parcours qui peut emprunter des voies parfois étonnantes. Par exemple, un élément important de l'« autothérapie » d'Éva Thomas a consisté à faire appel à l'art magique appris auprès des Saras, dans la savane tchadienne, associé à la production de dessins et de peintures[66]. « La nuit, je peignais des formes de plus en plus grandes. Les forces qui laminaient mon corps semblaient monter dans mes mains et tout ce qui se traçait m'échappait. [...] J'étais comme possédée par des forces que je ne maîtrisais pas, mais ce saut m'a permis de me rendre compte de l'effet bénéfique de cette expérience. Une nuit, j'ai réalisé un dessin de sept mètres de long, et j'en ai acquis une telle force que j'ai compris que ces monstres qui se battaient sur le papier, je m'en étais délivrée pour toujours. »

L'étude réalisée par Liem et ses collaborateurs sur la résilience après abus sexuels dans l'enfance, est particulièrement intéressante à cet égard[67]. Les critères de résilience retenus par ces auteurs sont les niveaux de dépression et d'estime de soi. Partant des réponses fournies à un questionnaire par 434 femmes et 253 hommes, âgés de 16 à 65 ans, ils constatent que, contrairement à leur attente, les sujets résilients étaient moins nombreux à avoir suivi une psychothérapie, en tant qu'adultes, que les non-résilients (17,5 % contre 37,76 %). De plus, lorsque les résilients avaient suivi une thérapie, celle-ci avait duré nettement moins longtemps que pour les non-résilients (2,52 mois en moyenne contre 18,87 mois). Les auteurs concluent que « les individus résilients parviennent à un ajustement sain à l'âge adulte sans avoir besoin de psychothérapie ».

Ce chapitre nous a surtout montré comment les professionnels de l'enfance peuvent faciliter directement la résilience des enfants en souffrance. Mais ce n'est pas la seule manière d'agir possible. Ils peuvent également la faciliter de manière indirecte, en étant non plus des tuteurs, mais des catalyseurs de résilience, notamment par le biais de programmes impliquant des personnes de l'entourage du sujet. Ce thème sera abordé dans le prochain chapitre.

CHAPITRE X

Quelques programmes fondés sur l'esprit de la résilience

« Je crois que vous pouvez le faire. »

La résilience accompagne certainement l'humanité depuis ses origines. Présente bien avant le mot qui la désigne aujourd'hui, elle peut se manifester spontanément, sans objectif préétabli. Au fil des pages, le lecteur aura pu cependant s'inspirer des situations décrites pour son expérience personnelle, en tant que victime ou en tant que soutien auprès d'une victime. Mais il est possible de faire un pas de plus, d'envisager la mise en place d'une politique sociale axée autour du concept de résilience. Ce chapitre a précisément pour but de présenter un certain nombre d'expériences qui, sans nécessairement utiliser le mot résilience, relèvent bien de cet « esprit de la résilience » que je me suis efforcé de décrire dans cet ouvrage.

Notons au passage que l'intérêt pour la résilience s'inscrit dans un courant plus large, porté par un regard qui fait vivre[1], qui inclut des concepts tels que la bientraitance[2], l'accompagnement de la parentalité, la promotion de la santé, etc. Dans cette perspective, il paraît d'ailleurs très utile de relier les mots « résilience » et « capacitation » (ou « habilitation »). Ce mot est la traduction du terme anglo-saxon *empowerment*, situé à l'interface du psychologique et du social et qui désigne un « processus ou mécanisme par lequel les personnes, les organismes ou les communautés acquièrent le sentiment d'exercer ou exercent le plus grand contrôle sur les événements qui les concernent[3] ». La capacitation est le socle sur lequel repose la psychologie communautaire, perspective qui a vu le jour dans les années 1960 aux États-Unis dans un contexte de revendications sociales initié par le mouvement des droits civiques conduit par Martin Luther King. Un des principaux domaines d'étude de cette discipline concerne le pouvoir des personnes d'accéder à des ressources afin d'atteindre des objectifs individuels et collectifs.

Dans une perspective de capacitation, l'action d'un professionnel du social ne consiste plus à opérer un changement, mais à soutenir ces acteurs du changement que sont les personnes concernées, en leur fournissant les ressources nécessaires pour atteindre leur but ou en facilitant l'accès à ces ressources.

La résilience individuelle, fruit d'une bientraitance institutionnelle

La bientraitance est également à l'ordre du jour dans la démarche de certains acteurs du social. Ayant dirigé plusieurs structures d'action sociale, Jean-Michel Tavan s'est demandé comment de telles institutions pouvaient être bientraitantes, respectueuses de chacun (personnes accueillies et professionnels) et faciliter la résilience. Il se réfère au propos du philosophe Paul Ricœur qui nous invite à considérer que « vivre bien ne se limite pas aux relations interpersonnelles mais s'étend à la vie des institutions[4] », ce qui englobe l'organisation du travail, le mode de gestion, les pratiques de communication, les règles de vie… Alors, quel cadre pour quelle institution ? Et comment faire pour être dans « la visée de la vie bonne avec et pour autrui dans des institutions justes[5] » selon les mots de P. Ricœur ?

Selon J.-M. Tavan, une institution d'action sociale bientraitante doit permettre à tous ses membres l'accès à une capacité de valorisation et de reconstruction personnelle. Au travers d'un discours ambiant, de l'organisation mise en place et des pratiques quotidiennes, l'institution peut produire un cadre propice au

« dépassement de soi » de chacun de ses membres et à l'expression de la résilience. Pour cela, le personnel d'encadrement se doit d'accepter la diversité des points de vue, et donc l'utilité du questionnement pour soi et pour les autres ; de refuser le dogme et donc la domination des uns sur les autres. Cette démarche éthique vise à respecter la dignité des différents acteurs de l'institution autour d'objectifs communs et permet d'échapper à un mouvement de balancier qui voudrait, par exemple, remplacer le professionnel par l'usager « au centre du dispositif ». La bonne pratique d'encadrement est une navigation complexe et laborieuse qui s'efforce d'éviter les dérives de la démagogie et de l'autoritarisme.

À titre d'exemple, Jean-Michel Tavan présente le fonctionnement d'un internat éducatif qu'il a dirigé durant plusieurs années. Les jeunes filles qui y sont accueillies ont toutes subi des violences, familiales et/ou sociales. Leur proposer un autre modèle de vie, un modèle bientraitant, constitue le projet institutionnel. Il s'agit de mettre en œuvre un programme de citoyenneté institutionnelle fondé sur une politique du « bien vivre ensemble ». Dans ce lieu, chacun (les jeunes filles et les travailleurs sociaux) participe au mouvement de construction et d'amélioration de la vie institutionnelle.

Le conseil d'établissement mis en place illustre bien cette volonté. S'y retrouvent les différents acteurs pour discuter du fonctionnement de l'internat et proposer des améliorations possibles. Ses membres appartiennent à l'institution (jeunes filles accueillies et membres du personnel) ou en sont proches (éducateur de l'unité d'action sociale, contrôleur de l'établissement, responsable de l'agence bancaire gérant les comptes des jeunes filles). Le conseil se réunit tous les deux mois, la présidence en étant toujours assurée par une jeune fille, élue par l'ensemble des adolescentes accueillies, et il invite des personnes qualifiées quand un sujet demande une compétence spécifique, par exemple le droit d'accès au dossier, les MST, etc. Cette assemblée a permis d'apporter des réponses, à téléphoner des sujets quotidiens très divers comme la gestion des portables, les vols dans les chambres, l'organisation des visites des éducateurs dans les studios, l'accès aux informations contenues dans les dossiers, etc. Elle a également conduit à des actions de plus grande ampleur :

l'élaboration d'un livret d'accueil, la création d'un journal interne, la réalisation d'un film présentant l'établissement, par une dizaine de résidentes encadrées par un vidéaste professionnel.

Le conseil d'établissement est un lieu d'apprentissage de la citoyenneté et facilite une projection dans l'avenir. Par exemple, les jeunes filles ont pris une grande part dans le projet de réhabilitation des salles de bains ; elles ont pu argumenter, face aux autorités de contrôle, la nécessité d'une augmentation de leur budget d'hygiène. Les questions traitées par le conseil sont toutes relatives à la visée d'une « vie bonne » et d'une « institution juste ». L'exigence d'une meilleure qualité de vie amène les adolescentes à prendre position sur des sujets relevant de l'économique, du politique et même de l'éthique.

Ce conseil d'établissement n'a pas que des répercussions sociales. Permettant la prise en compte de la parole de tous dans les décisions à suivre, il est un lieu qui respecte et valorise chacun et augmente l'estime de soi. Cette implication de tous au projet du « bien vivre ensemble à la Haute Bercelle » facilite certainement un autre mouvement, celui du « bien vivre soi-même ». Selon J.-M. Tavan, une bonne pratique institutionnelle produit un effet de résilience, par l'interaction entre le changement collectif et la transformation individuelle. Une spirale vertueuse, en somme.

Ce professionnel cite le cas d'une jeune fille qui, après avoir participé à des actes de délinquance dure (notamment braquage), a séjourné dans cet établissement, a été élue présidente du conseil d'établissement par ses collègues et qui a radicalement modifié son orientation de vie, au point d'entreprendre des études supérieures.

Quelques programmes facilitateurs de résilience

La majorité des programmes explicitement ou implicitement axés sur la résilience sont essentiellement nord-américains, ce continent ayant une longue tradition d'intérêt envers la résilience et envers l'évaluation. Un exemple de synthèse de travaux nous est fourni par le service nord-américain de justice et de prévention de la délinquance des adolescents (OJJDP, *Office of Juvenile Justice and Delinquency Prevention*), qui a adopté comme principale stratégie de prévention le renforcement des compétences de la famille et de son environnement social. Cette institution a chargé Karol L. Kumpfer et son équipe du Centre pour la prévention de la toxicomanie de Rockville, dans le Maryland, de faire un bilan des études dans ce domaine[6].

Certaines formes d'intervention sont inefficaces, voire contre-productrices. Ainsi, les groupes de parole rassemblant uniquement des jeunes aux comportements antisociaux ont un effet négatif. Par ailleurs, les interventions psychodynamiques centrées sur l'enfant, plutôt que sur la famille, peuvent conduire à une détérioration du fonctionnement familial, voire à une augmentation de la délinquance. Enfin, l'information seule n'a pas d'impact sur le comportement, à moins d'être combinée avec un temps de discussion, une mise en pratique, des jeux de rôle.

Les programmes efficaces ne consistent pas en des solutions simples et à court terme. Les approches de prévention les plus efficaces intègrent de multiples composantes, permettant une modification des modes de fonctionnement au sein de la famille, de l'école et du voisinage. Ainsi, les programmes qui associent une formation aux compétences sociales et aux compétences de vie chez les jeunes, et une formation aux compétences parentales (soins, communication, contrôle) ont un impact plus fort et sur un plus large éventail de facteurs familiaux de risque et de protection, que les programmes qui ne concernent que les jeunes. Par ailleurs, les programmes concrets de formation aux compétences sont plus efficaces que les programmes strictement didactiques.

Les interventions globales efficaces visent l'éventail complet du fonctionnement de l'enfant (cognitif, développemental, social, émotionnel, physique et spirituel) par des améliorations dans tous les aspects de son environnement (société/culture, voisinage, école, groupe de pairs, et famille étendue). Les programmes à long terme sont plus efficaces, et contrairement à ce que l'on pourrait éventuellement imaginer, la durée du programme n'est généralement pas un problème avec les familles à haut risque, car beaucoup ne veulent pas arrêter le programme une fois qu'elles ont assisté à plus de trois sessions.

L'efficacité d'un programme dépend en grande partie de la qualité du formateur. Certaines caractéristiques sont importantes à cet égard : aptitude à la communication et à l'écoute, chaleur, sincérité, ouverture et volonté de partager, intérêt à l'égard des familles, flexibilité, humour, crédibilité, expérience personnelle avec des enfants en tant que parent ou éducateur.

Les pages qui suivent décrivent, à titre d'exemples, quelques programmes particulièrement efficaces, tant sur le plan des résultats individuels que sur celui de l'impact social. Je les ai choisis car ils présentent généralement les caractéristiques suivantes :

— ils font appel aux ressources de la personne ; il ne s'agit pas de faire à sa place, mais de l'accompagner ;

— ils reposent sur des relations interpersonnelles ;

— ils permettent à la personne de mieux structurer son existence ;

— ils mettent l'accent sur la prévention plutôt que sur la « guérison » ;

— leur éventail d'action est large.

Je décrirai successivement cinq programmes au service des familles, six autres au service des enfants et des adolescents, puis terminerai par la présentation de la Fondation de la deuxième chance, au service des adultes.

Au service des familles :

— Le programme Home Start.

— Le programme d'intervention *Familles soutiens*, de l'Université du Québec.

— Le programme STEEP (*Steps Toward Effective, Enjoyable Parenting*).

— Le programme de visites d'infirmières à domicile.

— Le programme de Prise de conscience de la santé.

Au service des enfants et des adolescents :

— Le programme Grands frères/Grandes sœurs.

— Le programme de réduction de la violence d'adolescents, de l'université de Montpellier.

— Le programme Mieux vivre ensemble, de l'université de Lille.
— Le programme préscolaire Perry.
— Le programme Delancy de lutte contre la toxicomanie.
— La veille éducative.

Au service des adultes :
— La Fondation de la deuxième chance.

Par ailleurs, le lecteur se reportera utilement à la description des expériences de réparation pénale (chapitre II), de philosophie avec les enfants (chapitre III), du Réseau d'échange réciproque des savoirs (chapitre III), des expériences thérapeutiques conduites par Paul Steinhauer et Maja Perret-Catipovic, impliquant le réseau social de l'adolescent (chapitre IX).

Programmes au service de la famille

Le programme Home Start

Il existe en Angleterre depuis une trentaine d'années un remarquable programme d'entraide familiale pour les familles rencontrant diverses difficultés[7]. Baptisé Home Start, il est basé sur l'articulation entre bénévoles et professionnels. La première action de ce type a été lancée en 1973 par Margaret Harrison, qui était à l'époque responsable de l'organisation du bénévolat dans le service de l'enfance de la ville de Leicester. En écoutant les parents, les bénévoles et les services sociaux, une idée simple lui est venue : les gens « ordinaires » – dans ce contexte, ce sont souvent les mères de famille – ont un capital d'expérience, de compétences, de gentillesse et d'humour dont on pourrait tirer grand profit. Afin de renforcer un environnement stable, aimant et sécurisant pour élever les enfants, une famille (de fait souvent la mère) se lie d'amitié avec une autre qui a besoin d'un soutien. La famille bénévole a reçu une petite formation, est soigneusement introduite auprès de l'autre foyer et est soutenue tout au long du processus. Aujourd'hui, les familles bénévoles sont d'ailleurs souvent recrutées parmi les familles ayant anciennement bénéficié de l'aide de Home Start. Il s'agit en quelque sorte d'« amitié organisée », avec au centre l'expérience partagée de la vie familiale avec de petits enfants.

La variété des problèmes auxquels sont confrontés les bénévoles est quasiment illimitée : solitude, dépression, chômage, démarches administratives, drogues, alcool, abus sexuels, logement, argent, problèmes relationnels, analphabétisme... Dans les cas graves, le bénévole peut servir de pont vers un service spécialisé. À cette diversité de problèmes répond bien entendu une grande variété de formes de soutien : aider à accomplir des démarches, écouter, faire des courses, garder les enfants, nettoyer la cuisine, aider à équilibrer le budget de la famille, partager des expériences, etc. L'aide bénévole présente des caractéristiques difficiles à offrir dans un service professionnel, en particulier l'ouverture, la flexibilité et le temps disponible, que ce soit pour une présence lors de crises ponctuelles (intensité) ou pour un soutien pendant des années dans le cas de certaines familles (durée).

Des enquêtes ont permis de repérer les caractéristiques des bénévoles les plus importantes aux yeux de la personne ou de la famille aidée : la gaieté, le sens de l'humour, le fait d'être à l'écoute sans porter de jugement et en respectant la confidentialité, de donner des explications, la possibilité de discuter profondément. Voici notamment le témoignage d'une personne recevant ce type d'aide : « La bénévole a brisé le sentiment d'isolement que j'avais. Je commençais à me sentir seule, mais j'ai décidé de me fixer des buts cette année. C'est agréable de savoir que je peux parvenir à réaliser certains d'entre eux avec le soutien de ma bénévole. » Inversement, voici le jugement porté sur les personnes considérées comme de mauvaises bénévoles : elles n'écoutent pas ; elles portent un titre et je les laisse parler ; elles décident à ma place ; elles ne me demandent pas mon avis ; elles font ce qu'elles veulent ; elles me font sentir que je suis incapable, etc.

Beaucoup de bénévoles témoignent que leur engagement avec Home Start a été l'une des expériences les plus enrichissantes de leur vie.

Ce qui n'était au départ qu'une initiative locale originale a connu un très grand succès. En 1993, il y avait déjà 133 programmes de ce type, faisant intervenir environ 4 000 bénévoles soutenant 9 000 familles et presque 21 000 enfants. Toutes ces expériences partagent les mêmes statuts et les mêmes principes de travail, mais chacune d'elles est financièrement indépendante.

Un programme peut comporter jusqu'à trente bénévoles et soixante-dix familles. Ce type d'action a suscité un grand intérêt hors de l'Angleterre, entre autres aux Pays-Bas, en Scandinavie, en Allemagne, au Canada, en Australie, en Israël et dans l'ex-Europe de l'Est.

L'Intervention Familles soutiens, *de l'Université du Québec à Trois-Rivières*

Cette intervention a été mise au point par Ercilia Palacio-Quintin, Colette Jourdan-Ionescu et leurs collègues[8]. Elle se fonde sur l'approche écologique du développement humain, proposée par Bronfenbrenner, qui considère que tout comportement fait partie d'une série de systèmes imbriqués les uns dans les autres (individu, famille, environnement social, société), dont nous devons absolument tenir compte si nous voulons apprécier toute la complexité de l'expérience humaine.

Or, diverses études ont montré que les familles maltraitantes ont un réseau social réduit et ne savent pas utiliser les ressources de leur environnement social. Ce programme vise donc à faciliter l'insertion des familles négligentes et violentes dans un réseau d'entraide naturelle afin d'améliorer leur qualité de vie.

Une équipe pluridisciplinaire (psychologues, travailleurs sociaux) demande à une famille non professionnelle, mais formée et supervisée, d'accompagner une famille suivie par les services sociaux pour négligence, avec ou sans maltraitance. Selon les responsables du programme, « l'objet de l'intervention est de développer la résilience de l'enfant et de la famille face au risque de récurrence de la maltraitance et face aux conséquences de la maltraitance subie par l'enfant ». Cette intervention permet d'éviter le placement de l'enfant dans une famille d'accueil.

Les membres de la famille soutien (en fait, ce sont là aussi les femmes qui s'impliquent le plus) doivent avoir le goût d'aider, savoir écouter, faire preuve de discrétion et de stabilité, être disponibles au besoin le soir et le week-end. Ils visitent régulièrement la famille-cible (une ou deux fois par semaine), et entretiennent des relations par téléphone. Leur rôle est d'apporter un soutien émotionnel, en écoutant avec intérêt les membres de la famille, ainsi qu'un soutien pour les activités de la vie quotidienne : organisation des levers et des repas, conseils pratiques pour l'alimentation, l'habillement des enfants, l'entretien de la maison ou encore les loisirs avec les enfants. Ils doivent constituer un modèle pour les familles négligentes, très souvent mal organisées.

Un intérêt majeur de ce programme réside dans son caractère « naturel ». Ainsi, les membres de la famille accompagnée se confient plus à la famille soutien qu'aux professionnels. D'ailleurs, les rencontres entre les deux familles peuvent se dérouler au domicile de l'une ou de l'autre, mais aussi dans des lieux publics, tels qu'un restaurant, à l'épicerie, etc. Les activités réalisées sont très variées : faire les courses ensemble, jouer avec les enfants, apprendre à faire des plats cuisinés ou le ménage, parler des problèmes familiaux, faire une promenade, aller voir un spectacle, etc.

La famille soutien est supervisée par un psychologue clinicien expérimenté, pour la conseiller et la motiver, particulièrement lors des périodes où aucun progrès visible ne semble se manifester.

De nombreux changements concrets ont été constatés par les familles soutiens à la fin de leur intervention : meilleure alimentation, rythme de vie plus régulier, en particulier pour le sommeil, meilleure hygiène, habillement plus approprié, intérêt plus fort envers les enfants et leurs études, attitude plus constante des parents envers la discipline, partage de moments de plaisir avec les enfants, etc.

Le programme STEEP
(Steps Toward Effective, Enjoyable Parenting)

Ce programme vise à aider des jeunes mères maltraitées et négligées dans leur enfance à briser le cycle intergénérationnel de la maltraitance et de la négligence[9]. Il s'agit d'un programme d'intervention préventive destiné à favoriser une interaction saine parent-bébé et à prévenir des problèmes sociaux et émotionnels chez les enfants nés de mères à risques. Il commence par des visites à domicile au cours du second trimestre de grossesse, faites par des « facilitateurs de la vie familiale » qui viennent chaque semaine jusqu'à ce que le bébé ait 1 an. Par ailleurs, durant cette période, ces facilitateurs organisent des sessions de groupe bihebdomadaires avec, chaque fois, un groupe de huit mères et bébés. Le format adopté n'est pas l'enseignement didactique, mais une implication active des mères et des bébés.

Un thème fort du programme est la capacitation. Chaque membre de l'équipe essaie de transmettre ce message aux mères : « Je crois que vous pouvez le faire », et se demande constamment de quoi cette mère a besoin pour résoudre elle-même ce problème. Selon les initiateurs du programme, « elle peut avoir besoin d'information, de transport, de soutien ou d'encouragement, mais elle a rarement besoin de nous pour résoudre le problème à sa place. Si nous faisons trop pour une mère, nous renforçons un modèle selon lequel elle est incapable de faire les choses elle-même. D'un autre côté, si nous faisons trop peu, nous pouvons renforcer son modèle des autres comme étant des personnes indisponibles et non soutenantes ».

Le succès d'un tel programme repose évidemment dans une grande mesure sur la qualité du facilitateur. Les caractéristiques des facilitateurs les plus utiles sont une attention et un respect sincères envers les mères, ainsi que l'aptitude à percevoir la complexité des problèmes et à éviter des solutions simplistes. Ils sont également émotionnellement matures et stables, sont relativement conscients d'eux-mêmes et de leurs propres problèmes émotionnels. Enfin, ils gardent l'espoir et persévèrent dans leur action même s'ils ne reçoivent pas une gratification immédiate et ne voient pas de résultats rapides. Les facilitateurs n'abandonnent pas une participante, même si elle oublie régulièrement les visites et les réunions de groupe. Plusieurs femmes ont d'ailleurs fait remarquer que STEEP était leur première expérience vécue auprès de quelqu'un qui ne les abandonne pas.

Le programme de visites d'infirmières à domicile

Ce programme est destiné à des femmes ayant de faibles revenus et enceintes pour la première fois[10]. Des infirmières assurent des visites à domicile, au cours de la grossesse de la mère et jusqu'à l'âge de 2 ans de l'enfant, une fois par semaine ou toutes les deux semaines. Elles apprennent aux mères à fournir des soins adéquats et un environnement familial favorable à leur enfant. Elles impliquent les autres membres de la famille et les amis dans le programme et aident les mères à utiliser d'autres services sociaux et de santé lorsque c'est nécessaire. Une infirmière visiteuse à plein temps s'occupe au maximum de 25 familles.

L'impact du programme a été évalué en comparant les résultats obtenus à ceux observés chez d'autres femmes aux caractéristiques socio-économiques identiques, mais ne suivant pas ce programme. Testé depuis vingt ans, celui-ci a prouvé son aptitude à réduire le comportement antisocial chez l'enfant, puis la criminalité et la délinquance. Cela se fait en facilitant l'amélioration :

— de l'état de santé prénatal des femmes ;

— de la qualité des soins que les mères fournissent à leur bébé ;

— du développement personnel des mères dans des domaines tels que l'éducation, l'activité professionnelle et le planning familial ultérieur.

Un premier aspect de l'activité des infirmières vise à réduire les risques d'altération neuropsychologique du fœtus, en aidant les femmes enceintes à améliorer leur alimentation et à réduire, voire stopper la consommation de tabac, d'alcool et de drogues. Dans une étude de ce programme, les bébés de 6 mois de femmes ayant diminué sensiblement leur consommation de tabac grâce au programme étaient nettement moins irritables que ceux de mères fumeuses n'ayant pas suivi le programme, ce qui facilitait les soins prodigués par leur mère. De plus, les enfants de ces dernières avaient, à l'âge de 3-4 ans, un fonctionnement intellectuel altéré comparativement aux enfants de femmes qui ne fumaient pas ou qui avaient réduit leur consommation de cigarettes.

Le programme a réduit le taux de maltraitance et de négligence envers l'enfant en aidant les jeunes mères à gérer la dépression, la colère, l'impulsivité et les problèmes de toxicomanie. Les infirmières les ont aussi aidées à réfléchir à la façon dont elles avaient été élevées, à connaître le développement normal de l'enfant et à agir efficacement en tant que parents (en percevant mieux les signaux de leur bébé et en répondant à ses besoins).

Comparativement aux autres femmes, les mères ayant bénéficié de ce programme ont manifesté un taux de maltraitance et de négligence réduit de 79 %. Par ailleurs, au cours de la seconde année de la vie, leurs enfants ont été amenés deux fois moins souvent à un service d'urgence pour blessures et ingestions, que les enfants ne bénéficiant pas des visites d'infirmières. Ces bénéfices ont perduré au-delà de la durée du programme.

Par ailleurs, comparativement aux mères du groupe contrôle, les femmes bénéficiant du programme ont laissé un intervalle plus important entre la naissance du premier enfant et celle du second (65 mois contre 37 mois), ont eu moins longtemps recours à l'aide sociale (60 mois contre 90 mois), ont consommé moins d'alcool et de drogues (– 44 %) et ont moins fait l'objet d'arrestations (– 82 %) et de condamnations (– 81 %).

L'impact à long terme de ce programme sur les enfants est remarquable. Les adolescents dont les mères avaient reçu la visite d'infirmières avaient moins de probabilités de fuguer que les adolescents du groupe contrôle (– 60 %), d'être arrêtés (– 55 %) et d'être condamnés (– 80 %).

Cette action de prévention a entraîné une baisse des coûts imputables à la collectivité. Ce programme coûte environ 3 200 dollars par famille et par an durant la phase de démarrage (trois premières années), puis 2 800 dollars par famille et par an une fois que les infirmières sont complètement formées et travaillent à leur pleine capacité. Or, ces coûts sont amortis dès que l'enfant a 4 ans. Lorsqu'il en a 15, les gains sont quatre fois supérieurs à l'investissement initial en raison des réductions de la criminalité, de dépenses médicales et en aide sociale, et comme résultats des impôts payés par les parents ayant trouvé un emploi.

Le programme de Prise de conscience de la santé

Ce programme a été mis au point par le Centre national de ressources sur la résilience de l'Université du Minnesota[11]. Il est basé sur le principe que chacun a des qualités « résilientes » (santé, sagesse, sens commun), même s'il n'en est pas véritablement conscient et qu'il peut avoir besoin d'identifier et d'accéder à ces attributs. Le programme peut concerner toutes sortes de publics : parents, élèves, bénéficiaires de l'aide sociale. Les responsables du programme considèrent que ces personnes sont la source de leurs propres solutions et se considèrent eux-mêmes comme des facilitateurs.

Une des actions a été menée durant trois ans auprès de 150 familles vivant dans un secteur défavorisé en Floride, caractérisé par un taux élevé de toxicomanie, d'activités criminelles et de violence. Cette intervention a conduit à une sensible réduction des comportements problématiques :

— le trafic et la consommation de drogues ont été divisés par trois (de 65 % à 20 %) ;

— les maltraitances et négligences envers les enfants ont diminué de 70 % ;

— les grossesses adolescentes ont été divisées par cinq (de 50 % à 10 %) ;

— le décrochage scolaire a été divisé par six (de 60 % à 10 %).

Une autre étude a mis en évidence :

— une amélioration de 80 % des résultats scolaires des élèves ;

— une réduction de 60 % de la maltraitance des enfants.

Par ailleurs, les élèves qui vendaient de la drogue sont retournés à l'école et ont obtenu un diplôme, certains sont même allés à l'université, ce qui n'avait encore jamais eu lieu jusque-là. Il n'y a plus eu d'arrestations liées à la drogue, plus de voitures volées ou de cambriolages.

PROGRAMMES AU SERVICE DES ENFANTS ET DES ADOLESCENTS

Le programme Grands frères/Grandes sœurs

Grands frères/Grandes sœurs, la plus importante organisation nord-américaine au service de la jeunesse depuis un siècle, a bénéficié à plus d'un million d'enfants depuis sa création en 1904[12]. Un(e) jeune âgé(e) de 6 à 18 ans, provenant généralement d'une famille monoparentale, à faible niveau socio-économique et vivant dans un milieu à forte proportion de violence, se retrouve régulièrement (environ trois fois par mois) avec un(e) jeune adulte bénévole pour des activités de loisir. L'association organisatrice collabore avec les parents pour apparier chaque enfant avec le bon Grand frère ou Grande sœur ; ceux-ci sont testés, formés et supervisés selon une procédure rigoureuse pour s'assurer que la relation sera bénéfique pour chacun.

Grands frères et Grandes sœurs sont surtout des amis pour les enfants ; ils partagent des activités quotidiennes avec eux et élargissent leur horizon. De nombreux témoignages montrent que cette activité est agréable et épanouissante pour les uns comme pour les autres. Citons, à titre d'exemple, la relation vécue entre Karina (Grande sœur) et Crystal. Cette dernière déclare : « Nous nous amusons beaucoup. Je ne me préoccupe pas de ce que nous faisons aussi longtemps que nous sommes ensemble. Karina n'est pas seulement ma grande sœur, elle est ma meilleure amie. » De son côté, Karina se souvient qu'à la mort de son père, Crystal a glissé sa main dans la sienne et l'a serrée. Elle a aussi été la première personne à faire rire aux éclats le fils de Karina. Il a maintenant 3 ans et l'appelle « Ma Crystal ».

Une évaluation a montré qu'après dix-huit mois de programme, ces jeunes avaient, comparativement à d'autres issus d'un milieu identique :

— une moindre probabilité de commencer à consommer des drogues et de l'alcool (– 46 %) ;

— une moindre probabilité d'adopter un comportement violent (– 33 %) ;

— réduit leur absentéisme scolaire de plus de la moitié (– 52 %) ;

— plus de probabilités d'avoir des relations de haute qualité avec leurs parents et leurs pairs.

Les programmes varient selon les situations (par exemple, certains sont plus axés vers des jeunes ayant commis des délits), mais tous partagent la même philosophie : aucun enfant n'est sans espoir.

Précisément, un tel programme, suscité par la Cour suprême de l'Arizona, a associé des volontaires et des adolescents en liberté surveillée. Sur les 117 jeunes, seulement 4 % sont retournés au tribunal pour un deuxième délit, 39 % d'entre eux ont amélioré leurs relations avec leurs parents et leurs frères et sœurs, et il y a également eu une baisse de l'école buissonnière et de la consommation d'alcool et de marijuana. Selon Gordon Glau, directeur des services de justice pour mineurs du comté de Yavapai, « la meilleure dissuasion pour qu'un jeune ne commette un délit est un mentor. [...] Le programme est très efficace et a fourni des bénéfices à long terme pour la communauté ».

Le lieutenant de police Robinson, qui participe à un programme à Memphis, dans le Tennessee, déclare pour sa part :

« Le mentoring marche parce qu'il donne aux jeunes un contact personnel avec un adulte. Le jeune peut parler de ses buts avec quelqu'un qui l'écoute. »

Le programme de réduction de la violence d'adolescents, de l'université de Montpellier

Depuis une dizaine d'années, Daniel Favre et son équipe de l'université de Montpellier ont mené une série de recherches ayant démontré leur efficacité dans la réduction de la violence scolaire[13]. Ce chercheur a constaté que, confrontés à une situation de frustration, ces élèves ont tendance à traiter l'information et à réagir d'une manière qu'il qualifie de dogmatique, qui présente plusieurs caractéristiques. D'une part, cet adolescent ne prend pas de recul avec sa propre pensée, aussi ses énoncés (quand ils existent) ont un caractère de vérité absolue et de jugement définitif. Par exemple, il utilise surtout le verbe être au présent de l'indicatif, et n'emploie pas le conditionnel, ni des formules telles que « il me semble », « peut-être ». Il s'exprime surtout de façon implicite, ayant du mal à considérer que l'autre est différent de lui et que pour communiquer efficacement, il faut expliciter suffisamment son propre point de vue. Son argumentation ne vise qu'à rapporter les « faits » qui confirment sa conviction et à négliger tous les autres. Il vit dans une logique d'immédiateté. Enfin, il occulte ses propres émotions et ses sentiments, tout en les projetant sur les autres personnes. La violence semble alors constituer un mode archaïque de communication que l'individu utilise parce qu'il semble ne pas en avoir d'autres à sa disposition.

D. Favre et son équipe ont assuré une formation auprès de ces adolescents visant à les amener à utiliser les attitudes cognitives de traitement non dogmatique des informations : recours à l'explicitation, prise de distance par rapport au contenu du discours (le sien et celui d'autrui), recherche de contre-exemples, développement d'une tolérance à la critique et enfin identification, acceptation et expression de ses émotions. Les interventions ne proposaient pas aux élèves violents de rester passifs et soumis, mais d'utiliser le langage pour expliciter leurs besoins et négocier leur satisfaction. La finalité était donc que ces jeunes parviennent à :

— prendre en compte le fait qu'autrui est différent de soi et qu'il a d'aussi bonnes raisons que soi de penser ce qu'il pense, d'agir comme il le fait, de dire ce qu'il dit et de ressentir ce qu'il ressent ;

— considérer qu'éprouver des émotions, avoir des sentiments n'est pas une faiblesse mais une richesse, une source de sensations et d'informations importantes sur soi et sur le monde ;

— expérimenter qu'exprimer ses émotions, c'est se rendre fort, tandis que les masquer, c'est faire preuve de faiblesse ;

— devenir tolérants et « entr'ouverts » à d'autres points de vue que le leur, admettre que toute « vérité » ne l'est que dans un contexte donné et que la connaissance de ce contexte est tout aussi importante que la vérité elle-même.

Les résultats obtenus sont particulièrement encourageants comme le montre le tableau ci-dessous.

	Élèves violents ayant suivi la formation		Élèves témoins (non violents et n'ayant pas suivi la formation)	
	Prétest	Posttest	Prétest	Posttest
Anxiété-dépression (échelle de 0 à 36 ; seuil pathologique fixé à 11*)	8,68	4,32	4,82	2,47
Problèmes sociaux (échelle de 0 à 26 ; seuil pathologique fixé à 9*)	7,63	3,05	1,47	1,06
Troubles de l'attention (échelle de 0 à 40 ; seuil pathologique fixé à 27*)	18,37	6,26	4,71	1,59
Comportements agressifs (échelle de 0 à 50 ; seuil pathologique fixé à 21*)	22,84	9,00	1,94	0,76
Réponses non dogmatiques en situation de frustration (échelle de 0 à 9)	1,77	3,27	3,45	4,91

* 95 % de la population se situe au-dessous du seuil pathologique.

Il y a une augmentation de 84 % des « réponses non dogmatiques », ce qui traduit l'acquisition par ces élèves de capacités à utiliser le langage pour exprimer leurs besoins et leurs émotions et à les faire respecter. Cette amélioration est accompagnée d'une baisse de 60 % des conduites agressives et des problèmes sociaux : ces élèves étant moins agressifs, ils interagissent de manière plus positive avec leur entourage. Il y a également une diminution très nette (66 %) des troubles de l'attention, ce qui facilite une meilleure adéquation au contexte scolaire. Il y a également baisse de 50 % des problèmes d'anxiété et de dépression.

À noter également une amélioration des différents paramètres chez les autres élèves, ce qui, selon D. Favre, vient probablement du fait que l'atelier de communication n'était pas étanche : les élèves violents et les autres appartenant aux mêmes classes ont forcément communiqué entre eux durant l'année scolaire.

Il faut également souligner que l'atelier n'a pas eu les effets attendus pour un certain nombre d'élèves violents. Ceci semble être dû au fait qu'il existe deux grandes catégories d'élèves violents : par impulsivité et manque de contrôle de soi d'une part, par stratégie et « prédation » d'autre part. L'intervention présentée ci-dessus concerne essentiellement les violents impulsifs, les autres nécessitant une autre approche basée sur le rappel de la loi et sur la mise en échec par les adultes de leurs attitudes manipulatrices.

L'exemple d'un élève illustre bien l'évolution observée. Au cours de la première séance, D. Favre décrit son activité de chercheur et présente le programme. Plusieurs élèves réagissent vigoureusement, critiquant notamment la direction de l'établissement qui cherche à les « mettre au pas ». L'intervenant réexplique sa démarche et détaille son rôle. L'un des meneurs de la contestation lance à plusieurs reprises « Qu'est-ce qui dit ? » à ses complices, lesquels rigolent. D. Favre réagit alors en le regardant dans les yeux et déclare, s'adressant à tout le groupe : « Parfait, voilà un excellent exemple ! » Silence complet dans la salle. Puis il s'adresse à l'adolescent : « Tu vois, quand tu répètes "Qu'est-ce qu'il dit", pourquoi détournes-tu ton regard ? Pourquoi ne me regardes-tu pas dans les yeux quand tu me dis cela ? » Les yeux de l'adolescent fuient encore plus le regard de l'intervenant, ce que les autres élèves peuvent aisément constater. « Tu le dis bien à moi pourtant ? Tu veux bien, pourtant, me communiquer quelque chose, me faire ressentir quelque chose ? Eh bien, c'est cela la vulnérabilité, et dans cet atelier tu pourras apprendre à te sentir plus fort et après tu pourras me le dire en me regardant dans les yeux. » Cet adolescent, qui essayait d'entraîner avec lui ses copains pour s'opposer à l'atelier, sera l'un des premiers à s'y inscrire.

À la suite de l'intervention, plusieurs enseignants ont fait part à D. Favre du développement de son autonomie et de son passage d'un statut de leader négatif vers celui de leader positif, proposant de gérer par la négociation certains conflits entre élèves (dont l'un concernant de la drogue trouvée au collège) qui auraient auparavant pu déboucher sur la violence. Le chercheur apprend alors que cet élève était, jusqu'au début de l'année scolaire, le plus difficile du collège, que tous les enseignants le craignaient, alors que personne ne lui en avait parlé avant ! D. Favre a également appris que la mère de ce jeune était prostituée et que son père était interné en psychiatrie. Par la suite, il a eu de bons résultats en fin de troisième, puis a fait une bonne seconde au lycée. « Dans ce cas précis, souligne D. Favre, je pense que les intervenants ont constitué des tuteurs de résilience, des modèles d'adultes plausibles, ni dans la toute-puissance, ni impuissants, qui ont fourni une occasion, que l'adolescent a saisie, de changer de système de motivation prédominant. »

Ce chercheur et son équipe ont ensuite modifié leurs interventions. Souhaitant conserver aux enseignants leur travail d'éducation des élèves, ils les ont formés puis accompagnés dans leur travail avec les élèves et la rencontre avec les familles. Cela a conduit à des résultats tout aussi probants, ainsi qu'à une augmentation du niveau scolaire des élèves concernés. Je ne peux les présenter ici par manque de place et renvoie à l'ouvrage de l'auteur.

Le programme Mieux vivre ensemble, de l'université de Lille

Jacques Fortin, professeur de sciences de l'éducation à l'université de Lille, a mis au point un programme visant à développer les compétences sociales d'élèves du primaire[14]. Il part du constat que ces compétences personnelles et relationnelles sont nécessaires à une bonne adaptation et maîtrise du monde ;

particulièrement sollicitées chez les enfants vivant dans l'adversité, elles concourent ainsi au développement de la résilience.

Ce programme, qui s'appuie sur l'expression orale et écrite, l'éducation musicale et les arts plastiques, a pour objectifs de permettre à l'enfant d'avoir confiance en lui, de savoir exprimer ses émotions et repérer celles des autres, d'être attentif aux autres, d'aider et être solidaire, de respecter les règles et les lois, de savoir gérer les conflits pacifiquement. Il se présente sous forme de nombreuses fiches, aux thèmes très divers : « Joyeux comme un pinson », « Moi, j'aime aider », « Je connais tes qualités », « Généreux et solidaire », « Je prends des responsabilités », etc.

Par exemple, pour le thème « Pas de justice sans règles », la classe lit la fable « Le loup et l'agneau », puis l'enseignant demande aux enfants s'ils sont d'accord avec la morale de la fable : « La raison du plus fort est toujours la meilleure. » Il leur demande également quels sentiments ils ont éprouvés quand ils se sont sentis les plus forts ; quand ils n'étaient pas les plus forts.

Puis sont abordées des questions d'éducation civique : comment la société s'est-elle organisée pour éviter que les loups mangent les agneaux ? Qu'est-ce qu'une loi ? Est-ce que tout le monde doit la respecter ?, etc., ainsi que des préoccupations liées à vie scolaire : le règlement est-il connu de tous les élèves ? Que contient-il ?

Chaque enfant peut s'exprimer, faire part de ses sentiments, analyser ses comportements et ceux des autres de manière à maîtriser progressivement émotions et conduites. Il prend conscience des pressions, bonnes ou mauvaises, qui s'exercent sur lui, et réfléchit avec les autres aux stratégies pour résister à celles qui sont susceptibles de l'entraîner négativement.

Pour J. Fortin, « avant d'être un contenu, le programme représente un état d'esprit, une manière d'être en groupe, un appétit à s'ouvrir au monde, qui passe par une curiosité, un intérêt et un respect à l'égard de l'autre, quel qu'il soit ».

Le programme permet ainsi aux enfants d'améliorer leurs relations interpersonnelles, ce qui donne le goût de venir à l'école aux enfants les plus en difficultés et les moins motivés. Par ailleurs, cela les valorise puisque leurs efforts sont remarqués et encouragés.

Le programme préscolaire Perry

Ce projet a été initialement mis au point comme intervention éducative[15]. Des enseignants, spécifiquement formés, assurent un enseignement scolaire quotidien de deux heures et visitent à domicile des familles de milieux défavorisés pendant une heure chaque semaine afin d'impliquer les parents dans l'éducation de leurs enfants. De plus, les parents participent à des rencontres mensuelles en petit groupe avec d'autres parents, organisées par l'équipe du programme. Les enfants étaient de faible niveau socio-économique, avec un bas niveau de QI (entre 70 et 85), sans déficiences organiques, et présentaient un risque important d'abandonner l'école.

Le programme a consisté en classes et en visites hebdomadaires à la maison de une heure.

Mais ce projet a entraîné des résultats positifs inattendus une fois que les élèves ont grandi : devenus adolescents, ils avaient non seulement une meilleure réussite scolaire, mais présentaient également un taux significativement plus faible de criminalité, de délinquance, de grossesse que les élèves d'un groupe contrôle présentant des caractéristiques identiques. Ces résultats ont incité les chercheurs à suivre ces individus jusqu'à l'âge adulte. Voici les résultats comparatifs obtenus lorsque ces derniers avaient 27 ans.

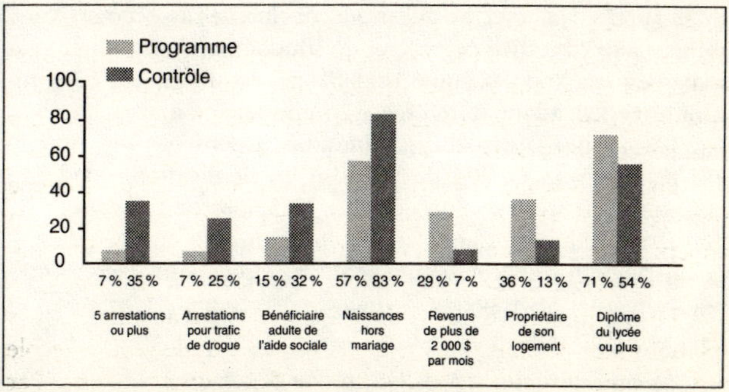

Principaux résultats du High/Scope Perry Preschool Project pour les participants suivis jusqu'à l'âge de 27 ans.

Un rapport coût/bénéfices par sujet a été réalisé, à partir de la situation de ceux-ci devenus adultes. Il met en évidence un gain très important, supérieur à sept fois l'investissement initial.

Coût	
Programme préscolaire Perry :	**12 356 $**
Gain :	
Aide sociale :	2 918 $
Scolarité :	6 287 $
Impôts sur revenus	8 847 $
Victimes de crimes et système judiciaire	70 381 $
TOTAL	**88 433 $**

La Fondation High/Scope Educational Research explique l'efficacité du programme en termes de capacitation *(empowerment)* :

— chez les enfants, en les encourageant à initier et mener à bien leurs activités d'apprentissage et à prendre des décisions de façon autonome ;

— chez les parents, en les impliquant comme véritables partenaires des enseignants pour faciliter le développement de leur enfant ;

— chez les enseignants, en leur fournissant une formation, une supervision et des outils d'observation pour évaluer le développement des élèves.

Dans une large revue de la littérature sur les interventions précoces auprès d'enfants, Yoshikawa a conclu que l'association d'une composante éducative précoce et du soutien familial, comme cela se passe dans le programme High/Scope, est un facteur déterminant des effets à long terme sur le comportement antisocial.

Les responsables du programme accordent une grande importance à la qualité de sa mise en application, condition essentielle du succès selon eux. Les principes de base sont : un faible ratio équipe-enfants (un adulte pour cinq ou six enfants), un curriculum d'apprentissage actif, des enseignants bien formés pour effectuer les visites à domicile, correctement rémunérés et bien soutenus dans leur tâche.

Le programme Delancy de lutte contre la toxicomanie

Lorsqu'un toxicomane très dépendant abandonne la drogue, il doit généralement effectuer d'importants changements de style de vie et s'immerger dans un environnement favorable pour restructurer son existence, car des solutions fragmentaires obtiennent peu de résultats. Le programme à large portée de Delancy à San Francisco leur donne précisément l'occasion de mener une existence utile[16]. Delancy est une communauté autogérée où des toxicomanes très dépendants restructurent leur existence grâce à leur initiative personnelle. Chacun y reçoit un enseignement équivalent au niveau du lycée ; beaucoup suivent un cursus universitaire ou professionnel, ou apprennent un métier qualifié. Chaque résident acquiert une expérience considérable dans trois catégories d'activités : la production, l'administration et la vente.

Les membres de Delancy suivent de nombreuses formations pour acquérir des compétences professionnelles fondamentales. Les emplois comprennent des métiers de la construction, de l'imprimerie et des arts graphiques, du transport, de la peinture commerciale, de la mécanique automobile, de la fabrication et de la vente de meubles, de la restauration, de la publicité et de la haute technologie. Après avoir acquis des compétences éducatives, interpersonnelles et professionnelles, ils entrent dans une phase de transition où ils exercent un emploi dans la société ou bien reçoivent des ressources leur permettant de démarrer leur propre entreprise tout en résidant encore à Delancy. Une fois qu'ils se sont bien adaptés à leur nouvelle vie, ils partent d'eux-mêmes.

Les diplômés de ce programme deviennent entrepreneurs, chauffeurs routiers, techniciens médicaux ou dentaires, informaticiens, ingénieurs, avocats, publicitaires ou encore médecins. Ils mesurent aussi leur succès par le principe de restitution en aidant les autres à leur tour. Par exemple, Deborah était toxicomane à 12 ans, prostituée à 13, a été souvent emprisonnée et a tenté trois fois de se suicider. Grâce au programme Delancy, elle a obtenu un diplôme de commerce et est gestionnaire des ventes dans une entreprise nationale. Elle a créé un programme communautaire paraprofessionnel pour adolescentes en difficultés et aide les nouvelles femmes résidentes du programme Delancy.

La veille éducative vise à accompagner les jeunes en difficulté et / ou décrochage scolaire, à les réconcilier avec eux-mêmes et avec leur environnement social, et à leur offrir un projet de rescolarisation ou de formation. Elle vise en priorité les jeunes des quartiers en difficulté. Au début de l'année 2004, plus de 50 villes étaient déjà impliquées dans ce type d'action. Cette démarche fait appel aux ressources de multiples partenaires (collectivités territoriales, école, services de l'État, famille, associations). Selon Guy Guézille, inspecteur d'académie honoraire, il s'agit d'« une philosophie » plus que d'un dispositif, dont le but est de « veiller au parcours éducatif des jeunes dans la cité ».

Jacqueline Costa-Lacoux, directrice de recherche au CNRS, note que la veille éducative « s'intéresse aux souffrances cachées et aux jeunes déjà hors circuits, elle exige donc une qualité d'attention qui ne peut s'inscrire dans le champ du sécuritaire[17]. »

La veille éducative est une démarche initiée par une volonté politique qui peut avoir des effets de résilience très concrets, en particulier grâce à une rencontre interpersonnelle (avec un maître de stage, un enseignant, etc.), comme le montre cet extrait de lettre adressé à un éducateur par un jeune de 17 ans, arrivé de Brazzaville après avoir survécu pendant six mois réfugié dans une forêt en raison des troubles au Congo. Ce jeune, initialement très désemparé et manquant de confiance en lui, écrit : « Je voulais te remercier pour tout ce que tu as fait pour moi et pour ce courage que tu m'as donné et je suis très reconnaissant. Merci, au revoir et une fois de plus merci. »

AU SERVICE DES ADULTES

La Fondation de la deuxième chance

La Fondation de la deuxième chance[18] occupe une place à part dans cette série de programmes car il ne s'agit pas d'un programme social à proprement parler et parce qu'elle soutient des adultes. Mais il m'a semblé qu'elle avait pleinement sa place ici. Au lecteur de juger si ce choix est pertinent.

Fondée en juin 1998 et placée sous l'égide de la Fondation de France, cette institution a pour but d'offrir un coup de pouce financier (plafonné à 15 000 euros) et d'accompagnement aux personnes âgées de 18 à 55 ans qui, confrontées à des épreuves professionnelles, sociales, humaines, manifestent clairement leur volonté de rebondir, soit par la création d'une activité économique, soit par le suivi d'une formation de reconversion. Cent trente des plus grandes entreprises françaises sont parties prenantes de cette initiative qui a accordé 50 coups de pouce en

1999, 150 en 2000 et 260 en 2001. Les activités créées sont très diverses : restaurateur en plats africains, infographe, éducatrice spécialisée, infirmier, etc.

Une originalité de cette démarche est que ces « coups de pouce deuxième chance » comportent deux volets indissociables : financier et d'accompagnement. Le premier permet à la personne de constituer un petit capital de démarrage, d'acquérir ses premiers équipements ou de suivre une formation. Le second est assuré par des parrains et marraines volontaires (salariés ou jeunes retraités) qui ont pour mission de consacrer, jusqu'à la complète réalisation du projet, une fraction de leur temps disponible à faire bénéficier leur filleul de leur expérience et de leur carnet d'adresses. Les bénéficiaires qui ont mené à bien leur projet sont conviés à prendre part à la démarche de solidarité envers celles et ceux qui la solliciteront à leur tour.

Les coups de pouce donnés par la Fondation sont particulièrement bienvenus pour certaines personnes à l'enfance blessée, pour qui la vie n'est pas un long fleuve tranquille. À titre d'exemple, voici le cas d'Évelyne[19], dont le père alcoolique, paranoïaque et jaloux a fait mener un enfer à toute la famille. Il interdisait à sa fille de fréquenter les copines de classe, de sortir de sa chambre, d'écouter de la musique, etc. Il se mettait en colère chaque fois qu'il la croisait (un quart d'heure pour le repas du soir), la traitait de putain, de charogne, de tordue, de mocheté, sans raison particulière. Des médecins ont fortement conseillé à la mère d'Évelyne d'éloigner celle-ci de son père en la plaçant en internat. Évelyne n'a plus revu son père par la suite, sauf une fois, où il l'a jetée dehors, après qu'elle se fut interposée entre lui et son petit frère de 10 ans, qu'il traitait de pédé et sale tantouse.

À 17 ans, Évelyne arrête sa scolarité et part faire du stop sur les routes. À 18 ans, elle rencontre celui qui deviendra son mari, également perturbé. À 24, elle divorce après avoir été frappée deux fois en un mois et assume la responsabilité de ses deux enfants.

Après quatre années de dépression, elle choisit de ne pas baisser les bras, suit une psychothérapie puis décide de créer une petite entreprise, un commerce ambulant de produits étrangers. La Fondation de la deuxième chance l'aide alors pour cela. Évelyne vit maintenant avec ses enfants dans un agréable duplex de la région parisienne et se dit « aux anges ».

Autre exemple, celui de Virginie[20], dont les parents divorcent lorsqu'elle a 6 ans. Le père ne verse pas de pension alimentaire et la mère est dépressive et alcoolique. « Je n'avais pas toujours le moral, mais quelque chose m'a toujours fait avancer : la conscience que je voulais m'en sortir, ne pas reproduire le modèle parental. » Devenue adulte, Virginie entreprend des démarches judiciaires pour protéger ses petits frères. Sa mère l'accuse de lui voler ses enfants et la menace de mort.

Virginie fait des études de psychologie, obtient son DEUG, suit une psychothérapie et décide de suivre une formation de psychomotricienne. Elle réussit le concours d'entrée à l'école de Lille, mais n'a pas les moyens de se payer la formation. Le coup de pouce de la Fondation va l'y aider.

Trois ans plus tard, elle témoigne : « Je me regarde presque extérieurement, et me demande comment, d'un tel environnement affectif et social, peut émerger l'envie de créer une vie heureuse, faite de paix et de douceur. C'est cette petite flamme intérieure qui a toujours brûlé en moi et qui continue à me faire avancer et croire en moi, aux autres et en la vie. » Virginie est aujourd'hui psychomotricienne, vit avec son ami depuis plusieurs années et est la maman d'un petit Théo. « Si mon témoignage, écrit-elle, peut montrer qu'il est toujours possible de s'en sortir quand on le veut réellement, s'il peut donner envie et courage à d'autres, alors tant mieux... »

Les programmes présentés dans ce chapitre démontrent qu'il est tout à fait possible de mettre au point une politique sociale axée sur la résilience, c'est-à-dire qui s'intéresse prioritairement aux compétences des personnes plutôt qu'à leurs limitations, à leurs potentialités plutôt qu'à leurs vulnérabilités. La résilience introduit un changement de regard sur l'individu en souffrance, ce qui entraîne un changement de pratiques. D'ailleurs, je me suis limité dans cet ouvrage à la résilience individuelle, en raison même du thème de l'ouvrage qui concerne surtout des souffrances individuelles, mais il est particulièrement intéressant de se pencher sur les expériences de résilience collective[21]. Le changement social est parfaitement complémentaire de la transformation personnelle[22].

CONCLUSION

La résilience, mode passagère ou révolution durable ?

Dans la préface du livre que vous avez entre les mains, Serban Ionescu fait allusion à notre première rencontre il y a une douzaine d'années, au cours de laquelle nous avons discuté du sort des orphelins roumains. J'ai gardé un souvenir très fort de cet entretien, en particulier de ces propos : « Si on dit que ces enfants sont perdus et qu'on ne fait donc rien pour les aider, alors ils seront vraiment perdus. Mais si on croit qu'il est possible de faire quelque chose et qu'on s'en donne les moyens, alors ce sera faux. » Et S. Ionescu de m'apprendre que les premières évaluations qu'il avait effectuées des nouvelles actions menées auprès de ces enfants étaient encourageantes. Depuis, ce chercheur a continué à suivre ces enfants devenus adolescents… qui s'en sont sortis.

Dix ans plus tard, Serban Ionescu suit toujours ces enfants devenus adolescents… qui ne sont pas une génération foutue.

Toute la différence entre l'esprit de la résilience et l'esprit du destin du malheur réside dans cette anecdote. Si nous croyons qu'il n'y a rien à faire, alors nous ne ferons rien et les conséquences démontreront que nous avions raison. Mais si nous changeons de perspective, si nous adoptons un « regard qui fait vivre[1] », nous changerons aussi de comportement, et le jeune en tirera bénéfice. Car il n'est pas nécessaire de faire des centaines de kilomètres pour s'interroger sur le regard que nous portons sur les enfants en difficulté. Ne croyez-vous pas qu'il y a une immense différence, par exemple, lorsqu'un éducateur, face à un enfant maltraité, croit que celui-ci a 90 % de risques de devenir un parent maltraitant ou 90 % de chances de devenir un parent affectueux (voir le chapitre VI) ?

Certains s'interrogent parfois : la résilience est-elle un effet de mode ou bien est-elle appelée à modifier durablement nos attitudes et comportements ? Les partisans de l'effet de mode soulignent la faiblesse théorique du concept. C'est exact, mais cette faiblesse est aussi sa force. Historiquement, la résilience a d'abord été un constat empirique, réalisé à de très nombreuses reprises, dans de multiples situations. Aujourd'hui, divers chercheurs tentent de théoriser à son propos[2] et on ne peut que louer ces initiatives. Force est cependant de constater que cette entreprise présente des limites. En effet, il n'y a pas une théorie de la résilience, pour la simple raison que pour comprendre celle-ci, il est nécessaire de faire appel à de multiples références théoriques. La résilience fait son miel des mécanismes de défense et du travail de deuil en psychanalyse, du soutien social en psychologie sociale, du *coping* en psychologie cognitive, du sens en logothérapie, du regard positif issu de la psychologie humaniste, de l'interaction avec les proches dans l'approche systémique, etc. Il serait donc probablement vain d'espérer constituer un corps de doctrine théorique spécifique à la résilience.

Mais ceci montre bien également la facette positive de la médaille : puisant à de multiples sources, la résilience est en quelque sorte un concept fédérateur, capable de transcender les grandes divergences théoriques en sciences humaines et plus particulièrement en psychologie.

Sur le plan empirique, on constate la même diversité puisque la résilience peut surgir à la faveur de multiples situations. Qu'il s'agisse d'attitudes spontanées (l'écoute attentive d'un éducateur, les encouragements fournis par un enseignant, l'affection d'une famille d'accueil, la lecture d'un ouvrage de philosophie...), de pratiques déjà bien formalisées (Réseau d'échange réciproque des savoirs, techniques de médiation, apprentissage coopératif, génogramme imaginaire, mesures de réparation pénale...) ou encore de programmes très structurés, explicitement ou implicitement sous-tendus par la résilience (voir chapitre X), très nombreuses sont les situations aptes à faire émerger la résilience. Tout comme il n'y a pas une théorie de la résilience, il n'y a pas une technique de la résilience, mais des dizaines, des centaines de micro- ou macro- « techniques », ou plutôt attitudes et contextes facilitant la résilience. Chaque jour, l'intuition originale d'un thérapeute ou d'une éducatrice, d'une cuisinière ou d'un ami, viennent enrichir notre compréhension de ce qui « fait résilience ».

La résilience a donc un bel avenir devant elle. Mais ce sera d'autant plus le cas si nous savons la replacer dans une perspective élargie, dans ce que certains auteurs outre-Atlantique appellent la psychologie positive[3]. Or, depuis plus d'un siècle, la psychologie est essentiellement une psychologie du malheur. J'en fournirai deux illustrations.

Il y a quelques années, alors que j'étais journaliste au magazine *Sciences humaines*, j'ai proposé au comité de rédaction la réalisation d'un dossier sur le bonheur. Proposition acceptée. Je me mets alors en quête d'un chercheur français ayant travaillé sur l'enfant et le bonheur, autrement dit : « Qu'est-ce qui rend un enfant heureux ? » Personne ne travaillait sur le sujet. Par contre, si j'avais voulu chercher un spécialiste de l'anorexie, du suicide de l'adolescent, de l'autisme infantile ou de la violence des jeunes, je n'aurais eu que l'embarras du choix.

Deuxième illustration : le mot psychopathologie est bien connu, et il existe de nombreux laboratoires de recherche sur ce thème, alors qu'il n'y a pas de mot pour désigner la psychologie des aspects positifs de l'existence. Et pourtant, que de thèmes à explorer : l'altruisme, l'amour, l'amitié, la résolution non violente des conflits, l'apprentissage coopératif, la créativité, le bien-être, etc., etc. J'ai demandé à des amis connaissant la langue grecque de m'éclairer sur les possibles néologismes[4]. *Pathos* signifiant souffrance, *makarios* signifiant bonheur, on pourrait envisager le terme psychomakariologie, mais chacun conviendra de la lourdeur du mot. Aussi, je propose le néologisme « eupsychologie » pour désigner la psychologie du bien-être chez l'être humain, contenant le préfixe eu (bon), comme dans l'euphorie.

La psychologie du XXe siècle fut essentiellement une psychopathologie. Il ne tient qu'à nous que la psychologie du XXIe siècle soit surtout une eupsychologie.

ANNEXE

L'observatoire international de la résilience

En début d'année 2004, a été créé l'Observatoire international de la résilience (OIR) qui a pour but « la production et la diffusion des connaissances sur la résilience humaine et la mise en réseau des acteurs intervenant dans ce domaine ». Boris Cyrulnik en est le président.

Cette association rassemble des chercheurs et praticiens francophones de divers pays (Belgique, France, Italie, Liban, Québec, Suisse). Sont projetées diverses manifestations telles que des colloques ainsi que la création du premier site Internet francophone spécifiquement consacré à la résilience : www.observatoire-resilience.org, qui sera disponible en juin 2004.

Observatoire international de la résilience
c/o Ligue française de santé mentale, 11 rue Tronchet 75008 Paris.

Notes

PRÉFACE

1. KLINE, C. (1975), « The socialization process of women : Implications for a theory of successful aging », *Gerontologist,* 15(6), 486-492.

2. WERNER, E.E., SMITH, R.S. (1982/1989), *Vulnerable but Invincible. A Longitudinal Study of Resilient Children and Youth,* New York, Adams, Bannister, Cox.

3. McCUBBIN, H.I., THOMPSON, A.I. et McCUBBIN, M.A. (1996), *Family Assessment : Resiliency, Coping and Adaptation : Inventories for Research and Practice*, Madison, University of Wisconsin.

4. PORTES, A. (1984), « The rise of ethnicity : Determinants of ethnic perceptions among Cuban exiles in Miami », *American Sociological Review,* 49(3), 383-397.

5. BRADDOCK, J.H. (1991), « Bouncing back : Sports and academic resilience among African-American males », *Educations and Urban Society,* 24(1), 113-131.

6. BANDURA, A. (1990), « Perceived self-efficacy in the exercise of control over AIDS infection », *Evaluation and Program Planning,* 13(1), 9-17.

7. RHODES, J.E., JASON, L.A. (1990), « A social stress model of substance abuse », *Journal of Consulting and Clinical Psychology,* 58(4), 395-401.

8. WAGNILD, G.M., YOUNG, H.M. (1990), « Resilience among older women », *Image : Journal of Nursing Scholarship,* 22, 252-255.

9. RUTTER, M. (1999a), « Resilience concepts and findings : Implications for family therapy », *Journal of Family Therapy,* 21(2), 119-144.

10. SMITH, G. (1999), « Resilience concepts and findings : Implications for family therapy », Comment. *Journal of Family Therapy,* 21(2), 154-158.

11. RUTTER, M. (1999b), « Resilience as the Millennium Rorschach : Response to Smith and Gorrell Barnes », *Journal of Family Therapy*, 21(2), 159-160.

12. Lindstroem, B. (2001), « The meaning of resilience », *International Journal of Adolescent Medicine and Health,* 13(1), 7-12.

Première partie
LES FONDEMENTS DE LA RÉSILIENCE

1. Lecomte J. (2002), « Qu'est-ce que la résilience ? Question faussement simple, réponse nécessairement complexe », *Pratiques psychologiques*, 1, 7-14.

2. Lecomte J. (2002), « Briser le cycle de la violence. Quand d'anciens enfants maltraités deviennent des parents non maltraitants », thèse de doctorat en psychologie sous la direction de M. Étienne Mullet, École pratique des hautes études, Toulouse.

CHAPITRE PREMIER
Tisser des liens

1. Freud A. et Burlingham D. (1943), *War and Children*, New York, Ernst Willard.

2. Ganaggé M. (1999), *L'Enfant, les parents et la guerre, une étude clinique au Liban*, Paris, ESF.

3. Spaccarelli S. & Kim S. (1995), « Resilience criteria and factors associated with resilience in sexually abused girls », *Child abuse and neglect*, 19(9), 1171-1182.

4. Ototake H. (2000), *Personne n'est parfait*, Paris, Presses de la Renaissance, p. 9.

5. *Idem*, p. 66.

6. *Idem*, p. 2.

7. Guénard T. (2001), « La résilience incarnée », *in La Résilience : le réalisme de l'espérance*, Fondation pour l'enfance, Érès, Ramonville-Saint-Agne, p. 98.

8. Rutter M., Quinton D. & Liddle C. (1983), « Parenting in two generations : looking backwards and looking forwards », *in* N. Madge (éd.), *Families at Risk* n° 8, p. 60-98, New York, Heinemann Educational Books. Rutter M. & Quinton D. (1984), « Long-term follow-up of women institutionalized in childhood : factors promoting good functioning in adult life », *British Journal of Developmental Psychology*, 2, 191-204. Rutter M. (1989), « Intergenerational continuities and discontinuities in serious parenting difficulties », *in* D. Cicchetti & V. Carlson, *Child Maltreatment, Theory and Research on the Causes and Consequences of Child Abuse and Neglect*, Cambridge, Cambridge University Press, 317-348.

9. Ancelin-Schützenberger A. (1993), *Aïe, mes aïeux !*, Paris, Épi/La Méridienne. Mac Goldrick M. et Gerson R. (1990), *Génogramme et entretien familial*, Paris, ESF.

10. Ollié-Dressayre J. et Mérigot D. (2001), *Le Génogramme imaginaire ; liens du sang, liens du cœur*, Issy-les-Moulineaux, ESF, p. 22.

11. Cartry J. (1998), *Les Parents symboliques*, Paris, Dunod, p. 3.

12. Moati S. (1998), *Paroles d'orphelins*, Saint-Amand-Montrond, Jean-Claude Lattès/Arte Éditions, p. 162.

13. Durlak J. A. (1979), « Comparative effectiveness of paraprofessional and professional helpers », *Psychological Bulletin*, 86(1), 80-92.

14. Lackey C. & Williams K. R. (1995), « Social bonding and the cessation of partner violence across generations », *Journal of Marriage and the Family*, 57, 295-305.

15. Colin-Simard V. (2002), *Plus fort que le destin, Comment ils se sont reconstruits*, Paris, Anne Carrière, p. 204. Voir aussi Guénard T. (1999), *Plus fort que la haine, une enfance meurtrie : de l'horreur au pardon*, Paris, Presses de la Renaissance, p. 144.

16. Guénard T. (1999), *op. cit.*, p. 170-173.

17. Van Hooland M. (2002), *La Parole émergente, approche psycho-sociolinguistique de la résilience*, Paris, L'Harmattan, p. 67.

18. Moati S. (1998), *op. cit.*, p. 140.

19. Bisson D. (1993), *L'Enfant derrière la porte*, Paris, Grasset, p. 7, 6.

20. *Idem*, p. 32.

21. Vaillant M. (2002), *Il m'a tuée*, Paris, La Martinière, p. 111-113.

22. Van Hooland M. (2002), *op. cit.*, p. 81-82, 84.

23. *Idem*, p. 83.

24. *Idem*, p. 126.

25. Schweighoffer N. (1990), *J'avais douze ans...*, Paris, Fixot, p. 114.

26. Picasso M. (2001), *Grand-père*, Paris, Gallimard, Folio, p. 59.

27. Frank A. (1959/1991), *Journal*, Paris, Le Livre de poche, p. 11.

28. Cité par Guéno J.-P. (dir.) (2002), *Paroles d'étoiles, Mémoires d'enfants cachés* (1939-1945), Paris, Librio, p. 89.

29. *Idem*, p. 94.

30. Werner E. E. & Smith R. S. (1982), *Vulnerable but Invicible : A Longitudinal Study of Resilient Children and Youth*, McGraw Hill, Book Company. Werner E. E. (1989), « Children of the garden island », *Scientific American*, 76-81.

31. Van Thuyne J. (1999), *Je veux que tu sois mon père ; du grand banditisme à la foi*, Paris, Fayard, p. 35.

32. *Idem*, p. 40, 51.

33. *Idem*, p. 42, 45.

34. *Idem*, p. 7.

35. Vaillant M. (2002), *op. cit.*, p. 127.

36. Moati S. (1998), *op. cit.*, p. 14.

37. De Baecque A. et Toubiana S. (2001), *François Truffaut*, Paris, Gallimard, Folio, p. 132.

38. Vaillant M. (2002), *op. cit.*, p. 185, 186.

39. Guénard T. (2003), *Tagueurs d'espérance*, Paris, J'ai lu, p. 25, 75.

40. Cité par Guéno J.-P. (dir.) (2002), *op. cit.*, p. 125, 126.

41. Moati S. (1998), *op. cit.*, p. 99.

42. *Idem*, p. 103, 104.

43. C'est dans la bouche de Maryse Vaillant que j'ai entendu cette remarque pour la première fois. Elle me semble fondamentale.

44. Cité par Fischer G.N. (2003), *Les Blessures psychiques*, Paris, Odile Jacob, p. 165.

45. Vegh C. (2001), *Je ne lui ai pas dit au revoir. Des enfants de déportés parlent*, Paris, Gallimard, Folio, p. 32.

46. Témoignage lors de l'émission « Vie privée, vie publique », France 2, 21 octobre 2003.
47. THOMAS E. (1992), *Le Sang des mots*, Mentha, p. 79.
48. COLIN-SIMARD V. (2002), *Plus fort que le destin. Comment ils se sont reconstruits*, Paris, Anne Carrière, p. 39.
49. Cité par THOMAS E. (1992), *op. cit.*, p. 87.
50. CYRULNIK B. (2003), « La résilience, risques idéologiques », *Enfance majuscule*, n° 72-73, 10-13.
51. CYRULNIK B. (1999), *Un merveilleux malheur*, Paris, Odile Jacob, p. 118.
52. DE GAULEJAC V. (1995), « Du tournant au dénouement », *RITM*, 10, 181-188.
53. GUÉNARD T. (1999), *op. cit.*, p. 111 *sq*.
54. HENDERICKX P. (2003), *Les Trois Marches, une belle revanche sur la vie*, Paris, Presses de la Renaissance, chapitre 11.
55. *Idem*, chapitre 13.
56. KEVIN C. (1994), « My Independence Day », *The Journal of Emotional and Behavioral Problems*, 3(2), 35-40.
57. COLIN-SIMARD V. (2002), *op. cit.*, p. 39.
58. DUPEREY A. (1993), *Je vous écris...*, Paris, Seuil, p. 10.
59. COLIN-SIMARD V. (2002), *op. cit.*, p. 192.
60. Citée par SOLAIRE P. (2002), *Le Mur du silence, l'inceste entre analyse et vécu*, Toulouse, Privat, p. 31.
61. SERON C. (2002), « Les mères dans la dynamique incestueuse », *in* C. SERON (dir.), *Miser sur la compétence parentale ; approche systémique dans le champ social et judiciaire*, Paris, Érès/Éditions Jeunesse et droit, p. 117.
62. SCHWEIGHOFFER N. (1990), *J'avais douze ans...*, Paris, Fixot, p. 77.
63. BREIN I. (2004), *in* R. Coutanceau (2004), *Vivre après l'inceste*, Paris, Desclée de Brouwer, p. 34-35.
64. COUTANCEAU R. (2004), *op. cit.*, p. 103. Voir aussi les pages 82-84 sur les causes du silence des victimes d'inceste.
65. VAILLANT M. (2002), *Il m'a tuée*, *op. cit.*, p. 182, 255.
66. SCHWEIGHOFFER N. (1990), *op. cit.*, p. 27, 28, 126.
67. MAINGUY C. (2002), *La Juive*, Paris, Le Livre de poche, p. 11.
68. BOURHIS G. (1995), *Eaux amères*, Paris, Fayard, notamment p. 25.
69. SCHWEIGHOFFER N. (1990), *op. cit.*, p. 134.
70. PELZER D. (2002), *Le Moins-que-rien*, Paris, Jean-Claude Lattès, p. 115.
71. PERRIN J. (2000), *Mon enfance bafouée*, Paris, Fayard, p. 170-172.

CHAPITRE II
Fournir des repères

1. MOATI S. (1998), *Paroles d'orphelins*, *op. cit.*, p. 21, 22.
2. THOMAS E. (1986), *Le Viol du silence*, Paris, J'ai lu, p. 122.
3. BELLIL S. (2003), *Dans l'enfer des tournantes*, Paris, Gallimard, Folio, p. 270. Je remercie Michel Manciaux de m'avoir fait découvrir cet ouvrage.
4. VATURI L. (2002), Warda, 24 ans, « Le vol ? La défonce ? Je cherchais mes repères », *Le Nouvel Observateur*, 30 mai, 8-9.

5. GUÉNARD T. (2003), *Tagueurs d'espérance*, *op. cit.*, p. 72-73.

6. TOMKIEWICZ S. (1999), *L'Adolescence volée*, Paris, Calmann-Lévy, p. 118-136.

7. *Idem*, p. 135.

8. VAILLANT M. (1999), *La Réparation, de la délinquance à la découverte de la responsabilité*, Paris, Gallimard.

9. *Idem*, p. 108.

10. LEWERTOWSKI C. (2003), *Morts ou Juifs, La maison de Moissac 1939-1945*, Paris, Flammarion.

11. *Idem*, p. 260-261.

12. PETITCLERC J.-M. (2000), *Le Jeune, l'éducateur et la loi*, Paris, Don Bosco, p. 47.

13. BAUMRIND D. (1966), « Effects of authoritative parental control on child behavior », *Child Development*, 37(4), 887-907. BAUMRIND D. (1968), « Authoritarian vs. authoritative parental control », *Adolescence*, 3(11), 255-272.

14. LAUTREY J. (1980), *Classe sociale, milieu familial, intelligence*, Paris, PUF.

15. POURTOIS J.-P. et DESMET H. (1995), « Parents, agents de développement », *in* J.-P. POURTOIS (dir.), *Blessure d'enfant ; la maltraitance : théorie, pratique et intervention*, Bruxelles, De Boeck Université, p. 36.

16. POURTOIS J.-P. et DESMET H. (1993), *Prédire, comprendre la trajectoire scolaire*, Paris, PUF, 1993. Voir aussi POURTOIS J.-P. et DESMET H. (1997), *L'Éducation post-moderne*, Paris, PUF, p. 163-174.

CHAPITRE III

Donner du sens à sa souffrance et à son existence

1. VERGELY B. (1997), *La Souffrance*, Paris, Gallimard, Folio, p. 23.

2. CARTRY J. (1998), *Les Parents symboliques*, Paris, Dunod, p. 22.

3. MARQUEZ G. G., *Chronique d'une mort annoncée*, Paris, Grasset, p. 88.

4. VANISTENDAEL S. et LECOMTE J. (2000), *Le Bonheur est toujours possible ; construire la résilience*, Paris, Bayard.

5. PELZER D. (2002 a), *Le Moins-que-rien*, *op. cit.*, p. 164.

6. COLIN-SIMARD V. (2002), *Plus fort que le destin, Comment ils se sont reconstruits*, *op. cit.*, p. 28.

7. CSIKSZENTMIHALYI M. (2004), *Vivre, la psychologie du bonheur*, Paris, Robert Laffont.

8. *Idem*, p. 234-236.

9. VAILLANT G. (1997), *The Wisdom of the Ego*, Cambridge/Londres, Harvard University Press. VAILLANT G. (2000), « Adaptive mental mechanisms, their role in a positive psychology », *American Psychologist*, 55(1), 89-98.

10. MRAZEK P. et MRAZEK D. A. (1987), « Resilience in child maltreatment victims : A conceptual exploration », *Child Abuse and Neglect*, 11, 357-366.

11. MARKUS H. & NURIUS P. (1986), « Possible selves », *American Psychologist*, 41(9), 954-969.

12. LAZARUS R.S. (1999), « Hope : An emotion and a vital coping resource against despair », *Social Research*, 66(2), 653-678.

13. HUNTER R. S. & KILSTROM N. (1979), « Breaking the cycle in abusive families », *American Journal of Psychiatry*, 136(10), 1320-1322.

14. PERRIN J. (2000), *Mon enfance bafouée, op. cit.*, p. 56.

15. RUTTER M. (1993), « Resilience : some conceptual considerations », *Journal of Adolescent Health*, 14, p. 628.

16. RUTTER M. (1996), « Transitions and turning points in developmental psychopathology : As applied to the age span between childhood and mid-adulthood », *International Journal of Behavioral Development*, 19(3) 603-626.

17. BANDURA A. (2003), *Auto-efficacité, le sentiment d'efficacité personnelle*, Bruxelles, De Boeck.

18. EGELAND B. & ERICKSON M. F. (1990), « Rising above the past : Strategies for helping new mothers break the cycle of abuse and neglect », *Zero to three*, 11(2), 29-35.

19. RICKS M. H. (1985), « The social transmission of parental behavior : Attachment across generations », *Monographs of the Society for Research in Child Development*, 50(1-2), p. 227.

20. WERNER E. E. & SMITH R. S. (1982), « Vulnerable but invicible : A longitudinal study of resilient children and youth », McGraw Hill, Book Company. Werner E. E. (1989), « Children of the garden island », *Scientific American*, 76-81.

21. ELDER G. H. (1998), « The life course as a developmental theory », *Child Development*, 69(1), 1-12.

22. PELZER D. (2002), *op. cit.*, p. 113, 114.

23. DUFOUR M. H., NADEAU L. et BERTRAND K. (2000), « Les facteurs de résilience chez les victimes d'abus sexuel : état de la question », *Child Abuse and Neglect*, 24(6), 781-797.

24. PERRIN J. (2000), *op. cit.*, p. 18, 29, 188.

25. LECOMTE J. et VANISTENDAEL S. (2003), « Découvrir et créer du sens, une composante essentielle du processus de résilience », *Enfance majuscule*, 72, 14-17.

26. JOLLIEN A. (1999), *Éloge de la faiblesse*, Paris, Cerf, p. 56.

27. *Idem*, p. 21, 22.

28. *Idem*, p. 90.

29. DUMAY J.-M. (2002), « Devant les assises de Paris, François Besse, apaisé, regarde sans complaisance son passé », *Le Monde*, 6 juin.

30. DUMAY J.-M. (2002), « L'avocat général appelle à la clémence pour François Besse », *Le Monde*, 13 juin.

31. VANISTENDAEL S. et LECOMTE J., *op. cit.*, p. 161-166.

32. MASSIEU S. (2001), « Imagination tous azimuts, philosophes en culottes courtes », *La Vie*, 6 septembre, 45-47.

33. VANISTENDAEL S. (2002), *Résilience et spiritualité, le réalisme de la foi*, Genève, Bureau international catholique de l'enfance.

34. PACOT S. (2003), *L'Évangélisation des profondeurs*, Paris, Cerf, p. 171.

35. DE TICHEY C. (2001), « La résilience au regard de la psychanalyse », *in* M. Manciaux (dir.), « La résilience, résister et se construire », *Cahiers médico-sociaux*, p. 145-157.

36. COPPEL M. et DUMARET A.-C. (1995), *Que sont-ils devenus ? Les enfants placés à l'œuvre Grancher, analyse d'un placement familial spécialisé*, Ramonville-Saint-Agne, Érès. DUMARET A. (1988), « Adaptation comportementale des enfants placés à titre définitif en foyer d'accueil monoparental

(les villages d'enfants SOS) », *Neuropsychiatrie de l'enfance*, 36(7), 261-270. DUMARET A.-C. et COPPEL-BATSCH M. (1996), « Évolution à l'âge adulte d'enfants placés en familles d'accueil », *Psychiatrie de l'enfant*, 39(2), 613-671. DUMARET A.-C., COPPEL-BATSCH M. et COURAUD S. (1997), « Adult outcomes of children reared for long-term periods in foster families », *Child Abuse and Neglect*, 21(10), 911-927.

37. DUMARET et COPPEL-BATSCH, 1996, *op. cit.*, p. 665.

38. DUMARET *et al.*, 1997, *op. cit.*, p. 924.

39. FONAGY P., STEELE M., MORAN G. STEELE H. & HIGGIT A. (1993), « Measuring the ghost in the nursery : an empirical study of the relation between parents's mental representations of childhood experiences and their infants security of attachment », *Journal of the American Psychoanalytical Association*, 41(4), 957-989. FONAGY P., STEELE H. & STEELE M. (1991 a), « Maternal representations of attachment during pregnancy predict the organization of infant-mother attachment at one year of age », *Child Development*, 62, 891-905. FONAGY P., STEELE M., STEELE H., HIGGITT A. & TARGET M. (1994), « The Emanuel Miller Memorial Lecture 1992 : The theory and practice of resilience », *Journal of Child Psychology and Psychiatry*, 35(2), 231-257. FONAGY P., STEELE M., STEELE H., MORAN G. S. & HIGGIT A. C. (1991), « The capacity for understanding mental states : The reflective self in parent and child and its significance for security of attachment », *Infant Mental Health Journal*, 12(3), 201-218. FONAGY P., STEELE H. & STEELE M. (1991), « Maternal representations of attachment during pregnancy predict the organization of infant-mother attachment at one year of age », *Child Development*, 62, 891-905.

40. THOMAS E. (1986), *Le Viol du silence*, *op. cit.*, p. 87.

41. GUÉNARD T. (1999), *Plus fort que la haine, une enfance meurtrie : de l'horreur au pardon*, *op. cit.*, p. 30.

42. PERRIN J. (2000), *op. cit.*, p. 79, 93.

43. GUTIERREZ B. (1999), *Le Mal interdit*, Paris, Elikia, p. 82, 86.

44. PELZER D. (2002), *Le Moins-que-rien*, *op. cit.*, p. 69.

45. *Idem*, p. 106.

46. IONESCU S., JACQUET M.-M. et LHOTE C. (1997), *Les Mécanismes de défense ; théorie et clinique*, Paris, Nathan.

47. BARBARA (1998), *Il était un piano noir, Mémoires interrompus*, Paris, Fayard, p. 24, 28.

48. EDWARDS S. (1996), *Des hommes qui aiment*, Paris, Bayard, p. 91.

49. THOMAS E. (1994), « Du secret-bombe aux secrets de guérison », *in* AFIREM, *Secret maintenu, secret dévoilé, à propos de la maltraitance*, Paris, Karthala, 357-367.

50. RIBAULT F. (2001), *Ce père que j'aimais malgré tout*, Paris, Albin Michel, p. 34.

51. TRISTAN F. (2001), « Transmettre, écriture et fiction », Intervention lors du colloque Imaginaire et Inconscient, organisé par le GIREP (Groupe international du rêve éveillé en psychanalyse).

52. ARGAND C. (2001), Entretien avec Nancy Huston, *Lire*, mars.

53. DUPEREY A. (1993), *Je vous écris...*, *op. cit.*, p. 209.

54. OTOTAKE H. (2000), *Personne n'est parfait*, Paris, Presses de la Renaissance, p. 266.

55. DUPEREY A. (1993), *op. cit.*, p. 201, 215.

56. THOMAS E. (1992), *Le Sang des mots*, *op. cit.*, p. 79.

57. VAN HOOLAND M. (2002), *La Parole émergente, approche psycho-sociolinguistique de la résilience*, Paris, L'Harmattan, p. 264.

58. BELLIL S. (2003), *Dans l'enfer des tournantes*, *op. cit.*, p. 264, 296.

59. BISSON D. (1993), *L'Enfant derrière la porte*, Paris, Grasset, p. 123-124.

60. THOMAS E. (1986), *op. cit.*, p. 101, 102, 128, 129.

61. SCHWEIGHOFFER N. (1990), *J'avais douze ans...*, *op. cit.*, p. 236.

62. ENJOLET C. (1999), *En danger de silence*, Paris, Robert Laffont, p. 146, 147.

63. ENJOLET C. (2003), *Les Liens du sens ; les nouveaux enfants seuls*, Paris, Ramsay, p. 27.

64. PICASSO M. (2001), *Grand-père*, *op. cit.*, p. 62, 128.

65. *Idem*, p. 150.

66. ZIMRIN H. (1986), « A profile of survival », *Child Abuse and Neglect*, 10, 339-349.

67. BURGESS A. W. & HOLMSTROM L. L. (1979), « Adaptative strategies and recovery from rape », *American Journal of Psychiatry*, 136(10), 1278-1282.

68. OTOTAKE H. (2000), *op. cit.*, p. 204-209.

69. CORNEC Y. (1999), « Travailler en professionnel », *L'Arc, revue trimestrielle des placements familiaux*, 90, 20-28, p. 22.

70. VERBA D. (2001), *Le Métier d'éducateur de jeunes enfants*, Paris, Syros.

71. *Idem*, p. 71.

72. CYRULNIK B. (2003), *Le Murmure des fantômes*, Paris, Odile Jacob, p. 58.

73. *Idem*, p. 42.

74. AUSLOOS G. (2002), *in* C. Seron (dir.), *Miser sur la compétence parentale ; approche systémique dans le champ social et judiciaire*, Paris, Érès/Éditions Jeunesse et droit, p. 185, 186.

75. CAPUT L. (1989) *Témoignage*, Actes du Colloque du Réseau d'échange réciproque des savoirs, « Échanger des savoirs, c'est changer la vie », p. 11-12.

76. HÉBER-SUFFRIN C. et BOLO S. (2001), *Échangeons nos savoirs !*, Paris, Syros, p. 129-131.

Deuxième partie
LE PROCESSUS DE RÉSILIENCE

1. LECOMTE J. (2002), « Qu'est-ce que la résilience ? Question faussement simple, réponse nécessairement complexe », *Pratiques psychologiques*, 1, 7-14.

2. DUPEREY A. (1993), *Je vous écris...*, *op. cit.*, p. 67.

3. THOMAS E. (1986), *Le Viol du silence*, *op. cit.*, p. 124.

4. TOMKIEWICZ S. (1999), *L'Adolescence volée*, *op. cit.*, p. 208.

5. MILLOT L. (1995), « Trente ans pour se résoudre à en parler », *Libération*, 20 juin.

CHAPITRE IV

Le temps de la plainte

1. PAVESE C. (1991), *Le Métier de vivre*, Paris, Gallimard, Folio, p. 145.
2. GUÉNARD T. (1999), *Plus fort que la haine, une enfance meurtrie : de l'horreur au pardon*, *op. cit*.
3. BANDURA A. (1997), *Auto-efficacité, le sentiment d'efficacité personnelle*, Bruxelles, De Boeck, 2003.
4. Voir notamment les rapports de l'ODAS, ainsi que MANCIAUX M. et GABEL M. (dir.), *Enfances en danger*, Paris, Fleurus, 2002.
5. LOPEZ G. et CASANOVA A. (2001), *Il n'est jamais trop tard pour cesser d'être une victime*, Paris, La Martinière, p. 16.
6. DE BAECQUE A. et TOUBIANA S. (2001), *François Truffaut*..., *op. cit.*, p. 527.
7. *Idem*, p. 280-281.
8. GRACIA E. (1995), « Visible but unreported : A case for the "not serious enough" cases of child maltreatment », *Child Abuse and Neglect*, 19(9), 1083-1093.
9. ABRAHAMS, CASEY et DARO (1992), « Teachers'knowledge, attitudes, and beliefs about child abuse and its prevention », *Child Abuse and Neglect*, 16, 229-238.
10. L'éditorial du numéro de *Child abuse Review* consacré à ce thème précise qu'un nombre de réponses inhabituellement élevé a fait suite à l'appel à articles (LYNCH M. A. et BROWNE K. D. (1997), « The growing awareness of emotional maltreatment », *Child abuse Review*, 6, 313-314).
11. Citons, parmi d'autres auteurs, IWANIEC D. (1997), « An overview of emotional maltreatment and failure-to-thrive », *Child abuse Review*, 6, 370-388. MCGEE R. A. & WOLFE D. A. (1991), « Psychological maltreatment : Toward an operational definition », *Development and Psychopathology*, 3, 3-18.
12. VAN HOOLAND M. (2002), *La Parole émergente, approche psychosociolinguistique de la résilience*, *op. cit.*, p. 263.
13. BISSON D. (1993), *L'Enfant derrière la porte*, *op. cit.*, p. 46.
14. COLIN-SIMARD V. (2002), *Plus fort que le destin, Comment ils se sont reconstruits*, *op. cit.*, p. 205.
15. GUÉNARD T. (2001), « La résilience incarnée », *in La Résilience : le réalisme de l'espérance*, Fondation pour l'enfance, Ramonville Saint-Agne, Érès, p. 97.
16. CLAUSSEN A. H. & CRITTENDEN P. (1991), « Physical and psychological maltreatment : Relations among types of maltreatment », *Child Abuse and Neglect*, 15, 5-18.
17. GAUTHIER L., STOLLAK G., MESSÉ L. & ARONOFF J. (1996), « Recall of childhood neglect and physical abuse as differential predictors of current psychological functionning », *Child Abuse and Neglect*, 20(7), 549-559.
18. VISSING Y. M., STRAUS M. A., GELLES R. J. & HARROP J. W. (1991), « Verbal aggression by parents and psychosocial problems of children », *Child Abuse and Neglect*, 15, 223-238.
19. *Development and psychopathology*, 3e trimestre 1991.
20. APSAC, cité par DURNING P. et FORTIN A. (1996), « La maltraitance psychologique : quatrième modalité ou dimension essentielle de tout mauvais traitement ? Lecture critique de la littérature étrangère », *in* M. Gabel, S. Lebovici et P. Mazet, *Maltraitance psychologique*, Paris, Fleurus, p. 56.

21. *Idem*, p. 56-58.

22. GUTIERREZ B. (1999), *Le Mal interdit*, *op. cit.*, p. 6, 125, 126.

23. BISSON D. (1993), *op. cit.*, p. 55.

24. SCHWEIGHOFFER N. (1990), *J'avais douze ans...*, *op. cit.*, p. 47-48.

25. VAILLANT M. (2002), *Il m'a tuée*, *op. cit.*, p. 123.

26. LONGHI G. et GUIBERT N. (2003), *Décrocheurs d'école*, Paris, La Martinière, p. 129-150.

27. BOURHIS G. (1995), *Eaux amères*, *op. cit.*, p. 27, 57.

28. BELLIL S. (2003), *Dans l'enfer des tournantes*, *op. cit.*, p. 160-161, 189.

29. COUTANCEAU R. (2004), *Vivre après l'inceste*, *op. cit.*, p. 269.

30. SOLAIRE P. (2002), *Le Mur du silence, l'inceste entre analyse et vécu*, Toulouse, Privat, p. 134.

31. WILKES G. (2002 b), « Abused child to nonabusive parent : resilience and conceptual change », *Journal of Clinical Psychology*, 58(3), 261-276.

32. Citée par E. THOMAS (1992), *Le Sang des mots*, *op. cit.*, p. 134.

33. HALIMI G. (1999), *Fritna*, Paris, Pocket, p. 23-24.

34. BARBARA (1998), *Il était un piano noir, Mémoires interrompus*, *op. cit.*, p. 106.

35. JANVIER T. (2004), *Le Fruit parasite*, Publibook.

36. THOMAS E. (1992), *op. cit.*, p. 29, 244.

37. *Idem*, p. 117.

38. CARIO R. (2002), Entretien, *Le Monde*, 13-14 octobre.

39. VIAUX J.-L. (1995), « Paroles d'enfants, paroles d'adulte », *in* J.-L. Viaux (dir.), *Victimes : actes et silences*, Rouen, Publications de l'université de Rouen, 204, p. 63.

40. VIAUX J.-L. (1994), « Le secret de l'expertise psycho-légale, Faut-il le dire ? Pourquoi ? », *in* AFIREM, *Secret maintenu, secret dévoilé, à propos de la maltraitance*, Paris, Karthala, p. 338.

41. VIAUX J.-L. (2002), « Évaluation des mauvais traitements sur enfants : un processus méthodologique », *in* M. Gabel et P. Durning (dir.), *Évaluation(s) des maltraitances*, Paris, Fleurus, p. 143-176.

42. SCHWEIGHOFFER N. (1990), *op. cit.*, p. 224-227, 240.

43. Je remercie Jean-Marie Salzard, avocat pour enfants, de m'avoir fourni de claires précisions sur ce qu'est le non-lieu.

44. BISSON D. (1993), *L'Enfant derrière la porte*, *op. cit.*, p. 13.

45. THOMAS E. (1992), *op. cit.*, p. 242, 244.

46. Phrase réellement entendue au cours d'un procès (je remercie Michel Manciaux pour cette information).

47. *Idem*, p. 12.

48. *Idem*, p. 13, 32.

49. Cité par SERINA G. (2003), *L'affaire Di Falco, L'Église en question*, Paris, Ramsay/Golias, p. 20.

50. *Idem*.

51. MOQUET J.-B. (2003), « Dix ans ne suffisent pas pour dénoncer un viol », *20 minutes*, 21 janvier.

52. http://www.assemblee-nationale.fr/12/propositions/pion0355.asp

53. Cité par SERINA G. (2003), *op. cit.*, p. 207.

54. THOMAS E. (1992), *Le Sang des mots*, *op. cit.*, p. 12.

CHAPITRE V

La sortie de la plainte

1. MARQUEZ G. G. (2003), *Vivre pour le raconter*, Paris, Grasset.

2. CYRULNIK B. (2000 b), « Je voudrais simplement témoigner... », *Journal du droit des jeunes*, avril, p. 27.

3. PELZER D. (2002), *Le Moins-que-rien*, *op. cit.*, p. 164.

4. MOATI S. (1998), *Paroles d'orphelins*, *op. cit.*, p. 175.

5. Je dois cette expression à Nathalie CROUZET.

6. BELLIL S. (2003), *Dans l'enfer des tournantes*, *op. cit.*, p. 304.

7. VALENTINE L. & FEINAUER L. (1993), « Resilience factors associated with female survivors of childhood sexual abuse », *The American Journal of Family Therapy*, 21(3), 216-224.

8. BREIN I. (2004), *in* R. Coutanceau (2004), *Vivre après l'inceste*, *op. cit.*, p. 41.

9. MOATI S. (1998), *op. cit.*, p. 120-121.

10. JOLLIEN A. (1999), *Éloge de la faiblesse*, *op. cit.*, p. 42, 45.

11. *Idem*, p. 93-94.

12. OTOTAKE H. (2000), *Personne n'est parfait*, *op. cit.*, p. 41.

13. THOMAS E. (1994), « Du secret-bombe aux secrets de guérison », *in* AFIREM, *Secret maintenu, secret dévoilé, à propos de la maltraitance*, *op. cit.*, p. 366. Thomas E. (1992), *Le Sang des mots*, *op. cit.*, p. 41-45.

14. SOLAIRE P. (2002), *Le Mur du silence, l'inceste entre analyse et vécu*, *op. cit.*, p. 134.

15. BOURHIS G. (1995), *Eaux amères*, *op. cit.*, p. 19.

16. Cité par LARÈS A. (sans date), « De la formation en prévention des violences au rôle des personnels éducatifs dans les processus de résilience », document non publié, p. 27.

17. SOLAIRE P. (2002), *op. cit.*, p. 13.

18. JOHNSON B. K. & KENKEL M. B (1991), « Stress, coping and adjustment in female adolescent incest victims », *Child Abuse and Neglect*, 15, 293-305.

19. HIMELEIN M. J. & MCELRATH J. A. V. (1996), « Resilient child sexual abuse survivors : cognitive coping and illusion », *Child Abuse and Neglect*, 20(8) 747-758.

20. SERON C. (2002), « Les mères dans la dynamique incestueuse », *in* C. Seron (dir.) *Miser sur la compétence parentale ; approche systémique dans le champ social et judiciaire*, *op. cit.*, p. 124.

21. VAILLANT G. E. (1974), « Natural history of male psychological health, II. Some antecedents of healthy adult ajustment », *Archives of General Psychiatry*, 31, 15-22.

22. DUBOC M. (1994), « La consultation des dossiers de l'aide sociale à l'enfance », *in* AFIREM, *Secret maintenu, secret dévoilé, à propos de la maltraitance*, *op. cit.*, p. 153-154.

23. GABEL M. (2002), « Un album de vie pour que l'enfant se réapproprie son passé », *Le Journal de l'action sociale*, mai, p. 30-31.

24. MAIN M. & GOLDWYN R. (1984), « Predicting rejection of her infant from mother's representation of her own experience implications for the abused-abusing intergenerational cycle », *Child Abuse and Neglect*, 8(2), 203-217. OLIVER J. E. (1985), « Successive generations of child maltreatment : social and medical disorders in the parents », *British Journal of Psychiatry*, 147, 484-490, 1993 ; MAIN et GOLDWYN, 1984. OLIVER J.E. (1993),

« Intergenerational transmission of child abuse : rates, research, and clinical implications », *American Journal of Psychiatry*, 150(9), 1315-1324.

25. Pour une présentation synthétique de travaux scientifiques sur le pardon, voir MULLET E. et col. (2002), *Le Pardon humain*, Paris, Fondation pour le progrès de l'homme.

26. GUÉNARD T. (1999), *Plus fort que la haine*, *op. cit.*, p. 221.

27. HOUZIAUX A. (1994), « Le pardon peut-il guérir ? », *Réforme*, 3 décembre.

28. MAIN et GOLDWYN, *op. cit.* EGELAND, CARLSON et SROUFE (1988), « Breaking the cycle of abuse », *Child Development*, 59, 1080-1088.

29. B. EGELAND, D. JACOBVITZ et A. SROUFE, *op. cit.*

30. THOMAS E. (1992), *op. cit.*, p. 117.

31. VAILLANT M. (2002), *Il m'a tuée*, *op. cit.*, p. 180-181.

32. *Idem*, p. 282.

33. SCHWEIGHOFFER N. (1990), *J'avais douze ans...*, *op. cit.*, p. 148.

34. COLIN-SIMARD V. (2002), *Plus fort que le destin, Comment ils se sont reconstruits*, *op. cit.*, p. 194.

35. PELZER D. (2002), *op. cit.*, p. 97-99.

36. VAILLANT M. (2001), *Il n'est jamais trop tard pour pardonner à ses parents*, Paris, La Martinière, p. 198.

37. JANVIER T. (2004), *Le Fruit parasite*, *op. cit.*, chapitre 24.

38. *Idem*, p. 145, 151.

39. *Idem*, p. 217.

40. THOMAS E. (1986), *Le Viol du silence*, *op. cit.*, p. 102.

41. HÉBRARD M. (2003), *Les Nouveaux Convertis*, Paris, Presses de la Renaissance, p. 115-118.

CHAPITRE VI
Quand l'enfant résilient devient parent

1. GUÉDENEY A., « Les déterminants précoces de la résilience », *in* B. Cyrulnik (dir.), *Ces enfants qui tiennent le coup*, Hommes et perspectives, 1998, p. 14.

2. FORWARD S. (1999), *Parents toxiques, comment échapper à leur emprise*, Paris, Stock, p. 305.

3. LECOMTE J. (2002), « Briser le cycle de la violence, quand d'anciens enfants maltraités deviennent des parents non maltraitants », thèse de doctorat en psychologie sous la direction d'Étienne Mullet, École pratique des hautes études, Toulouse, p. 51-54. LECOMTE J. (2002), « Enfant placé = futur parent "plaçant" ? Les méfaits de l'inversion des probabilités », *in* D. Fablet (dir.), *Les Interventions socio-éducatives*, Paris, L'Harmattan, p. 73-92.

4. CORBILLON (M.), ASSAILLY J.-P., DUYME M. (1988), « L'aide sociale à l'enfance : descendance et devenir adulte des sujets placés », *Population*, 2, 473-479. ASSAILLY J.-P., CORBILLON M. et DUYME M. (1989), « Transmission intergénérationnelle et comportement parental ; étude longitudinale d'enfants placés », *Neuropsychiatrie de l'enfance*, 37(7), 285-290. Je qualifie d'études quasi prospectives celles qui étudient le devenir de participants maltraités (comme les études prospectives), mais en se basant sur le parcours d'individus aujourd'hui parents, à partir de leurs dossiers d'enfance.

5. ANAUT M. (1997), *Entre détresse et abandon : la répétition transgénérationnelle chez les enfants placés*, Paris, Éditions du CTNERHI.

6. DUMARET A. (1988), « Adaptation comportementale des enfants placés à titre définitif en foyer d'accueil monoparental (les villages d'enfants SOS) », *Neuropsychiatrie de l'enfance*, 36(7), 261-270. DUMARET A.-C. et COPPEL-BATSCH M. (1996), « Évolution à l'âge adulte d'enfants placés en familles d'accueil », *Psychiatrie de l'enfant*, 39(2), 613-671. DUMARET A.-C., COPPEL-BATSCH M. et COURAUD S. (1997), « Adult outcomes of children reared for long-term periods in foster families », *Child Abuse and Neglect*, 21(10), 911-927.

7. GREEN A. H. (1985), « Generational transmission of violence in child abuse », *Internationaljournal of Family Psychiatry*, 6(4), 389-403.

8. CARROLL J. C. (1977), « The intergenerational transmission of family violence : the long term effects of aggressive Behavior », *Aggressive Behavior*, 3, 289-299. MCCORD J. (1988), « Parental behavior in the cycle of aggression », *Psychiatry*, 51(1), 14-23. ZAIDI L. Y., KNUTSON J. F. et MEHM J. G. (1989), « Transgenerational patterns of abusive parenting : analog and clinical tests », *Aggressive Behavior*, 15(2), 137-152.

9. MILJKOVITCH R. (2001), *L'Attachement au cours de la vie*, Paris, PUF. PALACIO-QUINTIN E. (2000), « Les relations d'attachement multiples de l'enfant comme élément de résilience », *in* J.-P. Pourtois et H. Desmet (dir.) (2000), *Relation familiale et résilience*, Paris, L'Harmattan, p. 113-135.

10. EGELAND B. (1988), « Breaking the cycle of abuse ; implications for prediction and intervention », *in* K. D. Browne, C. Davies et P. Stratton (éds.), *Early Prediction and Prevention of Child Abuse* (p. 87-102), Chichester, Wiley. EGELAND B. (1993), « A history of abuse is a major risk factor for abusing the next generations », *in* R.J. Gelles et D. R. Loseke (éds.), *Current Controversies on Family Violence* (p. 197-208), Newbury Park, CA, Sage Publications. EGELAND B., JACOBVITZ D. et SROUFE A. (1988), « Breaking the cycle of abuse », *Child Development*, 59, 1080-1088.

11. EGELAND B. et SUSMAN-STILLMAN A. (1996), « Dissociation as a mediator of child abuse across generations », *Child Abuse and Neglect*, 20(11), 1123-1132.

12. DE BAECQUE A. et TOUBIANA S. (2001), *François Truffaut*, *op. cit.*, p. 281, 290.

13. PERRIN J. (2000), *Mon enfance bafouée*, Paris, Fayard, p. 184.

14. PELZER D. (2002), *Le Moins-que-rien*, *op. cit.*, p. 175.

15. GUÉNARD T. (1999), *Plus fort que la haine, une enfance meurtrie : de l'horreur au pardon*, *op. cit.*, p. 175-176, 222.

16. SARTRE J.-P., *Saint Genet, comédien et martyr*, Paris, Gallimard.

17. BOYE-BEAMAN J.-M. (1994), « The intergenerational transmission of physical aggression : A social learning model », *Dissertation Abstracts International*, 55(12-A), p. 4004.

18. Interview dans *Le Monde de l'éducation* n° 292, mai 2001.

19. BUCHANAN A. (1996), *Cycles of Maltreatment ; Facts, Fallacies and Interventions*, Chichester, John Wiley and Sons, p. 5.

20. RUFO M. (2000), *Œdipe toi-même ! Consultations d'un pédopsychiatre*, Paris, Anne Carrière, p. 180.

21. VANISTENDAEL S. (1996), *La Résilience ou le réalisme de l'espérance, blessé mais pas vaincu*, Genève, Bureau international catholique de l'enfance. VANISTENDAEL S. et LECOMTE J. (2000), *Le Bonheur est toujours possible ; construire la résilience*, Paris, Bayard.

22. MOATI S. (1998), *Paroles d'orphelins*, *op. cit.*, p. 99, 100, 188, 189.

23. KREKLEWETZ C. M. et PIOTROWSKI C. C. (1998), « Incest survivor mothers : Protecting the next generation », *Child Abuse and Neglect*, 22(12), 1305-1312.

24. GUÉNO J.-P. (dir.) (2002), *Paroles d'étoiles, Mémoires d'enfants cachés (1939-1945)*, *op. cit.*, p. 136.

25. MOUTIN et SCHWEITZER (1994), *Les Crimes contre l'humanité, du silence à la parole*, Grenoble, Presses Universitaires de Grenoble/Fondation pour la mémoire de la déportation, p. 46.

26. RUSCIO A. M. (2001), « Predicting the child-rearing practices of mothers sexually abused in childhood », *Child Abuse and Neglect*, 25, 369-387.

27. HARRUS-RÉVIDI G. (2001), *Parents immatures et enfants-adultes*, Paris, Payot, p. 58.

28. SICHROVSKY P. (1991), *Naître coupable, naître victime*, Paris, Seuil, p. 303.

CHAPITRE VII
La personnalité des individus résilients

1. VAILLANT M. (2002), *Il m'a tuée*, *op. cit.*, p. 173-174.

2. SCHWEIGHOFFER N. (1990), *J'avais douze ans...*, *op. cit.*, p. 154.

3. THOMAS E. (1986), *Le Viol du silence*, *op. cit.*, p. 22.

4. LECOMTE J. (2002 b), « Briser le cycle de la violence, quand d'anciens enfants maltraités deviennent des parents non-maltraitants », thèse de doctorat en psychologie sous la direction d'Étienne MULLET, École pratique des hautes études, Toulouse.

5. JOLLIEN A. (2002), *Le Métier d'homme*, Paris, Seuil, p. 34.

6. VAILLANT M., *op. cit.*, p. 215-216.

7. MOATI S. (1998), *Paroles d'orphelins*, *op. cit.*, p. 110.

8. COLIN-SIMARD V. (2002), *Plus fort que le destin, Comment ils se sont reconstruits*, *op. cit.*, p. 35-36.

9. JOLLIEN A. (2002), *op. cit.*, p. 24-25.

10. BISSON D. (1993), *L'Enfant derrière la porte*, *op. cit.*, p. 92-93.

11. TOMKIEWICZ S. (1999), *L'Adolescence volée*, *op. cit.*, p. 220.

12. GOURAND J. (1999), *Renaître à la vie*, Paris, Le Cherche-Midi, p. 133.

13. *Idem*, p. 133-134.

14. RIBAULT F. (2001), *Ce père que j'aimais malgré tout*, Paris, Albin Michel, p. 54.

15. SCHWEIGHOFFER N., *op. cit.*, p. 248.

16. Témoignage dans COLIN-SIMARD V., *op. cit.*, p. 25.

17. GOURAND J., *op. cit.*, p. 18.

18. Témoignage dans COLIN-SIMARD V., *op. cit.*, p. 216.

19. MISRAHI R. (1998), *Qu'est-ce que l'éthique ? Éthique et bonheur*, Paris, Armand Colin. MISRAHI R. (1987) *Les Actes de la joie ; fonder, aimer, agir*, Paris, PUF.

20. MISRAHI R. (1997), « Construire son bonheur (entretien avec J. Lecomte) », *Sciences humaines*, 75, 22-23.

21. JOLLIEN A. (2002), *Le Métier d'homme*, *op. cit.*, p. 17, 26.

22. JOLLIEN A. (1999), *Éloge de la faiblesse*, *op. cit.*, p. 58.

23. GOURAND J., *op. cit.*, p. 21, 161.

24. VAILLANT M., *op. cit.*, p. 124-125.

25. JOLLIEN A. (2002), *op. cit.*, p. 91.
26. THOMAS E. (1992), *Le Sang des mots*, *op. cit.*, p. 89.
27. CYRULNIK B. (2001), *Les Vilains Petits Canards*, Paris, Odile Jacob, p. 195, 196.
28. JOLLIEN A. (1999), *op. cit.*, p. 41.
29. *Idem*, p. 50.
30. VAN HOOLAND M. (2002), *La Parole émergente, approche psycho-sociolinguistique de la résilience*, Paris, L'Harmattan, p. 70.
31. THOMAS E. (1986), *op. cit.*, p. 92.
32. BISSON D., *op. cit.*, p. 9.
33. *Idem*, p. 80.
34. MOATI S., *op. cit.*, p. 15.
35. Interview dans *Paris-Match*, décembre 1963.
36. PELZER D. (2002), *Le Moins-que-rien*, *op. cit.*, p. 164-165.
37. Témoignage dans COLIN-SIMARD V., *op. cit.*, p. 22-23.
38. Témoignage dans COLIN-SIMARD V., *op. cit.*, p. 146-147.
39. PERRIN J. (2000), *Mon enfance bafouée*, *op. cit.*, p. 59.
40. JOLLIEN A. (1999), *op. cit.*, p. 78-79.
41. COLIN-SIMARD V. (2002), *Plus fort que le destin, Comment ils se sont reconstruits*, *op. cit.*, p. 38.
42. MOATI S., *op. cit.*, p. 91.
43. RENTCHNICK P., HAYNAL A. et SENARCLENS P. de (1978), *Les Orphelins mènent-ils le monde ?* Paris, Stock. HAYNAL A. (1998), « Les orphelins savent rebondir », *in* Cyrulnik B., *Ces enfants qui tiennent le coup*, Revigny-sur-Ornain, Hommes et Perspectives, p. 45-59.
44. VAILLANT M., *op. cit.*, p. 22.
45. VAN HOOLAND M., *op. cit.*, p. 79, 108.
46. ENJOLET C. (2003), *Les Liens du sens ; les nouveaux enfants seuls*, Paris, Ramsay, p. 192.
47. MOATI S., *op. cit.*, p. 16.

Troisième partie
LES PROFESSIONNELS DE L'ENFANCE ET LA RÉSILIENCE

1. Dans cette partie, j'utilise l'expression « professionnels » dans un sens large : éducateurs, assistantes sociales et assistantes maternelles, mais aussi enseignants, psychothérapeutes, avocats pour enfants, médecins, etc.

CHAPITRE VIII
Les enseignants, principaux tuteurs potentiels de résilience

1. CYRULNIK B. (2003), *Le Murmure des fantômes*, *op. cit.*, p. 99.
2. GUÉNO J.-P. (dir.) (2001), *Mémoires de maîtres, paroles d'élèves*, Paris, Librio, p. 102-103. Je remercie Emmanuel Weiss de m'avoir fait

découvrir ce livre passionnant. Sur la résilience scolaire, voir également BOUTEYRE E. (2004), *Réussite et résilience scolaires chez l'enfant de migrants*, Paris, Dunod.

3. GUÉNO J.-P., *op. cit.*, p. 28.
4. *Idem*, p. 158-159.
5. BROOKS R. B. (1994), « Children at risk : fostering resilience and hope », *American Journal of Orthopsychiatry*, 64, 4, p. 550.
6. GUÉNO J.-P., p. 53.
7. *Idem*, p. 149-150.
8. LECOMTE J. (2002 b), *Briser le cycle de la violence, quand d'anciens enfants maltraités deviennent des parents non maltraitants*, Thèse de doctorat en psychologie sous la direction de M. Étienne Mullet, École pratique des hautes études, Toulouse.
9. GUÉNO J.-P., *op. cit.*, p. 39-40.
10. *Idem*, p. 161-162.
11. LARÈS A. (sans date), *De la formation en prévention des violences au rôle des personnels éducatifs dans les processus de résilience*, document non publié.
12. PROT B. (1997), *Profession motivatrice, réveiller le désir d'apprendre au collège et au lycée*, Paris, Noêsis, p. 113.
13. GUÉNO J.-P., *op. cit.*, p. 126.
14. CAMUS A. (1994), *Le Premier Homme*, Paris, Gallimard, Folio, p. 153.
15. *Idem*, p. 176-181.
16. *Idem*, p. 371-372.
17. MONTANDON C. (1997), *L'Éducation du point de vue des enfants*, Paris, L'Harmattan.
18. ROGERS C. (1984), *Liberté pour apprendre ?*, Paris, Dunod.
19. ASPY D. et ROEBUCK F. (1990), *On n'apprend pas d'un prof qu'on n'aime pas*, Montréal, Actualisation ; traduction de l'ouvrage *Kids don't learn from people they don't like*.
20. MARTIN E. et BONNÉRY S. (2002), *Les classes relais, un dispositif pour les élèves en rupture avec l'école*, Paris, ESF. HUGON M.-A. et PAIN J. (2001), *Classes relais : l'école interpellée*, CRAP-cahiers pédagogiques et CRDP de l'Académie d'Amiens.
21. MARTIN E. et BONNÉRY S. (2002), *Les classes relais, op. cit*.
22. *Idem*, p. 199.
23. HUGON M.-A. et PAIN J., *op. cit.*, p. 24.
24. PROT B. (1997), *Profession motivatrice, op. cit.*, p. 25.
25. DELANNOY C. (2000), *Élèves à problèmes, écoles à solutions ?*, Paris, ESF.
26. *Idem*, p. 163.
27. GARBARINO J. (1980), « Some thoughts on school size and its effects on adolescent development », *Journal of Youth and Adolescence*, 9(1), 19-31.
28. DELANNOY C. (2000), *op. cit.*, p. 21.
29. *Idem*, p. 21.
30. *Idem*, p. 22.
31. *Idem*, p. 24.
32. *Idem*, p. 50.
33. *Idem*, p. 51.
34. *Idem*, p. 62.
35. *Idem*, p. 49.

36. MARTIN E. et BONNÉRY S. (2002), *Les classes relais, un dispositif pour les élèves en rupture avec l'école*, *op. cit.*

37. *Idem*, p. 74.

38. *Idem*, p. 73.

39. Anonyme, *Resilience research : how can it help city schools ?*, Document Internet : http://www.ncrel.org/sdres/cityschl/city1_1b. thm

CHAPITRE IX
Un changement de perspective pour les professionnels de l'aide à l'enfance

1. Cité par BESSON C. et GUAY J. (2000), *Profession travailleur social, savoir évaluer, oser s'impliquer*, Boucherville (Canada), Gaetan Morin, p. 46.

2. JOLLIEN A. (1999), *Éloge de la faiblesse*, *op. cit.*, p. 45.

3. *Idem*, p. 62, 63, 64.

4. Documentaire « Grandis par l'épreuve », Télévision suisse romande.

5. JOLLIEN A., *op. cit.*, p. 79, 77.

6. JOLLIEN A., *op. cit.*, p. 61, 62.

7. JOLLIEN A., *op. cit.*, p. 65, 66.

8. COLIN-SIMARD V. (2002), *Plus fort que le destin, Comment ils se sont reconstruits*, *op. cit.*, p. 79.

9. BISSON D. (1993), *L'Enfant derrière la porte*, *op. cit.*, p. 92, 93.

10. PELZER D. (2002 b), *L'Ado perdu*, Paris, Jean-Claude Lattès, p. 51–52.

11. *Idem*, p. 66-68.

12. *Idem*, p. 291, 292.

13. LONGHI G. et GUIBERT N. (2003), *Décrocheurs d'école*, Paris, La Martinière, p. 71-74.

14. MICHAUD P.-A. (2001), « Une approche clinique fondée sur la résilience », *in* Collectif, *La Résilience : le réalisme de l'espérance*, Fondation pour l'enfance, Ramonville Saint-Agne, Érès, p. 271, 275.

15. VANISTENDAEL S. et LECOMTE J. (2000), *Le Bonheur est toujours possible ; construire la résilience*, *op. cit.*, p. 216-218.

16. HUMBEECK B. (sans date), *De* Blanche-Neige *à* Harry Potter, *des histoires à survivre debout*.

17. Documentaire « Mémoire de sauvageon », France 5, 3 février 2003.

18. FUSTIER P. (2000), *Le Lien d'accompagnement, entre don et contrat salarial*, Paris, Dunod.

19. ROGERS C. (1968), *Le Développement de la personne*, Paris, Dunod, p. 29.

20. FUSTIER P., *op. cit.*, p. 60.

21. Communication personnelle.

22. VAN THUYNE J. (1999), *Je veux que tu sois mon père ; du grand banditisme à la foi*, Paris, Fayard, p. 83-84.

23. CHAUVENET A. (1992), *La Protection de l'enfance, une pratique ambiguë*, Paris, L'Harmattan, p. 110.

24. GUÉNARD T. (1999), *Plus fort que la haine, une enfance meurtrie : de l'horreur au pardon*, *op. cit.*, p. 114, 115.

25. PELZER D. (2002), *op. cit.*, p. 46, 47.

26. BESSON C. et GUAY J. (2000), *Profession travailleur social, savoir évaluer, oser s'impliquer*, Boucherville (Canada), Gaetan Morin, p. 21, 22.

27. *Idem*, p. 36-38.

28. HORWITZ M. (1998), « Social workers trauma : building resilience in child protective social workers », *Smith College Studies in Social Work*, 68(3), 363-377.

29. FUSTIER P. (2000), *op. cit.*, p. 72.

30. BERGER M. (2003), *L'Échec de la protection de l'enfance*, Paris, Dunod.

31. *Idem*, p. 173.

32. Cité par *Idem*, p. 92.

33. CHAPON-CROUZET N. (2003), « Relations affectives et parentalité en situation de placement familial », Thèse de doctorat en sciences de l'éducation, sous la direction de Paul Durning, université Paris-X Nanterre.

34. Cité par CHAPON-CROUZET N., *op. cit.*

35. CORNEC Y. (1999), « Travailler en professionnel », *L'Arc, revue trimestrielle des placements familiaux*, 90, 20-28.

36. COPPEL M. et DUMARET A.-C. (1995), *Que sont-ils devenus ?, Les enfants placés à l'œuvre Grancher, analyse d'un placement familial spécialisé*, Ramonville-Saint-Agne, Érès, p. 52-54.

37. GENTY N. (2003), « Droits et devoirs des assistantes maternelles », *L'Arc*, juillet, 26-29.

38. STEINHAUER P. (1996), *Le Moindre mal, la question du placement de l'enfant*, Montréal, Presses de l'Université de Montréal, p. 294-295.

39. *Idem*, p. 295.

40. *Idem*, p. 320-323.

41. PERRET-CATIPOVIC M. (2003), « Le suicide des adolescents. Comment accéder aux jeunes en difficulté lorsqu'ils refusent toute aide », *in* H.-B. Peter et P. Mösli (dir.), *Suicide, la fin d'un tabou ?*, Genève, Labor et Fides.

42. Elle utilise l'outil de la *casita*, petite maison de la résilience, imaginé par Stefan Vanistendael, et que nous avons développé dans l'ouvrage suivant : VANISTENDAEL S. et LECOMTE J. (2000), *Le bonheur est toujours possible ; construire la résilience*, *op. cit.*

43. MCNALLY R. J., BRYANT R. A. & EHLERS A. (2003), « Does early psychological intervention promote recovery from posttraumatic stress ? », *Psychological Science in the Public Interest*, 4(2), 45-79.

44. THOMAS E. (1986), *Le Viol du silence*, *op. cit.*, p. 166, 66.

45. PELZER D. (2002 b), *L'Ado perdu*, *op. cit.*, p. 123-127.

46. *Idem*, p. 246.

47. TOMKIEWICZ S., *L'Adolescence volée*, *op. cit.*, p. 22-24.

48. *Idem*, p. 133-134.

49. Cité dans *L'Express*, 21 août 2003, p. 49.

50. Cité par GÉRIN P. et DAZORD A. (1992), *Recherches cliniques planifiées sur les psychothérapies, méthodologie*, Paris, Inserm.

51. DELOURME A. (1997), *La distance intime, tendresse et relation d'aide*, Paris, Desclée de Brouwer, p. 14, 191.

52. *Idem*, p. 192.

53. COUTANCEAU R. (2004), *Vivre après l'inceste*, *op. cit.*, p. 206-207, 208.

54. *Idem*, p. 214.

55. COPPEL M. et DUMARET A.-C. (1995), *op. cit.*, p. 146, 74-75.

56. MILTENBURG R. et SINGER E. (1997), « The (ab)use of reliving childhood traumata », *Theory and Psychology*, 7(5), 605-628.

57. VAN DER HART O. et STEELE K. (1999), « Relieving or reliving childhood trauma ? A commentary on Miltenburg and Singer (1997) », *Theory and Psychology*, 9(4), 533-540.

58. VAN GIJSEGHEM H. (1996), « Les abus sexuels ; du secret au dévoilement et du dévoilement à la réparation », *Cahiers critiques de thérapie familiale et de pratiques de réseaux*, n° 17, « "Traiter" la maltraitance : une remise en question », p. 147-153. VAN GIJSEGHEM H. (1994), « Réflexions sur la révélation et la rétractation », *in* AFIREM, *Secret maintenu, secret dévoilé, à propos de la maltraitance*, Paris, Karthala, 307-313. VAN GIJSEGHEM H., *Us et abus de mots en matière d'abus sexuel*, Paris, Méridien.

59. VAN GIJSEGHEM H. (1994), *op. cit.*, p. 308.

60. *Idem*, p. 310.

61. VAN GIJSEGHEM H. (1996), *op. cit.*, p. 152.

62. SABOURIN P. (2000), « Un Faurisson de la maltraitance ? », *Journal du droit des jeunes*, avril, 23-24.

63. VAN GIJSEGHEM H. et GAUTHIER L. (2000), « Réactions », *Journal du droit des jeunes*, avril, 25-26.

64. CYRULNIK B. (2000 b), « Je voudrais simplement témoigner... », *Journal du droit des jeunes*, avril, 26-28, p. 27.

65. COLIN-SIMARD V. (2002), *Plus fort que le destin. Comment ils se sont reconstruits*, *op. cit.*, p. 21.

66. THOMAS E. (1994), « Du secret-bombe aux secrets de guérison », *in* AFIREM, *Secret maintenu, secret dévoilé, à propos de la maltraitance*, *op. cit.*, p. 357-367.

67. LIEM J. H., JAMES J. B., O'TOOLE J. G. et BOUDEWYN A. C. (1997), « Assessing resilience in adults with histories of childood sexual abuse », *American Journal of Orthopsychiatry*, 67(4), 594-606.

CHAPITRE X
Quelques programmes fondés sur l'esprit de la résilience

1. MANCIAUX M. (2001), « La résilience, un regard qui fait vivre », *Études*, octobre.

2. GABEL M., JÉSU F. et MANCIAUX M. (2000), *Bientraitances*, Paris, Fleurus. MANCIAUX M. (2001), « Maltraitance, résilience, bientraitance », *Médecine et Hygiène*, 26 septembre. Notons aussi l'existence de l'Institut de la bientraitance, 6 *bis*, chemin du Golf, 78860 Sain-Nom-la-Bretèche, 01 34 62 15 41.

3. Pour une première approche en français de la capacitation, voir les documents suivants : Collectif (2002), *Une autre façon de faire la ville, Les « Community Development Corporations »*, Saint-Denis, Profession Banlieue. LE BOSSÉ Y. et DUFORT F. (2001), « Le pouvoir d'agir (*empowerment*) des personnes et des communautés : une autre façon d'intervenir », *in* F. Dufort et J. Guby (dir.), *Agir au cœur des communautés, la psychologie communautaire et le changement social*, Laval, Presses de l'Université de Laval. LE BOSSÉ Y. et LAVALLÉE M. (1993), « Empowerment et psychologie communautaire : aperçu historique et perspectives d'avenir », *Les Cahiers internationaux de psychologie sociale*, 18, 7-20. LE BOSSÉ Y., LAVALLÉE M. et Herrera M. (1996), « Le vécu d'*empowerment* en milieu communautaire : analyse des relations entre le contrôle perçu et différents indicateurs

potentiels de l'*empowerment* personnel », *Les Cahiers internationaux de psychologie sociale*, 31, 62-91.

4. *Éthique des pratiques sociales et déontologie des travailleurs sociaux*, ENSP, 2001, p. 26.

5. RICŒUR P. (1990), *Soi-même comme un autre*, Paris, Seuil, p. 202.

6. KUMPFER K. L. (1998), « Effective family strenghtening interventions », *Juvenile Justice Bulletin*, document Internet.

7. Une description plus complète de ce programme a été faite dans notre ouvrage : VANISTENDAEL S. et LECOMTE J. (2000), *Le Bonheur est toujours possible ; construire la résilience*, *op. cit.*, p. 66-71. Voir aussi SHINMAN S. M., « Family album, Snapshots of Home-Start in words and pictures », Leicester, Home-Start UK, 1994. FROST N., JOHNSON L., Stein M. & WALLIS L., Negotiated friendship ; « Home-Start and the delivery of family support », Leicester, Home-Start UK, 1996.

8. PALACIO-QUINTIN E., ETHIER L.S., JOURDAN-IONESCU C. et LACHARITÉ C. (1995), « L'intervention auprès des familles négligentes », *in* J.-P. Pourtois (dir.), *Blessure d'enfant ; la maltraitance : théorie, pratique et intervention*, Bruxelles, De Boeck Université, 173-212. JOURDAN-IONESCU C. et DESAULNIERS R. (1999), « Le concept d'intervention famille soutien », *Revue québécoise de psychologie*, 20(1), 157-171. JOURDAN-IONESCU C. (2001), « Intervention écosystémique individualisée axée sur la résilience », *Revue québécoise de psychologie*, 22(1), 163-186.

9. EGELAND B., ERICKSON M. F. (1990), « Rising above the past : strategies for helping new mothers break the cycle of abuse and neglect », *Zero to three*, 11(2), 29-35.

10. OLDS D. L., ECKENRODE J., HENDERSON C. R., KITZMAN J. H., POWERS J., COLE R., SIDORA K., MORRIS P., PETTIT L. M. & LUCKEY D. (1997), « Long-term effects of home visitation on maternal life course and child abuse and neglect », *Journal of the American Medical Association*, 278(8), 637-643. OLDS D. L., HENDERSON C. R., COLE R., ECKENRODE J., KITZMAN J. H., LUCKEY D., PETTIT L. M., SIDORA K., MORRIS P. & POWERS J. (1997), « Long-term effects of nurse home visitation on children's criminal and antisocial behavior », *Journal of the American Medical Association*, 280(14), 1238-1244. OLDS D., HILL P. & RUMSEY E. (1998), « Prenatal and early childhood nurse home visitation », *Juvenile Justice Bulletin*, november, 1-7. Document disponible *on line*.

11. HOLT R. (1997), « Resilience and health realization : An administrator's, perspective », *Research/Practice*, 5(1). MARSHALL K. (sans date), *Reculturing systems with Resilience/Health Realization*, document Internet. Vermont Agency of Human Services, Planning Division (2000), *What works : Promoting positive youth development in your community*, document Internet www.ahs.state.vt.us

12. « Big Brothers Big Sisters », *Count on Big Brothers Big Sisters*, document Internet http://www.bbbsa.org/about.asp. OSHER D., KENDZIORA K.T., VANDENBERG J. & DENNIS K. (sans date), « Growing resilience : creating opportunities for resilience to thrive », document Internet, http://cecp.air.org/resources/journals/RTY/resilience.htm.

13. Les informations présentées ici sont tirées d'un ouvrage manuscrit par Daniel FAVRE, dont le titre devrait être *La violence ou le changement de valeur*.

14. FORTIN J. (2001), *Mieux vivre ensemble dès l'école maternelle*, Paris, Hachette.

15. Barnett X. S. (1993), « Benefit-cost analysis of preschool education : Findings from a 25 year follow-up », *American Journal of Orthopsychiatry*, 63(4), 500-508. Parks G. (2000), « The High/Scope Perry Preschool Project », *Juvenile Justice Bulletin*, octobre, 1-7.

16. Le lecteur trouvera une description en français plus complète de ce programme dans Bandura A. (2002), *Auto-efficacité, le sentiment d'efficacité personnelle*, Bruxelles, DeBoeck, p. 544-546.

17. Citée par Goepfert Y. (2004), « Veille éducative : plus de 50 villes impliquées », La Lettre de la DIV, 89, p. 2.

18. Giraud M. (2003), *Rebondir avec la Fondation de la deuxième chance*, Paris, France-Empire.

19. *Idem*, p. 39-45.

20. *Idem*, p. 135-140.

21. Voir la note 1 du présent chapitre, ainsi que : Rosenberg S. & Carrel M. (2002), *Face à l'insécurité sociale, Désamorcer les conflits entre usagers et agents des services publics*, Paris, La Découverte.

22. Sur l'interaction entre le changement social et la transformation personnelle, voir le site de l'association Interactions Transformation personnelle/Transformation sociale : www.interactions-tpts.net

CONCLUSION
La résilience, mode passagère ou révolution durable ?

1. Manciaux M. (2001), « Un regard qui fait vivre », *Études*, octobre.

2. Fonagy P., Steele M., Steele H., Higgitt A. & Target M. (1994), « The Emanuel Miller Memorial Lecture 1992 : The theory and practice of resilience », *Journal of Child Psychology and Psychiatry*, 35(2), 231-257. Luthar S. (1993), « Annotation : Methodological and conceptual issues in research on childood resilience », *Journal of Child Psychology and Psychiatry*, 34(4), 441-453. Masten A. (1999 b), « Resilience comes of age : reflections on the past and outlook for the next generation of research », *in* M. D. Glantz & J. L. Johnson (1999), *Resilience and Development, Positive Life Adaptations* (p. 281-296), New York, Kluwer Academic/Plenum Publishers. Mrazek P. & Mrazek D.A. (1987), « Resilience in child maltreatment victims : A conceptual exploration », *Child Abuse and Neglect*, 11, 357-366.

3. Voir par exemple les dossiers des revues *American Psychologist* (2000), 55, 1 ; *Journal of Social and Clinical Psychology* (2000), 19, 1 ; *Psychological Inquiry* (2003), 14, 2.

4. Je tiens à remercier Philippe Augendre et Bernard Sauvagnat pour leur éclairage.

Bibliographie en francais

Cette bibliographie rassemble les ouvrages et articles cités dans cet ouvrage. Une bibliographie plus complète peut être consultée sur le site www.observatoire-resilience.org.

Essais

Généralistes (dont enfance)

Collectif, *La Résilience : le réalisme de l'espérance*, Fondation pour l'enfance, Ramonville Saint-Agne, Érès.

CYRULNIK B. (1999), *Un merveilleux malheur*, Paris, Odile Jacob.

CYRULNIK B. (2001), *Les Vilains Petits Canards*, Paris, Odile Jacob.

CYRULNIK B. (2003), *Le Murmure des fantômes*, Paris, Odile Jacob.

VANISTENDAEL S. et LECOMTE J. (2000), *Le Bonheur est toujours possible ; construire la résilience*, Paris, Bayard.

Enfance

Collectif (2003), *Enfance majuscule*, n° 72-73, « Résilience ».

CYRULNIK B. (dir.) (1998), *Ces enfants qui tiennent le coup*, Hommes et Perspectives.

COUTANCEAU R. (2004), *Vivre après l'inceste*, Paris, Desclée de Brouwer.

CHAPON-CROUZET N. (2003), « Relations affectives et parentalité en situation de placement familial », thèse de doctorat en sciences de l'éducation, sous la direction de Paul Durning, Université de Paris-X-Nanterre.

FORWARD S. (1999), *Parents toxiques, comment échapper à leur emprise*, Paris, Stock.

GABEL M., JÉSU F. et MANCIAUX M. (2000), *Bientraitances*, Paris, Fleurus.

HUMBEECK B. (sans date), *De* Blanche-Neige *à* Harry Potter, *des histoires à survivre debout*.

LECOMTE J. (2002 b), « Briser le cycle de la violence, quand d'anciens enfants maltraités deviennent des parents non maltraitants », thèse de doctorat en psychologie sous la direction d'Étienne Mullet, École pratique des hautes études, Toulouse.

LEWERTOWSKI C. (2003), *Morts ou Juifs, La maison de Moissac 1939-1945*, Paris, Flammarion.

POURTOIS J.-P. et DESMET H. (dir.) (2000), *Relation familiale et résilience*, Paris, L'Harmattan.

RENTCHNICK P., HAYNAL A. et SENARCLENS P. DE (1978), *Les Orphelins mènent-ils le monde ?*, Paris, Stock.

SERON C. (dir.) (2002), *Miser sur la compétence parentale ; approche systémique dans le champ social et judiciaire*, Paris, Relations/Érès/Éditions Jeunesse et Droit.

VAILLANT M. (1999), *La Réparation, de la délinquance à la découverte de la responsabilité*, Paris, Gallimard.

VAILLANT M. (2001), *Il n'est jamais trop tard pour pardonner à ses parents*, Paris, La Martinière.

École et résilience

BOUTEYRE E. (2004), *Réussite et résilience scolaires chez l'enfant de migrants*, Paris, Dunod.

DELANNOY C. (2000), *Élèves à problèmes, écoles à solutions ?*, Paris, ESF.

FAVRE D., ouvrage à paraître, dont le titre devrait être *La Violence ou le changement de valeur*.

GUÉNO J.-P. (dir.) (2001), *Mémoires de maîtres, paroles d'élèves*, Paris, Librio.

FORTIN J. (2001), *Mieux vivre ensemble dès l'école maternelle*, Paris, Hachette.

HUGON M.-A. et PAIN J. (2001), *Classes relais : l'école interpellée*, CRAP-Cahiers pédagogiques et CRDP de l'académie d'Amiens.

LONGHI G. et GUIBERT N. (2003), *Décrocheurs d'école*, Paris, La Martinière.

MARTIN E. et BONNÉRY S. (2002), *Les Classes relais, un dispositif pour les élèves en rupture avec l'école*, Paris, ESF.

Témoignages

Multiples

SIMARD V. (2002), *Plus fort que le destin, Comment ils se sont reconstruits*, Paris, Anne Carrière.

Abus sexuels, inceste, viol

BARBARA (1998), *Il était un piano noir, Mémoires interrompus*, Paris, Fayard.

SCHWEIGHOFFER N. (1990), *J'avais douze ans...*, Paris, Fixot.

SOLAIRE P. (2002), *Le Mur du silence, l'inceste entre analyse et vécu*, Toulouse, Privat.

THOMAS E. (1992), *Le Sang des mots*, Mentha.

THOMAS E. (1986), *Le Viol du silence*, Paris, J'ai lu.

Désistance (sortie de la criminalité)

HENDERICKX P. (2003), *Les Trois Marches, une belle revanche sur la vie*, Paris, Presses de La Renaissance.

VAN THUYNE J. (1999), *Je veux que tu sois mon père ; du grand banditisme à la foi*, Paris, Fayard.

Guerre (sauf nazime, voir plus loin pour ce thème)

Gannagé M. (1999), *L'Enfant, les parents et la guerre, une étude clinique au Liban*, Paris, ESF.

Handicap

JOLLIEN A. (1999), *Éloge de la faiblesse*, Paris, Cerf.

JOLLIEN A. (2002), *Le Métier d'homme*, Paris, Seuil.

OTOTAKE H. (2000), *Personne n'est parfait*, Paris, Presses de La Renaissance.

Maltraitance (dont maltraitance psychologique)

BISSON D. (1993), *L'Enfant derrière la porte*, Paris, Grasset.

BOURHIS G. (1995), *Eaux amères*, Paris, Fayard.

CARTRY J. (1998), *Les Parents symboliques*, Paris, Dunod (témoignage d'un éducateur).

GUÉNARD T. (1999), *Plus fort que la haine, une enfance meurtrie : de l'horreur au pardon*, Paris, Presses de La Renaissance.

GUTIERREZ B. (1999), *Le Mal interdit*, Paris, Elikia.

HALIMI G. (1999), *Fritna*, Paris, Pocket.

PELZER D. (2002), *Le Moins-que-rien*, Paris, Jean-Claude Lattès.

PELZER D. (2002), *L'Ado perdu*, Paris, Jean-Claude Lattès.

PERRIN J. (2000), *Mon enfance bafouée*, Paris, Fayard.

PICASSO M. (2001), *Grand-père*, Paris, Gallimard, Folio.

RIBAULT F. (2001), *Ce père que j'aimais malgré tout*, Paris, Albin Michel.

VAILLANT M. (2002), *Il m'a tuée*, Paris, La Martinière.

VAN HOOLAND M. (2002), *La Parole émergente, approche psycho-socio-linguistique de la résilience*, Paris, L'Harmattan (cet ouvrage est à la fois un témoignage et l'analyse de ce témoignage).

Nazisme

FRANK A. (1959/1991), *Journal*, Paris, Le Livre de poche.

GOURAND J. (1999), *Renaître à la vie*, Paris, Le Cherche-Midi.

GUÉNO J.-P. (dir.) (2002), *Paroles d'étoiles, Mémoires d'enfants cachés* (1939-1945), Paris, Librio.

SICHROVSKY P. (1991), *Naître coupable, naître victime*, Paris, Seuil.

TOMKIEWICZ S. (1999), *L'Adolescence volée*, Paris, Calmann-Lévy.

VEGH C. (2001), *Je ne lui ai pas dit au revoir. Des enfants de déportés parlent*, Paris, Gallimard, Folio.

Orphelins

DUPEREY A. (1992), *Le Voile noir*, Paris, Seuil.

DUPEREY A. (1993), *Je vous écris...*, Paris, Seuil.

MOATI S. (1998), *Paroles d'orphelins*, Paris, Jean-Claude Lattès/Arte Éditions.

Articles

Je ne présente pas dans cette section les articles contenus dans les essais collectifs cités plus haut.

ASSAILLY J.-P., CORBILLON M. et DUYME M. (1989), « Transmission intergénérationnelle et comportement parental ; étude longitudinale d'enfants placés », *Neuropsychiatrie de l'enfance*, 37(7), 285-290.

COPPEL M. et DUMARET A.-C. (1995), « Que sont-ils devenus ? Les enfants placés à l'œuvre Grancher, analyse d'un placement familial spécialisé », Ramonville Saint-Agne, Érès.

CORBILLON (M.), ASSAILLY J.-P., DUYME M. (1988), « L'aide sociale à l'enfance : descendance et devenir adulte des sujets placés », *Population*, 2, 473-479.

DUFOUR M. H., NADEAU L. et BERTRAND K. (2000), « Les facteurs de résilience chez les victimes d'abus sexuel : état de la question », *Child Abuse and Neglect*, 24(6), 781-797.

DUMARET A. (1988), « Adaptation comportementale des enfants placés à titre définitif en foyer d'accueil monoparental (les villages d'enfants SOS) », *Neuropsychiatrie de l'enfance*, 36(7), 261-270.

DUMARET A.-C. et COPPEL-BATSCH M. (1996), « Évolution à l'âge adulte d'enfants placés en familles d'accueil », *Psychiatrie de l'enfant*, 39(2), 613-671.

GABEL M. (2002), « Un album de vie pour que l'enfant se réapproprie son passé », *Le Journal de l'action sociale*, mai.

JOURDAN-IONESCU C. (2001), « Intervention écosystémique individualisée axée sur la résilience, *Revue québécoise de psychologie*, 22(1), 163-186.

JOURDAN-IONESCU C. et DESAULNIERS R. (1999), « Le concept d'intervention famille soutien », *Revue québécoise de psychologie*, 20(1), 157-171.

LECOMTE J. (2002), « Qu'est-ce que la résilience ? Question faussement simple, réponse nécessairement complexe », *Pratiques psychologiques*, 1, 7-14.

LECOMTE J. (2002), « Enfant placé = futur parent "plaçant" ? Les méfaits de l'inversion des probabilités », *in* D. Fablet (dir.), *Les Interventions socio-éducatives*, Paris, L'Harmattan, p. 73-92.

LECOMTE J. et MANCIAUX M. (2004), « De la maltraitance à la bientraitance par la résilience », *in* M. Roussey et O. Kremp (dir.), *Pédiatrie sociale*, Paris, Doin.

MANCIAUX M. (2001), « Maltraitance, résilience, bientraitance », *Médecine et Hygiène*, 26 septembre.

PALACIO-QUINTIN E., ETHIER L.S., JOURDAN-IONESCU C. et LACHARITÉ C. (1995), « L'intervention auprès des familles négligentes », *in* J.-P. Pourtois (dir.), *Blessure d'enfant ; la maltraitance : théorie, pratique et intervention*, Bruxelles, De Boeck Université, p. 173-212.

Audiovisuel

Documentaire « Grandis par l'épreuve », Télévision suisse romande.

Documentaire « Mémoire de sauvageon », France 5, 3 février 2003.

« Vie privée, vie publique », France 2, 21 octobre 2003.

Table

Cet ouvrage a été transcodé et mis en pages
chez Nord Compo (Villeneuve d'Ascq)

Impression réalisée par

CPI
BRODARD & TAUPIN

La Flèche (Sarthe), le 15-10-2010
N° d'impression : 60740
N° d'édition : 7381-2533-X
Dépôt légal : novembre 2010
Imprimé en France